현대 고고학 강의

현대 고고학 강의

콜린 렌프류·폴 반 지음 | 이희준 옮김

사회평론

영남문화재연구원 학술총서 3

현대 고고학 강의

2008년 12월 22일 초판 1쇄 찍음
2023년 3월 9일 초판 9쇄 찍음

지은이 콜린 렌프류·폴 반
옮긴이 이희준

펴낸이 권현준
펴낸곳 (주)사회평론아카데미

편집 이소영·김혜림·조유리
마케팅 김현주
본문·표지 디자인 디자인 시

등록번호 2013-000247호(2013년 8월 23일)
전화 02-326-1545 팩스 02-326-1626
주소 서울시 마포구 월드컵북로6길 56
이메일 academy@sapyoung.com 홈페이지 www.sapyoung.com

ISBN 979-11-85617-34-3 93900

Contents

차 례

서 문

이 『현대고고학 강의』는 고고학 입문과정의 대학생들을 위한 책이다. 오늘날의 고고학자 중에 존 로이드 스티븐스와 프레드릭 캐이터우드처럼 경이로운 마야 문명의 세계를 드러냄으로써 전세계 사람들을 깜짝 놀라게 한다거나 하워드 카터와 카르나본 경처럼 유례없는 투탕카멘 파라오 무덤을 발견해 내는 낭만적이고도 스릴 넘치는 역할을 맡게 되는 이는 별로 없다. 그러나 굉장한 발견들은 지금도 여전히 언론의 머리기사를 장식한다. 2006년 고고학자들은 이집트 룩소르 부근 왕가의 계곡에서 새로운 무덤 방 하나를 발굴하였다고 공표하였는데 이는 1922년 이후로는 처음이다. 하지만 대부분의 고고학자들은 별 뉴스거리가 되지는 못할지라도 우리가 과거를 이해하는 데서는 정말로 중요한 연구들에 종사하고 있다. 이 책의 목표는 일반 사람들에게 21세기 고고학 연구의 묘미를 널리 알리고 또 학생들에게 현대 고고학자들이 우리의 아득한 과거를 조사하고 이해하는 방법들을 알기 쉽고 재미있게 설명하는 데 있다.

고고학에서는 아직도 옛 유적을 아주 힘들여 발굴하는 사례들이 매우 많지만 오늘날은 새로운 기술들을 이전보다 훨씬 흔하게 채용함으로써 때로는 발굴 자체를 아예 하지 않을 수도 있다. 이제 고고학자들은 고고학의 발견 사항들을 분석하고 평가하는 새로운 기술과 방법들 덕분에 바로 10년 혹은 20년 전만 해도 절대 이끌어내지 못했을 결론들에 이를 수 있다.

이 책은 고고학자들이 전통적으로 써온 삽과 발굴용 꽃삽에서 인공위성 영상술과 지중침투 레이더에 이르는 새로운 방법과 기술들을 학생들에게 소개하려고 한다. 새로운 기술은 그간 고고학자들의 야외 작업뿐만 아니라 실내 작업에도 영향을 끼쳤다. 그래서 우리는 예를 들어 가속 질량분석기를 이용한 방사성탄소연대측정법과 유전자 증거 이용법을 다룰 것이다.

현대 고고학의 이야기는 단지 기술에 관한 것으로만 그치지 않는다. 그간 고고학자들이 제기하는 질문과 고고학적 증거에 대해 적용할 전제와 이론 모델 부문에서는 엄청난 진전이 이루어졌다. 이전 세대 고고학자들에게는 굳게 닫힌 듯 보였던 질문들 중 몇 가지는 이제 새로운 검토를 위해 활짝 열려 있다.

이 책을 쓴 의도는 다른 말로 하면 각 대학의 과정이 어디에 초점을 두었든 학생들에게 현대 고고학의 실제와 접근 방법들을 간결하고 명확하며 믿을 만하게 설명해 주는 데 있다.

끝으로 이 책을 쓰도록 제안한 콜린 리들러와 이 책의 범위 및 구성에 관해 유익한 의견을 함께 나누고 또 많은 제안을 해 도움을 준 이안 제이콥스에게 감사드린다. 또 책의 실제 모양을 잡는 대단한 작업을 맡아준 벤 플럼리지에게도 고마움을 표하는 바이다.

서설: 고고학의 학문적 성격과 목적

지금부터 약 5300년 전 마흔 살 된 한 남자가 유럽 알프스의 산길을 따라 자기 생애의 마지막이 될 여행을 하고 있었다. 그 후 그의 사체는 내내 손상되지 않은 채로 있다가 이윽고 1991년 9월 등산객들에 의해 발견되었다. 고고학자들은 그의 나이를 판정할 수 있었을 뿐만 아니라 마지막 식사의 내용까지도 알아내었는데 (아이벡스 염소 및 사슴 고기로 추정되는) 살코기, 식물류, 밀과 오얏 등이었다. 이 '냉동인간'은 관절염을 앓았으며 손톱을 분석한 바로는 죽기 넉 달 전부터 두 달 사이에 아주 심각하게 아팠다. 처음에는 그가 폭풍우 속에서 탈진해 죽은 것으로 생각되었다. 하지만 나중에 정밀 분석을 해보니 왼쪽 어깨에 화살촉으로 보이는 것이 박혀 있고 손, 팔목, 흉곽에 베인 상처가 있으며 옷과 무기에 다른 사람 네 명 분의 피가 묻어 있어서 변사를 당한 것으로 추론된다. 이런 관찰 결과는 고고학자들이 오래 전 죽은 이 사람에 관해 알아낼 수 있었던 수많은 사실들 중 단지 일부에 지나지 않는다.

고고학적 발견에서 느끼는 스릴과, **고고학**이 우리의 과거가 지닌 비밀들 중 적어도 일부를 밝힐 수 있다는 사실은 그동안 많은 유명 소설과 영화들의 주제가 되었고, 그 중에서 스티븐 스필버그의 〈인디애나 존스〉는 대표적이다. 고고학의 많은 발견들은 냉동인간 발견 사례보다는 극적 요소가 훨씬 덜해서 그저 깨어진 토기 조각들에 불과할 수 있지만 이런 잔적들 역시 정성들여 수집해서 잘 분석하면 우리에게 과거에 관해 많은 것들을 이야기해 줄 수 있다.

고고학은 3백만 년도 더 전에 시작된 인류 역사의 전 기간에 관해 알 수 있는 사실들을 일러 준다는 점에서 유례가 없는 학문 분야이다. 한마디로 과거 **물질문화**의 연구라고 할 수 있는 고고학은 엄청나게 긴 인류사의 전 기간 중 실로 99% 이상의 기간에 대한 유일한 정보원이다. 고고학적 기록은 인간이라는 종의 **진화**에 관한 여러 질문들과, 최초 문명들을 탄생시키고 그에 기반한 좀더 최근 사회들을 낳은 옛 **문화** 및 사회의 성장과 발전에 관한 질문들에 대해 답을 얻을 수 있는 유일한 수단이다.

이 책은 고고학자들이 우리의 과거에 관련된 증거를 발견하고 수집하는 방법들과 (아주 발달된 과학적 방법들을 흔히 이용하여) 그 증거를 분석하는 방법들 그리고 (동료 학자들과 대중 둘 다를 위해) 그것을 해석하는 방법들에 대한 간략한 입문서이다.

학문으로서의 고고학

많은 고고학자들은 자기 학문을 **인류학**이라는 한층 넓은 분야의 한 부분이라고 여긴다. 가장 넓은 의미의 인류학은 인류의 특성, 즉 우리가 한 동물로서 지닌 신체적 특성과 우리만이 가진 비생물적 특성들에 대한 연구이다. 그래서 인류학은 아주 광범위한 학문 분야이며 그처럼 너무 넓기에 다음과 같은 여러 분야들로 흔히 나뉜다.

- **체질(혹은 생물)인류학**: 인간의 생물학적 혹은 체질적 특성들과 그것들의 진화 과정을 연구하는 분야
- **문화인류학**: 인간 사회와 문화를 연구하는 분야
- 언어인류학: 언어가 사회적 요인들 및 시간 흐름에 따라 어떻게 다양한 모습을 띠는지를 연구하는 분야
- 고고학: 옛 사회들의 물질문화 잔적과 메소포타미아나 메조아메리카 문화들처럼 문자를 가진 경우에는 그런 잔존 문자 기록도 이용하여 이전 사회들을 연구하는 분야

고대 그리스 및 로마의 사회들, 그 제국과 이웃 영역들에 관심을 가진 고고학자들은 자신들을 고전고고학자로 여긴다. 이 고전고고학자들은 인류학적 고고학자들과 마찬가지로 그리스 및 로마 세계의 물질 잔적들을 연구하지만 지금까지 남은 다방면의 문자 기록들(문학, 역사, 공문서 등등) 또한 참조할 수 있다.

성서고고학자들도 인류학적 고고학자들과 거의 똑같은 방식으로 연구 작업을 하지만 고전고고학자들과 비슷한 방식으로 성서 속 사건들을 참작한다.

고고학은 역사학 및 과학과 몇 가지 측면에서 공통점이 있다. 고고학은 역사학과 마찬가지로 인류의 과거를 기록하고 이해하는 데 관련된다. 하지만 고고학자들은 역사학자들이 연구하는 기간보다 훨씬 폭 넓은 시간 틀 속에서 연구 작업을 한다. 통상의 사료는 서아시아에서 서기전 3000년경 문자 기록이 처음 도입됨으로써 비로소 성립되며 다른 대부분의 지역들에서는 그보다 많이 늦다(이를테면 오스트레일리아에서는 1788년에 개시된다). 문자 기록 이전 시기를 선사라고 하고 그에 대한 연구를 **선사학**이라 하는데, 이는 문헌 증거를 이용한 과거 연구를 뜻하는 좁은 의미의 역사학에 대비한 말이다.

고고학자들은 자신들의 시간 중 많은 부분을 유물과 건조물들을 연구하는 데 쓰지만 그래도 고고학이 인간 연구에 관련된 분야이며 그런 의미에서 역사학과 마찬가지로 인문학이라는 점은 잊지 말아야 할 것이다. 그러나 고고학은 역사 문헌을 이용하기는 해도 문헌사와는 근본적으로 다르다. 고고학자들이 찾아내는 자료는 우리가 그것을 어떻게 생각해야 할지 직접 말해 주지 않는다. 역사 기록들은 진술을 하고 의견을 제공하며 판단을 전한다(그런 진술과 판단 자체를 우리가 반드시 해석해 보아야 하지만 말이다). 반면 고고학자들이 발견해 내는 물건들은 스스로는 우리에게 아무것도 직접 말해 주지 않는다. 바로 오늘날의 '우리'가 그런 것들의 의미를 이해해야 한다. 고고학 연구는 이런 점에서 과학과 꽤 비슷한 측면이 있다. 과학자들은 자료를 수집하고 실험을 하며 가설(자료를 설명하기 위한 명제)을 세워 더 많은 자료에 대해 검정해 보고 모델(자료에서 관찰된 정형성을 가장 잘 요약해 준다고 생각되는 서술)을 고안해 낸다. 고고학자는 과학

자가 자연계에 대해 어떤 일관된 견해를 전개해야 하는 것처럼 과거에 대한 하나의 그림을 그려 내야 한다. 그것은 이미 만들어진 상태로 발견되지 않기 때문이다.

요컨대 고고학은 인문학일뿐더러 또한 과학이기도 하다. 사실 이 점은 고고학이 하나의 학문 분야로서 지닌 매력 중 한 가지이다. 즉 현대 역사학자와 현대 과학자로서 지닌 재능을 동시에 보여줄 수 있다. 고고학이 과학으로서 여러 가지 기법들을 갖추고 있다는 사실은 **방사성탄소연대측정법**에서 토기 안 음식 찌꺼기 검사법에 이르기까지 너무나 분명하다. 하지만 과학 분석의 방법들 또한 그와 똑같이 중요한 역할을 한다. 즉 고고학 연구에서는 고고학자들의 분석 개념들이 마치 과학실험실의 기기들과 같은 것이다.

고고학의 주요 질문들

고고학의 증거 자료는 스스로 말을 할 수 없기 때문에 고고학자들이 그 증거에 대해 올바른 질문을 제기하는 것이 중요하다. 만약 질문을 잘못 던지게 되면 잘못된 결론이 도출되게 마련이다. 예를 들어 미국 미시시피 강 동안에서 발견된 수백 기의 알 수 없는 토루들에 대한 초기의 설명들에서는 이 지방의 토착 아메리카 인디언들은 그것들을 결코 축조할 수 없었을 것이라고 전제하였다. 그래서 그 토루들은 지금은 사라지고 없는 가공의 종족, '토루축조족'이 만들었을 것이라고 가정하였다. 나중에 미국 제3대 대통령이 된 토머스 제퍼슨은 부정할 수 없는 증거에 비추어 이 가설을 검정해 보기로 결심하고 자기 땅에 있는 한 토루를 가로지르는 트렌치를 팠다. 그는 그 토루가 매장 장소로 여러 차례 이용되었음을 밝혀낼 수 있었고 또 그것을 토착 인디언들이 지을 수 없었으리라는 증거는 찾아내지 못하였다. 다른 말로 하면 제퍼슨은 그 증거가 시사하는 바에 대해 질문을 제기하였다. 즉 그는 자신의 편견과 전제에 들어맞는 결론을 바로 이끌어내려고 하지 않았던 것이다.

만약 우리의 목표가 인류의 과거에 대해 배우려는 것이라면 고고학자의 가장 중요한 과업 중 한 가지는 그 증거에 대해 올바른 질문들을 제기하는 것이다. 전통적 접근법들에서는 고고학의 목적을 주로 복원 혹은 재구성, 즉 조각그림 이어맞추기라고 여기는 경향이 있었다. 그러나 오늘날에는 아득히 먼 시기의 물질문화를 재현해 내는 것만으로는 충분하다고 할 수 없다. 이제 우리는 옛 사람들이 어떻게 살았고 또 그들이 자신들의 환경을 어떻게 이용하였는지를 분명하게 그려내는 데 정말 관심을 갖고 있다. 그러나 또한 '왜' 그들이 그런 식으로 살았고 왜 그들이 특정한 행위 유형을 지녔으며 또 그들의 물질문화가 어떻게 그런 형태를 띠게 되었는지도 알고자 한다. 한마디로 이제 우리는 변화를 설명하는 데 깊은 관심을 갖고 있다.

이 책의 사용법

고고학자들이 제기하는 질문들이 무엇보다도 중요하기에 우리는 이 책을 가장 중요한 몇 가지

질문들을 중심으로 구성하기로 하였다. 제1장에서는 고고학의 역사, 과거 고고학자들이 던진 질문들의 종류와 그들이 사용한 방법들을 살펴보기로 한다.

제2장에서는 "무엇이 남았는가?", 즉 고고학자가 가지고 작업하는 증거에 대해 질문을 던진다. 그 다음 장은 중요한 질문인 "어디서?"를 검토한다. 고고학자들은 증거가 발견되는 **정황**으로부터 아주 많은 것을 알아낼 수 있으며 또 그간 증거를 찾아내고 수습하는 많은 기법들을 개발하였다. 제4장의 질문은 "언제?", 즉 어떤 것의 연대가 수백 년 전인지 아니면 수천 년 전인지를 어떻게 아는가이다. 제5장에서는 "옛 사회들은 어떻게 조직되었는가?"라는 매혹적인 질문을 살펴본다. 제6장에서는 옛 사람들이 살았던 세계의 모습을 살피기로 하는데 그 질문은 "옛 환경은 어떠하였으며 그들은 무엇을 먹었는가?"이다. 기술은 사회와 우리 조상들의 삶을 변화시킨 중요한 요인이었으며 다른 옛 사람들과의 접촉 또한 그러하였다. 그래서 제7장의 핵심 질문들은 "그들은 도구를 어떻게 만들고 썼는가?"와 "그들은 어떤 접촉을 벌였는가?"이다. 그 다음 장은 현대 고고학자들이 답하려고 무진 애를 쓰고 있는 한층 어려운 질문들 중 몇 가지, 즉 옛 사람들이 자기 세계와 정체성의 문제들을 어떻게 생각하였는지를 다룬다. 그래서 "그들은 무엇을 생각하였는가?"와 "그들은 누구였으며 어떤 모습이었는가?"가 제8장의 질문들이다. 제9장의 주제 "사물은 왜 변화하였는가?"도 역시 똑같이 어려운 질문이다. 제10장에서는 흔히 논란을 일으키는 질문, 즉 "누구의 과거인가?"를 다룬다. 과거는 시간상으로 아득히 멀다고 하겠지만 만일 그것이 오래전에 살았던 사람들의 후손이 가진 믿음, 정체성, 소망을 건드리게 되면 바로 오늘날의 문제와도 연관성을 가질 수 있다.

만약 독자 여러분이 이 책의 순서대로 질문들을 살펴본다면 고고학자들이 어떻게 작업하고 생각하며 분석하고 또한 과거를 이해하고자 노력하는지 알게 될 것이다. 모든 질문들에 대한 답을 얻을 수는 없지만 또한 한 가지 이상의 답이 있을 수도 있다는 점도 알게 되리라 생각된다.

이 책에서는 고고학이 어떻게 돌아가는지를 독자가 이해하는 데 도움이 되도록 몇 가지 특별한 읽을거리들을 마련하였다. 테 글로 구획한 '사례 연구'는 고고학의 실제 적용 양상을 보여주고 또 고고학자들이 실내연구와 야외조사에서 다루는 주요 주제들을 이해하는 데 도움을 줄 것이다. '핵심 개념' 및 '핵심 사실' 항들에서는 고고학의 중요 개념, 방법 혹은 사실들을 요약하고 다시 음미한다. 이런 테 글들은 대개 각 항의 맨 뒤에 배치하여 독자가 이미 읽은 내용을 보강하는 데 도움이 되도록 하였지만 때로는 맨 앞에 위치시켜 본문을 읽어나가는 데 필요한 기술적 개념들을 이해하기 쉽도록 배려하였다. 각 장의 끝부분에는 요약 항을 설정하여 독자가 읽은 내용을 간략히 정리하였고 또 그에 붙인 추천 문헌 목록은 독자가 어떤 주제든 좀더 깊이 탐구하고자 할 때 가장 중요하고 도움이 될 만한 문헌들을 안내해 줄 것이다. 용어 해설 항에 올라 있는 본문 중의 고고학 용어들은 각 장에서 처음 나올 때, 예를 들면 **유물**처럼 고딕체로 표시하였다.

1

과거 탐구자들
고고학의 역사

고고학의 역사는 흔히 대발견의 역사처럼 여겨지는데 예컨대 이집트 투탕카멘 왕묘, 멕시코의 사라진 마야 도시들, 프랑스 라스코 동굴 같은 구석기시대 벽화동굴들 혹은 탄자니아 올두바이 고르지(협곡)에 깊이 묻혀 있었던 우리 조상들의 유해 등을 발견해 낸 일들을 들 수 있다. 그러나 고고학사는 이런 것들을 넘어, 우리가 지금까지 인류의 과거에 관한 물질적 증거를 어떻게 새로운 시각들로 보게 되었으며 그 일을 하는 데 도움을 준 새로운 방법들은 어떤 것이었는지에 관한 이야기이다.

여기서 꼭 기억해야 할 점은 지금부터 150년 전만 해도, 우리가 고고학이 처음 형성되었다고 알고 있는 서구세계의 식자 대부분은 이 세상이 단지 수천 년 전(당시의 공식 성서 해석에 따르면 서기전 4004년)에 창조되었다고 믿었으며 또 아득한 과거에 대한 지식은 모두 초기 역사가들, 그중에서도 특히 고대 근동, 이집트, 그리스의 역사가들이 남긴 기록들로부터 단편적으로 모을 수밖에 없다고 믿었다는 사실이다. 그리하여 문자 발명 이전 시기들에 대해 어떤 종류의 일관된 역사 연구를 할 수 있으리라는 인식은 전혀 없었다.

그러나 오늘날 우리는 저 아득한 과거 깊숙한 곳으로까지 정말 뚫고 들어갈 수가 있다. 이는 단순히 새로운 발견이 끊임없이 이루어지기 때문만은 아니다. 이제 우리가 올바른 질문들을 다소간 제기할 수 있게 되었고 또 그것들에 답하는 데 필요한 올바른 방법들을 얼마간 개발한 덕택이다. 사실 고고학적 기록이라는 물질 증거는 오랫동안 우리 주위에 계속 존재하고 있었다. 이전과 달라진 점은 고고학의 연구 방법들이 우리에게 과거, 심지어 선사시대라는 과거(문자발명 이전의 시대)에 관해 정보를 줄 수 있다는 사실을 깨달은 데 있다. 그러므로 고고학의 역사는 첫째로는 과거를 바라보는 인식, 이론, 시각의 역사라고 할 수 있다. 그 다음으로는 이런 인식들을 가지고 여러 질문들을 탐구하면서 연구 방법들을 개발한 역사이다. 그리고 실제 발견의 역사는 단지 세 번째로 꼽을 수 있을 뿐이다.

이 장과 이 책 전체에서 우리가 강조하고자 하는 점은 바로 이런 질문과 인식에서의 진전과 새로운 연구 방법들의 적용 양상이다. 여기서 기억해야 할 요점은 모든 과거관들이 각 시대의 산물이라는 사실이다. 즉 인식과 이론들은 시대의 흐름에 따라 끊임없이 진화하며 연구방법 또한 마찬가지이다. 따라서 우리가 오늘날 고고학 연구 방법에 대해 서술한다는 것도 그런 진화 궤적 위의 한 점에 관해 이야기하는 데 지나지 않는다. 이 방법들은 수십 년 아니 심지어는 불과 몇 년 안에 낡아빠지고 시대에 뒤떨어진 것처럼 보일 것이 틀림없다. 바로 이 점이 고고학이 하나의 학문 분야로서 지닌 역동적 특성이라 하겠다.

1. 사변기

사람들은 그간 언제나 자신들의 과거에 대해 사색을 하였으며 대부분의 **문화**는 각각 자기 사회가 왜 현재와 같은 모습을 띠게 되었는지를 설명하기 위한 기원 신화를 갖고 있다. 또 대부분의 문화는 자기보다 앞선 시기의 사회들에 매료되곤 하였다. 아스텍인들은 자신들이 똘뗵인의 후예임을 떠벌려 자랑하였고, 수백 년 전 버려진 거대한 멕시코 도시 떼오띠와깐에 너무나 깊은 흥미를 가지고 이 **유적**이 똘뗵인과 관련이 있다고 오인한 나머지 거기에서 나온 의례용 돌 가면들을 자신들의 '대신전' 기단토 속에 집어넣기도 하였다. 그리고 몇몇 다른 초기 문명들에서는 이보다 다소 초연하기는 하였으나 지나간 시대의 유적과 유물에 대한 호기심에 이끌려 학자들이, 심지어 통치자들까지 과거의 물건들을 수집하고 연구하였다.

르네상스라 불리는 (14세기에서 17세기까지의) 유럽 문예부흥기에는 왕족과 귀족들이 처음으로 '골동품 진열장'을 설치하였는데 거기에는 진귀한 광물 및 소위 '자연의 역사'를 예증하는 온갖 표본들과 더불어 골동품과 고대의 **유물**들을 다소 무질서하게 전시하였다. 또 르네상스 동안에는 학자들이 옛 그리스와 로마의 유물들을 연구하고 수집하기 시작하였다. 그리고 좀더 북쪽 땅에 살았던 학자들도 각 지역의 아득히 먼 과거가 남긴 유적 및 유물들을 연구하기 시작하였다. 당시 그들의 주목을 곧바로 끈 유적들은 스톤헨지처럼 흔히 돌로 만들어지고 눈에 확 띄는 야외 기념물들이 주류였다. 이때 영국의 윌리엄 스터클리 같은 용의주도한 학자들은 이런 기념물 중 일부를 체계적으로 조사하던 중에 오늘날도 이용할 수 있을 정도로 정확한 평면도들을 남겼다. 스터클리와 그 동료들은 이런 기념물들이 '악마의 화살들' 같은 장소 이름이 암시하는 것과 달리 거인이나 악마들이 아닌 옛날 사람들이 축조하였음을 입증하는 데 성공하였다. 또 그는 로마시대 가로들이 고분들을 가로지르는 사실을 근거로 전자가 후자보다 틀림없이 나중에 지어졌음을 논증함으로써 야외 유구들의 시기를 나누는 데도 성공을 거두었다.

최초의 발굴들

그러다가 18세기에는 좀더 모험심 많은 연구자들이 가장 두드러진 유적들 중 몇몇을 **발굴**하기 시작하였다. 그런 곳들 중 하나가 이탈리아의 로마시대 도시 폼페이였다. 폼페이는 근처 베수비오 화산이 천지를 뒤덮는 대폭발을 하면서 내뿜은 수 미터 두께의 화산재 밑에 오랫동안 묻혀 있었는데 그렇게 해서 1748년 다시 발견된 것이었다. 발굴자들의 동기는 무엇보다 고대의 귀중한 걸작들을 발견하는 데 있었다. 하지만 오래 지나지 않아 폼페이 출토 발견물들에 대한 출판물이 나오자 국제적으로 엄청난 주목을 끌었으며 가구 및 실내 장식의 양식에 영향을 끼치고 심지어는 낭만소설 몇 편의 소재가 되기도 하였다. 하지만 기록을 제대로 유지한 발굴은 1860년까지는 이루어지지 않았다.

'최초의 발굴'

• 나중에 미국 대통령이 된 토머스 제퍼슨은 1784년 버지니아 주에서 '최초의 과학적 발굴'을 실시하였다.

• 그는 인디언 고분을 가로지르는 트렌치를 조심스럽게 팜으로써 여러 층위들을 관찰하고 그 자료로부터 합리적인 결론을 이끌어낼 수 있었다.

그간 '고고학 사상 최초의 과학적 발굴'을 실시하였다는 명예는 전통적으로 토머스 제퍼슨에게 주어졌는데 (나중에 미국 제3대 대통령이 된) 그는 1784년 버지니아에 있는 자기 땅 안의 한 토루(봉토분)를 가로지르는 트렌치를 팠다. 제퍼슨의 이런 작업은 우리가 설정한 사변기가 마지막 단계에 접어들었음을 가리킨다.

제퍼슨 시대 사람들은 미시시피 강 동안에서 잘 알려진 수백 기의 해명되지 않은 토루들을 지은 사람들이 원주민인 아메리카 인디언들이 아니라 '토루축조족'이라는 사라진 가공의 종족이라고 억측을 하였다. 제퍼슨은 그런 가운데서 오늘날 우리가 과학적 접근법이라 부를 만한 방법을 채택하였으니 그에 대한 자신의 견해를 움직일 수 없는 증거에 비추어 검정해 보려는 의도에서 토루들 중 하나를 직접 발굴하였던 것이다. 그의 방법은 아주 주도면밀하였기에 그가 판 트렌치 안의 여러 층위들을 분간할 수 있었으며 또 많은 인골들 중 아래 층위의 것들이 상대적으로 잔존상태가 나쁘다는 사실도 알 수 있었다. 그는 이로부터 그 토루가 여러 차례 시차를 두고 매장장소로 반복 사용되었음을 추론해 내었다. 제퍼슨 스스로 올바르게 시인한 대로 '토루축조족' 문제를 풀기 위해서는 더 많은 증거가 필요하기는 하였지만 그는 바로 오늘날 인디언의 조상들이

고고학 초기의 발굴 광경: 리처드 콜트 호어와 윌리엄 컨닝턴이 1805년 스톤헨지 북쪽의 한 곳에 대한 발굴을 지휘하고 있다.

그런 토루를 축조하지 못하였으리라고 생각할 하등의 이유는 없다고 보았다.

제퍼슨은 자기 시대를 앞서가고 있었다. 그러나 그의 견실한 접근방식, 즉 면밀하게 발굴해 낸 증거로부터 논리적 추론을 이끌어내는 방식은 북미에서는 직접 계승자가 아무도 없었던 탓에 이어지지 못하였다. 한편 당시 유럽에서는 발굴이 광범위하게 이루어지고 있었는데 예컨대 영국인 리처드 콜트 호어는 19세기의 첫 10년 동안 영국 남부의 봉토분 수백 기를 발굴하였다. 그렇지만 이런 발굴들 중 그 어느 것도 머나먼 과거에 대한 지식추구의 정당성을 주창하는 데는 크게 기여하지 못했으니 그들의 해석이 아직도 인류의 나이가 얼마 안 되었다고 고집하는 성서적 신념의 틀 안에 머물러 있었기 때문이다.

2. 근대고고학의 시작

고고학은 19세기 중반에 이르러서야 비로소 진정한 학문으로서 확립되었다. 그 배경에는 지질학이라는 신학문의 중대한 성과들이 미리 자리 잡고 있었다. 이에서는 암석의 **층서**(누중된 층들의 순서)를 연구함으로써 장차 고고학 발굴의 초석이 될 원리들을 확립하였는데 이는 제퍼슨의 작업이 이미 예고한 대로였다. 또 암석의 층위들은 지금도 바다, 강, 호수 속에서 일어나고 있는 작용들과 같은 과정에 기인한 결과라는 사실이 밝혀졌다. 이것이 바로 **'동일과정설'**이라는 원리로서 이는 옛적의 여러 상황은 지질학적으로 볼 때 오늘날의 상황과 본질적으로 비슷하거나 '동일하다'는 것이다. 이런 관념은 인류의 과거에 대해서도 적용할 수 있었으며 그래서 이는 근대고고학의 기본 인식들 중 한 가지, 즉 과거가 여러모로 현재와 아주 비슷하였다는 인식의 토대가 되었다.

1860년대에 만화로 그려진 찰스 다윈의 모습.

인류의 태고성과 진화의 개념

이런 지질학의 진전은 19세기 지성사에서 아주 중요한 사건들 중 한 가지(였으며 고고학이라는 학문을 위해서도 필수불가결)했던 인류의 태고성 확립의 기초를 닦는 데 크게 기여하였다. 사람들은 이제 인류의 기원이 아득히 먼 과거로까지 거슬러 올라간다는 데 널리 동의하였고, 그 결과로 이 세상과 그 속의 모든 것들이 지금부터 불과 수천 년 전에 창조되었다는 성서적 관념은 더 이상 통용될 수 없었다. 인류의 **선사학**이라는 것이 성립할 가능성, 아니 선사학의 필요성이 확실하게 생겨났다.

이는 찰스 다윈의 발견 사항들과도 잘 조화되었으니 그는 1859년 출판된 주저 『종의 기원』에서 모든 동식물의 기원과 발달 과정을 설명하는 **진화**의 개념을 확립하였던 것이다. 진화의 개념 자체는 전혀 새로운 것은 아니어서 이전 학자들도 이미 생물체가 시대의 흐름에 따라 변화 혹은 진화하였음이 틀림없다는 주장을 한 적이 있었다. 다윈의 위업은 그 변화가 어떻게 일어났는지를 논증한 데 있었다. 핵심 메커니즘은 다윈의 말을 빌면 '자연선택', 즉 적자생존이었다. 어떤 종의 개체들 중 환경에 잘 적응한(즉 '자연선택된') 것은 생존경쟁에서 살아남는 반면 그렇지 못한 개체는 사멸하게 될 것이다. 살아남는 개체들은 자신들의 유리한 특성들을 유전을 통해 자손들에게 전할 것이고 그래서 한 종의 특성들은 서서히 변화하면서 이윽고 새로운 종이 출현하기에 이를 것이다. 이상이 진화의 과정에 대한 개요였다. 이것이 함축하는 바는 분명하였으니 인간이라는 종도 그와 동일한 과정의 한 부분으로 출현하였다는 것이었다. 이제 고고학의 여러 기법을 써서 물질 기록 속 인류의 기원을 탐구하는 작업이 개시될 수 있었다.

또 다윈의 진화 관련 저작은 유물들을 분석하고 그것들이 시간의 흐름에 따라 어떻게 발전하였는지 연구하는 데 필요한 기초를 닦던 고고학자들에게도 즉각 영향을 주었다. 그러나 사회사상가와 인류학자들에게 미친 영향은 더욱 심대하였다. 그리고 진화의 원리는 사회 조직에도 적용될 수 있으니 문화가 생물의 진화보다 명확하지는 않지만 세대 사이에 학습되어 전해진다고 볼 수 있기 때문이었다.

삼시대 체계

위에서 살펴본 대로 당시 고고학의 몇몇 기법들, 그 중에서도 특히 발굴 분야의 기법들은 이미 개발되어 있었다. 또 유럽 선사학의 진전에 아주 유용하다는 사실이 입증된 개념 도구인 **삼시대 체계**도 그러하였다. 콜트 호어는 일찍이 1808년 자신이 발굴한 무덤들에 들어 있던 돌, 청동, 철로 된 유물들의 시간적 선후 관계를 인식한 적이 있었다. 하지만 이를 처음으로 체계 있게 연구한 이는 덴마크 학자 C. J. 톰센이었다. 그는 선사시대 유물들이 석기시대, 청동기시대, 철기시대의 산물들로 구분될 수 있다고 제안하였는데 얼마 지나지 않아 유럽 전역의 학자들이 이 **분류**가 유용함을 인식하였다. 그 후 석기시대는 **구석기시대**와 **신석기시대**로 세분되었다.

이런 용어들은 아프리카나 아메리카에서는 덜 적합하였는데 전자의 경우 사하라 사막 이남에서는 청동기가 쓰이지 않았으며 후자의 경우는 청동기가 상대적으로 덜 중요하였고 유럽인들이 정복하기 전에는 철기가 쓰이지 않았기 때문이다. 그러나 개념적으로는 의미 심장하였다. 삼시대 체계는 우리가 선사시대 유물들을 세밀히 검토해서 분류하면 편년 순서대로 배열할 수 있다는 원리를 확립하였던 것이다. 이제 고고학은 과거에 관한 단순한 사변의 차원을 넘어 신중한 발굴과 출토 유물의 체계적 연구를 포함하는 하나의 체계적 학문으로 나아가는 참이었다. 지금은 현대의 연대측정법들이 삼시대 체계의 역할을 대신하게 되었지만 그래도 이는 여전히 고고학 자료의 기본 분류 방법들 중 한 가지로 기능하고 있다.

민족지학과 고고학

당시의 사조에서 또 한 가지 중요한 요소는, 세계 여러 지역 현존 공동체들에 대한 민족지학자들

프레더릭 캐터우드가 그린 코판 석비 A의 도면. 다소 낭만적이기는 하지만 정확하게 그렸다. 그가 1840년 이 유적을 방문하였을 당시에는 마야 문자가 해독되지 않았다.

에프라임 스퀴어.

의 조사 연구가, 분명히 그런 공동체들과 비견될 정도로 단순한 도구와 물품들을 가졌던 그 초기 토착 주민들의 생활양식에 대해 무언가 이해를 하려고 애쓰던 고고학자들에게 유익한 출발점이 될 수 있으리라는 자각이었다. 예를 들어 일찍이 16세기에 북아메리카 토착 인디언 공동체들과 접촉한 사람들의 보고 내용은 호고가(好家)와 역사가들이 켈트족이나 브리튼 사람들의 문신 모습을 그려내는 데 모델을 제공하였다.

그리고 얼마 지나지 않아 민족지학자와 인류학자 스스로 인류의 진보에 관한 도식들을 만들어 내었다. 다윈의 진화 개념에 크게 영향을 받은 영국 인류학자 에드워드 타일러와 미국 인류학자 루이스 헨리 모건은 둘 다 1870년대에 인류 사회가 야만(원시 수렵)으로부터 미개(단순 농경)를 거쳐 문명(최고 사회 형태)으로 진화하였다는 주장을 편 중요 저작들을 발표하였다. 모건의 책은 부분적으로는 현존 북미 인디언에 대한 자신의 폭넓은 지식을 토대로 삼은 것이었다.

초기 문명의 발견

그리하여 1880년대에 이르면 근대고고학의 기저를 이루는 인식들 중 다수가 이미 생겨난 상태였다. 그런데 이런 인식 자체는 19세기 동안 이루어진 구대륙 및 신대륙 고대 문명의 대발견들을 배경으로 구체화되었다.

고대 이집트 문명의 찬란함은 나폴레옹이 1798년부터 1800년까지 그곳을 원정한 이래 이미 대중의 열렬한 관심을 끌고 있었던 터였다. 바로 그의 장병 중 한 사람이 로제타 비석을 발견함으로써 이집트 상형문자를 해독해 내는 데 필요한 결정적 열쇠가 주어졌다. 비석에는 이집트 상형문자와 그리스 문자 명문이 나란히 새겨져 있었다. 프랑스인 장-프랑수아 샹폴리옹은 이 두 언어로 된 명문을 이용하여 14년에 걸친 노력 끝에 1822년 마침내 상형문자를 해독해 내었다. 고대 메소포타미아의 많은 언어들에 쓰인 설형문자의 비밀도 이와 비슷한 빛나는 학구적 작업 덕택에 풀렸다.

이집트와 근동은 미국의 법률가이자 외교관인 존 로이드 스티븐스 또한 매료시켰지만 그의 명성은 바로 신대륙에서 드높이 휘날리게 된다. 그는 영국인 화가 프레더릭 캐터우드와 함께 멕시코 유카탄 지역으로 여러 차례 여행을 한 후 1840년대 초에 아주 훌륭한 그림을 곁들인 책들을 공저로 출판하였는데 이는 폐허로 변한 고대 마야 도시들을 사상 처음으로 열렬 대중들에게 알려주는 역할을 하였다. 스티븐스는 당대의 북미 연구자들이 그곳 토루들을 축조한 이들은 사라져버린 백인 토루축조족이라고 계속 우긴 것과 달리 올바르게도 마야 기념물들은, 그 자신의 말을 빌면 '스페인 사람들의 정복 당시 그 나라에 살았던 바로 그 종족들이 만든 것'이라고 믿었다. 또 스티븐스는 여러 유적에 비슷한 상형 명문들이 있는 점에 주목하여 마야 문화의 단일성을 주장하였다. 그러나 마야에서는 1960년대까지 그 문자들을 해독할 샹폴리옹 같은 이가 나타나지 않았다.

19세기의 토루 발굴 모습을 보여주는 길이 348 피트짜리 그림의 한 부분. 이런 발굴은 사라진 종족이라는 '토루축조족'을 찾아내기 위한 허망한 노력의 일환으로 실시한 경우가 많았다.

19세기 북미고고학의 선구자들

19세기 북미고고학을 풍미한 두 가지 주제가 있었으니 하나는 사라져버린 종족 '토루축조족'에 대한 끈질긴 믿음이고 다른 하나는 '빙하시대인'에 대한 탐구였다. 후자는 아메리카 대륙에서도 유럽처럼 화석인골과 석기시대 도구들이 절멸동물의 뼈와 함께 발견되리라는 생각에서 비롯되었다. 예를 들어 오하이오 주의 신문기자였다가 1840년대에 200기가 넘는 토루들을 발굴한 에프

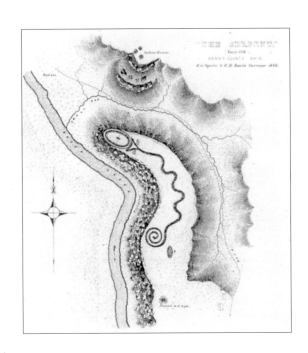

스퀴어가 (오하이오의 내과의사 에드윈 데이비스의 도움을 받아) 1846년 작성한 오하이오 주 소재 '큰 뱀 토루' 평면도.

라임 스퀘어는 토루축조족의 신화를 옹호하면서 '노동을 싫어하는 사냥꾼'인 토착 인디언들이 그런 토루들을 축조할 수는 없었을 것이라고 여겼다. 하지만 이 선구자들이 당시 남긴 저작은 아직도 쓸모가 있으니 서부 개척자들이 몰려오면서 파괴된 수많은 토루들에 대해 그들이 작성한 평면도와 기록들은 현재 이곳의 기록으로 남은 최상의 자료이기 때문이다.

아메리카호고가협회 총무였던 사무엘 헤이븐은 1856년 『미국의 고고학』이라는 주목할 만한 종합서를 냈는데 이는 현재 근대 아메리카 고고학의 초석으로 여겨진다. 그는 이 책에서 아메리카 인디언들이 아주 오래 전부터 이 땅에 살았음을 매우 설득력 있게 주장하고 또 그들의 두개골 및 기타 신체 특성들로 봤을 때 아시아인종과 연관이 있을 가능성을 지적하였다. 그는 스퀘어와 다른 이들의 견해에 대해 강한 이의를 제기하면서 그 신비스런 토루들은 현존 아메리카 인디언의 조상들이 축조하였다고 결론지었다.

또 다른 학자 존 웨슬리 파월은 젊은 시절 토루들을 발굴하고 지질학을 배우는 데 많은 시간을 보냈다. 이윽고 그는 미국 지리 및 지질 조사회의 로키산맥 지방 회장으로 선임되었다. 그는 급속하게 스러져가던 인디언 문화들에 관한 광범위한 정보를 모아 출간하였다. 그 후 워싱턴으로 옮겨간 그는 자기 구상대로 북미 인디언을 연구하기 위해 설립한 정부 기관인 미국 민족연구국의 국장직을 맡았다. 아메리카 인디언 권리 옹호를 위한 대담무쌍한 운동가였던 파월은 인디언 보호구역 설치를 권고하였고 또 각 부족의 구비역사를 기록하기 시작하였다.

파월은 1881년 사이러스 토머스를 불러 미국 민족연구국의 고고학 조사사업 책임자로 임명하면서 토루축조족이 두 번 다시 거론되지 않게 결말짓도록 지시하였다. 그리하여 토머스는 7년에 걸쳐 수천 기의 토루를 조사하고 연구한 끝에 토루축조족이라는 종족은 실존한 적이 없으며 그 기념물들은 현대 인디언의 조상들이 축조하였음을 입증하였다.

사무엘 헤이븐.

존 웨슬리 파월.

사이러스 토머스.

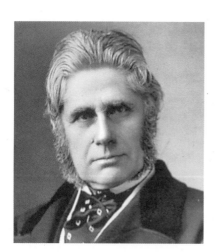

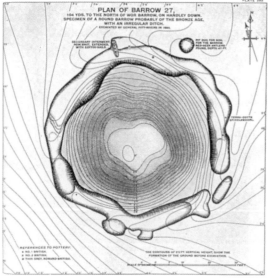

피트리버스 장군. 크레인본 체이스의 발굴자이자 발굴 기록법의 선구자.
오른쪽 그림은 피트리버스가 꼼꼼하게 작성한 크레인본 체이스 봉토분 평면도 중 하나이다.

야외조사기법의 발전 과정

올바른 과학적 발굴 방법은 19세기 말에 들어서야 비로소 보편적으로 채택되기 시작하였다. 그 이후로 오늘날 우리가 쓰는 현대적 야외조사 방법들을 창안하는 데 여러모로 애를 쓴 걸출한 인물들이 몇 사람 있다.

생애의 많은 기간을 직업군인으로 보냈던 아우구스투스 레인폭스 피트리버스 장군은 오랜 기간에 걸쳐 군에서 쌓은 기율, 측량, 엄밀성의 경험을 살려 영국 남부의 자기 땅에서 흠잡을 데 없이 잘 조직된 발굴 작업을 벌였다. 평면도와 단면도를 작성하고 심지어 모형까지 만들었으며 모든 유물의 출토 위치를 정확하게 기록하였다. 그는 훌륭한 보물을 찾아내는 데 관심을 가지지 않고 아무리 하찮은 유물일지라도 모두 수습하는 데 노심초사하였다. 그는 전면적인 기록을 역설한 선구자였으며, 1887년부터 1889년까지 크레인본 체이스 유적을 발굴하고 그 성과를 사비로 발간한 4권의 보고서는 지금도 고고학 출판물의 최고 수준을 대변한다.

1922년 이집트 아비도스 유적에서의 플린더스 피트리.

젊은 시절을 피트리버스와 동시대인으로 살았던 윌리엄 플린더스 피트리 경은 그와 마찬가지로 주도면밀한 발굴을 실시하면서 훌륭한 유물뿐만 아니라 발견되는 모든 것을 채집하고 기술해야 함을 역설하였으며 보고서 완간을 강조한 점 등으로 저명하다. 그는 이런 원칙과 방법들을 1880년대부터 죽을 때까지 처음에는 이집트, 나중에는 팔레스타인에서 벌인 모범적인 발굴들에 적용하였다.

모티머 휠러 경은 양차 세계대전에 영국 육군으로 참전하였고 피트리버스와 마찬가지로 군

모티머 휠러 경과 1945년 인도의 한 유적 발굴 광경.

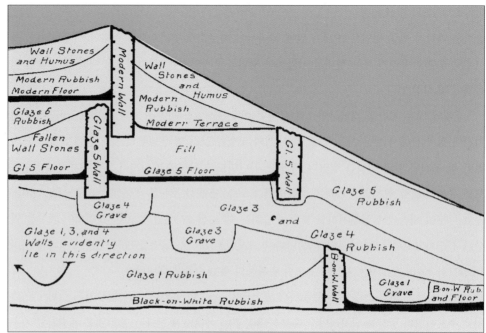

알프레드 키더(위)가 페코스 푸에블로 유적에서
그린 층위 단면도.

대식 엄밀성을 발굴에 적용하였는데 특히 방격법에 따라 유적을 분할, 발굴하는 방법을 창안하
였다. 그는 영국의 성채 유적들, 그 중에서도 메이든 캐슬 유적에 대한 발굴로 유명하다. 하지만
1944년부터 1948년까지 인도 고고학국장으로서 이룬 업적도 이에 못지않게 탁월하니 그는 인도
에서 처음으로 현대 야외조사법 훈련학교들을 개설하였고 중요 유적들을 다수 발굴하였다.

　　알프레드 키더는 당대의 으뜸가는 아메리카학자였다. 그는 마야 고고학에서 중요 인물이었
을 뿐만 아니라 미국 뉴멕시코 주 북부의 대규모 푸에블로인 페코스 폐허를 1915년부터 1929년
까지 발굴함으로써 남서부 지방을 고고학 지도에 올려놓는 데 주역을 담당하였다. 이 지방에 대
한 조사 결과를 담은 『남서부 고고학연구 개설』(1924)은 이제 고전 중 하나에 든다.

　　키더는 유물과 인골을 분석하는 데 전문가 팀을 활용한 최초의 고고학자 중 한 사람이었다.
또 그는 지역 연구 전략의 '청사진'을 제시한 점에서도 중요한데 이는 (1) 지표 정찰, (2) 유적들

고고학 역사 초기의 진전들

• 초기 인류 역사에 대한 성서의 설명을 자구 그대로 해석하기를 배격하고 인류의 태고성을 확립함.

• 찰스 다윈의 진화론과 자연선택설.

• 선사시대를 석기시대 · 청동기시대 · 철기시대로 구분한 삼시대 체계를 수립함.

• 고고학 야외조사기법의 발전.

의 편년 위치 매김을 위한 기준 선정, (3) 유적들을 개연성 높은 편년순서로 배열, (4) 특정 문제들을 해결하기 위한 층서 발굴, (5) 대상 지역에 대한 한층 상세한 지표 조사 및 연대 결정으로 이루어져 있다.

3. 분류와 토대 공고화

앞에서 본 대로 근대고고학의 주된 요소들 중 많은 부분이 19세기가 끝나기 훨씬 전에 이미 확립되었고 또 초기 문명 다수도 발견되었다. 이제 그 후 대략 1960년까지 이어지는 시기는 '분류-문화역사 수립기'로 불린 바 있다. 이 시기의 주된 관심사는 편년이었다. 고고학자들은 지역별 편년체계 확립과 각 지역 내 문화발전 서술에 많은 노력을 기울였다.

이 시기 동안 가장 중요한 몇 가지 공헌을 한 이들은 바로 유럽과 북미의 선사 사회들을 연구한 학자들이었다. 미국에서는 아메리카 인디언을 연구한 인류학자와 고고학자들 사이에 긴밀한 연계가 있었다. 인류학자 프란츠 보애스는 그 선배들의 일반 진화 도식에 반발하여 야외에서의 정보 수집과 분류에 한층 많은 관심을 기울여야 한다고 주장하였다. 그리하여 토기 및 바구니의 문양이나 인디언 가죽 신발인 모카신의 여러 유형 같은 문화 특성들의 엄청난 목록들이 작성되었다. 이것들은 고고학자들의 소위 '직접 역사적 접근법'에 연계되었는데 이는 현대 인디언의 토기 및 여타 인공물 양식으로부터 '직접' 먼 과거로 거슬러 올라가면서 그 기원을 추적하려는 접근방법이었다. 1930년대에 이르러 분리 수립된 지역 편년들의 숫자가 너무 많아지자 W. C. 맥컨이 이끄는 일단의 학자들이 **'중서부 분류체계'**라는 것을 고안하였는데 이는 채집유물군 사이의 유사성을 확인함으로써 중서부 지방 안 여러 지역의 편년들을 상호 연계하였다.

고든 차일드 교수. 1930년 오크니제도 스카라 브래 신석기시대 취락 유적에서의 모습.

한편 오스트레일리아 출신으로 영국에 자리잡은 뛰어난 학자로서 유럽 선사학과 구대륙 역사 전반에 대한 선도적 사상가요 저술가였던 고든 차일드는 거의 혼자서 유럽 선사시대의 여러 편년순서들에 대해 이런 종류의 비교작업을 하고 있었다. 그의 방법과 중서부 분류체계는 둘 다 "이 자료들은 어느 시기에 속하는가?"와 "다른 어떤 자료들이 이와 같은 시기에 속하는가?"라는 질문에 답하기 위해 자료들을 배열할 수 있도록 고안된 것이었다. 질문 중 후자는 고든 차일드가 명시적으로 표현한 가정 한 가지를 통상 담고 있으니, 그 가정이란 언제나 되풀이 공반되는 일괄 유물 혹은 '유물복합체'(그의 용어로는 '문화')는 특정 인간집단의 소산으로 간주할 수 있다는 것이었다. 그리하여 이 접근방식은 "이 유물들은 누구에게 속한 것인가?"라는 질문에 아주 일반적인 의미에서 답할 수 있다는 희망을 불어넣었다.

그러나 차일드는 여러 문화들을 단순히 편년순서로 기술하고 상호 연계 짓는 작업을 넘어 그것들의 기원을 설명하려고 시도하였다. 19세기 말 학자들은 석조 건축에서 금속제 무기류에 이르는 문명의 모든 속성들이 근동지방에서 유럽으로 교역이나 주민 이주로써 퍼지거나 '전파'되었다고 주장하였다. 차일드는 그때보다 훨씬 늘어난 가용자료들을 가지고 이런 접근방식을 수정하면서 유럽이 약간의 자생적 발전을 이루었다고 주장하였다. 하지만 주요 문화 변동은 근동으로부터 받은 영향 때문이었다고 보았다.

나중에 차일드는 이에서 더 나아가 훨씬 어려운 질문인 "왜 문명이 근동지방에서 일어났는가?"라는 질문에 답하고자 노력하였다. 마르크시즘과 그 얼마 전 일어난 러시아 마르크시즘 혁명에 영향을 받은 그는 인류사에서 농업을 발생시킨 '신석기혁명'이 일어났고 그 뒤로는 최초의 읍과 도시들을 출현시킨 '도시혁명'이 일어났다고 주장하였다. 이와 같이 차일드는 과거의 사건과 현상들이 왜 일어나거나 변화하였는가라는 전적으로 보편적인 주제를 대담하게 다루고자 한 당대의 몇 안 되는 고고학자 중 한 사람이었다. 대부분의 동시대인은 편년과 문화 발전 순서를 확립하는 데 한층 더 관심을 기울였다. 그러나 제2차 세계대전 이후로는 새로운 인식을 가진 학자들이 종래의 접근방식들에 이의를 제기하기 시작하였다.

생태학적 접근방식

북미에서 가장 큰 영향을 끼친 새로운 사상가 중 한 사람은 인류학자 줄리언 스튜어드였다. 그도 차일드처럼 문화변동을 설명하는 데 관심을 가졌으나 그는 이 문제에 현존 문화들의 작동방식에 대한 인류학자로서의 이해를 접목하였다. 나아가 그는 문화들이 상호 간에만 작용을 하는 것이 아니라 그 환경과도 상호작용을 한다는 사실을 부각시켰다. 스튜어드는 환경에 대한 적응이 문화변동을 일으키는 방식을 연구하는 이 분야를 **'문화생태학'**이라 이름 붙였다. 이런 인식이 고고학에 가장 직접적으로 영향을 끼친 예로는 스튜어드의 대학원 동기생 중 한 사람인 고든 윌리의 작업에서 볼 수 있을 터인데 그는 1940년대 말 페루의 비루 강 유역에서 이 분야의 선구적 조사를 벌였다. 신대륙 발견 이전 1500년 간에 걸친 인간 생활에 대한 이 연구에서는 식별된 선사 유적 수백 개의 연대를 정하기 위해 세밀 지도 및 공중사진 관찰, 지상 답사, 발굴 및 토기편 지표채집 등 여러 가지 방법을 결합하는 접근법을 썼다. 그러고 나서 이 유적들이 비루 강 유역 안에서 시기별로 어떤 지리적 분포를 나타내는지 지도로 표시하고 그 결과를 지역 환경 변화에 대비하여 검토하였다.

한편 영국 고고학자 그레이엄 클라크는 스튜어드와는 아주 별개로 고고학 야외조사에 한층 직접적인 타당성을 갖는 생태학적 접근방식을 개발하였다. 그는 동시대인의 유물 위주 '문화 역사' 접근법과 결별하면서 인간 집단들이 각 환경에 어떻게 적응하였는지를 연구해야만 옛 사회의 많은 측면들을 제대로 이해할 수 있다고 주장하였다. 이를 위해서는 새로운 분야 전문가들과의 협동 작업이 필수인데 예컨대 고고학적 기록에서 동물 뼈나 식물 유체를 식별할 수 있는 전문가들은 선사 환경이 어떠했는지 뿐만 아니라 선사인들이 무슨 음식을 먹었는가를 그려내는 데 도움을 줄 수 있다.

고고학적 과학의 등장

제2차 세계대전 직후 이루어진 또 한 가지 괄목할 만한 진전은 고고학에 도움이 되는 과학 분야들의 급속한 발전이었다. 우리는 생태학적 접근방식의 선구자들이 환경과학 분야의 전문가들과 어떻게 협력관계를 조성하였는가를 이미 보았다. 하지만 그보다 더 중요한 것은 물리, 화학 분야를 고고학에 적용한 일이었다.

가장 중대한 돌파구는 연대측정 분야에서 열렸다. 1949년 미국의 화학자 윌러드 리비는 **방사성탄소연대측정법**의 개발을 발표하였다. 이 소중한 기술적 업적의 충격파가 충분하게 느껴지기 시작한 것은 그로부터 10년도 더 지나서부터이지만 이 진전이 함축하는 바는 처음부터 명백하였다. 이제 고고학자들은 세계 어디서나 복잡한 통문화적 비교작업을 하지 않고도 연대를 모르는 유적과 유물의 나이를 직접 판정할 수 있는 방법을 손에 넣은 것이었다. 선사 유럽 유적 및 유물의 연대는 역사 기록으로 자체 유적 및 유물의 연대를 알 수 있는 초기 그리스와 접촉이 있었다는, 그리고 그로부터 고대 이집트와 (간접적) 접촉이 있었다는 가정하에 상호 비교를 함으로써 측정해내는 것이 전통적 방법이었다. 그러나 이제 방사성탄소연대측정법은 옛 유럽에 대한 완전히 독립적인 편년을 제공할 수 있다는 전망을 제시하였다. 또 이 때문에 연대를 정하는 일이 더 이상 고고학 연구의 최종 목표 중 하나일 수가 없게 되었다. 물론 편년은 여전히 중요하였지만 이제는 훨씬 효율적으로 해낼 수 있었으므로 고고학자는 단순히 편년에 집중하는 차원을 넘어 한층 도전적인 질문들을 제기할 수 있게 된 것이다.

이제 식물 및 동물 연구와 인간 유체 및 유물 분석 방법들 또한 과학적 기법을 고고학에 적용하는 분야가 되었다. 지난 10여 년 동안에는 생화학과 분자유전학 분야의 발전에 힘입어 분자고고학과 고고유전학이라는 새로운 학문 분야가 출현하였다. 화학 분야에서의 민감한 기술들 덕택에 유기질 잔존물들을 정확하게 식별해 냄으로써 식단과 영양에 대한 새로운 지견들이 나오기 시작하였다. 현대 및 고대의 DNA 연구는 인간 진화 연구에 참신한 접근방식들을 제시하였으며

20세기 중반까지의 핵심 발전사항들

- 20세기 초 지방별 편년과 유물 변천 순서의 수립.
- 고든 차일드가 과거에 왜 사건(사물)들이 일어나거나 변화하였는지에 대해 대담하게 의문을 제기함.
- 제2차 세계대전 후에 인류 과거의 변화에 대한 환경론적 혹은 생태론적 설명이 제시됨.
- 동물 혹은 식물 연구 같은 다른 학문 분야 전문가와의 협동 증가.
- 특히 방사성탄소연대측정법 같은 고고학을 위한 과학적 보조수단의 개발.

이제 동식물 순화 연구에 분자 수준의 체계적 토대를 제공하고 있는 참이다.

4. 고고학의 전환점

1960년대는 고고학 발달사에서 하나의 전환점을 이룬다. 이때에 이르러 일부 고고학자들은 기존의 연구 수행 방식을 불만스럽게 여기게 되었다. 그 불만은 발굴 기법이라든지 새로 개발된 과학적 보조방법들 자체가 아니라 그로부터 결론이 도출되는 방식, 즉 고고학자가 사건과 현상을 설명하는 방식에 대한 것이었다.

전통고고학에 대한 근본 불만 요인은 그것이 주민 이주와 가상의 '영향들'에 결부 짓지 않고서는 도대체 아무것도 결코 설명하지 못하는 듯 보이는 데 있었다. 사실 미국 고고학자 월터 W. 테일러는 이미 1948년에 한 문화체계의 전역을 고찰 대상으로 삼는 접근방식이 필요함을 주장한 바 있었다. 그리고 1958년에는 고든 윌리와 필립 필립스가 문화 역사에서 일어난 일반 과정들을 한층 폭넓게 연구('과정적 해석'을)할 수 있도록 사회적 측면에 좀더 많은 주안점을 두어야 한다고 주장하였다.

이는 정말 다 좋은 말들이지만 실제로 어떻게 해야 하는 것인가?

신고고학의 탄생

미국에서는 그 답이 루이스 빈포드가 이끈 일단의 젊은 고고학자들에 의해 최소한 부분적으로라도 제시되었다. 그는 고고학 해석의 문제들에 대해 새로운 접근방식을 제시하는 데 착수하였으며 이는 곧 **신고고학**이라 불리게 되었다. 빈포드와 그 동료들은 고고학 자료를 이용하여 일종의 '거짓역사'를 쓰고자 애쓰는 접근방식에 반대하는 주장을 폈다. 그들은 고고학적 증거가 과거 사회의 사회·경제적 측면들을 조사하고 연구하는 데서 지닌 잠재력이 그간 인식한 것보다 훨씬 크다는 점을 역설하였다. 이와 같이 그들의 고고학관은 많은 선배들의 관점보다는 한층 낙관적이었다.

또 그들은 고고학적 추론이 반드시 명시적이어야 한다고 주장하였다. 결론의 근거는 해석을 하는 학자의 개인적 권위가 아닌 논증이라는 명시적 틀에 두어야 한다는 것이다. 이는 어떤 결론을 타당하다고 간주하려면 검정할 수 있는 형태라야 한다는 견해였다.

이 과정주의고고학자들은 단순한 서술이 아닌 설명을 하고자 하였으며 그렇게 하는 방법은 모든 과학들처럼 타당성 높은 일반화를 이끌어내는 데 있었다. 그들은 한 문화가 다른 문화에 미친 영향을 다소 막연하게 언급하는 방식에서 벗어나 문화를 (기술, 교역 혹은 이념 같은) 여러 아체계들로 세분될 수 있는 하나의 체계로서 분석하고자 노력하였다. 그들은 유물의 **형식학** 및 분류

과정주의고고학의 핵심 개념들

신고고학 초기의 주창자들은 옛 전통고고학의 한계점들을 아주 깊이 인식하고 있었다. 다음의 대비 항들은 그들이 자주 강조하였던 것들이다.

고고학의 성격: 설명적 대 기술적
이제 고고학의 목적은 단순히 과거를 복원하고 사람들이 어떻게 살았는지를 재구성하는 것이 아니라 과거의 변화를 '설명'하는 것이었다. 이에는 '명시적' 이론의 사용이 필요하였다.

설명: 문화과정 대 문화역사
전통고고학은 역사적 설명에 의존하는 것으로 간주된 데 반해, 신고고학은 '과학철학'에 근거를 두고 경제체계 및 사회체계 내의 변동이 어떻게 일어났는가 하는 문화과정의 관점에서 생각하였다. 이것은 '일반화'를 함축한다.

추론: 연역적 대 귀납적
전통고고학자들은 고고학을 마치 조각그림 짜맞추기 퍼즐과 같은 것으로 생각하였다. 즉 그 임무는 '과거 짜맞추기'였다. 신고고학은 그 대신에 '가설'들을 고안하고 '모델'들을 구축하며 결론을 연역적으로 추론하는 것이 타당한 절차라고 보았다.

타당성: 검정 대 권위
가설들은 검정되어야 하며, 결론 수용 여부가 연구자의 권위나 지위에 근거해서는 안 될 일이었다.

연구초점: 연구 계획 입안 대 자료 축적
고고학 연구에서 앞으로 적의성이 있을지 없을지도 모를 정보를 단순히 자꾸 많이 만들어내기만 할 것이 아니라 특정 '질문'들에 경제적으로 답할 수 있도록 연구 계획을 입안해야 하였다.

접근방식의 선택: 계량적 대 단순 질적
계량적 자료는 컴퓨터를 이용한 통계 처리와 '표본추출' 및 '유의성 검정'을 할 수가 있다. 이는 순전히 말로만 이루어진 전통적 접근방식보다 흔히 선호되었다.

시각: 낙관론 대 비관론
전통고고학자들은 툭하면 고고학 자료가 '사회조직' 혹은 '인지체계'를 복원하는 데는 그다지 적합하지 않다는 점을 강조하였다. 반면 신고고학자들은 한층 긍정적이어서 이 문제들을 풀려고 전력을 다해 보기 전까지는 결코 그것들이 어려운지 어떤지 알 수가 없는 것이라고 주장하였다.

에는 이전보다 훨씬 비중을 덜 두었다.

신고고학자들은 이런 목표들을 달성하기 위해 크게 보아 역사학의 접근방식들은 외면하고 과학의 방법들로 눈을 돌렸다. 한층 정교한 계량적 기법들을 채택하고 특히 지리학 같은 다른 학문 분야로부터 아이디어를 빌리는 데 조금도 주저하지 않겠다는 분위기가 팽배하였다.

또 신고고학자들은 새로운 기법들을 포착하여 활용하고자 하는 열망이 지나쳤던 탓에 그 비판자들이 대개 특수용어라고 도외시한 일련의 생경한 어휘들에 의존하였다. 사실 근년 몇몇 비판자들은 그처럼 과학적이고자 한 열망들 중 일부에 대해 반발을 표한 바 있다. 그러나 이제 고고학이 다시는 이전과 같을 수 없으리라는 데는 의문의 여지가 없다. 오늘날 대부분의 연구자들, 심지어 초기 신고고학의 비판자들까지도 과거에 무슨 일이 일어났는지를 서술할 뿐만 아니라 그것을 또한 설명하는 것이야말로 고고학의 목적이라는 데 동의함으로써 묵시적으로라도 신고고학의 영향을 인정한다. 또 이들 대부분은 고고학 연구를 올바로 하기 위해서는 우리의 기본 가정들을 명시하고 또 그것들을 검토하는 작업이 반드시 필요하다는 데도 동의한다.

1980년대와 1990년대의 탈과정주의 논쟁

1980년대와 1990년대의 포스트모더니즘 사조는 과거에 대한 접근방식이 아주 크게 다양해지는 계기가 되었다. 다수의 야외고고학자들은 이론적 논쟁에 비교적 영향을 덜 받고 또 신고고학이 세운 과정주의의 전통은 그대로 굴러가는 가운데 때로 '탈과정주의'라고 하나로 뭉뚱그려지는 몇 가지 새로운 접근법들이 나타났는데 이것들은 흥미롭고도 난해한 문제들을 다루었다.

영향을 널리 끼친 논의들(그 일부는 고고학자 이안 호더와 그 제자들이 처음으로 개진하였음)은 고고학적 추론을 하는 데 단 한 가지 올바른 방법이란 없으며 또 객관성이라는 목적은 달성될 수 없다는 점을 강조하였다. 그러나 초기 신고고학의 과학주의에 대한 이런 비판은 아주 이치에 닿기는 하지만 좀더 최근에 과학 방법론에서 이루어진 진전들은 때로 간과하고 있다. 또한 상대주의라는 비난을 받게 되었으니 이에서는 한 사람의 견해가 다른 사람의 견해와 똑같은 대접을 받고 해석 문제에서는 '어떻게 하든 통하며' 또 고고학 연구와 허구(또는 공상과학소설) 사이의 경계를 구분하기가 어려울 수 있기 때문이다.

탈과정주의고고학은 초기 주창자들로서는 과정주의고고학에 대한 너무나도 근본적인 비판을 토대로 고고학 이론의 새로운 출발점을 세운 것이었다. 하지만 다른 이들은 '탈과정주의'가 신고고학이 도입한 아이디어와 이론적 문제 일부를 단순히 좀더 발전시킨 데 지나지 않는다고 보았다. 이 비판자들은 초기 탈과정주의가 다른 학문 분야들로부터 다양한 접근방식들을 들여온 것이므로 '탈과정주의'라는 용어로써 짐짓 과정주의를 초월한 듯 거만을 떨지만 실은 그를 보완한다고 해야 적절하다고 본 것이었다. 그래서 (복수의) '해석고고학들'이라는 명칭이 '탈과정주의고고학'보다는 좀더 긍정적이라고 제안하였다.

탈과정주의고고학 발달에 미친 주요 영향들

탈과정주의고고학이란 1980년대와 1990년대에 발달한 포스트모더니즘 사조에 모두 뿌리를 둔 다수의 과거 접근법들을 집합적으로 가리키는 용어이다.

네오마르크시즘적 요소는 아주 강한 사회의식을 담고 있다. 즉 고고학자의 책무는 과거를 서술하는 것뿐만이 아니고 그런 지견을 이용하여 현 세계를 변화시키는 것이라는 주장이다. 이는 많은 과정주의고고학자들의 객관성을 향한 열망과는 아주 두드러지게 대비된다.

후실증주의적 접근법은 바로 과정주의고고학의 특징 중 한 가지인 과학적 방법의 체계적 적용절차 중시를 배격하며, 현대 과학이 때로 자본주의 세력의 '패권' 행사 '지배 체계'의 한 부분을 이루면서 개인을 적대시한다고 본다.

현상학적 접근법은 개개인의 개별적 경험, 물질세계와 만나는 방식, 그리고 물질세계 속 물건들이 세계에 대한 우리의 이해를 모양 짓는 방식을 중요시한다. 예를 들어 경관고고학에서 고고학자는 그간 인간의 활동으로 변개되고 형성됨으로써 더 이상 자연 경관이 아닌 인간이 만들어낸 경관을 경험하고자 노력한다.

프락시스(praxis) 접근법은 인간이라는 '인자'의 중심적 역할을 강조하며 인간의 행위(프락시스)가 사회 구조를 모양 짓는 데서 일차적 중요성을 지닌다는 점을 강조한다. 많은 사회 규범 및 사회 구조들은 습관적 경험(그리고 '아비투스(habitus)' 개념도 이와 비슷하게 사회 구조와 실천 사이를 매개하는 개인이 채택하되 말로 표현되지 않는 전략 생성 원리들에 대해 언급한다)에 의해 수립되고 형성된다. 그러므로 개인의 역할을 중대 인자로 강조할 수밖에 없다는 것이다.

해석학적(혹은 해석적) 관점은 과정주의고고학의 또 다른 특징인 일반화 지향 시도들을 배격한다. 그보다는 각 사회 및 문화의 독특함을 강조하고 그것의 완전한 맥락을 모든 다양성 속에서 연구해야 할 필요성을 강조한다. 이와 관련된 한 관점에서는 단 하나의 올바른 해석이란 있을 수 없으며 각 관찰자 혹은 분석자는 과거에 대해 고유한 의견을 가질 권리가 있다는 점을 강조한다. 따라서 다양한 견해와 광범한 종류의 관점들이 생겨날 것이고, 이것이 (복수의) 해석고고학들을 중요시하는 이유이다.

근래에 들어서는 탈과정주의고고학자 다수가 이전보다 반과학적 풍조를 훨씬 덜 띠며 그 대신 여러 사회집단들의 다양한 관점을 인정하는 가운데 다양한 개인적 지견과 흔히 인문적인 지견들을 활용함으로써 아주 다기한 분야 및 관심사를 개발하는 데 중점을 두고 있다. 이안 호더가 터키의 초기 농경유적인 차탈회육에서 벌인 조사 연구 작업은 이런 접근방식이 실제 적용된 좋은 예이다.

이 유적의 연구 역사는 고고학 접근법에서 20세기 후반에 일어난 변화를 잘 보여주는데, 1961년 제임스 멜라아트는 21m 높이의 이 인공 언덕 남동부에서 발굴을 개시하여 넓이가 13헥타르에 달하고 '군집적' 평면을 가졌으며 늦어도 서기전 7200년인 초기 신석기시대(초기 농경) 읍 하나를 발견하였다. 방들의 벽에는 회반죽을 바른 것들이 있었으며 그 중 일부에는 그림을 그려 넣거나 황소 두개골을 설치한 것이 있었다. 중요한 출토 유물인 테라코타 상 몇 개는 여성상이어서 '모신(母神)' 숭배를 나타낸다고 여겨지기도 하였다. 그러나 발굴이 1965년 중단됨으로써 그의 발굴이 과연 '성소 구역'을 드러낸 것인지 등이 미해결로 남게 되었다.

1993년에 이르러 이안 호더는 이런 난제를 풀어보리라 마음먹고 지표 조사를 개시하였고 1995년에는 발굴에 착수하였다. 그는 탈과정주의고고학 논쟁에서 나온 '해석적' 접근법에 적합한 야심 찬 목표 두 가지를 더 설정하였다. 첫 번째는 층서 발굴을 하는 데 한층 융통성 있고 자유롭게 이용할 수 있는 접근방식을 개발해 보자는 것이었다. 발굴은 매순간 발굴자와 다양한 전문가들 사이의 논의 속에서 진행되는데 여러 전문가들은 트렌치에서 나온 자료를 재빨리 정리해 발굴자에게 정보를 되돌려주며 발굴자들은 발굴을 진행하면서 비디오 기록을 유지하고 각자의 해석을 일지로 기록하며, 모든 자료는 대화식 데이터베이스에서 이용할 수 있도록 작성한다.

두 번째 목표는 위와 유사하게 여러 전문가들이 각기 자기 목소리를 낼 수 있을 뿐만 아니라 지역 주민들, 그리고 이 유적이 '모신' 숭배 출현 문제(이 장의 끝부분 참조)에 중요하다고 여기는 방문객들은 물론이고 정말로 모든 방문객들도 자기 목소리를 낼 수 있도록 해 줌으로써 유적 전체에 대한 해석에서 한층 자유 해답 지향적이며 다의적인 접근방식을 도출할 수 있도록 해보자는 것이었다. 그리하여 이 조사 사업의 웹사이트(http://www.catalhoyuk.com)에서 누구나 유적 발굴 자료를 이용할 수 있도록 하였는데, 이 결정은 단순히 발굴 결과를 신속하게 공표한다는 차원을 넘어선다. 이는 그런 일에 관해 특별한 권위를 가지고 판단을 내리는 권한을 일부러 발굴자에게 주지 않고 그 대신 좀더 포괄적인 접근을 허용함으로써 참여 희망자 모두로부터 다원적이고 대안적인 해석들을 얻어내려는 탈과정주의적 고고학의 소망을 좀더 펼쳐보려는 데 있다.

지금까지 발굴은 유적 북부의 방 몇 개를 아주 세밀하게 조사하였는데, 이 구역의 방들은 멜라아트가 발굴한 남동부 구역의 방들과 비슷한 특성들을 가진 듯해서 후자가 특별한 종교적 성격을 가졌다는 관념에 의문을 불러일으켰다. 물론 이 조사 사업은 아직 초기 단계이며 그래서 위와 같은 재귀적 방법론이 35년 전과 어느 정도 다른 지견을 가져다줄 것인지 평가하기에는 시기

상조이다. 호더의 접근법에 대해서는 비판이 없지 않지만 다원적·복합적이면서도 일관성을 지닌 이론적 접근법이 실제 고고학연구에도 정말 중요한 영향을 미치도록 기획된 유력한 조사 연구 사업의 사례임에는 틀림이 없는 듯 보인다.

이제는 단 한 가지로 일관된 탈과정주의고고학이란 없으며 그 대신 온갖 해석적 접근방식들과 관심사들이 존재한다고 인식된다. 해석적 접근방식이 지닌 강점 중 하나는 과거 속 개인들의 행위와 생각들을 집중 조명한다는 데 있다. 이는 지금 문제 삼은 옛 사람들의 '마음 속으로 들어가' 그들의 생각으로 사고하는 것이 필요하다고 주장한다. 그것은 상징체계(예를 들면 복잡한 도상을 채택한 조형적 작품들)를 조사할 때는 당연시되는 목표인 듯하지만 실제로 다른 사람들, 특히 과거 사람들의 마음 속으로 쉽게 들어가는 길이란 없다.

방법론적으로 문제되는 주제가 무엇이었든 지금까지 다양한 논쟁을 벌인 결과, 고고학 이론의 영역은 긍정적인 방향으로 넓어졌으며 인간의 노력이 지닌 상징적이고 인지적인 측면들을 초기 신고고학이 미처 달성하지 못한 방식으로 부각시키기에 이르렀다.

학문 영역의 확장

탈과정주의고고학자들은 우리 자신의 과거 해석과 제시에서 자료의 객관적 평가보다는 연구자들 및 그들이 만족시키고자 하는 의뢰인들의 감정과 견해를 우선시하는 선택을 할 수밖에 없다는 주장을 펴는데 이는 명백하게 옳다. 미국의 거대 국립박물관인 워싱턴 D.C. 소재 스미소니언 연구소는 1995년 50여 년 전의 히로시마 원폭투하를 다룬 전시회를 개최하면서, 그런 기획이 일본인들의 반응에 민감한 자유주의자들과 퇴역군인들 모두의 분노를 거의 필연적으로 불러일으킨다는 사실을 체험하였다.

이제 고고학이 오늘날 세계의 지성적 논란뿐만 아니라 사회·정치적 논쟁에도 휘말릴 수밖에 없다는 사실은 명백하다. 그 한 가지 예가 페미니즘 사상의 영향이 초래한 페미니즘고고학의 성장인데 이는 고고학에서 비교적 새로운 분야인 젠더연구와 중첩되기도 한다. 선사시대에서 여성들이 지닌 중요성을 강조한 선구자 중 한 사람으로 마리아 김부타스가 있다. 그녀는 발칸지역에 대한 연구로써 '구 유럽' 세계에 대한 나름의 새로운 그림을 그려냈는데 이는 (그녀의 주장대로라면) 위대한 '어머니 여신' 상에 대한 믿음이 핵심 관심사였던 유럽 최초 농경민들과 연관되어 있다. 오늘날의 많은 페미니즘고고학자들은 김부타스가 취한 접근방식의 어떤 측면들을 문제시할 수도 있을 터이지만 그래도 그녀가 젠더의 역할에 대한 작금의 논의들을 촉진하는 데 도움을 주었음은 분명하다.

마거릿 콩키와 재닛 스펙터는 1984년 발표한 한 논문에서 고고학의 남성중심적 성향을 논하여 주목을 끌었다. 콩키가 지적하였듯이 '여성들의 경험이 유효함을 되새기고 이 경험을 이론화하며 또 이를 이용하여 정치적 행동강령을 세울' 필요가 있었다.

고 고 학 의 여 성 개 척 자 들

많은 초기 여성 고고학자들의 이야기는 배척과 인식 결핍 혹은 승진 배제, 심지어는 고용 금지 등으로 점철되어 있다. 더욱이 수많은 뛰어난 여성 학자들은 일단 결혼하면 자신들이 더 이상 전문가 역할을 하지 못한다는 현실을 받아들였고, 일반 사람들이 거의 알아주지 않는 가운데 남편의 학문 연구를 돕기만 하였다. 이는 현재까지도 그러하기에 19세기에서 20세기 동안의 다음 개척자들은 더욱 더 우뚝 드러나 보인다.

해리엇 보이드 호즈

고등교육을 받은 이 미국인은 고전학을 전공하였으며 그리스어를 유창하게 구사하였다. 20대 초반에 학교를 졸업하자마자 크레타 섬에서 선사 유적을 찾느라 여러 철 동안 노새를 타고 위험 지역을 혼자서 혹은 여자 친구 한 명과 함께 돌아다녔다. 그녀는 1901년 청동기시대 고우르니아 유적을 발견하였고 그 이듬해부터 백 명에 달하는 현지 인부를 감독하면서 3년에 걸쳐 발굴하였는데 이는 최초로 발굴된 미노아문명 읍 유적이다. 그녀는 자신의 발굴 결과를, 사진과 도면을 아주 풍부하게 담은 모범적 보고서로 발간하였으며 이는 오늘날까지도 참고가 된다.

거트루드 케이튼 톰슨

부유한 영국 연구자 케이튼 톰슨은 케임브리지대학에서 선사학 및 인류학 과정을 밟은 후 곧 이집트 파윰에서 선구적으로 학제적 탐사 및 발굴 작업을 벌임으로써 널리 알려지게 되었다. 그녀를 가장 저명하게 만든 일은 나중에 대짐바브웨 유적에서 행한 조사이다. 그녀는 1929년 이 유적 발굴에서 성층 정황으로부터 연대측정을 할 수 있는 유물을 찾아내었고 그로써 이 유적이 아프리카의 토착 주요 문화에 속한다는 사실을 확정하였던 것이다.

도로시 개로드. 근동의 선사시대를 체계적으로 연구한 최초의 사람들 중 한 사람이다.

도로시 개로드

도로시 개로드는 1937년 케임브리지대학의 모든 분야를 통틀어 최초의 여성 교수가 되었는데 아마 전세계적으로도 전문직 지위에 오른 최초의 여성 선사학자일 것이다. 그녀는 이라크 자르지 유적과 팔레스타인 마운트 카르멜 유적을 발굴하여 근동의 중기 구석기시대에서 중석기시대에 이르는 긴 시간대를 여는 열쇠를 제공하였으며, 네안데르탈인과 호모 사피엔스 사피엔스 사이의 관계에 대한 우리의 지식에서 결정적으로 중요한 화석 인간 잔존물들을 발견하였다. 또 그녀는 세계 최초 농경 사회의 전신격인 나투프 문화를 찾아냄으로써 오늘날까지도 완전히 풀리지 않은 일련의 새로운 문제들을 제기하였다.

안나 O. 쉐퍼드

고고학뿐만 아니라 자연과학을 광범하게 공부한 미국인인 쉐퍼드는 곧 도기학과 메조아메리카 및 북미 남서부 고고학의 전문가가 되었다. 그녀는 고고학 유적 수습 토기편의 태

해리엇 보이드 호즈(1882년 사진). 크레타 섬 미노아시대 고우르니아 읍 유적의 발견자이다.

거트루드 케이튼 톰슨. 대짐바브웨 유적에 대한 연구 작업으로 이 유적이 아프리카 주요 문화의 소산임을 확정하였다.

안나 O. 쉐퍼드. 미국 남서부와 메조아메리카의 도기에 대해 정평이 난 전문가였다.

캐슬린 케년. 위대한 발굴가로 근동에서 가장 중요하고 복합적인 두 유적으로 꼽히는 예리코 유적과 예루살렘 유적에서 작업을 하였다.

타티아나 프로스코리아코프. 마야 상형문자에 대한 그녀의 연구 작업은 최종 해독에 대단히 큰 공헌을 하였다.

토, 안료, 태토 조절제에 초점을 맞춘 암석학적 분석 연구 분야의 개척자 중 한 사람이 되었다. 쉐퍼드는 신대륙 토기 제작 기술에 대해 많은 논문을 발표하였고 『고고학자를 위한 도기학』이라는 표준 연구서를 저술하였다.

캐슬린 케년

정말 경이로운 영국 고고학자였던 케년은 모티머 휠러 아래서 영국 로마시대 유적 조사 훈련을 받고 철저한 층서 파악을 모토로 한 그의 방법을 전수받았다. 그녀는 얼마 지나지 않아 이 방법을 근동에서 가장 복합적이며 가장 많이 발굴된 두 유적인 팔레스타인 예리코와 예루살렘에 적용하였다. 1952년부터 1958년 사이에 예리코에서는 점유 연대를 빙하시대 말까지 끌어 올리는 증거를 발견하였고 흔히 '전세계에서 가장 이른 읍'으로 언급되는 성벽 두른 신석기시대 농경 공동체의 마을을 찾아내었다.

타티아나 프로스코리아코프

시베리아에서 태어난 프로스코리아코프는 1916년 가족과 함께 미국 펜실베이니아로 이주하였다. 1930년 건축학도로 졸업을 한 뒤 취직이 안 되자 그녀는 결국 펜실베이니아대학의 박물관 미술가로 일하게 되었다. 그녀는 마야 유적인 삐에드라스 네그라스에 한 번 가 본 후 자신의 일생을 마야 건축, 미술, 상형문자를 연구하는 데 바치기에 이른다.

메리 리키

시거를 피우고 위스키를 마신 영국 고고학자 메리 리키는 남편 루이스 리키와 함께 자신들이 스스로 선택한 분야를 크게 바꾸어 놓았다.

그들은 특히 탄자니아 올두바이 고르지를 비롯한 동아프리카의 많은 유적에서 거의 반세기 동안 세심한 발굴을 벌이면서 연구 작업을 수행하였고, 라에톨리에서는 370만 년 전 호미니드가 남긴 저 유명한 화석화된 발자국열들을 발굴하였다.

메리 리키. 동아프리카의 수많은 초기 호미니드 유적에서 거의 반세기 동안 연구 작업을 벌임으로써 인류 진화에 대한 우리의 지식을 근본적으로 바꾸어 놓았다.

과거에 대한 대다수의 해석에 남성중심적 사고가 깊이 배여 널리 퍼져 있다는 사실은 결코 과소평가해서는 안 된다. 'mankind'라고 언급한 모든 예들이 쓸려나가고 'humankind'로 수정되었을 때조차도 "Man the Toolmaker"라는 책 이름의 젠더 한정적 어법에서 보듯 사람들이 실제 널리 가졌던 가정이나 편견들은 꽁꽁 숨어 있었다. 예컨대 구석기시대 석기들은 여성보다는 주로 남성들이 만들었다는 생각을 들 수 있는데 이는 실은 증거가 거의 없거나 전혀 없다. 뒤쪽의 테 글에서는 고고학에 중대한 공헌을 한 여성 고고학자들 중 상대적으로 큰 이목을 끈 이들을 언급하였지만, 페미니즘고고학자들은 오늘날의 고고학자 집단에서 여성과 남성 전업자 사이의 수적 불균형을 아무런 무리 없이 지적할 수 있으며 그 '정치적 행동'의 목적은 현 사회의 실상에 비춰볼 때 정당하다고 할 수 있다. 1990년대 들어 고고학의 남성중심주의를 우려하는 페미니스트들의 목소리는 그간 고고학에서 당연시한 객관성과 정치적 중립성에 대해 의문을 제기하는 많은 목소리들 중 한 가지로 자리 잡았다.

이와 유사한 의문들은 이제 제국주의 세력의 지배에서 해방된 이전 식민지 영토들에서 토착 고고학이 발전함에 따라 속속 출현하고 있다. 문화유산 관리를 위한 적절한 정책과 문화유산의 본질 자체가 경쟁적 이익집단들 사이에서나 때로는 족속의 계통에 따라 종종 논쟁거리가 되고 있다. 오스트레일리아 원주민들처럼 소외된 집단들은 그간 문화유산의 정의와 관리 부문에서 좀 더 큰 영향력을 얻는 방법을 모색하였고 그 과정에서 자신들의 관심사가 흔히 간과되거나 오해되고 있음을 알기도 하였다.

새천년을 맞이한 시점에서 고고학의 몇 가지 측면들은 어쩔 수 없이 논란을 일으키고 있지만 그러면서도 이는 몇 가지 점에서 아주 긍정적이기도 하다. 그것들은 과거가 현대 세계에서 지닌 가치와 중요성을 부각시켰고 또 문화유산이 인간 환경의 중요 구성 부분이며 몇 가지 점에서는 자연 환경만큼이나 망가지기 쉽다는 사실을 깨닫게 해주었다. 그러므로 이는 앞서 간 세계들의 산물일 수밖에 없는 현재 세계에 대해 균형 잡힌 관점을 얻는 데서도 고고학자가 중요한 역할을 수행해야 함을 일러준다. 이제 우리는 해석 작업이라는 것이 한때 생각했던 것보다 훨씬 복잡하다고 본다.

요 약

- 고고학사는 새로운 인식, 방법, 발견의 역사이다. 근대 고고학은 19세기에 인류의 태고성, 다윈의 진화 원리, 물질문화를 순서 짓는 삼시대 체계라는 세 가지 중요한 개념들을 받아들임으로써 뿌리를 내렸다.

- 특히 구대륙의 초기 문명 다수가 1880년대에 발견되었고, 그 고대 문자 중 일부가 해독되었다. 그 뒤로는 야외조사 및 발굴 방법의 향상과 지역 편년들의 확립이라는 토대 공고화의 긴 시기가 이어졌다.

- 제2차 세계대전 이후로는 학문의 변화 속도가 빨라졌다. 새로운 생태학적 접근방식들로 옛 인간의 환경 적응을 이해하는 데 도움을 얻고자 하였다. 새로운 과학적 기법들은 무엇보다도 선사시대 과거를 연대측정하는 신뢰할 만한 수단을 도입하였다. 1960년대와 1970년대의 신고고학은 "무엇이 언제 일어났는가?" 하는 질문뿐만 아니라 변화의 과정들을 설명하려는 시도로서 "왜 그것들이 일어났는가?" 하는 질문들로 관심을 돌렸다. 한편 각 지방을 단위로 연구하던 선구적 야외조사자들은 시간상으로는 현재로부터 최초의 도구제작자들까지 거슬러 올라가고 공간상으로는 세계의 모든 대륙에 걸친 진정한 의미의 세계고고학 시대를 열었다.

- 좀더 최근에는 흔히 탈과정주의고고학이라는 이름으로 한데 묶이는 다양한 이론적 접근법들이 다양한 해석 가능성과 그 정치적 함의의 민감성을 부각시켰다.

- 이 책의 나머지 부분에서는 고고학자들이 우리 행성의 과거 인류에 대한 지식의 영역을 어떤 식으로 계속 넓히고 있는지를 주제로 삼는다.

추 천 문 헌

고고학의 역사에 대한 좋은 입문서들

Bahn, P.G. (ed.). 1996. *The Cambridge Illustrated History of Archaeology*. Cambridge University Press: Cambridge & New York.

Daniel, G. & Renfrew, C. 1988. *The Idea of Prehistory*. Edinburgh University Press: Edinburgh; Columbia University Press: New York.

Fagan, B.M. 1996. *Eyewitness to Discovery*. Oxford University Press: Oxford & New York.

Johnson, M. 1999. *Archaeological Theory, an Introduction*. Blackwell: Oxford.

Lowenthal, D. 1985. *The Past is a Foreign Country*. Cambridge University Press: Cambridge & New York.

Trigger, B.G. 1989. *A History of Archaeological Thought*. Cambridge University Press: Cambridge & New York.

Willey, G.R. & Sabloff, J.A. 1993. *A History of American Archaeology*. (3rd ed.) Freeman: New York.

무엇이 남았는가?
다양한 증거들

과거 인간 활동의 흔적들은 우리 주위 어디에나 있다. 어떤 것은 이집트의 피라미드, 중국의 만리장성 혹은 메조아메리카와 인도의 신전들처럼 애초부터 영구히 존속시키려는 의도로 지은 건축물이다. 또 멕시코와 벨리즈의 마야 관개수로 잔적처럼 원래 주목적은 보는 이를 위압하는 데 있지는 않았지만 그것들이 웅변하는 공사 규모 때문에 오늘날도 사람들의 찬탄을 자아내는 것들이 있다.

하지만 **고고학**의 잔적들 대부분은 이런 것들보다 훨씬 수수하니, 사람들이 나날을 살아가면서 벌인 활동들로부터 생겨나 버려진 쓰레기들이다. 즉 음식 찌꺼기, 깨진 토기 조각들, 깨진 석기 등등 인간이 나날의 삶을 산 곳이면 어디서든 생기는 부스러기들이다.

이 장에서는 기본 고고학 용어들을 정의하고 잔존 증거들의 범위를 간략히 개관한 후 그것들이 보존되어 우리에게 전해지는 아주 다양한 경로들을 살피기로 한다. 예를 들어 러시아 초원 스텝지대의 파지리크 유적에서는 놀라운 발견들이 이루어졌는데 이 대군장 무덤들에서는 나무, 직물, 피부 등이 탄복할 정도로 잘 보존되어 있었다. 또 페루의 건조 동굴과 그 외 건조 환경들에서는 놀라울 정도로 훌륭한 직물, 바구니 등과 함께 대개는 완전히 없어져 버리는 다른 잔존물들이 출토된 바 있다. 그리고 이와 대조되는 플로리다의 늪지대나 스위스의 호반 촌락 같은 습지에서는 또 다른 유기질 잔적들이 수습되었는데 이들은 습기가 없어서가 아니라 너무 풍부한 탓에 공기가 배제됨으로써 보존된 경우이다.

이처럼 극단적인 기온과 습도는 그간 많은 물질들을 보존하였으며, 자연재앙 또한 그러하였다. 폼페이와 헤르쿨라네움을 파괴한 화산폭발은 그 중 제일 유명하지만 다른 폭발 예들도 있다. 이를테면 서기 2세기에 엘살바도르의 일로빵고 화산이 폭발하면서 마야 남부 지역 많은 부분의 지표와 취락 잔적들을 묻어 버렸던 것이다.

불행하게도 대부분의 고고학 **유적**들은 극단 기후나 화산활동의 영향을 받지 않는 지역들에 있으며 그래서 각 유적의 보존 수준은 엄청나게 다양하다. 초기 인류의 과거에 대한 우리의 지식은 이처럼 그간 고고학적 기록을 형성한 인간 활동과 자연 작용들에 달려 있으며 또 무엇이 남고 무엇이 영원히 사라질지를 오랜 기간에 걸쳐 결정짓는 그 이후의 작용들에 좌우된다. 오늘날 우리는 실제 남은 것들 중에서 되도록 많은 부분을 되찾고 또 그에 대해 적합한 질문들을 올바르게 제기함으로써 되도록 많은 것을 알아내기를 희망할 수 있을 뿐이다.

1. 고고학적 증거의 기본 범주

고고학자가 가장 흔하게 연구하는 증거는 **인공물**(흔히 유물이라 함), 즉 사람들이 사용하고 변형하거나 만든 물건들이다. 그러나 '**생태물**'(흔히 자연유물이라 함)이라는 생물 및 환경 잔존물에

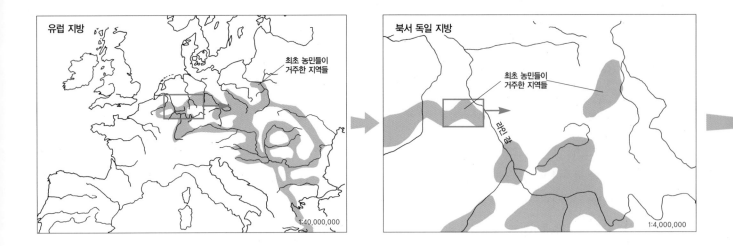

대한 연구 또한 이와 똑같이 중요한데 이는 사람들이 만든 것은 아니면서도 과거 인간 활동의 많은 측면들에 관해 여러 가지를 보여줄 수 있다. 많은 고고학 연구는 이 인공물과 생태물을 분석하는 데 집중되는데 이 둘은 유적에서 함께 발견된다. 다시 유적은 그를 둘러싼 경관과 더불어 연구될 때 가장 좋은 성과를 거두며 이 유적들 여럿을 한데 묶어 지방(region)이라는 범주를 설정하기도 한다. 위와 맞은편에 고고학자들이 사용하는 용어와 더불어 연구 작업의 여러 수준에서 쓰이는 단위 척도들 중 일부를 도시하였으니 참고하기 바란다.

인공물은 석기, 토기, 금속제 무기 등 인간이 만들거나 변형한 가동 물건들이다. 그렇지만 인공물(유물)은 기술에 관련된 질문뿐만 아니라 이 책에서 언급하는 모든 주요 질문들에 답하는 데도 도움이 될 증거를 제공한다. 단 한 개의 토기 그릇이라도 여러모로 분석을 할 수 있다. 점토를 분석해서 토기의 연대, 그에 따라 토기 발견 지점의 연대를 산출할 수도 있다. 또 마찬가지 분석으로 점토의 산지를 알아냄으로써 그 토기를 만든 인간 집단의 활동범위와 접촉관계에 관한 증거로 삼을 수 있다. 토기 표면의 그림 장식은 문양 양식의 발전 순서를 수립(**형식학**)하거나 그에 관련짓는 데 도움이 될 수 있으며, 특히 그것이 신상이나 여타 상을 표현하고 있다면 옛 신앙에 관해 무언가를 말해 줄 수도 있다. 그리고 토기의 기형과 그 안에서 찾아낼 수 있는 음식 찌꺼기나 여타 찌꺼기를 분석함으로써 조리용일 가능성 등 토기의 용도뿐만 아니라 옛 사람들의 식단에 관한 정보까지도 얻어낼 수 있다.

어떤 연구자는 '인공물'이라는 용어의 의미를 확대해서 거기에 화덕자리, 기둥 구멍, 저장 구덩이처럼 인간이 유적이나 경관에서 변형한 모든 구성요소까지 포함시키기도 한다. 그러나 이 이동할 수 없는 인공 구조물들은 **유구**라고 하는 편이 한층 유용하다. 한편 기둥 구멍 같은 단일유구는 그 자체로, 혹은 화덕자리, 마룻바닥, 도랑 같은 다른 잔적들과 결합하여 집과 창고에서 궁전과 신전에 이르는 온갖 종류의 건조물로 정의되는 '복합유구', 즉 구조물의 증거가 되기도 한다.

비인공의 생물 및 환경 잔존물, 즉 생태물은 인골, 동물 뼈 및 식물 유체뿐만 아니라 토양 및

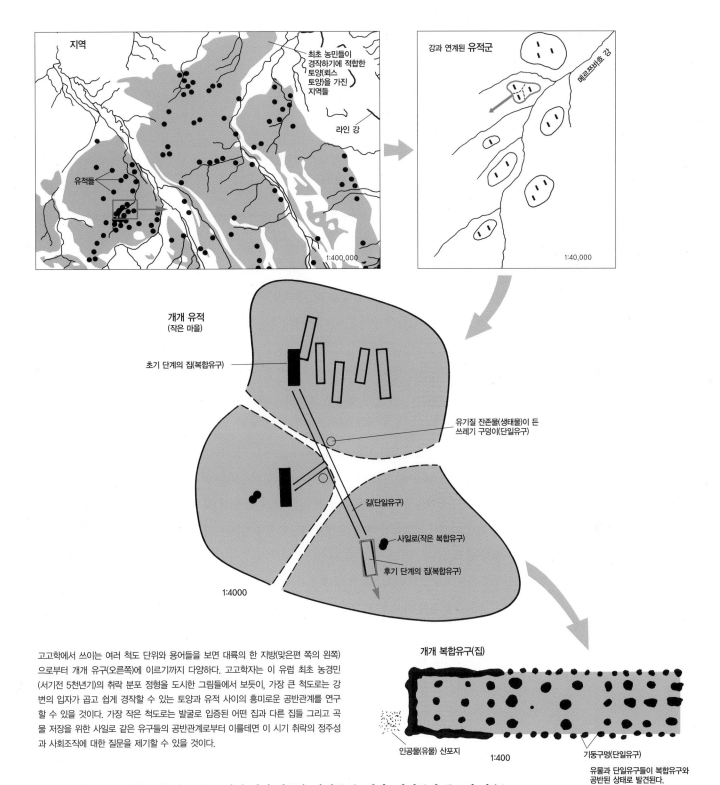

고고학에서 쓰이는 여러 척도 단위와 용어들을 보면 대륙의 한 지방(맞은편 쪽의 왼쪽)으로부터 개개 유구(오른쪽)에 이르기까지 다양하다. 고고학자는 이 유럽 최초 농경민(서기전 5천년기)의 취락 분포 정형을 도시한 그림들에서 보듯이, 가장 큰 척도로는 강변의 입자가 곱고 쉽게 경작할 수 있는 토양과 유적 사이의 흥미로운 공반관계를 연구할 수 있을 것이다. 가장 작은 척도로는 발굴로 입증된 어떤 집과 다른 집들 그리고 곡물 저장을 위한 사일로 같은 유구들의 공반관계로부터 이를테면 이 시기 취락의 정주성과 사회조직에 대한 질문을 제기할 수 있을 것이다.

퇴적물 일체도 포함하는데 이 모두는 과거 인간 활동을 밝혀줄 수 있다. 이것들이 중요한 이유는 예컨대 사람들이 무엇을 먹었으며 어떤 환경조건에서 살았는지를 일러줄 수 있기 때문이다.

고고학적 유적은 유물, 단일유구, 복합유구, 생물 및 환경 잔존물이 함께 발견되는 장소로 생각할 수 있다. 이를 연구목적상 좀더 단순화해서 인간 활동의 뚜렷한 흔적이 식별되는 장소로 정의할 수도 있다. 따라서 촌락이나 읍도 하나의 유적이요 미국 오하이오 주의 '뱀 모양 토루'처럼 외따로 존재하는 기념물 또한 유적이다. 이와 마찬가지로 석기나 토기편의 지표 산포지는 사람들이 몇 시간도 채 안 되는 동안 머물렀던 유적을 나타낼 수 있는 반면 근동의 **텔**(tell), 즉 인공언덕(혹은 遺丘)은 사람들이 수천 년도 더 거주하였음을 가리키는 유적이다.

정황의 중요성
한 유적에서 벌어진 과거 인간 활동을 복원하기 위해서는 어떤 발견물이 유물이든 생태물이든 단일유구든 그 **정황**(context 혹은 맥락)을 이해하는 일이 무엇보다도 중요하다. 발견물의 정황은 그것을 직접 둘러싼 물질인 **기질**(matrix, 대개는 자갈·모래·진흙 같은 어떤 종류의 퇴적물임), 출토위치(provenience, 기질 안의 수평 및 수직 위치), 다른 발견물들과의 **공반관계**(association, 대개 동일 기질 안에서 다른 고고학적 잔적과 반출되는 현상)로 구성된다. 19세기에 석기들이 밀봉된 기질 안에서 절멸동물 뼈와 흔히 공반됨을 입증한 일은 인류 태고성의 개념을 확립하는 데 도움이 된 바 있다.

그 이후로 고고학자들은 유적 내 잔존물들 사이의 공반관계를 식별하고 정확히 기록하는 작업이 중요함을 점점 더 깊이 인식하였다. 바로 이런 이유 때문에 도굴꾼들이 화려한 유물을 찾기 위해 기질, 출토위치 혹은 공반관계를 기록하지 않고 유적을 무차별적으로 파헤치는 짓이 그토록 비극적인 것이다. 정황 정보가 모두 없어지기 때문이다. 도굴된 병은 수집가에게는 매력적인 물건일지 모르지만 만약 고고학자가 발견 위치(무덤, 도랑 혹은 집?)와 다른 유물들이나 유기질 잔존물(무기, 도구 혹은 동물 뼈?)과의 공반관계를 기록할 수 있었더라면 그 병을 만들어낸 사회에 대해 훨씬 많은 사실들을 알 수 있었을 것이다. 미국 남서부 '밈브레스'족에 관한 많은 정보는 영원히 사라져버렸는데 그 이유는 도굴꾼들이 1000년 전 밈브레스 사람들이 정말 멋지게 그림을 그려 넣은—그래서 혈안이 되어 찾는—그릇들을 뒤지느라 유적을 불도저로 밀어 버렸기 때문이다.

현대의(혹은 고대의) 도굴꾼들이 어떤 유적을 파헤쳐 어지럽힐 때면 흥미 없는 물건들은 한 곁으로 치우기 일쑤여서 그로써 그 물건의 1차 정황은 파괴된다. 만약 고고학자들이 그 후 이렇게 이동된 물건들을 발굴하게 된다면 그들은 이것들이 2차 정황 속에 있음을 알아차릴 수 있어야 한다. 이는 예컨대 밈브레스 유적처럼 아주 최근 도굴된 경우에는 간단한 일일 수도 있다. 하지만 오래 전 교란된 유적이라면 훨씬 어렵다. 또 인간 활동만이 교란의 원인은 아니다. **구석기시대**의 수만 년에 걸친 기간을 연구 대상으로 하는 고고학자는 자연력들—침식 해수 혹은 빙하, 바람, 물의 작용 등—이 1차 정황을 여러모로 파괴한다는 사실을 잘 안다. 유럽의 강자갈들 속에서 발견되는 석기시대 도구들 중 아주 많은 수가 물의 작용으로 원래 1차 정황으로부터 멀리 운반되어 2차 정황 속에 놓인 것들이다.

2. 형성 작용

고고학자들은 발견물이 묻히는 경로와 그 이후 일어난 모든 사건들에 온갖 **형성 작용**들이 영향을 끼쳤으리라는 사실을 근년 들어 점점 더 깊이 깨닫게 되었다. 이런 작용들에 대한 연구는 화석과 정학이라 불린다.

형성 작용은 문화적 형성 작용과 비문화적 혹은 자연적 형성 작용으로 유용하게 구분된 바 있다. 문화적 형성 작용에는 인공물을 만들거나 사용하고, 건물을 짓거나 폐기하며, 경작지를 갈아엎는다든지 하는 인간의 의도적 혹은 우발적 활동들이 있다. 반면 자연적 형성 작용은 고고학적 기록의 매몰과 잔존 둘 다를 지배하는 자연의 사건들이다. 폼페이를 뒤덮은 갑작스런 화산재 낙진은 이례적인 것이며, 한층 흔한 예로는 인공물이나 유구가 바람에 불려온 모래나 흙으로 서서히 묻히는 일을 들 수 있을 것이다. 앞에서 언급하였듯이 이와 비슷하게 강물의 작용으로 석기가 이동한다든지 짐승들이 유적에 굴을 판다든지 뼈와 나무 조각들을 씹는다든지 하는 활동 또한 자연적 형성 작용의 예들이다.

이런 구분은 얼핏 보면 고고학자들에게 거의 흥밋거리가 되지 못할지도 모른다. 그러나 사실 이는 과거 인간 활동을 정확하게 복원하는 데 결정적으로 중요하다. 어떤 고고학적 증거가 인간 활동의 산물인지 그것이 아닌 작용(각각 문화적 작용과 자연적 작용이라 함)의 산물인지를 아는 일은 아주 중요할 수 있다. 예를 들어 목재에 남은 자른 자국들을 연구하여 인간의 나무 가공 활동

초기 인류는 막강한 사냥꾼이었나(왼쪽) 아니면 그저 약취자였나(오른쪽)? 유적 형성 작용에 대한 우리의 이해 정도는 아프리카 화석 기록에서 동물 뼈와 인간 도구의 공반관계를 해석하는 방식을 좌우한다.

을 복원하고자 한다면 비비가 이빨을 쓸 때 어떤 종류의 자국들이 생기는지를 알아볼 수 있어야 하며 또 그것과 사람들이 석기나 금속기를 사용함으로써 생긴 자국들을 분간할 수 있어야 한다.

이보다 한층 중요한 예를 한 가지 들어보자. 아프리카에 초기 인류가 살았던 가장 이른 시기 중 구석기시대 개시기의 사람들이 원시적 사냥 능력을 가졌다고 보는 이론들은 그간 고고학 유적들에서 석기와 동물 뼈가 공반 발견되는 사실을 근거로 삼았다. 그 뼈들은 그 도구를 만든 초기 인류가 사냥하여 도살한 동물의 뼈라고 추정하였던 것이다. 그러나 동물의 행동과 동물 뼈의 자른 자국들을 연구해 보니 발굴된 뼈들은 많은 경우 다른 포식동물이 사냥해 대부분을 먹어치운 동물의 잔존물들로 추론되었다. 석기를 지닌 인간은 그 현장에, 먹이 먹는 서열로는 여러 동물 종들 중 맨 마지막에 단지 약취자(scavenger)로서 나타났을 것이다. 물론 초기 인류가 약취자라는 가설에 모든 사람들이 동의하는 것은 결코 아니다. 다만 여기서 강조하고 싶은 점은 문화적 형성 작용과 자연적 형성 작용—인간의 활동과 그것이 아닌 작용—을 분간하는 우리의 기법들을 향상시켜야 비로소 이 문제를 가장 잘 풀 수 있다는 것이다. 이제 많은 연구들은 석기에 의해 뼈에 남는 자국과 육식동물의 이빨로 생긴 자국을 어떻게 명확히 분간할지에 초점을 맞추고 있다. 복제 석기를 사용하여 뼈에서 살코기를 떼어 내보는 현대 실험연구는 이런 점에서 유용한 접근방식 중 한 가지이다. 고고학적 물질의 물리적 보존에 영향을 끼치는 형성 작용들 중 일부에 관해서는 다른 종류의 **실험고고학**이 가장 많은 지견을 제공할 수 있다(맞은편 테 글 참조).

이 장의 나머지 부분은 여러 가지 문화적 형성 작용과 자연적 형성 작용들에 관한 한층 상세한 논의에 할당하기로 한다.

실험고고학

유적 형성 작용을 연구하는 데 효과적인 한 가지 방법은 장기간에 걸친 실험고고학인데 아주 좋은 예로는 1960년 영국 남부 오버튼 다운에 실험적으로 건설된 토루를 들 수 있다.

이 토목시설은 백악과 토탄으로 길이 21m, 너비 7m, 높이 2m로 쌓은 견고한 둑으로 그와 나란히 도랑 하나가 파졌다. 실험의 목적은 둑과 도랑이 시간의 흐름에 따라 어떻게 변하는지와 1960년 토루에 묻은 토기, 가죽, 직물 같은 물질들에 어떤 일이 일어나는지를 평가하는 데 있었다. 1960년 이후 2, 4, 8, 16, 32, 64, 128년 간격으로(실제 연도로는 1962, 1964, 1968, 1976, 1992, 2024, 2088년에) 둑과 도랑을 가로지르는 절개 작업(트렌치 발굴)을 하였거나 할 것이니 이는 관련자 모두에게 상당한 책무인 셈이다.

이 연구 사업은 위와 같은 시간표로 볼 때 아직도 비교적 초기 단계에 있다. 그러나 예비적 결과들은 흥미롭다. 1960년대 동안 둑은 높이가 대략 25cm 낮아지고 도랑에는 아주 급속하게 해감이 쌓였다. 그렇지만 이 구조물은 1970년대 중반 이후로는 안정을 유지하였다. 묻은 물질들을 보면, 4년이 경과한

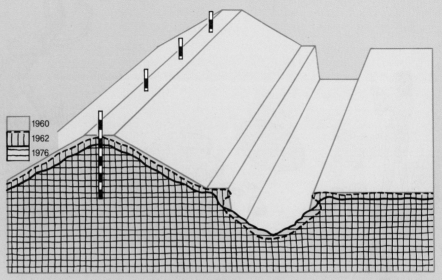

1960년 만든 둑 및 도랑의 단면선과 1962년, 1976년 토루를 가로질러 절개했을 때의 단면선들이 그 사이에 일어난 변화를 보여준다.

시점에서 토기는 불변이고 가죽은 거의 영향을 받지 않았으나 직물류는 이미 약해진데다가 변색되고 있었다.

1992년 발굴을 해본 결과 떼의 심을 이룬 토탄 부분에 묻은 직물과 나무 일부는 완전히 사라진 반면 생물 활동이 덜 활발한 백악 둑에서는 보존 상태가 나았다. 구조물 자체는 1976년 이후로 별다른 변화가 없었으나

다만 땅속에 사는 벌레들에 의해 알갱이가 작은 퇴적물들이 상당히 재식(再蝕)되고 이동되었다.

이 실험은 그동안 이미 고고학자들의 관심사인 변화들 중 다수가 복토된 지 수십 년 안에 일어나며 그런 변화의 정도는 지금까지 추정했던 것보다 훨씬 클 수 있다는 사실을 보여주었다.

3. 문화적 형성 작용
—사람들은 고고학적 기록으로 남은 것들에 어떻게 영향을 끼쳤는가?

우리는 이 작용들을 대충 두 가지 종류로 나눌 수 있으니, 하나는 발견물이나 유적이 묻히기 전 벌어진 인간의 원인 행위 또는 활동을 반영하는 작용이고, 다른 하나는 묻힌 이후 일어난 (경작이나 도굴 같은) 작용이다. 물론 주요 고고학 유적 대부분이 사용, 매몰, 수차례 반복된 재사용 등 복합적 경로를 거친 결과이기 때문에 문화적 형성 작용을 실제로 이처럼 간단히 양분하여 적용할 수는 없을 것이다. 그렇지만 우리의 주된 목표 중 한 가지가 인간의 원인 행위와 활동을 복원하는 데 있으므로 시도를 해 보아야겠다.

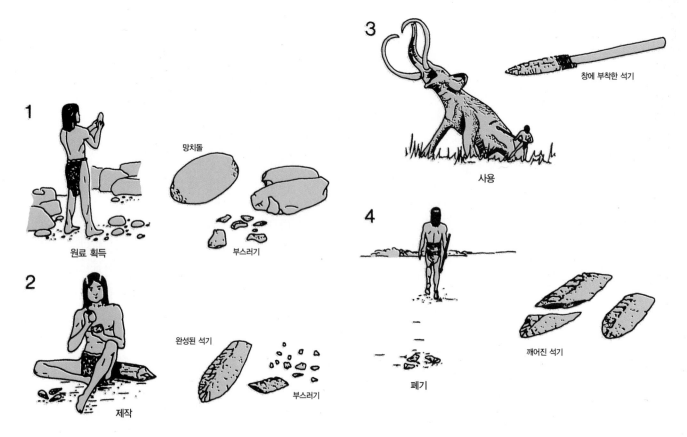

한 인공물은 그 삶의 기간 동안에 이 네 가지 단계 중 어느 하나에서 고고학적 기록 속으로 들어가게 마련이다. 고고학자의 과업은 문제의 발견물이 어느 단계를 대표하는지 판정하는 일이다.

인간의 원인 행위는 고고학적 견지에서 보면 적어도 다음 네 가지 활동들로 나타나게 마련인데, 예를 들어 (위의 그림에서 보듯) 도구의 경우,

1. 원료의 획득

2. 제작

3. 사용

4. 도구가 낡았거나 깨어졌을 때의 유기 혹은 폐기(그 도구는 다시 가공되어서 재활용, 즉 위의 2단계 및 3단계를 반복할 수가 있음)

라는 활동들이다.

이와 유사하게 밀 같은 식량 곡물은 수확(획득)되고 가공(제작)되며 사람이 먹은(사용) 후 소화되어 그 찌꺼기가 배설(폐기)되는데, 여기에 사용 전 저장이라는 흔한 중간 단계를 덧붙일 수 있겠다. 고고학자의 관점에서 중요한 사항은 이 어느 단계에서나 잔존물들이 고고학적 기록으로 들어갈 수 있다는 점이다. 즉 어떤 도구는 제작 도중 잃어버리거나 잘못 만들어져 버릴 수도 있고 어떤 곡물은 가공 과정에서 우연히 불타 보존될 수 있는 것이다. 따라서 원래의 활동을 정확하게 복원하기 위해서는 이런 단계들 중 어느 단계를 조사하는 중인지를 이해하려고 노력하는 일이 가장 중요하다. 예컨대 석기의 경우 이를테면 첫 단계를 식별하는 작업은 아주 쉬운 일

이 될 터인데, 그 이유는 땅속에서 흔히 잘 잔존하는 버린 격지 및 석재 무더기가 깊은 구덩이와 공반되는 현상이 보인다면 그로써 채석장 유적을 인지할 수 있기 때문이다. 그러나 어떤 탄화된 식물 유체 표본의 출토 지점이 이를테면 타작마당인지 주거 바닥인지를 논리에 닿게 의심의 여지없이 알기는 훨씬 어려우며 또 이런 까닭에 진정한 식물 식단을 복원하기도 어려운데, 그 이유는 인간 활동의 종류에 따라 식물 종의 보존 여부가 달라지기 때문이다.

고고학적 기록에 그간 표지를 남긴 인간 원인 행위의 또 한 가지 주요 측면으로는 귀중품이나 사체의 의도적 매몰(혹은 매장)을 들 수 있다. 사람들은 집단 간 대립이나 전쟁이 벌어진 시기면 귀하게 여긴 소유물들을 흔히 땅속에 묻어 감추곤 하였는데, 그 의도는 나중에 되찾으려는 것이었지만 때로 이러저러한 이유로 그렇게 하지 못한 경우가 있었다. 이런 **퇴장물**(hoard)들은 유럽 청동기시대(금속제품의 퇴장이 흔함)나 그보다 뒤의 영국 로마시대(은 및 기타 귀금속으로 된 보물들이 묻혀 있다가 출토됨) 같은 시기에서 가장 주된 증거 자료 중 하나이다. 그렇지만 원래 되찾을 의도였던 퇴장물과 그런 의도 없이 초자연적 신들을 달래기 위해 묻었으리라 생각되는 귀중품들(예컨대 늪지를 건너는 데 특히 위험한 지점에 놓은 것)을 고고학자가 분간하기란 쉬운 일이 아닐 것이다.

고고학자가 초자연적 신과 내세에 대한 믿음이 있었음을 어떻게 증명하고자 노력하는지는 제8장의 주제이다. 따라서 여기서는 퇴장물 이외의 주된 증거자료가 사체 매장으로부터 나온다는 점을 지적하고자 하는데 단순한 묘든 공력을 들인 봉토분이든 아니면 거대한 피라미드든 대개 토기와 무기 같은 부장품을 갖고 있으며 때로는 고대 멕시코나 이집트에서처럼 묘실 벽에 그림이 그려지기도 한다. 이집트인들은 정말로 사체를 영원히 보존하고자 미라로 만들기까지 했으며, 페루의 잉카인들도 마찬가지여서 쿠스코 '태양의 신전'에는 왕들의 미라를 보관했다가 특별한 의식을 벌일 때면 밖으로 내놓곤 하였다.

인간에 의한 고고학적 기록의 파괴는 바로 위에 서술한 무덤들을 짓느라 이전의 퇴적층들을 파들어 갈 때 일어날 수 있다. 그런데 과거 사람들은 이외에도 수없이 많은 방식으로 자기 선인들의 흔적을 고의적으로나 우연히 제거하였다. 예를 들어 통치자들이 앞의 군장이나 군주들에 관계되는 기념물들을 파괴하거나 명문을 지워 버린 경우가 비일비재하였다. 이전 것들을 제거하려는 의도에서 이루어진 인간의 파괴행위 중 일부가 거꾸로 그 대상을 보존한 덕에 장차 고고학자들이 그것을 발견해 내기도 한다. 예를 들어 방화는 반드시 파괴를 낳지는 않으며, 식물 유체 같은 다양한 물질들이 살아남을 가능성을 키우는 경우가 흔히 있다. 탄화됨으로써 시간의 파괴행위에 대한 저항력이 크게 증가하기 때문이다. 흙벽과 아도비 벽돌(햇볕에 말려 굳힌 벽돌)은 시간이 지나면 대개 서서히 분해되어 버리지만 만약 이 구조물이 불에 노출되면 그 진흙은 구운 벽돌처럼 단단해진다. 근동지방에서 출토된 수천 개의 문자 점토판들은 그처럼 불에 우연하게나 의도적으로 구워져 보존된 것들이다. 목재 또한 탄화되어 복합유구 속에 잔존하거나 적어도 굳은 진흙 속에 눌린 자국을 분명하게 남길 수 있다.

오늘날에는 인간의 고고학적 기록 파괴가 배수로 건설, 경작, 건축공사, 도굴 등으로 위급할 정도의 속도로 계속되고 있다. 우리는 제10장에서 이것이 고고학 전반에 어떤 영향을 끼치고 있으며 장차 어떤 결과를 가져올 것인가를 논의하기로 한다.

4. 자연적 형성 작용
—자연은 고고학적 기록으로 남은 것들에 어떻게 영향을 끼쳤는가?

우리는 위에서 강물의 작용 같은 자연적 형성 작용들이 고고학적 물질의 1차 정황을 어떻게 파괴하거나 교란할 수 있는지 보았다. 여기서는 물질 자체와 그것을 분해하거나 보존하는 자연적 작용들에 초점을 맞추기로 하겠다. 예외적 상황에서는 실질적으로 모든 고고학적 물질이 잔존할 수가 있지만 대개는 무기물질이 유기물질보다 훨씬 잘 잔존한다.

무기물질

고고학적으로 잔존하는 가장 흔한 무기물질은 돌, 진흙, 금속류들이다.

석기는 이례적으로 잘 잔존하여서 어떤 것들은 200만 년이 넘는 것도 있다. 그러므로 구석기 시대 동안의 인간 활동에 대한 주된 증거 자료가 언제나 석기였다는 사실은 하등 놀랄 일이 못된다. 다만 (보존 가능성이 한층 적은) 목기나 골기도 원래는 석기만큼 중요하였을 것이다. 석기는 때로 당초 상태에서 거의 손상을 입지 않거나 변형되지 않고 우리에게 전해지기 때문에 고고학자들은 그 날 부분에 생긴 미세한 마모 유형들을 현미경으로 조사할 수가 있으며, 이로써 예컨대 그 도구가 나무를 자르는 데 쓰였는지 동물 가죽을 벗기는 데 쓰였는지를 알 수 있다. 이는 이제 고고학 연구조사에서 중요한 한 분야이다.

토기와 구운 진흙벽돌 혹은 아도비 벽돌 같은 소성 점토는 잘 구워졌다면 사실상 파괴가 되지 않는다. 따라서 (일본에서는 대략 16,000년 전, 근동 및 남아메리카 일부 지역에서는 약 9000

핵심 개념: 무기물질의 잔존
- 석기, 소성된 점토 그리고 금 · 은 · 납 같은 일부 금속은 거의 모든 환경에서 아주 잘 잔존한다.
- 구리 같은 일부 금속은 토양 조건에 따라 부식될 수 있으며 철은 부식되지 않은 상태로 잔존하는 경우가 극히 드물다.
- 특히 석기, 토기 같은 무기물질은 고고학 유적에서 아주 흔하게 발견되지만 목기나 바구니처럼 대개 잔존하지 않는 물건들도 양이나 중요성에서 그들과 같았거나 오히려 그것들을 능가하였을 가능성이 다분하다.

년 전) 토기 제작 개시 이후의 시기에서 전통적으로 토·도기가 고고학자의 주된 증거 자료라는 점 또한 놀랄 일이 못된다. 토기는 이 장의 첫머리에서 본 바와 같이 형태, 표면장식, 함유 광물질, 심지어는 그 안에 남은 음식물 혹은 여타 찌꺼기까지도 연구할 수 있다. 산성 토양은 소성 점토의 표면에 손상을 입힐 수 있으며, 소성 온도가 낮은 다공성 토기나 진흙벽돌은 습윤한 기후조건에서는 부서지기 쉽다. 그러나 해체된 진흙벽돌조차도 페루의 옛 촌락이나 근동의 유구(遺丘)들에서 여러 시기의 재건축 활동들을 평가하는 데 도움이 될 수 있다.

금, 은, 납과 같은 금속류는 잘 잔존한다. 구리, 질 낮은 합금상태의 청동은 산성 토양의 공격을 받아 너무 심하게 산화됨으로써 단지 녹색 층 또는 얼룩만 남길 수도 있다. 산화는 또한 철을 급속하고도 강력하게 파괴하는 요인이기에 철을 녹슬게 만듦으로써 마찬가지로 흙 속에 단지 변색 얼룩만 남길 수 있다.

한편, 바다는 파괴 잠재력이 아주 커서 조류와 파도 혹은 조수활동으로 수중 잔존물들을 부수고 흩트려 버릴 수 있다. 반면 바닷물 때문에 유물 자체로부터 금속염류가 생겨나 표면을 두텁고 단단하게 감쌈으로써 그 속의 유물이 보존되는 데 도움을 줄 수 있다. 그러나 만약 그 유물을 바닷물로부터 꺼내기만 하고 처리를 하지 않으면 그 염류가 공기와 반응해 잔존 금속 부분을 파괴하는 산을 방출한다. 그렇지만 그 유물을 화학용액에 넣고 그것과 주위 금속 그릴 사이에 약한 전류가 흐르도록 하는 **전기분해법**을 쓰면 금속 유물이 깨끗하고 안전하게 보존될 수 있다. 이는 수중고고학에서의 표준 처리절차 중 한 가지로 대포에서 '타이타닉 호' 인양 발견물들에 이르는 모든 유형의 물건들에 쓰인다.

유기물질

유기물질의 잔존 여부는 주로 (그것을 둘러싼 물질인) 기질과 (그 지방 및 지역의) 기후로 결정되며, 고고학자들에겐 흔히 재앙이기는커녕 행운이라고 해야 할 화산 폭발 같은 자연 재해도 때로 그에 영향을 미치기도 한다.

기질은 앞에서 본 대로 대개 어떤 종류의 퇴적물, 즉 흙이다. 그 종류에 따라 유기물질에 미치는 영향은 차이가 있는데, 예컨대 백악(白堊)은 (무기질 금속 이외에) 인골 및 동물 뼈를 잘 보존한다. 산성 토양은 뼈와 나무를 몇 년 안에 파괴하지만 기둥구멍이나 오두막 기초가 있었던 곳에는 자연히 그 사실을 말해 주는 변색 부위가 남게 마련이다. 유골이 있었던 사질토양에도 이와 비슷하게 갈색 혹은 검은색 흔적이 어두운 윤곽으로서 남는다.

그런데 유물 바로 둘레의 기질은 예외적 상황에서는 광석, 염 혹은 기름 같은 부가적 구성요소들을 지닐 수가 있다. 이를테면 구리는 파괴성 미생물의 활동을 억제함으로써 유기질 잔존물의 보존을 돕는다. 그래서 중부 및 동남부 유럽의 선사시대 동 (및 소금) 광산에는 나무, 가죽, 직물류들이 많이 잔존한다.

폴란드의 스타루니아 유적에서는 소금과 기름이 결합하여 옛털 코뿔소를 보존하였는데 가죽과 터럭이 고스란히 남았고 주변 동토 식물의 잎과 열매도 남아 있었다. 이 짐승은 급류에 떠내려 온 끝에 원유가 자연적으로 스며나와 고이고 소금이 담긴 어떤 웅덩이로 들어갔는데 이곳의 원유와 소금이 부패를 막았던 것이다. 즉 이런 환경 조건들에서는 박테리아가 활동을 할 수 없으며 또 소금은 살갗에 침투해서 보존 작용을 한다. 미국 로스앤젤레스의 라 브레아 아스팔트 채굴장도 이와 비슷하게 그곳에서 수습된 광범위한 선사 동물 및 조류 유골들의 상태가 좋기로 세계적으로 유명하다.

기후 또한 유기질 잔존물의 보존에 중요한 역할을 한다. 우리는 때로 동굴 같은 환경의 '국부 기후'라는 현상을 운위할 수가 있는데, 동굴 내부는 외부 기후의 영향으로부터 차단되고 (석회암 동굴인 경우에는) 알칼리성 조건들이 뛰어난 보존제 역할을 하기 때문에 천연 '보존소'처럼 된다. 동굴은 만약 홍수 때문이거나, 사람 및 동물이 짓밟아 교란만 되지 않는다면 뼈와 발자국 같은 스러지기 쉬운 흔적들을 보존할 수도 있다.

그렇지만 좀더 통상적으로는 바로 그 지방의 기후가 중요한 역할을 한다. 열대 기후는 폭우, 산성 토양, 고온, 다습, 침식, 식생 및 곤충 번성 등이 함께 작용하기에 가장 파괴적이다. 열대 우림의 나무뿌리들은 석조물을 이동시키고 건물들을 갈기갈기 찢어놓는 등 놀랄 정도로 급속하게 한 유적을 뒤엎어 버릴 수 있고 억수같이 쏟아지는 비는 채색 물질과 회칠 작업한 물질을 서서히 파괴하며 목공품을 완전히 썩어 없어지게 만든다. 예를 들어 멕시코 남부에서 연구 작업을 하는 고고학자들은 정글 번성을 억제하기 위한 싸움을 끊임없이 벌이고 있다. 반면 정글 환경이 유적에 유리하다고 볼 수도 있으니, 이는 도굴꾼들이 미처 손을 대지 못한 훨씬 많은 유적들에 쉽사리 접근하지 못하도록 차단한다는 의미에서 하는 말이다.

유럽 및 북미의 많은 부분에서 보는 온대 기후는 일반적으로 유기물질에 대해 이롭지 못한데, 비교적 높으면서도 변화가 많은 기온과 유동성 높은 강우 형태가 결합하여 부패작용을 가속시키기 때문이다. 그렇지만 어떤 경우에는 국지적 환경 조건들이 이런 작용을 막을 수도 있다. 영국 북부 하드리아누스 황제 방호벽 근처의 로마시대 성채 유적인 빈돌란다에서는 매우 얇은 자작나무 및 오리나무 껍질들에 잉크로 쓴 편지가 1000통 넘게 발견된 바 있다. 대략 서기 100년

핵심 개념: 유기물질의 잔존

잔존을 결정하는 주된 요인들

• 기질: 물질을 둘러싼 토양 혹은 퇴적물의 조건 및 구성(특수한 상황에서만 유기물질을 보존한다).
• 기후: 지역 및 지방의 날씨 조건, 그리고 다시 이것들은 토양, 침식, 식물, 동물에 영향을 미친다.
• 화산 폭발 같은 자연재난 그리고 극단적으로 건조하고, 한랭하고, 습한 기후.

경으로 연대측정되는 이 유물들이 잔존할 수 있었던 이유는 토양의 이례적인 화학 조건 때문이었다. 즉 이 유적의 층위들 사이에 꽉 찬 진흙이 산소 차단막 역할을 하였고(산소 배제는 유기물질 보존에 중요함), 양치류, 뼈, 기타 잔존물들로부터 나온 화학물질은 그 지점의 땅을 효과적으로 불모지로 만듦으로써 식생 및 여타 형태의 생명체로 인한 교란을 막았던 것이다.

자연 재난들도—고고학자들에게는 다행스럽게도—유기물 유체를 포함한 유적을 때때로 보존한다. 가장 흔한 재난으로는 오크니 제도 스카라 브래의 **신석기시대** 해안 촌락을 모래로 덮은 격심한 폭풍, 미국 북서해안 오제트의 선사시대 촌락을 집어삼킨 진흙 사태(54쪽 테 글 참조), 혹은 로마시대 폼페이를 재 층으로 덮어 보존한 베수비오 산 폭발 같은 화산 폭발 등이 있다. 서기 595년경 일어난 엘살바도르의 화산 폭발은 인구가 밀집했던 한 마야 취락 위에 두껍고 넓은 화산재 층을 쌓았다. 고고학자들은 이 세렌 유적에서 조사를 벌여 야자나무 잎 및 풀로 덮은 지붕, 돗자리, 바구니, 저장 알곡을 비롯한 다양한 유기물질 유체들과 더불어 심지어 경작지 고랑까지 찾아낸 바 있다.

유기물질은 이상과 같은 특별한 상황들이 아니고서는 극단적 습도 조건, 즉 건조, 결빙 혹은 침수 등의 조건들을 비롯한 몇몇 경우들에만 잔존한다.

유기물질의 보존: 극단적 환경 조건

건조 환경　　심한 건조 상태에서는 수분이 없어 많은 파괴성 미생물들이 번성할 수 없는 까닭에 부패가 방지된다. 고고학자들은 이 현상을 이집트에서 처음으로 인식하였는데(뒤쪽의 투탕카멘 테 글 참조), 이곳 나일 강 유역의 대부분 지역은 대기가 너무 건조한 때문에 서기전 3000년 이전 선왕조 시기 사체들이 인공적 미라 처리나 관 없이 그냥 모래 속 얕은 구덩이에 안치되었는데도 피부, 머리카락, 손톱까지 고스란히 잔존하기도 한다. 급속한 건조에다 모래의 탈수작용이 더해져 그처럼 놀라운 보존력이 생겼고, 나중의 왕조시대 이집트인들은 아마도 이로부터 힌트를 얻어 미라 처리 관습을 갖게 되었을 것이다.

한편 미국 남서부의 푸에블로 거주민들(서기 700~1400년)은 건조한 동굴과 암벽 밑 은거지에 사체를 묻었는데, 그곳에서도 이집트에서와 같은 자연 건조 현상이 일어났다. 따라서 흔히 그들이 미라를 만든 것처럼 말하지만, 사실은 그렇지 않다. 사체는 때로 모피 담요나 무두질한 가죽에 싸여 잔존하는데, 그런 좋은 상태에서는 헤어스타일까지도 연구할 수 있었다. (섬유 샌들에서 줄 무릎덮개에 이르기까지) 복식 자료들도 잔존하며, 그와 함께 바구니, 깃털 장식, 가죽류 같은 광범한 종류의 물품들이 잔존한다. 같은 지역의 이보다 훨씬 오래된 일부 유적 또한 유기질 유체들을 보존하고 있었는데, (서기전 9000년 이래로 사람이 산) 유타 주 데인저 동굴에서는 나무 화살, 덫 스프링, 칼 손잡이, 기타 나무 제품들이 출토되었고, 콜로라도 주 두랑고 근처 동굴들

건지 보존의 예 : 투탕카멘 왕묘

이집트 전역에서는 건조 기후조건이 우세한 덕택에 (나일 강 수초 중 한 가지의 고갱이로 만든) 파피루스에 쓰인 수많은 문헌들에서 기자의 대피라미드 옆에 묻혀 있었던 실제 크기의 나무배 두 척에 이르기까지 광범위한 종류의 옛 물질들이 보존되었다. 하지만 그 중에서도 가장 유명하고 정말 볼 만한 일습의 물품은 하워드 카터와 카르나본 경이 1922년 테베에서 발견한, 서기전 14세기로 연대측정되는 파라오 투탕카멘의 무덤에서 출토된 것들이다.

투탕카멘은 재위 기간이 짧았고 이집트 역사에서 그다지 중요한 인물은 못되었는데, 그런 사실은 파라오라는 기준으로 볼 때 빈약하기만 한 그의 무덤이 반영한다. 그러나 원래는 다른 사람을 위해 지은 이 작은 무덤은 보물들로 꽉꽉 차 있었다. 투탕카멘이 내세에서 필요로 할 모든 것들을 부장하였기 때문이다. 연도와 네 개의 묘실 안은 수천 점의 부장품들로 가득 차 있었다. 그것들 중에는 보석류 및 그 유명한 황금가면 같은 귀금속품, 음식, 의복류 등도 있다. 하지만 조상, 서랍, 제단, 세 겹의 관 중 두 개의 목관 같은 목제품들이 무덤 내용물 중 많은 부분을 차지한다.

무덤 안의 비품 모두가 애초부터 투탕카멘을 위해 만든 것은 아니었다. 일부는 그의 가족 중 다른 사람들을 위해 만들었는데, 이 어린 왕이 예기치 않게 죽자 급히 부장품으로 삼은 것이었다. 또한 가슴을 뭉클하게 하는 품목들도 있었으니 왕이 어린아이 때 사용한 의자와 '폐하께서 손수 꺾으신 갈대'라고 써 붙이고 금에다 끼운 평범한 갈대 한 토막 등이다. 심지어 조문객들이 둘째 및 셋째 관 위에 놓은 꽃다발 및 장례용 꽃송이들까지도 건조한 기후조건 속에 그대로 남아 있었다.

투탕카멘의 삼중 관 중 제일 바깥 것은 삼나무로 만들고 금박을 입힌 것이었다.

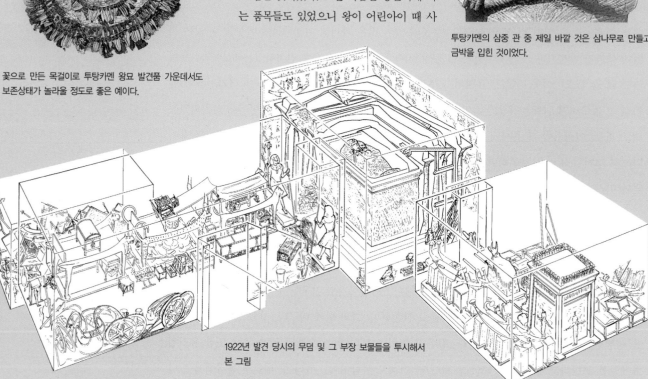

꽃으로 만든 목걸이로 투탕카멘 왕묘 발견품 가운데서도 보존상태가 놀라울 정도로 좋은 예이다.

1922년 발견 당시의 무덤 및 그 부장 보물들을 투시해서 본 그림에는 옥수수 속대, 호박, 해바라기 및 겨자 씨앗들이 보존되어 있었다. 이런 유형의 식물 발견물은 그간 고고학자들이 옛 식단을 복원하는 작업에 결정적 도움이 된 바 있다.

또 페루 중부 및 남부의 해안 거주민들도 위와 비슷하게 건조한 환경 속에서 살다가 죽었다. 그래서 그들의 건조된 사체에 남은 문신들을 지금도 볼 수 있으며, 이까와 나스까의 묘지들에서 나온 현란한 색색의 거대한 직물들은 바구니, 깃털 공예품, 옥수수 속대 및 여타 먹을거리 품목 등과 함께 보는 이의 찬탄을 자아낸다. 칠레의 친초로에서는 의도적으로 만든 미라 중 가장 오래된 사례가 발견되었는데, 이 또한 사막 환경의 건조함 덕택에 보존된 것이었다.

마지막으로, 알래스카 서안 바다 가운데 알류산 열도에서는 이와 약간 다른 현상이 일어났으니, 거기서는 화산 열로 데워져 아주 건조해진 동굴 안에 사체들이 안치된 덕에 자연스럽게 보존되었다. 또 이곳 섬 주민들은 사체를 정기적으로 닦아주거나 불 위에 매달아 말림으로써 자연 건조가 더 잘 되도록 한 듯하며, 어떤 경우에는 내장을 제거하고 그곳에다 마른 풀을 넣기도 하였다.

한랭 환경 자연 냉동은 부패작용을 수천 년 간 억제할 수 있다. 최초로 알려진 냉동 발견물은 시베리아 영구동토지대에서 우연히 드러난 수많은 매머드들의 유체일 터인데, 몇몇은 살과 터럭, 위장 내용물을 고스란히 지니고 있었다. 이 불운한 놈들은 아마도 눈 속 크레바스로 떨어졌을 것인데 거기서 해감 속에 묻힌 채로 일종의 거대한 냉동품이 되어 버린 것이다. 가장 유명한 예는 1901년 수습된 베레소프카와 1977년 발견된 새끼 매머드 디마이다. 보존 상태가 너무 좋아 개들이 무척이나 먹고 싶어 하였으므로 사체 가까이 가지 못하게 막아야 했을 정도였다.

냉동된 고고학적 잔존물 중 의심할 여지도 없이 가장 유명한 예는 연대가 서기전 400년경 철기시대로 추정되는 시베리아 남부 알타이 지역 파지리크의 초원 유목민 분구묘들에서 나온 것들이다. 이 무덤들은 땅속 깊이 묘광을 파고 통나무로 곽을 짠 후 돌로 낮게 덮어 석총(石塚)을 이룬 것이다. 묘광은 땅이 꽁꽁 얼기 전 따뜻한 계절에만 팔 수 있었다. 그래서 무덤 속의 온기라는 온기는 죄다 위로 올라와 석총의 돌 표면에 이슬로 맺혔고 또 그 이슬들은 서서히 묘실 안으로 침투해 내려가 엄동에 너무도 꽁꽁 얼어붙어 버렸기에 이어지는 여름철에도 결코 녹지 않았는데, 그 이유는 위의 돌들이 열을 잘 전달하지 않고 오히려 바람과 태양이 묘곽을 데우고 말리지 못하도록 막아주었기 때문이다. 그래서 발굴자들이 얼어붙은 물질들을 수습하기 위해 끓는 물을 부을 수밖에 없었는데도 제일 부스러지기 쉬운 물질조차도 고스란히 살아남았다.

파지리크의 사체들은 나무베개 위에 눕혀 통나무관 속에 안치되었는데 너무도 양호하게 잔존하여서 그들의 굉장한 문신을 아직도 볼 수 있다. 복식으로는 리넨 상의, 치장된 띠 달린 긴 소매 옷, 에이프런, 긴 양말, 펠트 및 가죽제의 머리쓰개 등이 있었다. 또 융단, 벽걸이, 음식을 차린 탁자와 정교한 말굴레, 안장 및 기타 마구들을 완전히 갖춘 말의 시체들이 있었다. 이 지방에서

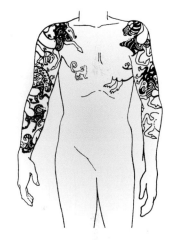

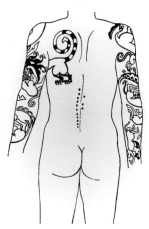

시베리아 남부의 동결 기후조건 덕에 서기전 400년경으로 편년되는 파지리크 초원 유목민 고분에서 출토된 발견물들은 놀랍게도 잘 보존되어 있었다. 그 중에는 여기서 보듯 문신이 새겨진 한 대군장의 상반신 및 팔 피부도 있었다.

한 랭 보 존 의 예 : 냉 동 인 간

ötztaler Alps
ITALY

전세계에서 가장 오래되었으면서도 온전하게 보존된 인간 사체는 독일 등산객들이 1991년 남부 티롤의 알프스 산록 외츠탈에 있는 시밀라운 빙하 근처에서 발견하였다. 그들은 고도 3200미터 지점에서 말라버린 황갈색 피부의 인간 사체 한 구를 알아보았다. 이 냉동인간은 일상의 의복과 장비를 갖춘 채 발견된 최초의 선사시대 인간인데 아마도 통상의 일을 보러 가던 중이 아닌가 추정되었다. 반면 그간 이와 비슷하게 손상되지 않은 채 발견된 다른 선사시대 사체들은 모두

의도적으로 매장되었거나 희생된 것들이었다.

외치의 시밀라운 사람 혹은 간단히 '냉동인간'이라 불리게 된 이 사체는 오스트리아에서 냉동고에 보관되다가 그 후의 조사에서 이탈리아 국경 안 약 90미터 지점에 놓여 있었다고 판정되어 1998년 이탈리아 볼짜노의 한 박물관으로 이관되었다. 그간 사체, 유물, 신발 속 풀로부터 15개의 방사성탄소연대가 얻어졌는데 모두 대체로 일치하였고 평균 서기전 3300년이었다.

최초의 연구자들에 따르면 이 냉동인간은 산속에서—아마도 안개나 눈보라에 휩싸여—탈진하였던 것으로 여겨졌다. 그는 죽은 뒤 따뜻한 가을바람에 건조되었고 이윽고 얼음 속에 갇혔다. 사체가 옴팍한 곳에 놓여 있었기 때문에 그 위를 지난 빙하에도 손상되지 않고 5300년간 보존된 끝에, 사하라 사막에서 불어온 폭풍우가 그 얼음 위에 먼지 층을 한층 쌓자 그것이 햇볕을 흡수함으로써 마침내 사체를 둘러싼 얼음이 녹아내려 드러나게 된

냉동인간의 장비와 옷은 5000여 년 전의 일상생활을 그대로 보여주는 타임캡슐로 70점이 넘는 물품들이 사체와 함께 발견되었다.

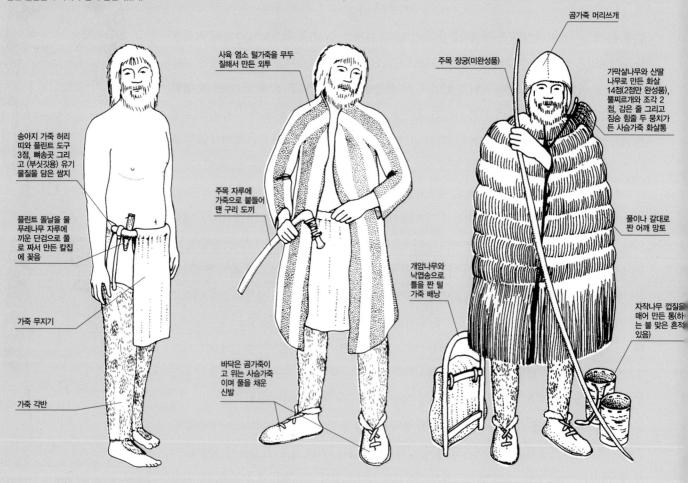

곰가죽 머리쓰개

사육 염소 털가죽을 무두질해서 만든 외투

주목 장궁(미완성품)

가막살나무와 산딸나무로 만든 화살 14점(2점만 완성품), 뿔찌르개와 조각 2점, 감은 줄 그리고 짐승 힘줄 두 뭉치가 든 사슴가죽 화살통

송아지 가죽 허리띠와 플린트 도구 3점, 뼈송곳 그리고 (부싯깃용) 유기 물질을 담은 쌈지

플린트 돌날을 물푸레나무 자루에 끼운 단검으로 풀로 짜서 만든 칼집에 꽂음

주목 자루에 가죽으로 붙들어 맨 구리 도끼

풀이나 갈대로 짠 어깨 망토

가죽 무지개

개암나무와 낙엽송으로 틀을 짠 털가죽 배낭

자작나무 껍질을 매어 만든 통(하는 불 맞은 흔적 있음)

가죽 각반

바닥은 곰가죽이고 위는 사슴가죽이며 풀을 채운 신발

것이었다.

그는 피부색이 짙은 남자로 나이는 40대 중반에서 후반이었다. 키는 겨우 약 1.56~1.6m였는데 이런 그의 키와 체형은 이탈리아와 스위스의 신석기시대 후기 주민들의 치수 범위에 잘 들어맞는다. 이 사람의 DNA에 대한 예비 분석 결과도 그가 남유럽과 연계됨을 확증하고 있다.

사체는 현재 약 54kg에 지나지 않는다. 그의 이는 매우 닳았는데 특히 앞니들이 그러해서 거칠게 간 곡식을 먹었거나 아니면 앞니를 정기적으로 도구로 썼음을 시사한다. 발견 당시에는 대머리 상태였으나 사체 부근과 옷 조각 위에서 약 9cm 길이의 곱슬곱슬한 갈흑색 머리카락 수백 개가 수습되었다. 이것들은 죽은 후 떨어진 것이며, 그는 턱수

염을 기르고 있었을 것이다.

그와 더불어 발견된 물품들은 옛 일상생활을 그대로 담은 유례없는 '타임캡슐'을 이루는데 다수가 유기물질로 추위와 얼음 덕에 보존된 것들이다. 아주 다양한 나무와 가죽 및 풀로 갖가지 정교한 가공 기술을 부려 만든 70점에 달하는 일괄품은 이 시기에 대한 우리의 지식에 새로운 차원을 더해 주고 있다.

는 그간 이보다 보존 상태가 더 좋은 분묘 유적도 발견된 바 있는데, 그 안에는 말 여섯 마리와 은 거울 및 다양한 목제품을 비롯한 부장품과 여성이 매장되어 있었다.

이와 비슷한 수준의 보존 상태는 그린란드와 알래스카 같은 그 밖의 지방들에서도 확인된 적이 있다. 한층 남쪽 지방에서는 안데스 산중 세라 엘 뿔로모의 잉카 시기 무덤처럼 높은 고도일 때 동일한 결과가 생길 수 있는데, 그곳에서는 낙타과 동물 털로 만든 판초를 입은 한 소년의 사체가 자연적으로 냉동 건조되어 있었다. 또 이탈리아와 오스트리아의 국경지대 근처 알프스 산중에서는 5300년 된 '냉동인간'이 얼음 속에 보존된 채 발견되었다(왼쪽 테 글 참조).

침수 환경   (해양고고학에 대비되는) 육상고고학에서는 건지 유적과 습지 유적을 구분하는 것이 유용할 수 있다. 절대 다수 유적은 습기 함유도가 낮고 유기질 잔존물의 보존이 빈약하다는 의미에서 '건지' 유적이다. 습지 유적에는 호수, 늪, 소택지, 수렁, 토탄 늪 등에서 발견되는 유적들이 모두 포함된다. 여기서는 침수가 **발굴** 당시까지 대체로 유지되는 한, 유기물질들이 공기가 없고 습해서 보존되기 좋은 환경 속에 효과적으로 밀봉된다(습지 유적은 계절에 따라 마르기만 해도 유기물질의 분해가 일어날 수 있다).

습지 유적 발견물 중 흔히 75~90%가, 때때로는 100%가 유기물이라고 추산된 바 있다. 반면 대부분의 건지 유적들에서는 가죽, 직물류, 바구니, 모든 종류의 식물 유체 같은 물질들은 극히 일부만이 잔존하거나 전혀 잔존하지 못한다. 이런 까닭에 고고학자들은 습지 유적에서 발견될 수 있는 풍부한 과거 인간 활동 관련 증거 자료들에 더욱더 많은 주의를 돌리고 있다. 그런데 전세계 육지의 단 6%만을 차지하는 습지들에서는 배수 작업과 토탄 채취로 인한 위협들이 증대되는 중이어서 그런 연구 작업에 긴박성을 더하고 있다.

습지도 종류에 따라 보존력이 아주 다양하다. 산성의 토탄 늪들은 나무와 식물 유체의 보존에는 유리하지만 뼈, 철, 심지어는 토기조차도 파괴할 수 있다. 반면 스위스, 이탈리아, 프랑스,

습지 보존의 예: 오제트 유적

미국 북서 해안 워싱턴 주 오제트 유적에서는 특수한 종류의 침수현상이 일어났다. 서기 1750년쯤 엄청난 진흙사태가 한 고래잡이 취락의 일부를 완전히 덮어버렸다. 이 마을은 그 후 2세기 동안 보존되고 있었지만 잊힌 건 아니었다. 왜냐하면 그 마을 후손들이 조상의 고향을 기억 속에 되살리고 있었기 때문이다. 그러다가 바닷물이 진흙을 씻어내기 시작하였고 이 유적은 곧 도굴꾼들의 희생물이 될 처지에 놓일 듯 보였다. 이에 지역 주민들은 정부에다 이 유적을 발굴해 잔적들을 보존하도록 해줄 것을 요청하였다. 리처드 도어티가 책임자로 선임되어 유적 발굴단을 조직하였다. 고고학자들이 고압 호스로 진흙을 씻어내자 유기물 자료의 보고(寶庫)가 모습을 드러내었다.

붉은삼나무 목재로 지은 길이 21m, 너비 14m에 이르는 긴 집 몇 채가 발견되었는데, 자귀질로 깎은 후 늑대 및 천둥새를 비롯한

오제트의 집을 짓는 데 쓴 나무 부재가 보존된 모습.

각종 그림들을 흑색으로 그린 판재, 지붕 지주, 낮은 격벽들로 이루어져 있었다. 또 이 집들은 화덕, 조리대, 침상, 돗자리 등을 갖추고 있었다.

5만 점이 넘는 유물들이 양호한 보존 상태로 수습되었는데 거의 절반이 나무나 여타 식물 소재로 된 것이었다. 가장 볼 만한 것은 고래 등지느러미 형태로 조각된 1m 높이의

거대한 붉은삼나무 덩어리였다. 그리고 양치류 및 붉은삼나무 잎까지도 풍부한 고래 뼈와 함께 잔존하고 있었다.

이 조사 사업은 고고학자와 토착 주민들 사이의 협력을 보여주는 빼어난 본보기다. 마카 인디언들은 자신들의 과거를 이해하는 데 고고학자들이 기여한 바를 높이 평가하고 박물관을 지어 발견물들을 전시하고 있다.

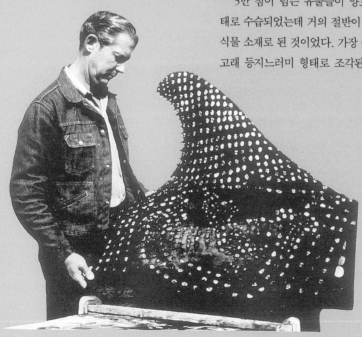

리처드 도어티가 붉은삼나무를 고래 등지느러미 모양으로 조각한 유물을 살펴보고 있다. 여기에는 700개가 넘는 해달 이빨을 상감하여 천둥새가 갈고리 발톱으로 뱀 한 마리를 움켜쥔 형상을 표현하였다.

마카 인디언 발굴단원이 유적에서 발견된 바구니를 물로 씻어내고 있다.

남부 독일 알프스 지역들의 유명한 호반 유적들은 대부분의 물질들을 잘 보존한다. 때로는 다른 자연력들이 침수 잔적을 보존하는 데 도움이 되기도 하는데 예를 들면 미국 워싱턴 주 오제트 유적을 뒤덮은 진흙 사태가 있다.(왼쪽 테 글 참조)

토탄 늪들은 거의 모두 고위도 지방에 있으며 습지고고학에서 가장 중요한 환경에 속한다. 예를 들어 영국 남부 서머싯 평원은, 지난 세기 초반 글라스톤베리 및 미어 유적에서 잘 보존된 철기시대 호반 촌락을 드러낸 발굴의 무대였을 뿐 아니라, 지난 20년 동안에는 그보다 훨씬 광범위한 조사활동의 무대로서 수많은 나무발판 길들(이 중에는 6000년이나 되고 1.6km에 걸쳐 뻗은 세계에서 '가장 오래된 길'이 포함됨)과 옛 목공기술에 관한 많은 세부 사실들 그리고 옛 환경을 드러낸 바 있다. 유럽 대륙과 아일랜드에서도 토탄 늪들이 이와 마찬가지로 많은 발판 길들과 ─때로는 그 길을 달린 나무 수레들에 관한 증거도 포함하여─그 밖의 부서지기 쉬운 잔존물들을 보존하고 있었다. 또 해안 늪지 같은 다른 유형의 유럽 습지들에서는 속을 파낸 통나무배, 노, 심지어는 어망 및 어살까지도 출토된 바 있다.

그렇지만 유럽 북서부의 토탄 늪 발견물 중 가장 유명한 것은 역시 토탄 늪 사체들로서 그 대부분의 연대는 철기시대에 속한다. 보존 정도는 아주 다양하며 사체가 놓인 특정 조건들에 좌우된다. 대부분의 사람들은 비명횡사하였으며 아마도 범죄자로 처형되거나 희생 제물로 죽어 토탄 늪에 던져졌을 것이다. 덴마크의 '톨룬트인' 같은 예는 보존 상태가 정말 훌륭하였는데 그들이 현대인이 아닌 옛 사람임을 나타내는 표시는 토탄 늪 물과 타닌산으로 생긴 피부 변색 한 가지뿐이었다. 살갗 안의 뼈는 내장 대부분과 마찬가지로 사라져 버린 경우가 많았지만 때로는 위장과 그 내용물이 잔존한 예도 있었다. 플로리다에서는 선사시대 사람의 뇌까지도 수습된 바 있다.

침수 환경조건이 때로는 봉토분 안에서도 생겨날 수 있다. 유럽 북부 청동기시대 오크 관 무덤들, 그 중에서도 특히 대략 서기전 1000년으로 연대측정되는 덴마크의 무덤들은 통나무 관 둘레에 돌들을 채워 넣고 그 위에 둥근 봉분을 쌓은 것이었다. 분구 내부로 침투한 물이 통나무 관에서 배어 나온 타닌산과 결합함으로써 산성 조건이 만들어졌는데, 이는 유골은 파괴하였지만 관 속 사체의 피부(토탄 늪 사람들처럼 변색은 됨), 머리카락, 인대 등과 더불어 의복과 자작나무 껍질 들통 같은 물건들을 보존하였다.

이와 다소 비슷한 현상은 바이킹들이 관으로 사용한 배들에서도 일어났다. 예를 들어 노르웨이의 오스베르그선은 서기 800년경 바이킹 왕비의 사체를 담고 있었는데, 진흙 속에 묻힌데다 돌덩어리들과 토탄층으로 덮여 밀봉됨으로써 보존이 잘 되었다.

호반 주거지들은 그 나무 기둥이나 버팀목들이 100년도 전에 스위스 호수들에서 처음 발견된 이래로 대중의 호기심을 끄는 면에서는 '토탄 늪 사람들'과 어깨를 겨루고 있다. 보존된 물질의 범위는 정말 놀라운데, 단지 나무 구조물 및 유물, 직물류뿐만 아니라, 예컨대 프랑스 샤라빈느의 신석기 유적에서는 견과류, 딸기류, 그 밖의 과실들 또한 있었다.

그런데 호반 주거지와 기타 유럽 습지 유적들이 근년 고고학연구에 가장 크게 기여한 점은 연대측정 목적의 나무 나이테, 즉 나무의 매년 생장 테를 연구할 수 있도록 잘 보존된 목재들을 풍부하게 제공하였다는 데 있다. 제4장에서는 나이테 연구가 유럽 북부 지역에서 수천 년 전까지 거슬러 올라가는 정확한 편년을 확립하는 데서 거둔 비약적 발전을 탐구하게 될 것이다.

이상에 더해 침수되어 잘 보존된 목재 자료가 육상 고고학 조사에서 풍부하게 발견될 수 있는 곳으로는 옛 읍 및 도시의 강가 혹은 바닷가 기슭 땅을 들 수 있다. 고고학자들은 그간 특히 런던의 곳곳에서 로마시대 및 중세의 그런 하천변 땅을 찾아내는 데 성공하였지만, 이런 발견이 유럽으로만 국한되지는 않는다. 1980년대 초 뉴욕 시 고고학자들은 18세기에 그곳 '동강(東江)' 기슭의 땅을 떠받치기 위해 가라앉혔으나 아주 잘 보존된 배 한 척을 발굴하였다. 강이나 호수 속, 특히 바다 밑에서 이루어지는 수중고고학 조사가 또한 침수 발견물이 나오는 가장 풍부한 원천이라는 점은 놀랄 일도 아니다(88~90쪽 참조).

침수된 발견물, 그 중에서도 특히 나무가 지닌 커다란 고고학적 문제점은 그것들을 수습하였을 때 마르기 시작함과 거의 동시에 갈라지기 시작함으로써 급속도로 상태가 악화된다는 점이다. 따라서 실험실에서 처리를 하거나 냉동 건조할 수 있을 때까지 습도를 유지할 필요가 있다. 이런 종류의 보존 조치들은 습지 및 수중고고학에 왜 그처럼 엄청난 비용이 드는지 설명하는 데 도움이 될 것이다. 그동안 추산된 바로는 '습지고고학'이 '건지고고학'의 네 배 정도는 비용이 든다. 그러나 우리가 이미 본 대로 그 보상은 막대하다.

그리고 장래의 보상 또한 대단히 클 것이다. 예를 들어 미국 플로리다 주는 대략 120만 헥타르 정도의 토탄 퇴적층을 갖고 있으며 이것들은 현재의 증거로 보아 아마 세계 어느 곳보다도 많은 유기질 유물들을 간직하고 있을 것이다. 이곳 습지에서는 지금까지 한 지방에서 나온 수로는 가장 많은 선사시대 선박들이 나왔고 그와 함께 서기전 5000년까지 거슬러 올라가는 토템 상, 가면, 소상(小像)들이 나왔다. 예를 들어 오키초비 분지에서는 서기전 1천년기의 장례용 기단이 발견된 바 있는데, 이는 짐승 및 새들을 나타내는 일련의 대형 나무 조각 토템 기둥들이 대열을 이루어 치장하고 있었다. 그 기단은 불이 붙어 못 속으로 무너져 들어간 것이었다. 하지만 플로리다 습지 발견물들은 최근에 들어서야 비로소 주도면밀한 발굴로 우리 손에 들어오게 되었을 뿐이며 그전만 해도 토탄 퇴적층의 많은 부분을 파괴하는 배수 공사 때문에 헤아릴 수 없이 많은 온갖 종류의 고고학적 증거들이 사라져 버렸다.

요 약

- 우리들이 이용할 수 있는 고고학적 증거는 다음 몇 가지 중요 요인들에 좌우된다.
  - 과거와 현재의 사람들이 그것에 대해서 무엇을 하였는가?(문화적 형성 작용)
  - 토양 및 기후 같은 자연 조건들이 그간 무엇을 보존하고 무엇을 파괴하였는가?(자연적 형성 작용)
    무기물질들은 대개 유기물질보다 훨씬 잘 잔존하지만 후자는 건조 환경, 한랭 환경, 침수 환경이라는 특수
    환경들일 경우 잘 보존될 수 있다.
  - 그것들을 발견, 인식, 수습, 보존하는 우리의 능력

- 처음의 두 요인은 전적으로 자연력과 이전 인간의 행위에 달려 있으므로 그에 대해 우리가 할 수 있
  는 바는 아무것도 없다. 그렇지만 이 책의 주제인 세 번째 요소는 끊임없이 향상되고 있는데, 이는
  우리가 부패와 파괴의 작용들을 더 잘 이해하고 또 실제 잔존한 고고학적 증거를 최대한 활용할 수
  있는 연구 전략 및 기술적 보조 수단을 고안해 내는 덕이다.

추 천 문 헌

고고학 자료의 보존 차이 문제들에 대한 좋은 입문서들

Binford, L. R. 2002. *In Pursuit of the Past: Decoding the Archaeological Record*. University of California Press: Berkeley & London.

Coles, B. & J. 1989. *People of the Wetlands: Bogs, Bodies and Lake-Dwellers*. Thames & Hudson: London & New York.

Nash, D. T. and Petraglia, M. D. (eds.) 1987. *Natural Formation Processes and the Archaeological Record. British Archaeological Reports, International Series 352*: Oxford.

Purdy, B. A. (ed.) 2001. *Enduring Records: The Environmental and Cultural Heritage of Wetlands*. Oxbow Books: Oxford.

Schiffer, M. B. 1996. *Formation Processes of the Archaeological Record*. University of Utah Press: Salt Lake City.

3

어디서?

유적 및 유구의 탐사와 발굴

고고학자는 전통적으로 **유적**들을 발견하고 발굴하는 사람으로 알려져 있다. 그러나 오늘날도 여전히 유적과 그 **발굴**이 가장 중요하기는 하지만 주안점이 한층 넓어졌다. 고고학자들은 이제 **유물** 산포지들로부터 경작 흔적 및 경작지 구획열 같은 **유구**들에 이르기까지 옛 인간의 환경 이용에 관한 중요 정보를 제공하는 아주 다양한 '유적 역외(域外)' 증거 혹은 '비유적' 증거들이 있음을 인식하게 되었다. 그리하여 예컨대 지방 단위 탐사로 경관 전체를 연구하는 일은 이제 고고학 야외조사에서 아주 중요한 한 부분을 이룬다.

　여기서 잊어서는 안 될 한 가지 사실이 있다. 이미 야외조사가 실시된 적이 있는 유적들에 대해 새로운 조사를 벌임으로써 연구에 적합한 증거를 얻는 경우가 흔히 있다는 점이다. 또 연구 가치가 크고 귀중한 많은 자료들이 박물관 및 연구소의 자물쇠 채워진 지하 수장고에서 창의력 풍부한 현대적 기법들이 분석해 주기만을 기다리고 있다. 예를 들어 1920년대에 투탕카멘 왕묘에서 발견된 식물 유체들은 최근에 와서야 비로소 전면적으로 분석되었다. 그러나 이에도 불구하고 고고학 연구의 절대 다수는 아직도 새로운 야외조사에 의한 새로운 자료의 수집에 의존하고 있음이 사실이다. 고고학자가 이 새로운 자료, 바꾸어 말하면 새로운 유적과 유구들을 발견하는 주된 길은 지상에서나 공중에서 이루어지는 **탐사작업**이다.

　고고학의 초년 시절에는 그 다음 단계가 으레 발굴이었다. 그러나 고고학자들이 증거가 담긴 토층들을 파내려가 수천 년 동안 교란되지 않았을 유구들을 노출시키고 유물들을 수습하는 등 유적을 발굴할 때 절대 잊어서는 안 될 중요한 사항이 있으니, 발굴이란 본질적으로 파괴 행위이며 발견된 사항을 정확하게 기록할 기회란 단 한 번밖에 없고 또 그 '실험'은 반복할 수 없다는 사실이다. 그리고 발굴에는 경비가 아주 많이 들며 또 발굴을 마친 후 발굴자는 발견물을 보존하고 수장하며 결과를 해석하고 공표하는 데도 상당한 시간, 노력, 비용을 투입할 준비가 되어 있어야 한다. 그래서 예컨대 유적을 **지표조사**하거나 **원격 탐사** 장치들을 이용하여 유적과 유구들의 평면 배치를 평가하는 비파괴 조사 방법들이 또한 새로이 중요성을 띠게 되었다. 이는 고고학자가 유적의 유구들을 해석하기에 충분한 정보를 흔히 제공함으로써 대규모 발굴이 불필요하도록 만들었다. 발굴은 고고학에서 여전히 아주 중요한 부분이지만 이제 고고학자들은 이를 가벼이 추진해서는 안 되며 또 현대의 개발이나 자연 침식 때문에 유적이 파괴될 수밖에 없는 경우에만 불가피하게 실시해야 한다는 점을 점점 더 깊이 인식하고 있다.

　고고학자들은 어떤 야외조사든 실시하기 전에 자신들의 목표가 무엇이며 캠페인(작전) 계획은 어떤 것이 될지를 명확히 설정하고자 노력한다. 이 절차는 흔히 **연구 계획** 입안 작업이라고 하는데, 연구 계획(혹은 연구 과정)은 크게 보아 네 단계로 나뉜다(뒤쪽 테 글에 열거). 그런데 제1단계부터 제4단계로 순서를 따라 진행되는 연구는 좀처럼 없다. 실제로는 증거가 수집되고 분석됨에 따라 연구 전략이 끊임없이 새롭게 다듬어지게 마련이다. 변명의 여지가 없는 일이지만 결과 출간을 태만히 하는 경우가 너무나 흔하다. 그러나 계획을 잘 세운 연구에서는 총체적 목표—

답해야 할 큰 질문 또는 질문들— 는 달성 전략이 바뀔지라도 변경되지 않을 터이다.

우리는 이 장에서 연구 과정의 제2단계, 즉 고고학자가 자신의 생각을 검정해 볼 증거를 얻는 데 쓰는 방법 및 기법들에 초점을 맞추기로 한다. 여기서 고고학 유적 및 비유적 유구 혹은 유물 산포지의 발견에 이용되는 방법들과 유적 및 유구들이 발견된 이후 채택되는 방법들을 구분하고자 하는데, 전자에는 다양한 지상탐사 및 공중탐사 같은 방법들이, 후자에는 개개 유적에서 이루어지는 정밀탐사와 선택적 발굴 같은 방법들이 있다.

1. 고고학 유적 및 유구의 발견

고고학자의 주된 과업 중 한 가지는 유적과 유구의 소재를 찾아내어 기록하는 일이다. 우리는 이 절에서 유적 발견의 주된 기법 중 일부를 개관할 것이다. 그러나 우리는 많은 옛 기념물들이 후손들에게 잊힌 적이 결코 없었다는 사실을 유념해야 한다. 이집트의 거대한 피라미드들은 중국의 만리장성이 그랬듯 사람들이 세세로 줄곧 알고 있었다. 물론 그 정확한 기능이나 목적에 대해서는 여러 세기에 걸쳐 논쟁이 있었지만 그것들의 현존, 그것들의 존재 사실 자체는 결코 의문시된 적이 없었다.

길이 2000km가 넘는 중국 만리장성은 서기전 3세기에 축조가 시작되었다. 이는 이집트의 피라미드들과 마찬가지로 후손들에게 잊힌 적이 결코 없었다.

그리고 한때 잊힌 유적 모두가 고고학자들 덕에 발견된 것도 아니다. 누가 정확하게 계산을 해 본 것은 아니지만 오늘날 알려져 있는 상당수의 유적들은 우연하게 발견되었는데, 제2차 세계대전 중 초등학생들이 우연히 찾아낸 프랑스 남서부 라스코 벽화동굴과 좀더 최근인 1985년 심해저 잠수부가 바다 밑에서 입구를 발견한 꼬스께 벽화동굴로부터 1974년 우물을 파던 농부에 의해 세상에 알려진 진시황제의 병마도용들 이외에 어부, 해면채취자, 스포츠 잠수부 등에 의해 처음으로 존재가 알려진 수많은 난파선들을 들 수 있다. 그리고 그간 새로운 도로, 지하철, 댐, 업무용 건물들을 건설한 작업인부들도 발견에서 상당한 몫을 담당하였다.

그렇기는 해도 그간 이 유적들을 체계적으로 기록하려고 한 사람들은 바로 고고학자들이며, 과거의 아주 다양한 경관들을 구성하는 모든 유적 및 유구들을 크든 작든 주의 깊게 찾아내려 한 사람들 또한 고고학자들이다. 그러면 그들은 어떻게 이 일을 하는가?

여기서 실제적으로 지상에서 수행되는 유적 식별활동(**지상탐사**)과 공중 혹은 우주로부터의 식별활동(**공중탐사**)을 구분할 수 있다. 물론 어떤 야외조사 계획이든 대개 이 두 가지 탐사법을 모두 채용하게 마련이다.

지상탐사

개개 유적을 식별하는 데는 문헌 자료나 지명을 조회하는 수도 있지만 주된 방법은 실제 야외조사이며, 이는 **구제고고학** 조사에서 개발업자의 건설공사에 입회 조사를 하든지 아니면 고고학자가 그보다 한층 자유로운 주체로서 지상답사를 실시하는 식으로 이루어진다.

문헌 자료　　19세기에 독일 은행가 하인리히 슐리만의 상상력에 불을 붙여 고대 도시 트로이를 찾아 나서게 만든 것은 호머가 서사시『일리아드』에서 이야기한 트로이 전쟁이었으며 슐리만은 놀라운 행운과 좋은 판단력 덕에 터키 서부에서 트로이를 식별하는 데 성공하였다. 좀더 최근에 있었던 같은 종류의 성공담으로는 헬거 및 안네 스타인 잉스타드가 주로 중세 바이킹 무용담에 든 단서들 덕택에 뉴펀들랜드에서 랑즈 오 메도우 바이킹 취락지를 찾아내고 발굴한 일을 들 수 있다. 또 현대 성서고고학의 많은 부분은 구약 및 신약 성서에 기술된 민족 및 사건들뿐만 아니라 지명들에 대한 확고한 증거들을 찾기 위해 근동 전역을 탐사하는 작업과 관련이 있다. 성서는 근동지방 유적들에 관한 가능성 큰 정보원의 하나로서 객관적으로 취급된다면 정말 풍부한 문헌사료가 될 수 있지만, 만약 원전의 종교적 진실성을 절대적으로 신봉한다면 그 자체가 과연 고고학적으로 타당한지를 공정하게 평가하는 데 어두운 그림자가 드리워질 위험성이 확실히 있다.

성서고고학의 많은 연구에서는 성서에 기록된 유적 이름들을 고고학적으로 알려진 유적들에 비정하고자 시도한다. 사실 지명 증거가 새로운 고고학 유적을 실제 발견하는 단서가 된 경우도 있다. 예컨대 유럽 남서부에서는 지도에 표기된 옛 지명들에 '돌' 또는 '무덤'에 해당하는 방언들이 포함된 덕분에 많은 선사시대 돌무덤들을 발견해 낸 바 있다.

구제고고학　　제10장에서 좀더 자세히 논의하겠지만 고고학자가 이 전문화된 작업에서 맡은 역할은 새로운 도로, 건물, 댐 건설 때문에, 혹은 습지 환경에서 이루어지는 토탄 채취 및 배수공사 때문에 유적들이 파괴되기 전에 되도록 많은 유적들을 발견해서 기록하는 일이다. 미국에서는 '문화자원관리' 관련법에 따라 매년 아주 많은 수의 유적들을 찾아내어 조사를 하고 있다. 개발업자와 적절한 협조를 함으로써 도로 건설 예정 노선을 따라서나 개발 방향에 따라 사전에 고고학적 탐사가 이루어질 수 있다. 그렇게 해서 발견된 중요 유적들은 발굴할 수도 있고 어떤 경우에는 그 때문에 건설 계획을 변경하기까지 할 수도 있다. 예컨대 로마와 멕시코시티의 지하철 건설 공사 중에 드러난 고고학적 잔존물 일부는 종착역 건물의 한 부분으로 합체되기도 하였다.

탐사작업   고고학자들은 문헌 자료를 이용하거나 구제조사 작업을 하는 방법 이외에 어떻게 유적 위치 확인 작업에 착수하는가? 전통적으로 실시하였고 아직도 효율적인 방법은 특히 담을 두른 건물 잔적과 북미 동부지방이나 영국 남부 웨섹스지방의 분구묘처럼 경관 속에서 가장 두드러지는 잔존물들을 찾아내는 길이다. 그러나 많은 유적들은 단지 유물들이 지표에 흩어진 정도로만 나타나며, 그래서 이를 찾아내기 위해서는 탐사작업이라 부를 만한 한층 철저한 답사가 필요하다.

더구나 고고학자들이 근년 들어 옛 인간의 경관 이용을 충실히 복원하는 데 더욱 큰 관심을 갖게 됨에 따라 극소수 유물들이 산포되어 있어서 유적이라 이름 붙일 수 없을 정도라 하더라도 중요 활동이 벌어졌음을 나타내는 경우가 있다는 사실을 인식하기 시작하였다. 그래서 학자들은 이 '유적 역외(域外)' 지구 혹은 '비유적' 지구(즉 유물의 밀도가 낮은 지구)들의 위치를 반드시 찾아내어 기록해야 함을 주장한 바 있는데, 이는 신중한 표본추출 절차(아래 참조)를 비롯한 체계적 지표조사 작업을 벌여야만 가능하다. 이런 접근방식은 아프리카의 많은 지역들처럼 이동성 생활을 영위한 사람들이 고고학적 기록을 드문드문하게만 남긴 지역들에서 특히 유용하다.

탐사작업은 지방 단위 연구의 발달이라는 또 다른 커다란 이유 때문에 중요성을 띠게 되었다. 고고학자들은 페루 비루 계곡에서의 고든 윌라나 멕시코 분지에서의 T. 샌더스 같은 선구적 연구자들 덕택에 취락 분포 정형, 즉 한 지방 안의 경관에 대비한 유적들의 분포를 점점 더 깊이 연구하려고 노력하고 있다. 이 작업이 과거 사회들을 이해하는 데서 지닌 의미는 제5장에서 자세하게 논의할 것이라서 여기서는 고고학 야외조사에 미친 영향을 지적하는 선에서 그치고자 하는데, 이제는 단순히 개개 유적의 위치를 찾아내어 다른 유적과는 별개로 그 유적을 측량하고 (혹은) 발굴하는 것만으로는 충분하다고 하기가 극히 어렵게 되었다. 한 지방 전체를 일정한 계획 속에 탐사할 필요성이 대두된 것이다.

지표조사는 지난 수십 년 동안 야외조사의 단순한 예비적 단계(즉 발굴에 적합한 유적들을 찾는 일)로부터 한층 독립적인 조사 분야, 즉 발굴로 얻을 수 있는 정보와는 아주 다른 정보를 산출할 수 있는 독자 연구 영역으로 그 성격이 바뀌었다. 어떤 경우에는 아예 발굴을 안 할 수도 있는데, 그 이유는 발굴허가를 얻을 수 없거나 시간 혹은 경비가 없어서이다. 현대의 발굴은 진척 속도가 느리고 경비가 비싸게 먹히는 데 반해 지표조사는 지도, 나침반, 줄자 등만 있으면 되기 때문에 값싸고 신속하며 상대적으로 파괴를 덜 일으킨다. 그렇지만 고고학자들은 대개 한 지방 차원의 자료를 얻기 위해 모종의 지표조사 방식을 의도적으로 선택하는데, 그 목적은 흥미를 끌기는 해도 발굴로써 답을 얻을 수는 없는 특정 질문들을 연구하는 데 있다.

탐사작업에는 광범위한 기법들이 동원되며, 단지 유적들을 식별하고 지표유물을 기록하거나 수집하는 작업뿐만 아니라 때로 암석 및 점토 같은 자연 및 광물 자원을 표본 채집하는 작업 또한 이루어진다. 오늘날의 많은 지표조사는 인간 활동의 공간적 분포, 지역 간 변이, 인구의 통시적 변동 그리고 인간, 땅, 자원 간의 상호관계 등을 연구하는 데 목표를 두고 있다.

탐사작업의 실제　　　지방 단위 연구의 관점에서 과거에 관한 질문들을 구체화하기 위해서는 자료가 그에 상응하는 규모로 수집되어야 하지만, 그런 작업은 최소한의 비용과 노력으로 최대한의 정보를 얻을 수 있는 방식으로 수행해야 할 것이다. 첫째로 지표조사 대상 지역이 명확히 규정되어야 하는데, (계곡 혹은 섬 등) 자연 경계로 정하는 것이 가장 손쉽기는 하지만 그것 말고도 (어떤 유물 양식의 범위 등) 문화적 경계로 하거나 순전히 임의로 정할 수도 있다.

그 다음으로 해당 지역의 변천사를 검토할 필요가 있는데, 그 목적은 이전의 고고학적 조사 연구 성과 및 지방 자료들을 숙지할 뿐만 아니라 각종 지형 개변작용들로 덮이거나 제거되었을 수 있는 지표 자료의 양이 어느 정도인지를 평가하는 데 있다. 예를 들어 최근 하천작용으로 쌓였을 뿐인 퇴적층에서 선사시대 자료를 찾는다고 해 보았자 별 소용이 없는 것이다. 다른 요인들도 그간 지표 증거에 영향을 미쳤을 수 있다. 예컨대 아프리카의 많은 지역들에서는 엄청난 동물 떼나 구멍 파는 동물들이 지표 자료들을 교란하는 경우가 흔하기에 고고학자들은 아주 대체적인 분포 유형 정도만을 조사할 수 있을 뿐이다. 이런 문제들에 관해서는 지질학자와 환경 전문가들이 일반적으로 유용한 조언을 해 줄 수 있다.

이상의 배경 정보는 지표조사의 집중 탐사 범위를 정하는 데 도움이 될 것이다. 또 고려해야 될 다른 요소들로는 시간 및 가용 재원과 해당 지역을 실제 어느 정도로 쉽사리 다니고 기록할 수 있는가 하는 등이 있다. 이런 유형의 조사작업에는 식생이 별로 없는 건조 혹은 반건조 환경이 가장 적합한 반면, 적도 열대 우림 지역의 조사는 벌목을 하고 길을 내어 지표조사용 방안(方眼) 구역을 설정할 정도의 시간과 노동력을 갖지 못한다면 강안(江岸)을 따라 노출된 지대로만 국한될 것이다. 물론, 많은 지방들이 다양한 경관들로 이루어져 있으므로 단 한 가지 지표조사 전략만으로 전역을 망라하기는 어려운 수가 많다. 그래서 한 지방을 가시도에 따라 몇 개 지대로 '성층화(成層化)'하고 각각에 대해 적합한 기법을 고안하는 등 접근방식을 유연하게 적용할 필요가 있다. 더구나 (예컨대 알아보기 쉬운 특징적 유물 혹은 토기 양식을 가진) 어떤 고고학적 문화기는 다른 문화기에 비해 한층 '가시적'이며, 이동성 **수렵채집** 혹은 이목 공동체들은 농업 공동체나 도시 공동체들과는 아주 다른 흔적들을, 그리고 대개 상대적으로 성긴 흔적을 남긴다는 점을 유념해야 한다. 탐사 방식 및 자료 수습 기법을 입안할 때는 이런 모든 요소들을 고려해야 하는 것이다.

지표조사법은 기본적으로 비체계적 방식과 체계적 방식이라는 두 종류로 나눌 수 있다. 전자는 상대적으로 간단한 방식으로 지역의 각 부분(예컨대 각각의 경작지)을 가로질러 걸으면서 발 닿는 곳의 땅을 살피고 지표 유물들을 채집하거나 조사하며, 지표 유구들이 있으면 그와 함께 유물들의 위치를 기록하는 것이다. 그런데 일반적으로 그 결과는 편향되고 오해를 불러일으킬 수 있다고 생각된다. 답사자들은 자료를 발견하고자 하는 열망을 본래부터 갖고 있기에 여러 시기 및 유형의 자료들이 지닌 다양한 분포를 고고학자들이 올바로 평가할 수 있도록 해 줄 지역 전체를 대표하는 표본을 얻기보다는 자료들이 풍부해 보이는 지역들에 치중하는 경향이 있게 마련이기 때문이다. 반면 이 방법은 융통성이 크기 때문에 유적이나 발견물이 분포하고 있을 가능성이 가장 큰 지역들에 조사단의 노력을 좀더 집중할 수 있다.

대부분의 현대 지표조사는 조사 지역에 대해 방안 구역 체계를 채택하거나 일련의 등간격 횡단 구획 혹은 교차 구획을 설정하는 등 체계적 방식으로 이루어지고 있다. 탐색대상 지역을 여러 구역으로 나누고 그것들을 체계적으로 답사하는 방식이다. 시간과 경비가 한정되어 있기 때문에 한 지역 전체를 이런 식으로 탐사할 수 없는 경우가 흔하므로 고고학자들은 모종의 표본추출 전략(맞은편 테 글 참조)에 따라 어떤 구역 혹은 횡단 구획들만을 선정해서 조사한다. 또 체계적 방식으로 조사를 하면 발견물의 위치를 찍기가 한결 쉬운데 정확한 위치를 언제나 알 수 있기 때문이다. 이런 식으로 하면 대상 지역의 어떤 부분도 과소 혹은 과대 표출되지 않는다. 또 이 방법은 발견물의 정확한 위치를 언제나 알 수 있으므로 도상에 표시하기가 한결 쉽다.

예를 들어 영국 글래스고대학의 버나드 냅과 마이클 기븐을 단장으로 하는 시드니 키프로스 탐사 사업단은 1992년부터 1998년까지 키프로스의 트루도스 산맥 북부 65km² 지역에 대해 집중적인 고고학 탐사를 실시하였다. 이곳은 일찍이 청동기시대에 개발된 황화구리 광석 층으로 유명한 지역이다. 조사 사업단은 지난 5천 년 동안 사람들이 일으킨 경관 개변을 조사하고 이를 그 일대 지방 전체의 맥락 속에서 파악하였다. 체계적이고 집중적인 탐사 전략을 수립하기 위한 첫째 요건은 좋은 지도였다. 그래서 확대 항공사진들을 이용하여 탐사 지역 전체의 기본 지도를 만들었다. 탐사의 주된 접근방식으로는 그 지역에 대해 광범위한 **체계적 표본**을 얻기 위해 횡단 구획 탐사 방식을 택하였다. 초기 산업, 농업 혹은 취락 활동에 관한 광범위한 증거가 있는 지역들과 유물이 아주 밀집된 지역들은 좀더 면밀하게 조사하였다. 조사단이 전 지역 중 겨우 10%를 탐사하는 데 대략 6년이 걸렸다.

조사 지역을 반복 답사하는 장기 조사 사업에서 얻은 자료들이 한층 신뢰도가 높은 경향이 있는데, 유적 및 유물의 가시도는 식생 및 토지 이용의 변화 때문에 해마다, 심지어는 철마다 아주 크게 달라질 수 있기 때문이다. 게다가 야외조사 단원들도 사람에 따라 관찰의 정확도나 유적 인지 및 서술 능력이 다를 수밖에 없다(주도면밀하면 할수록, 또 경험이 많으면 많을수록 그만큼 더 많은 것을 보게 된다). 물론 이 요소는 결코 완전히 배제할 수는 없겠지만, 반복 답사는 그 영향을 상쇄하는 데 도움이 될 수 있다. 또 표준화된 기록 서식을 사용하면 나중 단계에서 자료를 컴퓨터에 쉽게 입력할 수 있다.

마지막으로, 지표채집 자료들을 (특히 편년, 동시성 혹은 유적 기능 등의 질문에 관련하여) 보완하거나 확인하기 위해, 혹은 지표조사로부터 나온 가설들을 검정하기 위해 소규모 발굴을

표 본 추 출 전 략

고고학자들이 한 지방 안의 모든 유적이나 대규모 유적 한 곳 전부를 충분히 조사하는 데 필요한 시간과 경비를 확보할 수 있는 경우는 별로 없으므로 연구 대상 지역을 **표본 추출**하지 않으면 안 된다. 지상탐사를 할 경우에는 아래에 서술한 방법들 중 한 가지를 이용하여 몇몇 작은 표본 지역들을 선정함으로써 한 지방 전체에 관해 신뢰할 만한 결론들을 도출하려고 할 수 있다. 고고학자가 표본추출법을 이용하는 방식은 여론조사에서 불과 수천 명을 표본으로 삼아 수백만 명의 의견에 관한 일반화를 하는 방식과 비슷하다. 이런 여론조사 결과는 놀랍게도 어느 정도는 맞다. 그 이유는 표본추출된 모집단의 구조, 예를 들어 그 나이와 직업 등이 잘 알려져 있기 때문이다. 반면 고고학에서는 이보다 훨씬 적은 배경 정보를 갖고 작업을 해야 하기 때문에 표본으로부터 일반화를 이끌어내는 데서는 좀더 신중하지 않으면 안 된다. 그러나 고고학 연구 작업에서는 여론조사의 경우와 마찬가지로 표본이 크면 클수록, 그리고 계획을 잘 세울수록 그만큼 결과가 타당할 가능성이 더욱 커진다.

다만 한 지방에서 어떤 유적들은 다른 유적들에 비해 접근하기가 쉽다든지 경관 내에서 한층 눈에 잘 띄기 때문에 표본추출 전략의 형식에 덜 구애되면서 조사를 할 수도 있다. 또 어떤 고고학자들은 오랜 기간의 야외 조사 경험 덕에 얻은 직관적인 '감'으로 연구 작업을 수행하는 데 적합한 장소들을 선정할 수도 있다.

표본추출법의 유형

가장 간단한 방식은 **단순 무작위 표본추출법**으로 난수표를 이용해 표본 지역들을 선택한다. 하지만 무작위수라는 것이 원래 지닌 성격 때문에 어떤 지역에는 방안구역들이 몰려 배치되고 어떤 지역은 전혀 손을 대지 않은 상태로 남는 결과가 생긴다. 즉 표본이 원래부터 편향되게 되어 있다는 말이다.

이런 문제에 대한 한 가지 해결책이 **층화 무작위 표본추출법**이다. 이 방법에서는 지방 혹은 유적을 일단 경작지, 삼림지 등의 자연 지대들(층들, 여기서 이 기법의 이름이 유래됨)로 나누고 나서 위와 같은 무작위 추출 절차로 방안구역들을 선택하는데, 다만 각 지대가 전 지역에 대해 차지한 넓이 비례만큼의 방안구역 수를 갖는다. 그래서 만약 삼림지가 전 지역의 85퍼센트를 차지한다면 방안구역 수도 85퍼센트를 할당하는 식이다.

또 다른 해결책은 **체계 표본추출법**이다. 여기서는 등간격으로 위치한 방안구역들, 예컨대 한 칸씩 건너뛴 구역들을 선택한다. 그런데 이렇게 규칙적으로 간격을 띄우게 되면 똑같은 규칙적 분포 유형을 가진 모든 예들을 놓치거나 반대로 맞추게 될 위험을 안게 되므로, 그 점이 또 다른 편향성의 잠재적 요인이 된다.

좀더 만족스런 방법은 **층화 비정렬 체계 표본추출법**인데, 이는 위에서 기술한 세 가지 기법의 주된 요소를 모두 결합한 것이다. 찰스 레드먼과 패티 조 와트슨은 터키 기릭-이-하시얀의 대규모 텔(tell), 즉 인공 언덕(遺丘) 지표로부터 유물들을 채집할 때 가로 세로 5m의 방안구역들을 이용하되 그것들을 유적의 남북/동서 주축에 따라 설정하고 이 축들을 기준으로 표본 구역들을 선정하였다. 각각의 층으로는 9개(3×3)의 방안구역들로 이루어진 구획을 선택하였으며 그 구획별로 발굴용 방안구역 하나씩을 남북/동서 좌표에 따라 난수표로 뽑았다. 이 방법을 택하면 표본 집단들이 확실하게 편향되지 않고 유적 전역에 좀더 고르게 분포하게 된다.

종단구획 대 방안구획

대규모 지표조사에서는 때로 '종단구획'(선형 통로)이 방안구획보다 바람직하다. 이는 특히 열대 우림지대 같은 식생 밀집 지역들에서 그러하다. 무작위로 분포된 많은 수의 방안구역들을 정확하게 찾아내어 조사하는 것보다는 일련의 통로들을 따라 답사하는 편이 훨씬 쉬운 것이다. 더욱이, 방안구획은 특정 부분을 찾아내거나 그에 대해 기술하는 데 어려움이 있을 수 있는 반면 종단구획은 유적을 찾아내는 데만 편리한 것이 아니라 경관 전역에 널린 유물의 밀도를 기록하는 데도 편리하다. 반면에 방안구획을 쓰면 한층 많은 지역을 조사할 수 있는 이점이 있으므로 유적과 맞닥뜨릴 확률이 높아진다. 그러므로 두 방법을 결합하는 것이 가장 좋은 수가 많다. 즉 먼 거리를 망라할 때는 종단구획을 사용하되 자료 밀도가 높은 곳을 만나면 방안구획을 이용하는 것이다.

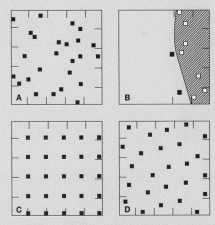

표본추출법의 유형 (A) 단순 무작위추출법 (B) 층화 무작위추출법 (C) 체계추출법 (D) 층화 비정렬 체계추출법

실시하는 일이 필요하거나 바람직할 수가 있다. 물론 이 두 유형의 조사는 상호 보완적이지 배타적인 것은 아니다. 두 유형 사이의 주요 차이점은, 지표조사가 여러 유적의 많은 부분에 대해 조금씩 말해 주면서 반복될 수 있는 데 반해, 발굴은 한 유적의 약간 부분에 대해 많이 말해 주면서 단 한 번밖에 시행할 수 없다는 데 있다.

광범위 조사와 집중 탐사　　서로 이웃한 지방들에서 개별적으로 실시한 일련의 조사사업이 거둔 성과들을 결합하면 탐사 범위가 한층 확대되어 경관, 토지이용, 취락 등의 통시적 변화에 대한 시야를 아주 크게 넓힐 수 있다. 다만 한 야외조사단의 구성원 사이에도 각기 차이가 있듯이 각 조사사업의 정확도와 질에서는 큰 차이가 있을 수 있다. 이와는 반대로 탐사 목표를 대규모 유적 혹은 유적군 하나에 대한 전면적 망라로 설정함으로써 한층 집중화할 수도 있다. 실은 세계에서 제일 크고 가장 유명한 고고학 유적 중 일부가 이런 식으로 조사 연구된 적이 한 번도 없거나 최근에야 그렇게 조사되었다는 점은 역설이 아닐 수 없는데, 그 이유는 전통적으로 장대한 기념물들 자체에만 주목하였지 이것들을 그 국부 지역의 맥락 속에서 파악하려는 시도조차 하지 않았기 때문이다. 멕시코시티 근처 떼오띠와깐 유적에서는 1960년대에 개시된 대대적 도면 작성 연구사업 덕택에 거대한 피라미드-신전들 주변 지역에 대한 우리의 지식이 엄청나게 늘어난 바 있다(이 작업은 74~75쪽에 서술).

지표조사는 고고학 연구 작업에서 지극히 중대한 자리를 차지하고 있으며 그 중요성은 계속 증가할 것이다. 그렇지만 현대의 조사사업들에서는 20세기 고고학이 이룩한 가장 중요한 진전 중 하나인 공중탐사가 대개 지표탐사를 보완하는 (혹은 그것에 선행하는) 역할을 한다. 실제로 공중사진의 가용 여부는 지표조사 대상지역을 선정하고 확정하는 데 중요한 요소가 될 수 있다.

공중탐사

공중탐사, 특히 공중사진술은 단순히 혹은 주로 유적을 발견하는 데만 이용되는 것이 아니라 유

핵심 개념: 지상탐사법을 이용한 유적 발견

• **문헌 자료:** 서양 고전시대 유적, 성서 유적, 비교적 최근 유적을 발견하는 데 주로 이용함.

• **문화 자원 관리:** 개발로 파괴 위협을 받을 수 있는 지역의 유적들을 찾아내어 기록하고 때로는 파괴에 앞서 발굴을 하기도 한다.

• **지표조사: 비체계적 탐사**(고고학자들이 한 지역을 무작위로 답사하면서 유물 혹은 유구의 증거를 찾는 것)를 할 수도 있고 그보다 흔히 **체계적 탐사**(고고학자들이 주도면밀하게 설정한 구획 체계를 이용하면서 한 지역을 답사하는 것)를 할 수도 있다. 실제로는 시간과 비용을 절약하기 위해 한 지역을 대표하는 부분만 조사하는 **표본추출 전략**이 채택된다. 탐사 결과를 확인하기 위한 소규모 발굴을 시행할 수도 있다.

적의 기록 및 해석, 시간의 흐름에 따른 변화를 엿보는 데 한층 중요하다는 사실을 강조해 두어야만 하겠다. 그렇지만 공중사진술은 밑에서 보게 될 원격 탐사법과 더불어 그동안 많은 발견을 하였고 또 해마다 계속해서 더욱 많은 유적들을 발견해 내고 있다.

공중사진술　　　이 기법을 고고학에 최초로 적용한 주요 예는 지난 세기 초 기구에서 오스트리아 지방의 로마시대 마을을 사진 촬영한 일이다. 그리고 이 기법은 제1차 세계대전을 거치면서 크게 발달하였는데 그때 영국의 고고학자들은 항공기와 기구에서 촬영한 공중사진들이 선사시대 기념물들의 평면관을 생생하게 보여줄 수 있다는 사실을 발견하였다. 공중사진술은 이와 같은 초기 단계로부터 발전을 거듭하여 이제는 고고학자의 가장 귀중한 보조물 중 하나가 되었으니 유적, 길, 경작체계, 심지어는 옛 항구 같은 수중 유적도 탐지해 낼 수 있다.

　　　고고학자들은 항공기를 이용하여 지표에서 이전 유적과 과거 경관의 흔적들을 찾아낸다. 사진은 보통 손에 쥔 사진기로 비스듬한 각도로 촬영한다. 그런 사각사진술은 고고학적 판단을 포함한 선택적 관점을 취한 것이며 직하사진술에 의한 수직 탐사로부터 얻는 비선택적 관점과는 대조된다. 대개 한 유적이나 유구에 대해 단일 구도 촬영을 하지만 사각으로 찍은 스테레오 짝 사진들은 그와 달리 후속 해석에서 상당한 도움이 된다. 사각항공사진은 유적들을 경관의 맥락 속에 놓인 그대로 보여주며 또 고고학 지도를 마련하는 데도 이용될 수 있다.

유적은 공중에서 어떻게 나타나 보이나?　　　공중사진을 찍고 이용하는 이들은 그런 증거들이 어떻게 해서 그렇게 보이는지를 잘 이해해야 자신이 기록한 유구의 유형을 판정할 수 있다. 공중에서 촬영된 유구들을 서술하는 방식은 전통적으로 그것들이 나타내는 고고학적 실체보다는 흔히 드러나 보이는 그대로를 기준으로 삼았다. 그래서 '토루', '토양 표지' 혹은 '작물 표지' 같은 용어가 쓰였다.

(아래 왼쪽) 공중사진에는 두 가지 유형, 즉 사각사진과 직하사진이 있다. 사각사진은 직하사진보다 알아보기 쉽고 이해하기도 쉬우나 그 정보를 평면관으로 바꾸어야 하는 판독자에게는 어려움이 더 클 수도 있다.

(아래) 1922년 카호키아 몽크스 마운드(가운데 오른쪽) 부근을 사각으로 촬영한 사각항공사진인데 마운드 근처의 다른 유구들도 드러나 보인다.

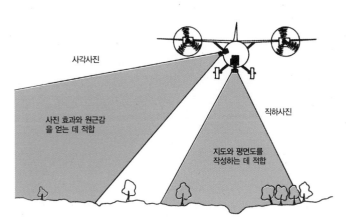

토루라는 말은 둑이나 그와 관련된 도랑, 혹은 돌담을 두른 유구들—실제로는 어떤 유구든 부조 형태로 도드라져 보이는 것은 모두—을 표현하는 데 쓰이는 용어이다. 이런 유구들은 공중에서는 대개 '음영 표지'로 나타나는데 이는 촬영 시점의 햇빛 방향과 날씨 조건에 좌우되는 현상이다. 이것들은 또한 스테레오 짝 사진으로 보았을 때 부조로 보인다. 또 이런 유구들은 둑과 도랑 자리의 식생 차이, 눈이 녹거나 쌓이는 데서의 차이, 홍수 때 도랑에 물이 차는 현상 등으로 나타나 보일 수가 있다. 그래서 이런 유적들을 발견하고 기록하는 작업은 하루 중 언제, 연중 어느 때 하는지가 중요하다.

토양 표지는, 묻힌 유구에 쟁기가 걸리면서 그 일부를 뒤집어 지표로 나오게 할 때 생기는 하부 토양 색깔의 변화로써 땅속에 묻힌 도랑, 둑, 혹은 건물 기초의 존재를 드러낸다. 대부분의 토양 표지 유적들은 현대의 경작 활동에 의해 파괴되고 있는 중이다. 이것들은 겨울철에 찍은 사진들에서 가장 잘 드러나 보인다. 식생이 없는 맨흙도 때로 '습기 표지'라고 불리는 함유 수분 차이로나 눈과 서리가 녹는 데 영향을 미치는 온도 특성의 차이로써 유구들을 드러내 보이기도 한다.

작물 표지는 땅속에 묻힌 벽이나 도랑이 토심 변화를 낳아 작물의 수분 및 영양분 가용성에 영향을 미침으로써 생장을 저해하거나 촉진할 때 생겨난다. 밀, 보리, 일부 뿌리채소 등 관련 작물들은 그 밑 토양 속의 유구들을 드러내 보이는 데 완벽한 매체 구실을 한다. 묻힌 유구들에 대한 이런 반응은 아주 미묘하며 토양 유형 및 상태, 생장기 동안의 날씨, 농업 방식 같은 변수들에 따라 달라진다. 그래서 유구들은 어느 해에는 아주 두드러져 보이다가 그 다음해에는 보이지 않을 수도 있다. 한 지역의 과거 및 현재 토지 이용에 대한 지식은 외견상 유적이 없다고 여겨지는

잉글랜드 남부 메이든 캐슬의 철기시대 성채로, 이 토루를 공중에서 본 모습인데 거대한 토루 둑이 드리운 그림자들 때문에 여러 겹의 누벽들이 부조로 뚜렷이 드러나 보인다. 또 이 공중 사진은 흥미롭게도 이전 시대의 유구, 즉 성채 가운데를 가로지르는 신석기시대의 얕은 도랑을 잘 보여주고 있다.

프랑스에 있는 이 골-로마시대 장원의 백악 기초부는 겨울철 쟁기질로 위가 벗겨진 모습이다. 실은 이런 파괴 작용 때문에 주 구조물의 평면이 검은 토양을 배경으로 생생히 드러난 셈이다.

현대 경작지의 유적 부존 잠재력을 평가할 때 특히 귀중한 역할을 한다. 어떤 유구들은 단지 그 특성 때문에 작물 표지 같은 증거를 생성하지 않는 경우도 있다.

사진 해석과 도면 작성　　　여기서 해석이란 공중에서 촬영한 토양 표지 같은 유구들을 생성한 고고학적 구조물의 유형들을 추론하기 위해 분석을 하는 과정을 말한다. 유구의 가시도가 해마다 달라진다는 점을 감안할 때 정확한 평면도를 작성하기 위해서는 몇 년에 걸쳐 찍은 사진들

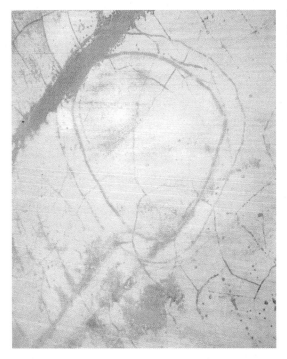

작물 표지가 독일 작센-안할트 메르지엔에 있는 울 두른 땅의 도랑들을 두 개의 동심원으로 분명하게 보여준다. 두 도랑이 한 곳에서 끊어진 것으로 보아서 신석기시대 것으로 여겨진다.

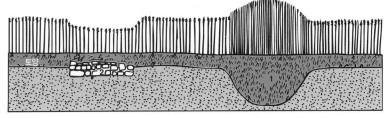

작물 표지가 어떻게 형성되는지를 보여주는 그림: 작물들은 도랑(1)과 같은 파인 유구들 위에서는 키가 크고 무성하게 자라는 반면 묻혀 있는 담(2) 위에서는 생장이 저해된 모습을 보인다. 이런 변이는 지표에서 보면 뚜렷하지 않을 수도 있지만 공중에서는 색깔을 달리하는 식생 띠들 덕에 잘 보이는 경우가 흔하다.

항공탐사로 작성한 영국 남부 철기시대(서기전 6~2세기) 데인베리 성채 근처 지역의 지도로 옛 경작지, 길, 울 같은 것이 드러나 있다.

을 연구해야 한다. 그런 평면도는 어떤 유구의 핵심 요소들에 대한 발굴에 길잡이 역할을 할 수도 있고 야외에서 수집한 자료들을 여러 가지 맥락 속에서 파악할 수 있도록 해 주기도 하며 혹은 그 자체가 새로운 연구를 위한 출발점으로 이용될 수도 있다.

또 공중사진은 한 지방 안에서 이미 알려진 유구들에 대한 지도를 작성하는 데도 쓰일 수 있다. 로저 파머는 영국 데인베리의 철기시대 토루 성채 둘레 450km² 지역에 대한 수천 장의 개별 항공사진들을 이용하여 정확한 지도들을 작성하였다. 그 지도들은 이 유적이 그 지방 안에 있는 최소 8개의 다른 성채들과 더불어 아주 복합적인 농업 경관 속에 자리하고 있음을 보여주었다. 작물 표지 및 토양 표지들은 도랑을 두른 농장 울 120 단위, 수백 에이커에 달하는 조그만 밭뙈기들, 총 240km의 직선 도랑 및 경계 둑들이 존재함을 드러내었는데, 그 중 다수는 형태나 표면 채집물로 판단하건대 데인베리 유적과 대략 동시기로 여겨진다. 이런 많은 자료들은 지형이나 그 밖의 정보를 나타내는 지도 위에 투명지들을 겹쳐놓고 그려 넣는데, 좀더 최신의 체계에서는 이런 정보를 **지리정보체계(GIS)**의 한 부분으로 전환시키고 있다(GIS에 대해서는 아래 참조).

공중사진술의 최근 진전   새 기술이 공중사진술에 여러모로 영향을 미치고 있는 참이다. 컴퓨터로 사진 화질의 선명도와 명암을 향상시킬 수 있다. 화상을 디지털로 조정하는 방법 또한 발달하였는데, 사각사진이든 직하사진이든 단 하나의 영상이라도 그 지역의 지도에 맞도록 변형시킬 수 있다. 몇 장의 영상을 변형시켜 결합하는 컴퓨터 프로그램도 있다. 이는 특히 해를 달리해 촬영한 작물 표지 사진들에서 어떤 유적이 현대 밭 두 필지에 걸쳐 입지한 것으로 나타난 경우에 유용하다. 그런 평면 형태 영상은 후속 해석 작업과 지도 작성 작업에 도움이 될 수 있다. 공중사진 자료를 GIS 층위처럼 이용하면 지형 정보 및 여타 고고학적 정보와 결합한 분석 연구에서 유익한 성과를 거둘 수도 있다.

신대륙의 고고학 조사사업에서는 이제 상용화되어 있는데다 비용도 절감되는 흑백 공중사진을 일상적으로 쓴다. 9×9 음화는 필름 입자가 나타나기 전까지 상당히 크게 확대함으로써 담이나 구덩이 같은 아주 작은 유구들을 분명하게 드러내 보일 수가 있다. 디지털 카메라도 건조지대와 정글지대에 한층 흔한 규모 큰 유구들의 영상을 얻는 데 이점이 있다.

인공위성 사진술　　　　인공위성에서 찍은 사진들은 축척이 엄청나게 큰 경우가 많아서 고고학에는 한정적으로 쓰일 수밖에 없지만, 지구자원연구용 인공위성(LANDSAT)으로부터 얻은 화상들은 유용함이 증명된 바 있다. 랜드새트 주사기들은 지표 반사광 및 적외선 방사의 강도를 기록하고 그것들을 전자 사진 화상으로 변환시킨다. 랜드새트 화상들은 그동안 메소포타미아의 옛제방체계, 사우디아라비아 사막에서 쿠웨이트까지 흐르는 옛 강의 바닥뿐만 아니라 옛 인골 화석층을 포함한다고 여겨지는 에티오피아 리프트 벨리 주변의 퇴적층 같은 대규모 유구들을 탐색하는 데 사용된 바 있다. (5m 두께의 모래 밑에 묻힌 유구들을 드러낼 수 있는) 우주 영상 레이더는 우주선에서 이집트 사막 속에 묻힌 옛 강바닥, 오래전 유기된 수백 km에 달하는 아라비아 대상로들을 찾아내는 데 이용된 바 있는데, 대상로 다수가 오만의 한 지점으로 수렴되는 것으로 보아 그곳은 잃어버린 도시 우바르의 소재지일 가능성이 있다.

그렇지만 지금까지 가장 괄목할 만한 고고학 적용 사례는 메조아메리카에서 볼 수 있다. 1983년 고고학자들과 공동 작업을 편 미국항공우주국(NASA) 과학자들이 자연색들을 좀더 선명하게 대비되는 색깔들로 변환시키는 의사(擬似)색채 랜드새트 영상술을 이용함으로써 멕시코 유카탄 반도에서 마야의 광범한 경작지 및 취락 망을 발견해 내었던 것이다. 25만 달러나 든 이 비싼 실험에서 마야의 유적들은 청색, 연분홍색, 담적색 같은 의사색채의 작은 점들로 나타났는데, 청색은 석회암 지표를 파내어 만든 옛 저수지들을, 연분홍색과 담적색은 유적 위 및 인근의 식물 식생을 나타낸다. 고고학자들은 청색 점들이 연분홍색 및 담적색 점들 옆에 있는 예들을 찾음으로써 112개소의 유적들을 집어낼 수가 있었으며, 그 후 이런 결론을 확증하기 위해 헬리콥터로 20개소를 시찰하였다.

이 조사사업은 또한 서기 600년에서 900년 사이의 고전기 마야로 편년되는 쌍둥이 피라미드를 가진 미지의 고대 도시 하나를 발견하였고, 1930년대 초에 이미 발견되었으나 울창한 정글 속에 잃어 버린 주요 도시 오슈삐물을 다시 찾아내었다.

최근에는 우주선으로부터 얻은 고해상도 레이더 영상을 이용한 새로운 연구가 1천 년 된 광대한 앙코르 사원군의 폐허를 대상으로 실시되었는데, 이는 빽빽한 밀림으로 뒤덮이고 또 온통 지뢰로 둘러싸인 캄보디아 북부 약 260km² 지역에 자리 잡고 있다. 연구 결과 영상에 정방형 및 장방형으로 검게 나타난 표시는 사원 둘레의 석조 해자와 건물 그림자가 비친 못들이었다. 주 신

캄보디아 앙코르의 거대한 옛 유적을 보여주는
인공위성 영상.

전 단지인 앙코르 와트는 검은색으로 구획된 작은 정방형으로 금방 알아볼 수가 있었다. 지금까지 고고학자들에게 가장 중요한 발견 사항은 도시 둘레에 자리 잡은 (밝은 선으로 보인) 옛 수로망으로 그 용도는 경작지에 관개를 하고 못과 해자에 물을 대는 것이었다. 또 이것들은 사원 단지를 건설하는 데 필요한 거대한 돌들을 운반하는 데도 쓰였을 것이다.

이런 새로운 기법들은 이제 막 고고학에 적용되기 시작한 데 지나지 않는다. 이 기법들이 비용이 많이 드는 한, 재래식 공중사진술이 앞으로도 여전히 공중탐사에서 주역을 담당할 것이다. 그러나 위성 탑재 원격 탐지장비를 이용한 진보된 기법들은 미래에는 틀림없이 비용이 싸질 것이고 그래서 한층 널리 쓰일 것이다.

지리정보체계

고고학 지도 작성 분야에서 이루어진 중대한 새 진전은 지리정보체계(GIS; Geographic Information System)의 이용인데 이는 한 공식 보고서에서 '지도가 발명된 이래 지리 정보 처리

핵심 개념: 공중탐사법을 이용한 유적 발견

• 공중사진: 공중사진은 사각사진(사진 효과와 원근 표현을 위해 나은 방법)일 수도 있고 직하사진(지도와 평면도 작성에 나음)일 수도 있다. 공중에서 보이는 유구는 토루, 토양 표지 혹은 작물 표지 등으로 분류된다.

• 위성사진: 예를 들면 아주 넓은 유적의 도면을 작성하거나 옛 관개 체계를 추적하는 등 대축적 용도로만 쓸 수 있다.

를 향해 내디딘 최대 거보'라고 서술된 바 있다. GIS는 데이터베이스를 강력한 디지털 지도 작성
장치와 결합하는 방법으로 이는 다른 말로 하면 공간 자료의 수집, 저장, 검색, 분석, 도시를 목적
으로 고안된 것이다. 또 진정한 의미의 GIS는 유적 분포에 대한 통계학적 분석을 수행하고 새로
운 정보를 생성할 수 있는 성능도 갖추고 있다.

GIS에는 고저, 교통 관계, 수리 등에 관련된 엄청난 양의 지형 및 환경 자료가 들어갈 수 있
다. 이 모든 정보를 쉽게 이용할 수 있도록 정보를 여러 지도 층위들로 나누는 것이 정상이며, 여
기서 각 층위는 하나의 변수를 대표한다(오른쪽 그림 참조). 고고학 자료 자체를 몇 개의 층위로
나눌 수도 있는데 각 층위는 상호 구분되는 시간대에 따라 구성하는 경우가 가장 많다. 이것들을
공간상으로 표시할 수 있는 한 많은 유형의 다양한 자료들을 GIS 안에 통합할 수 있다. 그 예로는
지도뿐만 아니라 유적 평면도, 인공위성 영상, 공중사진, 지리 탐사 결과 등이 있다.

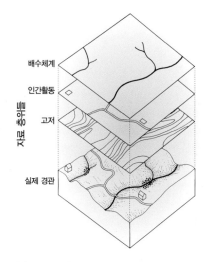

가상 GIS 자료 층위들을 보여주는 도표.

위성사진과 공중사진은 바로 지금의 상세한 토지 이용 정보를 제공할 수 있기 때문에 그런 사
진들을 합체할 수 있는 능력은 특히 유적 탐사에서 귀중한 가치를 발휘할 수 있다. 이미 많은 지
형 자료들이 곧바로 GIS로 입력될 수 있는 디지털 지도 형태로 만들어져 있다. 또 손에 들고 사용
하는 전지구 위치 파악 시스템(GPS)을 이용해서 지상의 한 지점에 대한 위도 및 경도를 표시할
수 있다. 이는 어떤 지방의 지도가 제작되어 있지 않을 때나 지도가 오래되었거나 부정확할 때 아
주 유용하다. 고고학에서 GIS는 지금까지 대부분 경관 탐사에 초점을 두고 적용되기는 하였지만
좀더 작은 규모로 한 유적 안의 공간 관계를 조사하는 데도 쓰여서 안 될 이유가 전혀 없다.

일단 자료가 GIS에 저장되면 필요에 따라 지도를 생성하고 도시할 특정 범주의 유적을 선정
하기 위해 데이터베이스를 탐색하는 일은 비교적 수월하다. 연구 주제별로 개개 지도 층위나 복
합 층위들을 선택할 수 있다.

고고학에서 GIS를 이용한 가장 초기의 사례이자 가장 흔한 사례 중 하나는 유적 위치의 예측
모델을 구축하는 일이었다. 이 기법들은 대부분 북미고고학에서 개발되었는데 이곳에서는 일부
고고학 경관의 공간 범위가 엄청나게 넓기 때문에 그것을 언제나 온전히 탐사할 수는 없었다. 모
든 예측 모델이 기저에 깔고 있는 전제는, 특정 종류의 고고학 유적들은 동일한 종류의 입지를
택하는 경향이 있다는 것이다. 예를 들면 어떤 취락 유적들은 신선한 물이 나오는 곳 가까이 있
고 또 남쪽을 향한 데에 자리 잡는 경향이 있는데 그 이유는 이런 곳이 (너무 춥지도 않고 또 걸
어서 쉽게 수원에 다가갈 수 있기에) 사람이 생활하는 데 이상적인 조건을 갖추었기 때문이다.
이런 정보를 이용하면 어떤 지점에 대해 이미 알고 있는 환경 특성을 근거로 그 지점이 고고학
유적을 간직하고 있을 가능성이 어느 정도인지를 예측할 수 있다. GIS 환경에서는 전 지역에 대
한 예측 모델 지도를 생성함으로써 전 경관에 대해 이런 작업을 실시할 수가 있다.

한 예로 일리노이 주립박물관이 일리노이 남부 쇼니 국립삼림공원에 대해 개발한 프로그램
을 들 수 있다. 이는 이미 직접 탐사를 벌인 12km² 지역에서 알려진 68개소 유적으로부터 관찰된

특성들을 이용함으로써 91km² 면적의 삼림 안 어디서든 선사유적이 발견될 가능성을 예측해 준다. 전 지역에 대해 GIS 데이터베이스가 구축되었고 또 알려진 유적의 특성들과 유적을 포함하지 않는다고 알려진 지점의 특성들을 비교하였다. 그 결과 환경 특성을 알고 있는 어떤 지점이 선사유적을 간직하고 있을 확률을 예측하는 데 쓸 수 있는 모델이 생성되었다.

2. 유적 및 유구의 평면배치에 대한 평가

유적 및 유구의 발견과 기록은 야외조사의 첫 단계 작업이지만 다음 단계는 유적의 크기, 유형, 평면배치 등을 어느 정도 평가하는 일이다. 이는 발굴의 여부, 장소 및 방법을 결정하고자 하는 고고학자들뿐만 아니라 발굴을 하지 않고 취락 유형, 유적 체계, 경관을 고고학적으로 연구하는 일이 주된 관심사인 고고학자들에게도 지극히 중요한 요소들이다.

우리는 이미 공중사진들이 유적 발견에 제일차적으로 도움을 줄 뿐만 아니라 유적들의 평면배치를 도면으로 작성하는 데도 어떻게 이용될 수 있는지를 본 바 있다. 유적을 발굴하지 않고 조사하는 다른 주요 방법들에는 어떤 것이 있는가?

유적 지표조사

어떤 유적의 범위와 평면배치에 관해 얼마간의 지견을 얻기 위한 가장 간단한 방법은 유적 지표조사, 즉 잔존 유구의 분포를 조사하고 지표상의 유물들을 기록하며 필요시 채집하는 조사법이다. 예를 들어 떼오띠와깐 도면 작성 사업에서는 서기 200년부터 650년 사이의 전성기에는 메조아메리카에서 가장 크고 막강한 도회 중심지였던 이 도시의 평면배치와 방향을 유적 지표조사법을 이용하여 조사하였다. 떼오띠와깐은 수십 년 동안 학자들의 흥미를 끌었으나 그들은 다만 웅장한 피라미드-신전, 광장, 주요 가로들—이제 의례 중심지라고 알려진 구역—만을 이 거대도시의 전체 범위라고 여겼다. 그러나 이 떼오띠와깐 도면 작성 사업에 따른 조사를 실시함으로써 비로소 그 외곽의 범위, 동서의 큰 축, 도시의 방격 구획을 발견하고 규정할 수 있었다.

다행스럽게도 구조 잔존물들이 지표 바로 밑에 묻혀 있었으므로 조사단은 공중탐사와 지상답사를 결합하고 또 탐사 결과를 확인하기 위한 소규모 발굴만을 실시하고서도 도면 작성 작업을 수행할 수 있었다. 수백만 점의 토기편을 채집하였고 5000개소가 넘는 유구 및 활동 구역들을 기록하였다. 떼오띠와깐은 '망자(亡者)의 가로'라는 남북대로와 그것을 가로지르는 동서주로에 맞춰 네 구역으로 이루어진 규칙적 평면계획 위에 세워졌다. 수세기에 걸쳐 건축을 거듭하였지만 언제나 이 종합 기본 계획을 따랐다.

지표조사 과정에서 채집 혹은 관찰되는 유물이나 기타 물건들이 심하게 교란된 2차 정황에서 나온 것으로 생각되면 굳이 각각의 위치를 도면으로 기록할 필요는 없을 것이다. 아니면 단지 유물 수가 현실적으로 너무 많아서 개개의 출토지를 모두 기록하지 못할 수도 있다. 후자의 경우라면 고고학자는 지표 채집물의 선택적 기록을 위해 표본추출 절차를 이용하고자 할 것이다. 그렇지만 시간과 재정이 넉넉하고 유적이 크지 않다면 유적 전역의 유물들을 채집하고 기록할 수

떼오띠와깐 도면 작성 사업단이 작성한 떼오띠와깐의 고고학 및 지형 지도. 한 변 500m의 방안구역들로 이루어진 탐사 구획 체계는 이 도시의 남북 축, 특히 중심 '망자의 가로'(지도에서 W1과 E1을 가르는 길)에 맞추었다. 아래는 이 도시를 공중에서 찍은 사진이다.

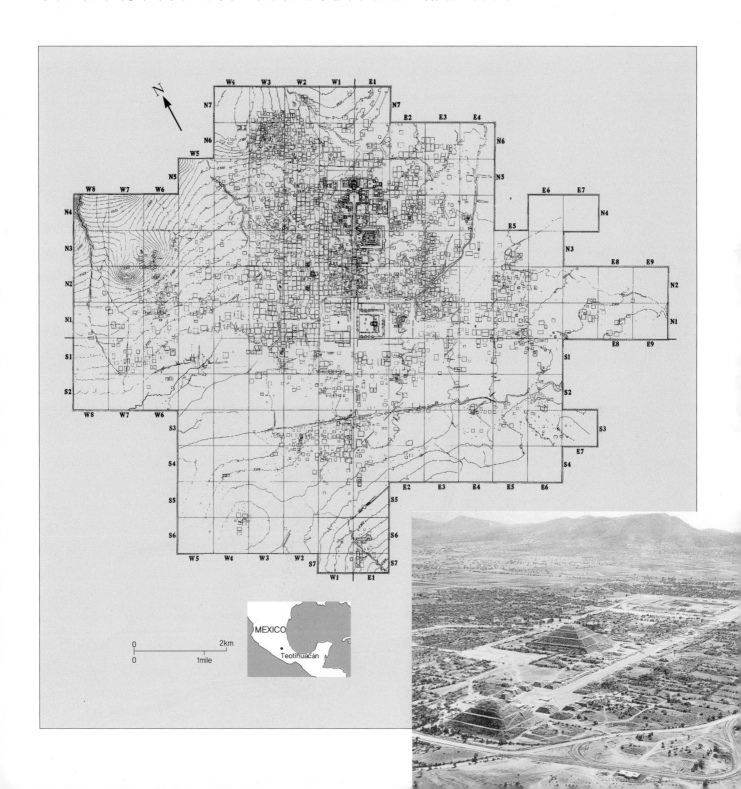

도 있을 것이다.

예를 들어 파키스탄의 청동기시대 도시 모헨조다로에서 지표조사를 실시하였는데, 여기서는 파키스탄, 독일, 이탈리아 고고학자들로 구성된 조사단이 물품 생산 작업 쓰레기의 분포를 조사하였다. 그런데 놀랍게도 물품 생산 활동 잔적은 이 도시의 특정 제조 구역으로 한정되지 않고 유적 전역에 흩어져 있어서 잡다한 소규모 공방들이 운영되었음을 나타내었다.

지표발견물의 신빙성　　　고고학자들은 그간 언제나 어떤 유적의 발굴에 앞서 그 연대와 평면배치를 평가하기 위한 한 방도로서 한정된 양의 지표채집 유물을 이용하였다. 그렇지만, 이제는 지표조사가 단순히 발굴에 앞선 예비사항이 아니라 어떤 경우에는 비용 및 기타 이유로 발굴을 대신하게 되었으므로 오늘날 고고학에서는 지표 흔적이 지하 분포상황을 실제 어디까지 반영하는지에 관해 격렬한 논쟁이 일고 있다.

논리적으로 말하면 단일 시기 유적 혹은 얕은 유적들이 안에 든 것에 대해 가장 믿을 만한 지표 증거를 나타내리라 예측할 수 있을 것이다. 이와 똑같이 근동의 취락 유구(遺丘)처럼 여러 시기에 걸친 깊은 유적에서는 가장 이른 시기이자 가장 깊은 층의 흔적은 표면에 좀처럼 나타나지 않을 것으로 예상할 수 있다. 그렇지만 이는 결코 항상 들어맞지는 않으니 1986년 시리아 북부 텔 할룰라에서 오스트레일리아 조사단이 실시한 지표조사를 예로 들 수 있다. 이 유적의 지표에서는 토기편과 석기 같은 유물들을 층화 무작위 표본추출법을 이용하여 방안 구획(그리드) 체계에 따라 채집하였다. 46개 방안구역이 표본으로 추출되었는데 이는 면적이 12.5헥타르인 이 유

할룰라 지구의 코로나 인공위성 영상으로, 인공 언덕(텔)의 위치와 표본 채집 구역 경계를 보여 준다.

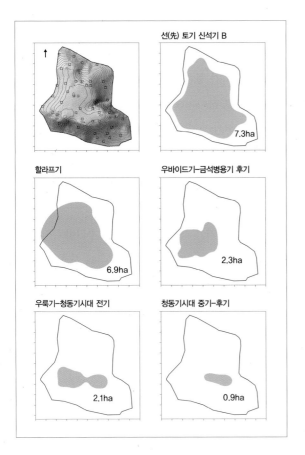

선(先) 토기 신석기 B — 7.3ha

할라프기 — 6.9ha

우바이드가-금석병용기 후기 — 2.3ha

우룩가-청동기시대 전기 — 2.1ha

청동기시대 중가-후기 — 0.9ha

텔 할룰라 유적 내 채집 방안구역들의 평면배치를 나타낸 그림(맨 앞)과 열 개 점유 시기 중 다섯 시기 취락의 위치 및 크기 변화를 윤곽선으로 보여주는 그림들.

적의 4%에 해당하였다. 유물들에 대한 형식학적 분석을 해 보니 15개의 서로 다른 문화기를 대변하는 10개 주요 점유기를 식별할 수 있었다.

지표조사의 타당성을 지지하는 측은, 한편으로 가장 최근 시기 것들이 지표에 풍부하게 나타나는 양적 편향성이 있게 마련이라는 데는 동의하면서도, 지표조사를 하는 대부분의 고고학자가 놀라는 바와 같이 지표 유물은 주도면밀하게 채집되기만 한다면 가장 최근 시기만이 아니라 유적 이용의 여러 단계들도 반영함으로써 해당 유적이 정말 여러 시기의 소산임을 일러주는 경우가 많다는 사실을 지적한다. 이런 이유는 아직 전적으로 분명하지는 않지만 제2장에서 논의한 여러 형성 작용들, 즉 침식 및 동물에 의한 교란에서 경작 같은 인간 활동에 이르기까지의 작용들과 확실히 관계가 있음은 틀림이 없다.

지표 증거와 지하 증거의 관계는 분명히 복합적이며 유적에 따라 다르다. 그러므로 유적의 수평 범위를 평가하기 위해서는 어디든 가능하다면 대개 가로세로 1m의 시굴 구덩이를 파든지 아니면 종국적으로 한층 철저한 발굴(아래 참조)을 해서 지하에 정말로 무엇이 놓여 있는지를 판단하는 쪽이 현명하다. 그렇지만 비용이 많이 들 뿐 아니라 파괴 또한 수반하는 발굴을 하기 전에 실시하거나 때로는 발굴을 정말 대신할 수 있는 일련의 **지중탐사** 방법들이 많이 있다.

지중탐사

탐침　　　가장 전통적인 기법은 막대나 시추기로 땅을 찌르거나 탐색해 보아 딱딱하거나 속이 빈 곳에 부딪치는지를 알아보는 길이다. T자형 손잡이가 붙은 금속 막대가 가장 흔히 쓰이지만 비슷한 손잡이를 가진 대형 마개뽑이 같은 나사송곳도 쓰이는데, 이는 토양 표본들을 나사 홈에 붙여 지표로 끌어올릴 수 있는 이점을 갖고 있다. 많은 고고학자들은 작고 딱딱한 시추 표본들을 뽑아내는 손잡이 붙은 탐사봉을 일상적으로 쓴다. 이런 유형의 탐사법은 예컨대 중국 고고학자들이 진시황제 병마용갱 근처에서 장차 조사해야 할 300개소 구덩이들의 위치를 찾아내는 데 이용되었다. 하지만 부서지기 쉬운 유물이나 유구를 손상할 위험성이 언제나 있다.

　　　이 기법에서는 1950년대에 이탈리아의 까를로 레리치가 서기전 6세기 에트루리아 무덤들을 조사했을 때 주목할 만한 진전이 이루어졌다. 공중사진술과 **토양 저항도 검사**(아래 참조)로써 해당 무덤의 정확한 위치를 탐지한 그는 그 무덤에 직경 8cm의 구멍을 뚫고 앞에 잠망경과 램프, 필요한 경우에는 소형 카메라를 부착한 긴 관을 집어넣곤 하였다. 레리치는 이런 식으로 약 3500기의 에트루리아 무덤을 조사하였는데 거의 모든 무덤들이 완전히 비어 있음을 알아냄으로써 장래의 발굴자들이 막대한 노력을 허비하지 않도록 해주었다. 또 그는 20기가 넘는 벽화고분을 발견해 냄으로써 우리가 아는 에트루리아 벽화고분의 수를 일거에 두 배로 늘려 놓았다.

삽질 구덩이 시굴　　　지표 아래 무엇이 있는지를 예비적으로 알기 위해 작은 구덩이들을 일관되게 상호 일정한 간격으로 파는 수가 흔히 있다. 구덩이는 유럽에서는 대개 사방 1m 형태이지만 북미 일부 지역에서는 둥근 구멍 형태이고 지름은 정찬용 접시 정도 크기에 깊이는 1m 이내이다. 이런 구덩이들은 어떤 구역에서 무엇이 나올지 보여주고 또 유적의 범위를 정하는 데 도움이 되는 한편 구덩이에서 판 흙을 체질해 나온 자료들을 분석하고 위치를 찍어 보면 여러 종류 유물들의 밀집 구역들을 보여주는 분포도를 얻을 수 있다.

피라미드 탐사　　　현대의 기술은 내시경과 소형 TV카메라를 개발함으로써 위와 같은 탐침 작업을 더욱 진척시켰다. 레리치의 작업을 상기시키는 조사 사업으로 1987년 이집트 체옵스(쿠푸)의 대피라미드 곁 선박 구덩이에 대한 탐사가 수행되었다. 이 구덩이는, 43m 길이의 서기전 3천년기 삼나무제 왕선(王船)들이 부분들로 해체되어 완벽하게 보존되어 있다가 1954년 발굴된 다른 구덩이에 인접해 있었다. 이 25만 달러짜리 탐사는 아직 개봉되지 않은 그 구덩이에 제2의 배가 모두 해체된 목재 상태로 들어 있기는 하되 구덩이가 기밀(氣密) 상태는 아니라는 사실을 드러냄으로써, '고대의' 공기를 분석해서 대기 중 이산화탄소가 지난 수천 년 동안 증가하였는지의 여부와 공기 중의 어떤 요소들이 유물을 그처럼 효율적으로 보존하는지를 알아낼 수 있으리라는 희망을 박살내어 버렸다.

현재 이런 종류의 조사 사업은 대부분의 고고학자들이 조달할 수 있는 재원의 수준을 훨씬 넘어선다. 그렇지만 장래에 재원이 허락된다면 이런 유형의 탐사가 이집트의 다른 유적들, 마야 구조물 내의 공동들, 혹은 중국 내의 수많은 미발굴 고분들에 똑같이 적용될 수 있을 것이다. 최근에는 대피라미드에 아직 발견되지 않은 현실 또는 회랑들이 더 있다고 믿는 프랑스 및 일본 조사단들이 내부 탐사를 벌인 바 있다. 그들은 대개 댐 벽의 결함을 찾는 데 쓰이며 암석 뒤에 빈 곳이 있는지의 여부를 식별할 수 있는 초고감도 미량중력 분석 장치를 이용함으로써 통로 벽 중 하나의 약 3m 뒤에 자신들이 생각하기에 공동이 있음을 탐지하였다. 그러나 이 주장을 뒷받침할 시추작업은 아직 완료되지 않았는데, 이집트 당국이 어떤 시험이든 이집트학 연구에 확실히 기여할 수 있을 것이라고 판정하기 전까지는 허가를 하지 않기 때문이다.

지하 원격 탐사

탐침 기법들은 유용하기는 하지만 어쩔 수 없이 유적을 일부 교란시킨다. 그런데 발굴하기 전에 혹은 발굴을 하지 않고 유적에 관해 더 많이 알고자 하는 고고학자들에게 이상적인 여러 가지 비파괴 기법들이 있으니 바로 지구물리학적 원격 탐사 장치들이다. 이에는 능동적 장비(여러 종류의 에너지를 땅속으로 보내 그 반응을 측정함으로써 지중에 있는 것을 '읽는 것)와 수동적 장비(반응을 얻기 위해 에너지를 보낼 필요가 없는 장치로 자장과 중력 같은 물리적 특성의 강도를 재는 것)가 있다.

전자기 이용법　　전파를 이용하는 한 가지 방법은 지중 침투(혹은 탐사) 레이더(GPR)이다. 송출기가 땅속으로 보낸 짧은 파동들의 반사 전파들은 채워진 도랑, 무덤, 벽 등등 땅 속에서 부딪친 토양 및 퇴적물의 어떤 변화라도 반영할 뿐만 아니라 그런 변화가 어떤 깊이에서 일어나는지도 파동의 이동 시간으로 나타낸다. 그래서 자료 처리 및 영상 생성 프로그램(아래의 '시간 분층' 참조)을 이용해 묻힌 고고학적 잔존물의 삼차원 도면을 만들어낼 수 있다.

이 기법은 야외에서는 대개 지표 레이더 안테나 한 개를 써서 아주 짧은 전자기 에너지 파동(레이더파)을 지중으로 방출한다. 수신기는 지중 토양 면 혹은 토양 특성의 자연적 변화든 묻힌 고고학적 유구든 불연속성을 생성하는 물질에 부딪혀 되돌아오는 반향 파동들을 기록한다. 레이더파가 지표 파원에서 불연속성 생성물까지 갔다가 수신기로 되돌아오는 데 걸린 시간은 나노초(10억분의 1초) 단위로 측정하는데, 파동의 속도를 평가할 수 있기 때문에 거리를 환산할 수 있다.

이 레이더 안테나는 고고학적 탐사 및 도면 작성 작업에서는 일반적으로 걸음걸이 속도로 지표를 따라 횡단이동하면서 1초당 많은 파동을 송출하고 수신한다. 이 방법을 처음 쓰던 시절에는 반향을 종이에 인쇄해서 눈으로 보고 해석을 하였으며, 그래서 흔히 무엇인지 알아볼 수 없는 영상들로부터 묻힌 유구가 무엇일지 추측할 수밖에 없었기에 작동자가 지닌 경험과 능력이 판독을 크게 좌우하였다. 이는 몇몇 괄목할 만한 성공 및 실패 사례를 제외하고는 필연적으로 불확실성과 미확정의 결과를 낳기가 일쑤였다. 그렇지만 이제 이 방법은 크게 개선되어 반향 자료를 디지털로 저장할 수 있어서 깨끗하고 또렷한 반향 기록이 생성됨으로써 정교한 자료 처리 및 분석을 할 수 있고 또 해석을 하기도 한결 쉬워졌다. 강력한 컴퓨터 및 소프트웨어 프로그램 덕에 대규모 삼차원 GPR 자료 세트를 저장하고 처리할 수 있으며, 이제 컴퓨터의 발달로 자료 및 영상을 자동 처리할 수 있어서 복잡한 반향 단면도들을 해석하는 데 도움이 된다.

그런 진전 중 한 가지는 '시간 분층(分層)' 혹은 '분층 도면'을 이용하는 방법이다. 수천 개의 개개 반향들을 지중의 특정 추정 깊이에 상응하는 수평 분층들로 각기 나누면 각 분층은 각 깊이에 묻혀 있는 유구들의 일반적 형상과 위치를 드러낼 수 있다. 다양한 색깔(혹은 회색 음영)을 씀으로써 인공지능이 한층 쉽게 해석할 수 있는 시각 영상―예컨대 지중 반향이 없거나 거의 없는 구역은 푸른색으로, 반향이 높은 구역은 붉은색으로 나타냄―을 만들어낸다. 그래서 각 분층은 마치 하나의 수평 발굴 단위처럼 되어 그 유적에 묻힌 많은 구성요소들을 도시해 준다. 사실 분층들은 반드시 수평적일 필요는 없으며 성층 층위를 따르도록, 그리고 필요한 어떤 두께나 방향을 지니도록 프로그램을 구성할 수가 있다.

예를 들어 버밍햄대학 및 로마 영국고고학학교 소속 고고학자들은 로마 북쪽 100km에 위치

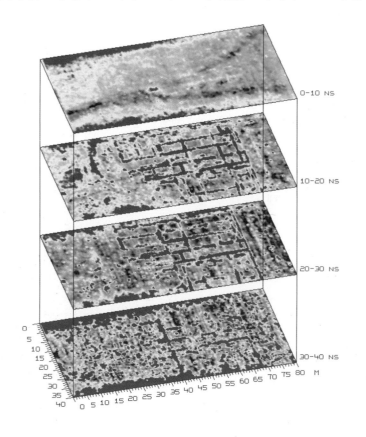

이탈리아 포룸 노붐 유적으로부터 취한 시간 분층 도면. 0~50cm 깊이에 상응하는 1~10나노초에서의 맨 위 분층도는 Y자 모양의 이상상태를 드러내는데 이는 두 개의 자갈길을 반영한다. 분층이 깊어질수록 로마시대의 벽들이 아주 뚜렷하게 모습을 드러내며 방, 문, 회랑이 잘 조직된 평면으로 나타난다. 가장 깊은 분층도는 방의 실제 바닥들과 그 위에 보존된 유물들을 보여준다.

한 옛 로마 시장 포룸 노붐의 발굴되지 않은 구역에 대해 공중사진술과 전기 저항 측정법 같은 다른 기법(아래 참조)으로 얻을 수 있었던 것보다 더 충실한 실상을 파악하고자 이 방법을 썼다. 그 지역에 대한 일련의 GPR 분층들은 벽, 개개의 방, 현관, 뜰 등을 전부 드러냄으로써 ―간단히 말하면 이 유적의 건축물 평면도를 만들어냄으로써 장래의 발굴이 대표적인 구조물 표본에 집중할 수 있도록 해주었으며, 그로써 비용이 많이 들고 또 시간이 많이 소모되는 유적 전역 노출 작업을 하지 않아도 되었다.

전기 저항 측정법   특히 유럽에서 지난 수십 년 간 고고학 유적에 흔하게 적용한 한 가지 방법은 전기 저항 측정법이다. 이 기법은 토양이 축축할수록 전기를 더 쉽게 전도한다는 원리, 다시 말해 전류에 대한 저항을 적게 나타낸다는 원리에서 파생된 것이다. 그리하여 땅에 설치한 전극들에 부착한 저항 측정계로써 전극 사이에 흘려보낸 전류에 대해 지하 토양이 나타내는 다양한 저항 정도를 측정할 수 있다. 침적토가 채워진 도랑이나 메워진 구덩이는 석벽이나 길보다는 습기를 더 많이 함유하므로 이런 돌 구조물보다는 낮은 전기 저항성을 보일 것이다.

이 기법은 백악과 사력층 안의 도랑 및 구덩이와 점토층 안의 석조물에 대해 특히 효과적이다. 먼저 땅에다 두 개의 '원격' 탐침을 고정시켜 놓는다. 다음으로 측정계를 장착한 틀에 연결된 두 개의 '이동' 탐침을 각 지점에 삽입하면서 수치를 읽어 나간다. 새로 개발된 방법은 '저항 단면도 작성식'인데 이는 탐침 간격을 넓혀가면서 깊이를 달리하여 토양 저항을 측정함으로써 한 유적을 가로지르는 수직 '의사 단면도'를 작성하는 방식이다.

자기 탐사 방법들   이것들은 화덕 및 토기 가마 같은 불 맞은 점토 구조물, 철제 유물, 구덩이 및 도랑들의 위치를 찾는 데 특히 도움이 되기 때문에 탐사 방법 가운데 가장 널리 사용되는 편에 속한다. 이런 유구 및 유물들은 묻혀 있어도 모두가 미미하기는 하지만 측정 가능한 지구 자장 왜곡(이상) 현상을 만들어낸다. 그 이유는 유구 유형에 따라 다양하지만 철 성분이 아주 극소량일지라도 존재하기 때문이다. 예를 들어 점토 속의 이산화철 알갱이들은 점토가 구워지지 않았을 때는 각기 자기 방향이 무작위적이지만 약 700℃ 이상으로 가열되면 모두 지구 자장 방향에 따라 정렬하여 영구히 고정된다. 이와 같이 굽힌 점토는 약한 영구 자석이 됨으로써 주위를 둘러싼 자장 안에서 이상 상태를 일으킨다. 반면 구덩이와 도랑이 일으키는 이상 상태는 그 안을 채운 내용물의 이른바 자력 감도가 둘레의 심토(心土)보다 크기 때문에 생긴다.

모든 자기 측정 장치(뒤쪽 테 글 참조)는 유적의 평면에 관해 유익한 정보를 만들어냄으로써 그 고고학적 잠재력을 판정하는 데 도움을 준다. 흔한 도시 방법은 등고선, 점 밀도, 회색 음영 지도인데 이 모두는 전기저항 탐사 결과를 도시하는 데도 쓰인다. 자기 탐사에서 등고선 지도는 동일한 자장 강도를 가진 모든 점들을 연결한 등고선들로 표시된다. 그래서 이는 한 묘지 안의 여

자 기 측 정 방 법

자기 측정법들을 이용해 땅속에 묻힌 유구들을 찾아내는 주된 장치는 자기계이다. 금속 탐지기도 이와 마찬가지로 금속과 일부 토양 유구들을 탐지해 낼 수 있다.

양성자 세차운동 자기계는 전기 코일을 감은 센서(물통)를 막대기에 부착하고 가동 전자 장비에 전선으로 연결한 것이다. 이 장비는 땅속에 묻힌 물건들과 유구들이 나타내는 작지만 또렷한 자장 강도 차이를 탐지할 수 있다.

양성자 자기계는 보통 한 변 1m에서 3m의 방안구역들로 구획된 그리드를 이용하여 자기를 측정한다. 불행하게도 작업 속도가 다소 느리다. 또 한 가지 단점으로는 다른 모든 종류의 자기계의 경우와 마찬가지로 작동자가 금속을 지닐 수 없다는 것이다. 그래서 모든 금속제 버클, 시계, 신발 바닥 징, 필기구 등은 몇 m 떼어놓아야 하며 부근에 철사 울타리나 양철 지붕 같은 것이 있어서도 안 된다.

또 양성자 자기계는 머리 위의 전선으로부터도 간섭을 받기 쉽다. 일본처럼 작고 사람이 밀집해 사는 나라에서는 유적이 결코 전철이나 여타 직류 전선으로부터 멀리 떨어져 있을 수가 없기에 자장에 변동을 일으키는 '잡음'을 극복하기 위해서는 두 개의 자기계를 동시에 사용해야 한다.

플럭스게이트 자기계는 연속 계측치를 내는 센서를 가진 장점이 있지만 설치와 작동이 좀더 복잡하다. 이는 방향을 타는 장비로서 센서가 정확하게 동일 방향을 가리키도록 해놓고(통상은 수직으로 매달아 놓고서) 계측을 해야 한다.

가장 선호되는 플럭스게이트 자기계 유형인 플럭스게이트 글라디오미터는 가벼운 일체 완비형 장비에 부착된 두 개의 센서를 이용해 연속 측정치를 산출하며 자성의 세기 차이를 기록한다. 이는 자동 추적 기록 장치와 컴퓨터 처리 장치에 결합될 수 있기에 결과적으로 넓은 지역을 빠르고 정확하게 탐사할 수 있다. 탐사팀이 두 기의 플럭스게이트 측정기를 사용하는 경우라면 하루에 적어도 2헥타르를 상세하게 측정할 수 있다. 이처럼 광범위한 종류의 고고학 유구들에 빨리 반응하는 장비라는 장점 때문에, 이를테면 도로 건설에 앞서 고고학 유적의 부존 여부를 평가하는 데 점점 더 많이 쓰이고 있다. 영국 M3 고속도로 건설 예정 노선의 한 직선 구간 10km 범위에서는 8개소의 유적을 찾아내었다.

세슘 자기계는 고도로 민감한 가동 자기계로서 지구 자장의 약 1백만분의 1에 해당하는 미세한 자기 변이까지도 탐지할 수 있다. 이는 기둥 구멍처럼 자성을 약하게 띤 유구들과 상대적으로 깊이 묻힌 유적들을 탐지해 내는 데 점점 더 많이 쓰이고 있다. 이는 바퀴 위에 탑재하여 플럭스게이트 자기 측정 탐사에 견줄 만한 지표 탐사 속도를 낼 수 있다.

금속 탐지기는 자기와 전도성을 모두 이용하는데, 모든 금속이 지닌 높은 전기 전도성과 철금속이 지닌 높은 자화율(磁化率)에 반응한다. 두 가지 주요 장비가 있다. 토양 전도성 측정기는 연속 작동하는 무선 송수신기를 가지고 토양의 전도성이나 자화율의 변화가 일으키는 송신장 왜곡을 측정하는 방식으로 지하 유구들을 탐지한다. 예를 들어 금속류는 강한 이상현상을 일으키는 반면, 구덩이들은 약한 이상현상을 일으킨다. 펄스 유도계는 송신 코일로부터 자장 펄스를 땅속으로 보냄으로써 금속 물체와 구덩이 같은 자기 이상체를 탐지할 수 있는데, 코일이 크면 클수록 그만큼 더 깊이 침투한다. 이와 비슷한 장비들은 수중고고학에서도 이용되고 있다.

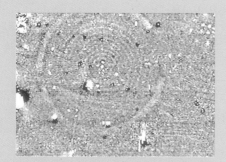

영국 서머싯의 스탠튼 드루 유적에 대한 자기 탐사 결과를 보이는 사진으로 지표에서는 완전히 사라진 아홉 개의 동심원 목재 열로 이루어진 나무 헨지(環狀 유적) 구조물이 땅속에 존재함을 드러낸다.

러 지하무덤들처럼 상호 분리된 이상현상들을 아주 잘 드러낸다. 점 밀도 도면 작성법에서는 개개 자기계 수치들을 평면 위에 점들로 찍고 자기 강도에 따라 음영으로 표시하므로 가장 짙은 색이 해당 구역의 자장에서 이상 상태가 가장 강함을 나타낸다. 그래서 변화가 미미하더라도 이로써 정규 유구들을 쉽게 집어낼 수 있다.

우리는 지금까지 유적을 발견하였고 그에서 되도록 많은 지표 및 지하 유구들을 도면으로 작성하였다. 그렇지만 지표조사의 중요성이 증대됨에도 불구하고 지표 자료의 신빙성을 확인하고 원격 탐사 기법들의 정확성을 확증하며 이 유적들에 실제로 무엇이 잔존하는지를 아는 유일한 길은 바로 유적들을 발굴하는 것이다. 더욱이 지표조사는 넓은 지역에 대해서는 우리에게 다소 알려주는 바가 있지만 비교적 좁은 지역에 대해 많은 것을 일러줄 수 있는 방법은 발굴뿐이다.

3. 발굴

발굴은 고고학자들이 관심을 가진 두 가지 핵심 정보에 대해 가장 믿을 만한 증거를 내놓기 때문에 야외조사에서 중심적 역할을 맡는데, 그 정보란 (1) 과거 특정 시기의 인간 활동과 (2) 한 시기에서 다음 시기로 가면서 그 활동에서 일어난 변화이다. 아주 대체적으로 말하면 동시기 활동들은 공간상 수평적으로 일어나는 반면 그 활동들의 변화는 시간의 흐름과 함께 수직적으로 일어난다고 할 수 있다. 바로 이렇게 수평적인 '시간 단면들'과 시간의 흐름에 따른 수직적 계기순서들을 구분하는 것이야말로 대부분의 발굴 방법론에서 기초를 이룬다.

수평 차원에서는 고고학자들이 발굴로써 유물과 유구들이 교란되지 않은 **정황**에서 공반 출토됨을 입증함으로써 인간 활동들이 정말 같은 때에 벌어졌음을 밝혀낸다. 물론 제2장에서 본 바와 같이 이 1차 정황을 교란시킬 수 있는 많은 형성 작용들이 있다. 앞의 항들에서 살펴본 일반 탐사와 원격 탐사 방법들의 주된 목적 한 가지는 그다지 교란되지 않은 유적이나 한 유적 내 구역들을 발굴 대상으로 선정하는 데 있다. 동아프리카의 초기 인류 야영지 같은 단일 시기 유적에서 벌어진 인간 행위를 조금이나마 정확하게 복원하려면 이는 절대적으로 필요한 일이다. 그러나 사람들이 오랫동안 산 유럽의 소도시나 근동지방의 마을 유구(遺丘) 같은 다중 시기 유적에서 교란되지 않은 퇴적층들로 이루어진 넓은 지역을 찾아내기란 거의 불가능할 것이다. 이런 경우 고고학자들은 어떤 교란이 벌어졌는지를 바로 발굴하는 도중이나 발굴 후에 복원하고자 노력해야 하며 또 그런 연후 이를 어떻게 해석해야 할지 판단해야만 한다. 그런데 해석을 시도해서 조금이라도 성공할 가망이 있으려면 반드시 발굴을 진행하는 동안 기록들을 적정하게 유지해야 한다는 점은 자명하다. 수직 차원에서는 고고학자들이 **층서** 연구로써 시간의 흐름에 따른 변화들을 분석한다.

층서

제1장에서 본 바와 같이 인류의 태고성을 아는 데 첫걸음이 되었던 한 가지 사항은 지질학자들이 **성층** 과정, 즉 지층들이 지금도 계속되는 작용들에 의해 차례로 차곡차곡 쌓인다는 사실을 인식한 데 있었다. 고고학적 층위(어떤 발굴에서든 측면에 보이는 문화적 혹은 자연적 파편들의 토층)들은 지질학적 층들보다는 훨씬 짧은 기간 동안에 퇴적되기는 하지만 똑같은 누중의 법칙에 따른다. 이 법칙이란 간단히 말해 한 층위가 다른 층위의 위에 놓여 있는 경우 아래쪽 층위가 먼저 퇴적되었다는 것이다. 따라서 발굴된 수직 단면에 나타난 일련의 층위들은 시간에 따라 차례로 퇴적된 순서를 나타낸다.

이것이 연대측정에서 지닌 의미는 제4장에서 탐구할 것이다. 여기서는 누중의 법칙이 각 층위 안 물질들의 나이가 아닌 각 층위의 퇴적 순서에만 관련된다는 점을 지적하고자 한다. 물론 아래 층위의 내용물은 실제 위 층위의 내용물보다 통상적으로는 오래된 것이기는 하지만, 고고학자는 무조건 그렇게 가정해서는 안 된다. 위층으로부터 파 내려간 구덩이나 (심지어는 지렁이를 비롯한) 구멍 파는 동물들 때문에 아래 층 안에 (위층의) 후대 물질들이 들어갈 수가 있다. 더구나 층들은 때때로 아래위가 뒤바뀔 수도 있으니 예를 들면 도랑둑의 맨 위층에서 깎여 나온 것들이 도랑 안 바닥 층에 쌓일 수 있는 것이다.

고고학자들은 근년 들어 특정 퇴적층에서 발견된 유물들—지금까지는 주로 석기 또는 골기들—이 다른 시기 것이 섞이지 않은 동시기인지를 확인하는 독창적이고도 효과적인 방법 한 가지를 개발한 바 있다. 고고학자들은 석기 격지 또는 골기 격지들을 서로 맞추어 보면 원래의 돌덩어리 또는 뼈 토막 형태로 되맞추어지는 경우가 놀라울 정도로 많다는 사실을 발견하였다. 예를 들어 영국 **중석기시대** 헨지스트베리 헤드 유적의 경우 옛날 발굴 결과를 재분석해 보니 다른 두 층위에서 나온 두 무리의 플린트 격지들이 되맞추어졌다. 이는 그처럼 두 층위로 층서 구분을 한 데 대해 의문을 던지는 동시에 플린트 석기들이 서로 다른 두 인간 집단에 의해 제작된 것이라는 원 발굴자의 주장 또한 분쇄해 버렸다. 이런 되맞추기 혹은 결합 연구법은 성층의 여러 문제들을 분명하게 밝혀줄 뿐 아니라 이제 옛 기술에 대한 고고학적 연구 분야(제7장) 또한 변혁시키고 있는 참이다.

이와 같이 층서학은 성층의 연구 및 타당성 확인으로서 수평적 공간 차원으로 쌓인 일련의 층위들(다만 실제로 정확하게 수평적인 층위란 거의 없지만)을 수직적 시간의 차원에서 분석하는 것이다.

그러면 이 정보를 찾아내는 데 가장 좋은 발굴 방법들은 어떤 것인가?

발굴의 방법

발굴은 비용이 많이 드는 동시에 파괴를 수반하기 때문에 결코 가볍게 기획해서는 안 된다. 연구 목적을 달성하는 데서는 되도록 발굴보다 앞서 살펴본 비파괴 접근방식들을 우선적으로 사용해야 한다. 그러나 발굴을 해야 하고 또 필요한 재정 및 허가가 확보되었다고 할 때 채택할 가장 좋은 방법들은 어떤 것인가?

모든 발굴 방법은 당면 연구 과제와 유적 성격에 맞도록 응용해야 함은 두말할 필요가 없다.

층위가 얼마나 복잡한지는 유적 유형에 따라 다르다. 도시 퇴적층을 가로지르는 이 가상 단면도는 고고학자가 실제 부닥칠 수 있는 수직 및 수평 차원 모두가 복잡한 여러 층위들을 보여준다. 지하수면으로 가까이 내려갈수록 침수 가능성이 큰 퇴적층에 보존된 유기물을 찾아낼 가망성은 그만큼 커진다.

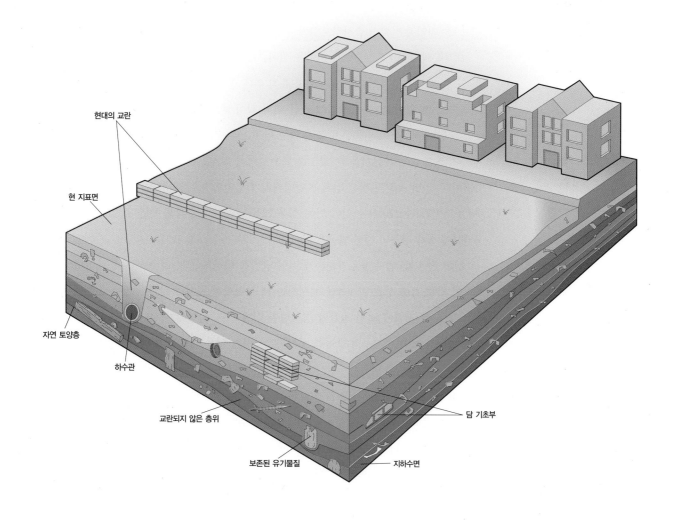

현대의 교란

현 지표면

자연 토양층

하수관

교란되지 않은 층위

보존된 유기물질

담 기초부

지하수면

수백 개의 복잡한 유구들과 수천 개의 중복된 구덩이들, 수만 점의 유물이 든 두텁게 성층된 도시 유적을 단지 유구 한두 개와 유물 수백 점이 잔존할 얄은 **구석기시대** 야외 유적인 듯이 발굴한다면 이는 결코 올바르지 못하다. 예를 들어 구석기 유적에서는 모든 유구들을 노출시키고 모든 유물의 수평 및 수직 위치—즉 유물의 출토위치를 각기 정확하게 기록할 수 있을 것이다. 반면 도시 유적에서는 시간이나 재정의 제약 때문에 도저히 그렇게 할 수가 없다. 그 대신 표본추출 전략을 채택해야 하며 (연대측정을 하는 데 중요한) 동전(제4장 참조) 같은 주요 유물들만 출토위치를 삼차원적으로 정확하게 기록하고 나머지는 간단히 층위별로, 그리고 발견된 방안구역 단위로만 기록한다(유적들은 정확한 기록에 편리하도록 지도처럼 대개 방안구역으로 나누는데, 방안구역의 크기와 숫자는 응당 유적의 유형, 크기, 추정 깊이에 따라 결정된다).

그런데 여기서 주목해야 할 사항은 우리가 이미 다시 도입한 수직 차원 및 수평 차원이라는 개념들이다. 이것들은 발굴의 기본 원칙에서 지극히 중요함과 마찬가지로 발굴의 방법에서도 그러하다. 발굴 기법들은 대체적으로 말해 두 가지로 나눌 수 있는데,

1. 성층 상태를 노출시키기 위해 퇴적층을 깊이 파 들어감으로써 수직 차원을 강조하는 기법과
2. 특정 층위 속에 든 유물 및 유구들 사이의 공간상 상호관계를 드러내기 위해 그 층위를 넓은 지역에 걸쳐 노출시킴으로써 수평 차원을 강조하는 기법이다.

대부분의 발굴자들은 이 두 전략을 섞어 사용하며, 그렇게 하는 데는 여러 가지 방식들이 있다. 다만 그 전에 유적이 일단 측량되고 유적 위에 방안구역이 설정되었음을 전제로 한다.

휠러식 방격법(方格法)—제1장에서 본 바와 같이 피트리버스 장군의 작업을 토대로 발전된 이 방법은 방안구역 사이의 둑들을 파지 않고 남겨 그 수직 단면에서 여러 층위들을 유적 전체에 걸쳐 추적하고 상호 관련지을 수 있도록 함으로써 수직 및 수평상의 요건들을 충족시키고자 하는 방법이다. 일단 유적의 전체 범위와 평면배치가 확인되면 어떤 유구든 (이를테면 모자이크 바닥처럼) 특별히 관심을 끄는 것이 있는 경우 그를 노출시키기 위해 둑들 중 일부를 제거하고 방안구역들을 합해 일종의 전면 발굴을 실시할 수도 있다.

한편 **전면 발굴법**의 옹호자들은 휠러식 방법을 비판하는데, 그 논거는 둑들이 단면에서 알아내어야 하는 토층 상호 관계들을 예시하는 데 부적합한 곳이나 빗나간 방향에 으레 놓이게 마련이고 또 넓은 지역에 걸친 공간적 정형성을 식별하는 데 방해가 된다는 것이다. 이 비판자들은 그런 영구적 혹은 반영구적 둑들을 설정하기보다는 넓은 지역을 개방 발굴하되, 특히 복잡한 층서 관계를 밝히는 데 필요한 곳이 있으면 그곳에서만 (유적의 주된 방안선망에 대해 어떤 각도로든 필요한 각도로) 수직 단면 절개를 하는 편이 훨씬 낫다고 주장한다. 수직 차원은 이런 '적소 절개'와는 별도로 발굴이 진행됨에 따라 정확한 삼차원 계측치들로 기록을 해서 발굴 종료 후 도상으로 복원해 낸다. 이처럼 전면 발굴법은 충족요건이 더 많으나 휠러 시대 이후로 야외용 컴퓨터를 비롯한 한층 진보된 기록 방법들이 도입됨으로써 실제 적용하기가 용이해졌고, 그래서 이

방법은 그간 영국 내 고고학 조사활동의 많은 부분에서 표준이 되었다. 전면 발굴법은 예를 들어 아메리카의 인디언 유적이나 유럽 신석기시대의 긴 집터처럼 단일 시기 포함층들이 지표 가까이 놓인 경우 특히 효율적이다. 이때 시간 차원은 옆으로의 방향 이동(즉 다음 시기 취락이 앞 시기 취락 위가 아니라 인접해서 재건축되는 경우 등)으로 나타날 수 있으며 그런 재건축의 복잡한 정형을 파악하기 위해서는 넓은 지역을 평면적으로 노출시키는 작업이 필수적이다. 대규모 전면 발굴은 토지가 파괴될 예정인 경우의 구제고고학 조사 작업에서 흔히 실시되나, 그런 경우가 아니라면 쟁기질로 토양이 뒤엎인 넓은 지역을 벗겨내는 작업에는 농민들이 반대하게 마련이다. 방격법은 1940년대에 휠러가 이를 도입한 남아시아의 일부 지역에서 아직도 널리 쓰이고 있다. 이는 소수의 발굴단원들이 각 방안구역 안에서 작업하는 많은 수의 훈련되지 않은 인부들을 쉽게 감독할 수 있기 때문에 앞으로도 흔히 쓰일 것이다.

그렇지만 어느 한 가지 방법만이 보편적으로 적용될 수는 없는 일이다. 예를 들어 방격법이 근동의 유구(遺丘)처럼 아주 깊은 유적들을 발굴하는 데 엄격하게 적용된 예는 극히 드문데, 그 이유는 발굴이 진행되면서 밑으로 파내려 감에 따라 급속하게 방안구역들이 불편해지고 위험해지기 때문이다. 그런 때 흔히 택하는 해결책 한 가지는 **계단식 트렌치 발굴법**인데, 이는 위는 넓게 파고 밑으로 내려갈수록 일련의 계단식으로 좁혀 파는 방법이다. 이 기법은 미국 일리노이 주 코스터 유적에서 효과적으로 이용되었다.

발굴방법이 어떠하든 수습 및 기록 방법이 훌륭해야 비로소 그만큼 좋은 발굴이 될 수 있다. 발굴은 증거의 많은 부분에 대한 파괴를 수반하므로 결코 반복할 수 없는 활동이다. 따라서 숙고

스리랑카 아누라다푸라의 아바야기리 불교 사원의 방안구역 발굴 광경

영국 동부 서튼 후 유적의 전면 발굴. 묻힌 분구 두 기의 윤곽을 확인하기 위해 32m×64m라는 넓은 구역의 표토를 제거하였다. 그리고 나서 그보다 작은 방안구역들을 이용해 상세한 층서를 조사하였다. 표토 바로 밑에는 중세 초기의 유구들이 있었는데 토양 변이를 명확히 드러내기 위해 공중에서 천연색 사진을 찍어 기록하였으며 유적 평면도를 1:10과 1:100의 축척으로 작성하였다.

일리노이 강 유역의 아메리카 인디언 유적인 코스터 유적. 생활면과 활동 구역들을 찾아내기 위해 수평 구역을 넓게 제토하였다. 하지만 발굴이 진행됨에 따라 아래로 내려가면서 두텁게 퇴적된 이 유적의 수직 차원을 분석하기 위해 수직 단면들이 계단 모양으로 노출되도록 제토를 하였다. 이 복합 유적에서는 14개의 생활면 층이 식별되었으며 그 연대는 서기전 7500년경부터 서기 1200년경까지이다.

를 거듭해 수습 방법을 정하는 일이 절대 필요하며 또 발굴의 모든 단계에서 세심한 기록을 유지해야만 한다.

수중고고학

탐사와 발굴 모두에서 특수한 범주를 구성하는 한 분야가 수중고고학인데 이것이 성립하는 데 필요한 최초의 추진력은 일반적으로 1853년과 1854년 사이의 겨울 동안 스위스 호수들의 수위가 특히 낮아져 엄청난 양의 나무 기둥, 토기, 여타 유물들이 드러났을 때 생겼다고 여긴다. 수중고고학은 조잡한 종 모양의 잠수기를 이용한 초기 조사로부터 발전을 거듭하여 이제는 육상의 고고학 작업에 대한 귀중한 보완 분야가 되었다. 수중고고학은 우물, 하수구, 샘(예컨대 멕시코 치첸 잇싸의 거대한 희생용 샘) 등 아주 다양한 유적들을 대상으로 하며, 수몰된 호반 취락지들, 난파선에서 물 밑에 가라앉은 항구들에 이르는 해양 유적들, 수몰된 도시들도 그 대상이다.

핵심 개념: 발굴

• 발굴은 (공간에서 수평적으로 드러나는) 동시기 활동들과 (수직적 계기 순서로 드러나는) 시간의 흐름에 따른 변화를 나타내는 증거를 찾아낸다.

• 층서 연구는 발굴 중에 발견된 고고학적 층위들에 대한 연구이다. 누중의 법칙은 층들이 서로 겹쳐 쌓여 있을 때 아래 층이 먼저 퇴적되었다는 원리이다. 이는 고고학자들이 시간의 흐름에 따른 변화를 조사하는 데 토대를 이룬다.

• 발굴 방법은 유적과 답을 구하고자 하는 특정 질문에 맞추어 선택해야 한다. 두 가지 주요 전략으로 휠러식 방격법과 전면 발굴법이 있는데 흔히 이 두 가지를 결합해 쓴다. 시간과 경비를 절약하기 위해서는 어떤 종류의 표본추출 전략이 필요하다.

최근 발명된 소형 잠수정 및 기타 잠수 가능한 배들, 그리고 무엇보다도 스쿠버 다이빙 장비 등은 그간 잠수부들이 수중에 이전보다 훨씬 오래 머물고 과거에는 도달할 수 없었던 깊이의 유적들에까지 닿을 수 있도록 해 주는 엄청나게 중요한 역할을 하였다. 그 덕에 지난 수십 년간 발견의 속도와 규모는 아주 크게 증가하였다. 지중해의 얕은 바다에는 지금까지 1000척이 넘는 난파선이 가라앉아 있는 것으로 알려졌지만 최근에는 850m에 이르는 깊이에서 음파탐지기, 고출력 전등, 비디오카메라를 갖춘 소형 무인 잠수정(원격 조정선) 같은 심해 잠수선을 이용한 탐사를 벌여 로마시대 난파선들을 발견하기 시작하였으며, 이스라엘 연안 앞바다에서 발견된 암포라를 잔뜩 실은 두 척의 페니키아 난파선은 심해에서 지금까지 발견된 가장 오래된 배들이다.

수중 탐사   지구물리학적 방법들은 육상 유적을 찾아내는 데뿐만 아니라 수중 유적을 발견하는 데도 똑같이 유용하다(밑의 그림 참조). 예를 들어 1812년 영국과 미국 사이에 벌어진 전쟁에서 캐나다 온타리오 호수 90m 깊이 바닥에 가라앉은 두 척의 무장 스쿠너인 '해밀턴' 호와 '스커리지' 호를 1979년 발견해 낸 것은 다름 아닌 **측면 주사(走査) 음파탐지기**와 병용한 자기분석기였다. 그렇지만 지중해 같은 지역들에서는 해저에서 도합 수천 시간을 보낸 그 지역 해면채취 잠수부들에게 문의하는 식의 간단한 방법으로 대다수 발견들이 이루어진 바 있다.

수중 발굴   수중에서의 발굴은 복잡하고 비용이 많이 든다(또 발굴 후에 큰 경비를 요하는 보존처리 및 분석 작업을 해야 함은 두말할 필요도 없다). 발굴이 일단 시작되면 엄청난 양의 퇴적물을 이동시키고 저장항아리(암포라), 금속 덩어리, 대포 같은 덩치 큰 다양한 물건들을 기록하고 인양하는 작업을 해야 하는 수가 많다. 미국 텍사스대학 해양고고학연구소의 설립자인 조지 배스와 여타 연구자들은 많은 유용한 장치들을 개발한 바 있는데, 예를 들면 물건들을 인양하기 위해 기구에 부착한 바구니라든가 퇴적물을 제거하기 위한 공기 무자위(흡입 호스) 등이 있다. 만약 선체가 어느 정도라도 잔존하고 있으면 상세한 도면들을 작성함으로써 나중에 전문가들이 전체 형태나 윤곽을 도상으로나 모형 또는 실물 크기 재현품 같은 삼차원 형태로 복원할 수 있도록 해야만 한다. 일부 드문 예이기는 하지만 (포츠머스 앞바다에 가라앉은 16세기 전함) 영국 메리 로즈 호 같은 경우에는 보존 상태가 아주 좋아서 재정만 허락한다면 잔존 선체를 인양할 수도 있다.

해양고고학자들은 이제까지 100척 이상의 가라앉은 배들을 발굴하여 그 건조 방법뿐 아니라 선상생활, 화물, 무역로, 옛 야금술, 유리제작술 등에 관한 많은 지견들을 얻은 바 있다. 예를 들어 1980년대에는 캐나다 래브라도 반도의 레드 베이에 1565년 침몰한 바스크 포경선 산 후안 호를 특별 장비를 갖추고 유적 위에 닻을 내린 거룻배를 기지로 해서 발굴하였는데, 거기에는 작업실, 유물 저장 수조, 목재 인양용 기중기 외에 침적토 제거용 공기 무자위를 12개나 가동할 수 있

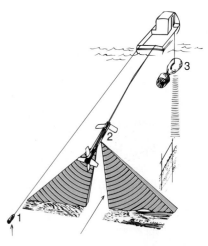

세 가지 지구물리학적 수중 탐사법. (1) 양성자 자기계를 탐사선에서 아주 멀리 늘어뜨려 끌면서 (대포, 강철 선체처럼) 지구 자장을 왜곡하는 철 및 강철 물품을 탐지한다. (2) 측면 주사 음파탐지기는 음파를 부채꼴로 쏨으로써 (해저 속이 아닌) 해저 바닥 표면에 놓인 유구의 그림영상을 만들어낸다. (3) 해저 지중 탐사계가 음파를 발사하면 이는 해저 아래에 묻힌 유구와 물체에 부딪혀 되돌아온다.

는 공기 압축기 등이 설치되었다. 결빙에 가까운 조건에서 작업을 해야 했던 잠수부가 체온을 유지하도록 선상에서 데운 해수를 잠수복에 직접 뿜어지게 펌프질해 호스로 내려 보냈다. 이 조사 사업 동안 고안된 중요 기법 한 가지는 선목 중 큰 조각들이 수중에 놓인 상태 그대로 라텍스 합성고무를 사용해 본뜨는 것이었는데, 이로써 선체 모양과 도구 사용흔 및 나뭇결 같은 세부 사항들까지 복원할 수 있었다. 또 선박 잔해들은 정확한 기록을 위해 조각조각 수면 위로 인양하였지만 라텍스 거푸집 덕에 비용이 많이 드는 보존처리가 불필요하게 되었으므로 원목재는 제 자리에 도로 묻었다.

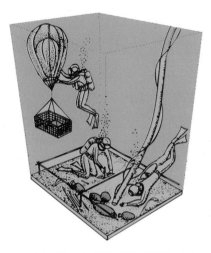

수중 발굴 기법: 왼쪽은 물체를 인양하는 데 쓰이는 부양 바구니이고 가운데는 발견물을 제자리에서 측정하고 기록하는 장면이며 오른쪽은 퇴적물을 제거하는 데 쓰이는 공기 무자위이다.

증거의 수습과 기록

위에서 본 바와 같이 발굴에 관련된 요건들은 유적에 따라 다르다. 구석기시대나 신석기시대의 얕은 단일 시기 유적에서는 모든 유물의 삼차원적 출토위치를 찾아내어 표시해야 하지만, 도시 고고학자들은 그런 목표를 도저히 달성할 수가 없다. 표토를 제거하는 데는 두 유형의 유적 모두 시간 절약을 위해 중장비 이용을 결정할 수 있지만, 그런 다음 구석기 혹은 신석기 전문가는 대개 되도록 많은 발굴토를 체질해서 조그만 유물, 동물 뼈, 식물 유체를 수습하려 할 것이다. 반면 도시고고학자는 체질을 표본추출 전략의 일부분으로 그보다 훨씬 선택적으로만 실시할 수 있을 뿐인데, 예컨대 변소나 쓰레기 구덩이처럼 식물 유체가 잔존할 것으로 예상되는 곳에서만 그렇게 한다.

일단 유물의 출토위치가 기록되고 수습이 되면, 유물 목록에 적거나 야외용 컴퓨터에 입력하고 보관용 유물봉투에 기록할 번호를 부여해야 한다. 매일매일의 발굴 진행 사항은 유적조사 일

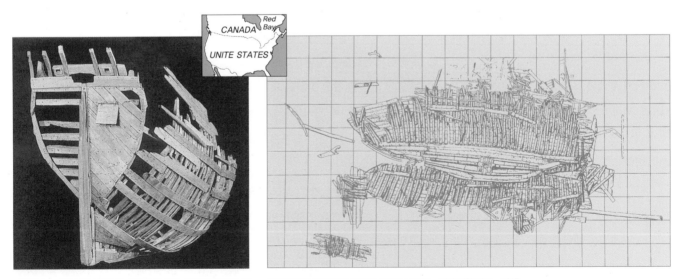

10분의 1 크기의 모형으로서 산 후안 호의 잔존 선재들을 어떻게 되맞추어야 할지 보여준다.

항구 바닥에 가라앉은 난파선의 구조를 보여주는 평면도(한 변 2m 방안).

지에 기록을 하거나, (나중에 컴퓨터로 분석하기 적합한 균질 자료들을 산출하는 데 도움이 되는) 특정 질문들을 미리 인쇄해 놓은 자료 용지들에 기록을 한다.

개별유구 및 복합유구들은 나중에 분석하기 위해 수습할 수 있는 유물들과는 달리 노출된 그대로 제 자리에(in situ) 남겨두든지 아니면 발굴이 아래층으로 진행됨에 따라 파괴해야만 한다. 그래서 야장 또는 유적조사 일지에 기술하는 일뿐만 아니라 정확한 축척에 따른 도면과 사진으로 기록하는 일이 꼭 필요하다. 수직면(즉 단면)에 대해서도 마찬가지 사항이 적용되며 또 평면 노출된 각 층에 대해서는 고가 촬영대나 줄에 매단 기구에서 찍은 조감 사진들이 필수적이다.

이와 같이 수습된 유물, 동물 뼈, 식물 유체들 이외에 유적조사 야장, 축척 도면, 사진, 컴퓨터 디스크들이 바로 발굴에서 나온 기록의 전부이며 이에 의거하여 유적에 대한 모든 해석을 하게 된다. 이 발굴 후 분석 작업 기간은 수개월, 혹은 수년 등 발굴 자체보다 훨씬 오래 걸리는 경

런던 허긴 힐의 로마시대 목욕탕 유적. 런던 박물관 고고학자 한 사람이 세오돌라이트로 다른 고고학자가 측량 함척(측량대)을 세운 한 석주 주초의 정확한 위치를 측정하고 있다. 이런 측량값들은 나중에 상세한 평면도를 작성하는 토대가 된다.

우가 흔하다. 그렇지만 발굴 중에도 야외에서 약간의 예비 분석, 특히 유물의 분류 및 형식학 연구가 이루어질 수 있다.

유물 정리와 분류

야외 작업실에서 실시하는 발굴 자료의 정리 또한 발굴 자체와 마찬가지로 면밀한 기획과 조직을 필요로 하는 전문화된 작업이다. 예를 들어 어떤 고고학자라도 습지유적에서 침수 목재 보존 분야 전문가들을 조사단원으로 확보하지 않고 또 그런 자료의 처리를 위한 시설들을 갖추지 않은 채 발굴을 해서는 안 된다.

야외 작업실의 정리 절차에는 두 가지 중요 부분이 있으니 첫째는 유물 세척이고, 둘째는 유물 분류 작업이다. 고고학자는 두 가지 모두에서 언제나 새로 발굴된 자료들이 어떤 종류의 질문들에 답을 줄 수 있는지를 미리 숙고해 둘 필요가 있다. 예컨대 유물을 철저하게 씻는 일은 전세계의 발굴에서 전통적인 작업의 한 부분이다. 그러나 이 책의 후반부에서 논의하는 많은 새로운 과학적 기법들을 염두에 두면 전문가가 유물을 조사할 기회를 갖기도 전에 그것을 반드시 철저하게 세척해야만 하는 것은 아니라는 사실은 아주 명백하다. 예를 들어 이제 우리는 토기 속에 음식물 찌꺼기가, 석기에는 혈흔이 보존되는 경우가 종종 있다는 사실을 알고 있다. 박박 씻어 증거가 인멸되기 전에 그런 보존 가능성을 미리 평가해야 하는 것이다.

그럼에도 불구하고 대부분의 유물들을 분류하고 정리하려면 결국 어느 정도까지는 세척을 해야 한다. 분류의 첫 단계는 석기, 토기, 금속기 등의 큰 범주로 나누는 일이다. 그 다음으로 이 범주들은 나중의 분석 단계에서 한층 다루기 쉬운 군들로 세분하거나 유형화한다. 유형화는 통상 세 가지 종류의 특성, 즉 속성들을 토대로 이루어지는데,

1. 표면 속성(장식 및 색깔 등)
2. 형태 속성(기형 자체뿐 아니라 각종 치수들)
3. 기술 속성(주로 원소재) 등이 그것이다.

비슷한 속성들을 공유하는 것으로 나타난 유물들은 한데 묶여 유물 형식들을 이루며, 그래서 그런 형식들을 만들어내는 작업을 가리켜 간단히 **형식분류**(혹은 **형식학**)라고 한다.

형식학은 1950년대까지 고고학의 사고를 지배하였으며 아직도 이 학문에서 중요한 역할을 하고 있다. 그 이유는 간단하다. 유물이 고고학적 기록의 많은 부분을 차지하며 형식분류는 고고학자들이 이 다량의 증거에 질서를 부여하는 데 도움을 주기 때문이다. 제1장에서 본 바와 같이 일찍이 C. J. 톰센은 유물들이 삼시대 체계, 즉 돌, 청동, 철이라는 계기순서로 배열될 수 있음을 논증하였다. 이 발견은 그 뒤로도 형식분류를 연대측정—시간 경과 측정(제4장 참조)의 한 방법으로 계속 쓰는 토대가 되고 있다. 또 형식분류는 그간 특정 시점의 고고학적 실재들을 규정하는 수단으로도 사용되었다. 즉 특정 시점 및 장소의 유물군 및 (그에 따른) 형식군은 유물복합체 또

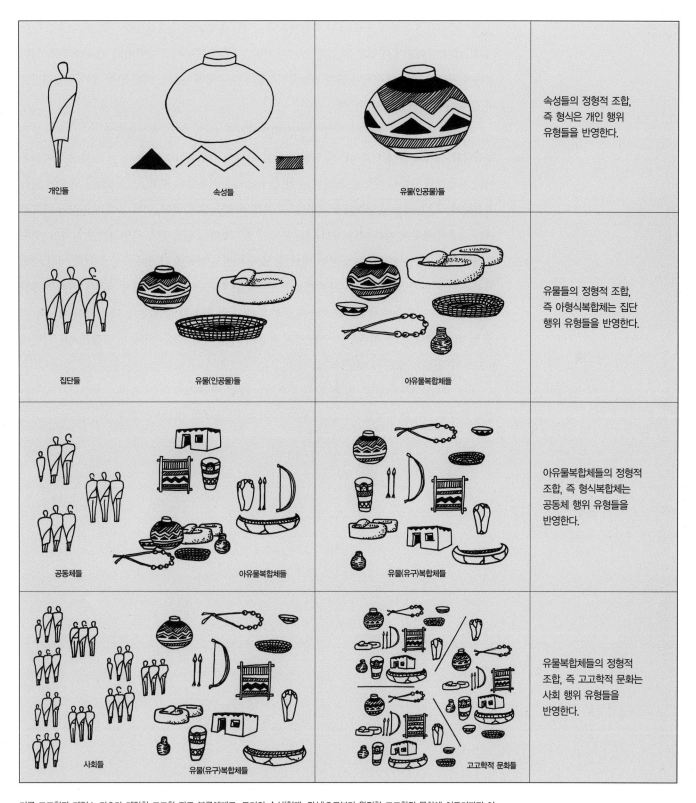

개인들   속성들   유물(인공물)들

속성들의 정형적 조합, 즉 형식은 개인 행위 유형들을 반영한다.

집단들   유물(인공물)들   아유물복합체들

유물들의 정형적 조합, 즉 아형식복합체는 집단 행위 유형들을 반영한다.

공동체들   아유물복합체들   유물(유구)복합체들

아유물복합체들의 정형적 조합, 즉 형식복합체는 공동체 행위 유형들을 반영한다.

사회들   유물(유구)복합체들   고고학적 문화들

유물복합체들의 정형적 조합, 즉 고고학적 문화는 사회 행위 유형들을 반영한다.

미국 고고학자 제임스 디츠가 제안한 고고학 자료 분류체계로, 토기의 속성(형태, 장식)으로부터 완전한 고고학적 문화에 이르기까지 여러 단계로 구성되어 있다. 좌우의 두 세로줄은 각 분류 단위를 사람에 관련지은 것이다. 이러한 분류로부터 인간행위에 관해 어느 정도로 추론할 수 있는지에 대해서는 제9장에서 논의한다.

는 형식복합체라고 불리고 또 그런 복합체들의 군(群)은 고고학적 문화들을 규정하는 데 쓰인 것이다. 이런 정의들이 정립된 지 또한 오래이지만, 나중에 보듯이 고고학자가 이 용어들을 인간 집단에 관련된 말로 바꾸거나 어떤 고고학적 '문화'를 과거에 실재한 어떤 인간 집단과 관련짓고자 할 때에는 어려움이 생겨난다.

　이 문제는 우리를 분류의 목적 문제로 되돌아가게 한다. 형식, 형식복합체, 문화 등은 모두 무질서한 증거에 질서를 부여하기 위해 고안된 인위적 개념들이다. 그런데 이전 세대 학자들은 이런 개념들을 단순히 증거를 정리하는 한갓 수단으로 이용하지 않고 그 개념들이 과거에 대한 자신들의 사고방식을 결정짓도록 내버려두는 함정에 빠지고 말았다. 이제 우리는 우리가 제기하려는 질문의 종류에 따라 여러 가지 다른 분류가 필요하다는 점을 한층 분명하게 인식하고 있다. 토기의 제작기술을 연구하는 학자는 태토 및 제작 방법의 변이에 근거하여 분류를 할 터인 반면 저장용, 조리용 등 토기의 여러 가지 기능을 연구하는 학자는 토기의 형태와 크기에 따라 분류를 할 것이다. 고고학자가 새로운 분류안을 고안해 내고 잘 활용할 수 있는 능력은 그간 컴퓨터 덕에 엄청나게 커졌는데, 컴퓨터는 수백 점의 유물이 가진 여러 가지 속성들의 결합관계를 단번에 비교할 수 있도록 해 주기 때문이다.

　마지막으로 탐사, 발굴, 발굴 후 분석에 쏟아 붓는 모든 노력은 그 결과가 출간되지 않으면 결국 대부분 헛수고가 되고 만다는 사실은 아무리 강조하여도 지나치지 않다.

요 약

- 많은 유적들이 우연하게나 현대의 개발 공사 중에 발견되기는 하지만 고고학자는 새로운 유적들을 찾아내는 데 쓸 수 있는 갖가지 지상 및 공중 탐사 기법들을 갖고 있다.

- 21세기가 되기까지 고고학의 주된 관심 대상은 개개 유적들이었지만, 오늘날 고고학자들은 한 지방 전체를 단위로 연구를 수행하며, 흔히 표본추출 기법들을 이용함으로써 개별 조사단의 역량으로도 한 지방을 지상탐사(지표답사)할 수 있다. 고고학자들은 각 지방 안의 유적들을 찾아내고 그것들을 (흔히 GIS의 도움을 받아) 도면에 기록하고 나면 발굴을 하지 않고도 묻힌 유구들을 탐지할 수 있는 갖가지 원격 탐사 장비의 도움으로 조사를 실시할 수가 있다.

- 원격 탐사 방법들은 거의 모두 땅속으로 에너지를 보내 묻힌 유구가 그 에너지에 미치는 영향으로부터 유구들을 찾아내든지 지구 자장의 강도를 재든지 한다. 어떤 경우든 이 방법들은 묻힌 유구와 그 주변 흙 사이의 차이를 토대로 한다. 기법들 중 다수가 장비 및 시간 양면으로 비싸지만 무작위 추출한 트렌치를 시굴하는 것보다는 싼 경우가 많고 확실히 덜 파괴적이다. 고고학자는 이것들 덕택에 필요한 경우 유적의 어떤 부분들을 전면 발굴해야 할지를 결정하는 데 한층 융통성 있는 선택을 할 수 있다.

- 발굴 자체는 한 유적의 공간상 수평 범위와 시간의 흐름에 따른 변화를 나타내는 수직 성층 상태를 밝혀내도록 고안된 여러 방법들로 이루어진다. 좋은 기록 방법은 필수적이며 그와 더불어 발견물을 정리하고 분류하기 위한 장비를 잘 갖춘 야외 작업실도 꼭 필요하다. 각 유물에서 (장식, 형태, 소재 등) 골라 뽑은 속성들에 의거한 분류는 발굴 자료들을 체계화하는 기본 수단이며, 대개는 형식들로 체계화가 되기 때문에 형식분류라는 용어가 쓰인다. 그러나 분류는 어떤 목적에 대한 한 가지 수단일 뿐이며, 따라서 고고학자가 묻고자 하는 질문의 종류에 따라 여러 가지 분류 방안들이 필요하다.

- 그런데, 탐사와 발굴을 하는 동안 수습된 자료들은 그 연대를 어떤 식으로 측정할 수 없다면 거의 모두 별 소용이 없을 것이다. 그래서 우리는 다음 장에서 고고학의 이 중대한 측면을 다룰 것이다.

추 천 문 헌

고고학 탐사 및 발굴 방법들에 대한 유용한 입문서들

Collis, J. 2001. *Digging up the Past: An Introduction to Archaeological Excavation*. Sutton: Stroud.

Gaffney, V. & Gater, J. 2003. *Revealing the Buried Past. Geophysics for Archaeologists*. Tempus: Stroud.

Hester; T. N., Shafer, H. J., & Feder, K. L. 1997. *Field Methods in Archaeology(7th ed.)*. Mayfield: Palo Alto, Calif. (미국식 조사법)

McIntosh, J. 1999. *The Practical Archaeologist*(2nd ed.). Facts on File: New York; Thames & Hudson: London.

Wheatley, D. & Gillings, M. 2002. *Spatial Technology and Archaeology: The Archaeological Applications of GIS*. Routledge: London.

Zimmerman, L. J & Green, W. (eds.) 2003. *The Archaeologist's Toolkit*(7 vols.). AltaMira Press: Walnut Creek.

언제?
연대결정법과 편년

모든 인간은 시간을 경험한다. 개개인은 일생 동안 대략 70여 년의 시간을 경험하며, 어떤 때는 부모나 조부모의 기억을 통해 100년 넘게 거슬러 올라간 시기를 간접적으로 경험할 수도 있다. 또 우리는 역사를 연구함으로써 수백 년도 더 전에 기록된 시간대에 다가갈 수 있다. 하지만 수천 년, 심지어는 몇 백만 년이라는 거의 상상할 수 없이 오랜 시간대에 걸친 과거 인간 경험의 세계를 우리에게 열어 보이는 것은 오로지 **고고학**뿐이다. 이 장에서는 고고학자들이 이 엄청난 시간대에서 일어난 과거 사건들의 연대를 측정하는 갖가지 방법들을 검토하기로 한다.

상대연대결정법과 절대연대측정법   이렇게 말하면 다소 놀랍게 느낄지도 모르지만 과거를 연구하기 위해 어떤 시기나 사건이 (햇수로) 정확히 얼마나 오래전에 존재하였거나 일어났는지를 반드시 알아야만 하는 것은 아니다. 그저 어떤 사건이 다른 사건보다 전에 혹은 후에 일어났는지의 여부만 알아도 아주 도움이 되는 수가 흔히 있다. **유물**, 퇴적층, 사회, 사건들을 계기순서로 이른 것은 앞에, 늦은 것은 뒤에 배열하면 각 단계가 얼마나 오래 지속되었는지 혹은 그런 변화들이 몇 년 전에 일어났는지를 알지 못하더라도 과거의 발전 양상들을 연구할 수 있다. 이처럼 어떤 것이 다른 어떤 것에 비해 오래되거나 새롭다는 생각은 **상대연대결정법**의 기초를 이룬다.

그렇지만 우리는 종국적으로는 여러 사건들이나 어떤 계기순서의 각 부분이 전체 햇수 혹은 절대 햇수로 지금부터 얼마 전인지를 알고 싶어 한다. 즉 **절대연대측정**의 방법들을 필요로 하는 것이다. 절대연대는 예컨대 농경 도입과 같은 변화가 얼마나 빠르게 일어났는지, 또는 그것이 세계 도처에서 동시에 일어났는지 때를 달리하면서 일어났는지를 알아내는 데 도움을 준다. 그런데 고고학자가 독립적인 절대연대측정 수단을 얻은 것은 겨우 지난 50여 년 동안의 일이었고 이는 그 과정에서 고고학에 일대 변혁을 몰고 왔다. 그 이전에는 사실상 유일하게 신뢰할 수 있는 절대연대란 고대 이집트 파라오 투탕카멘의 재위 연대 같은 역사 연대들뿐이었다.

시간의 측정   우리는 시간의 경과를 어떻게 알아채는가? 우리는 낮의 밝음과 밤의 어두움이 번갈아 찾아오고 또 사계절이 매년 반복되는 현상을 보고 시간의 경과를 깨닫는다. 사실 이는 인류 역사의 대부분 기간 동안 시간을 관측하는 데서 인간의 수명을 제외하고서는 유일한 방법들이었다. 나중에 보듯이 몇 가지 연대결정법은 아직도 계절들이 연중 바뀌는 데 근거를 두고 있다. 그렇지만 고고학의 연대결정법은 그간 다른 물리 작용들에 점점 더 많은 근거를 두게 되었는데, 그 작용 중 다수는 인간의 눈으로는 관찰할 수가 없다. 이 방법 중 가장 중요한 것이 방사성 시계의 이용이다.

어떤 연대결정법을 쓰든 어느 정도의 오차는 불가피한데 이는 대개 연대 범위로 표시되며 때로는 몇 세기, 심지어는 수천 년에 걸칠 수도 있다. 그런데 연대측정의 토대가 되는 자연과학이 점점 더 발달하기는 하지만 오차의 주된 원인은 여전히 고고학자에 있으니 연대측정 표본을 제대로 선정하지 못한다든지, 표본을 오염시킨다든지, 측정 결과를 잘못 이해한다든지 하기 때문이다.

연대측정 관련 규약들　　　햇수로 셈하는 우리의 시간 잣대가 의미를 가지기 위해서는 시간축에 고정된 어떤 시점에 결부지어 연대를 재야만 한다. 기독교 세계에서는 관례상 서기 1년(0년은 없으므로)으로 되어 있는 예수 탄생년을 취하여 그 이전은 BC(before Christ) 몇 년, 그 이후는 AD(이는 Anno Domini라는 라틴말의 약자로 '우리 주 오신 후'라는 뜻) 몇 년으로 센다. 하지만 이것이 결코 유일한 역법 체계는 아니다. 예컨대 이슬람세계에서는 예언자 마호메트가 메카를 떠난 헤지라의 해(기독교력으로 서기 622년)가 기본이 되는 고정 시점이다. 이런 차이들이 있는 까닭에 일부 학자들은 BC, AD 대신에 공통 기원 이전(Before the Common Era)(BCE)과 공통 기원(in the Common Era)(CE) 같은 용어를 선호한다.

　　방사성을 이용한 방법들로 연대를 도출하는 과학자들은 중립적 국제체계를 원하였기에 현재로부터 햇수를 세어 올라가기로(BP)(before the present, 지금부터 몇 년 전) 정한 바 있다. 하지만 이런 과학자들 역시 변치 않는 고정점은 필요로 하기 때문에, BP를 "1950년부터 몇 년 전"(이는 최초의 방사성 이용법인 방사성탄소연대측정법이 확립된 때를 대략 이 해로 잡은 것임)으로 설정하고 있다. 그런데 이는 과학자들에게는 편리할지 모르지만 그 외의 모든 이들에게는 혼란을 일으킬 수도 있다(예컨대 400BP는 400년 전이 아니라 서기 1550년으로 지금부터 450년이넘는다). 그러므로 어떤 BP 연대든 지난 수천 년 간에 대해서는 BC/AD 체계로 환산하는 것이가장 명확하다.

　　다만 (서기전 1만 년 이전부터 2, 3백만 년 전까지 거슬러 올라가는) **구석기시대**에 대해서는고고학자들이 'BP'와 '몇 년 전'을 구분 없이 섞어 쓰는데 그 사이의 50년 정도 차이는 별 의미가없기 때문이다. 이처럼 아득히 먼 옛 시기의 **유적**이나 사건을 연대측정하는 데서는 잘해야 '진짜'연대에서 수천 년의 폭을 가진 연대로만 측정할 수 있을 뿐이다. 구석기시대의 가장 정밀한 연대조차도 해당 시기를 수천 년의 시간 폭 속에서 어렴풋이 알려줄진대 하물며 고고학자가 구석기시대의 사건들을 통상의 역사처럼 복원하기를 희망할 수는 결코 없다. 한편 구석기 고고학자들은 현대인의 진화 도정을 구성하였던 광대한 장기적 변화들 중 일부를 통찰할 수 있으나, 좀더짧은 시간 폭의 시기들을 연구 대상으로 하는 고고학자들에게는 그런 지견들이 허용되지 않는다. 이 시간대에서는 어떤 경우든 그처럼 폭넓은 정형성을 쉽게 분별하기에는 '세부'가 너무나많기 때문이다.

　　따라서 고고학자들이 각자의 연구를 수행하는 방식은 해당 시기에 대해 얻을 수 있는 연대측정치의 정밀도에 따라 아주 크게 달라진다 하겠다.

상대연대결정법

많은 고고학 연구의 첫째 단계이자 어떤 면에서 가장 중요한 단계는 연구 대상을 계기순서 (sequence)로 늘어놓는 것이다. 그래야 할 대상은 어떤 층서 **발굴**의 고고학적 퇴적층들일 수도 있고 형식학적 변천 순서에서처럼 유물들일 수도 있다. 지구의 기후 변화 또한 지역별, 지방별, 지구 전역 환경에서 계기적 변화를 일으킬 수가 있는데, 가장 저명한 예는 빙하시대 동안 일어난 범세계적 변동의 계기순서들이다. 이 모든 계기순서들이 상대연대결정에 이용될 수 있다.

1. 층서법: 고고학적 층위들의 배열

층서 　　　제3장에서 본 대로 **층서학**은 **성층**—층(퇴적층이라고도 부름)들이 위아래로 놓이거나 퇴적된 현상—을 연구하는 것이다. 상대연대결정의 관점에서 볼 때 중요한 원리는 아래에 놓인 층이 먼저 퇴적된 것이므로 위에 놓인 층보다 이르다는 것이다. 그리하여 연속된 층위들은 바닥 의 가장 이른 것에서 맨 위의 가장 늦은 것에 이르기까지 상대편년 순서를 제공하게 된다.

어떤 고고학 유적을 층서적으로 잘 발굴하려는 목적은 이런 계기순서를 얻는 데 있다. 이 작업 중에는 층위들이 원래 퇴적된 이래로 어떤 인위적 교란이나 자연적 교란(예컨대 어떤 유적의 후대 점유자들이 쓰레기 구덩이로 쓰려고 앞 시기의 층들을 파 내려간 행위, 굴 파는 동물들의 활동 등) 이라도 겪었는지의 여부를 탐지해 내는 일도 포함된다. 고고학자는 면밀하게 관찰된 층서 정보로 무장해야만 비로소 여러 층위들의 퇴적에 관한 신뢰할 수 있는 상대편년 순서를 구축할 수 있다.

그렇지만 우리가 주로 연대를 측정하고자 하는 대상은 층위나 퇴적층 자체라기보다는 당연 히 그 층 속에 든 유물, 유구, 유기질 잔존물 같은 인간이 만들어낸 물질들로서 이것들은 궁극적 으로 그 유적에서 벌어진 과거 인간 활동을 밝혀준다. 이 대목에서 **공반** 개념이 중요하다. 만약 두 개의 물건이 동일한 고고학적 퇴적층 속에서 공반 상태로 발견되었다고 한다면 이는 대개 그 것들이 동시에 묻혔음을 의미한다. 그리고 그 퇴적층이 다른 퇴적층으로부터의 층위 간 혼입이 없는 밀폐된 층이라면 그 공반 물건들은 퇴적층 자체보다는 늦지 않다고 할 수 있다. 그리하여 이런 밀폐된 퇴적층들의 계기순서는 각 층 속 공반 물건들이 묻힌 때의 계기순서—그리고 상대 편년을 제공하게 된다.

이는 꼭 머리에 넣고 있어야 할 지극히 중요한 개념인데, 만약 나중에 그 물건들 중 하나에 대해 절대연대가 부여될 수 있다면, 이를테면 연구소에서 방사성탄소로 연대를 측정할 수 있는 숯(목탄) 조각이라면 그 절대연대를 숯뿐만 아니라 그에 공반된 다른 물건에도 적용할 수 있기 때문이다. 그리고 다른 여러 퇴적층들로부터 나온 일련의 그런 연대들은 전체 계기순서에 대한

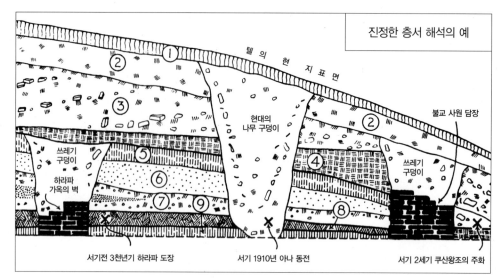

진정한 층서 해석의 예

텔 의 현 지 표 면

현대의
나무 구덩이

불교 사원 담장

쓰레기
구덩이

하라파
가옥의 벽

쓰레기
구덩이

서기전 3천년기 하라파 도장   서기 1910년 아나 동전   서기 2세기 쿠산왕조의 주화

층위도의 실제 모습: 인더스 강 유역에 소재한 인공 언덕(즉, 텔)의 단면도. 층서를 조심스럽게 잘 파악하는 일이 결정적으로 중요한데 여기서 하라파 시대 도장과 현대 동전이 보여주듯 같은 레벨(높이)에서 발견된 모든 것들이 언제나 똑같이 오래된 것은 아니기 때문이다.

절대편년을 제공할 것이다. 바로 이처럼 층위 순서들을 절대연대결정법과 상호 연계 짓는 일이 야말로 고고학 유적과 그 내용물을 연대측정하는 데서 가장 신뢰할 수 있는 근거를 제공한다. 위쪽의 그림은 (현대 파키스탄) 인더스 강 유역의 옛 인공 언덕을 가로지른 단면도를 모티머 휠러가 작성한 것이다. 이 유적은 최근의 구덩이들로 교란되었지만 그래도 층위들의 계기순서는 잘 알아볼 수 있으며 또 제8층의 교란되지 않은 정황 속에서 발견되고 연대가 알려진 하라파 시대 도장은 그 층과 그 옆 담장의 연대를 측정하는 데 도움이 된다.

그런데 여기서 또 한 가지 유념해야 할 중요한 점이 있다. 위에서 우리는 퇴적층들과 그것들에 공반된 내용물이 묻힌 때의 상대연대들을, 그리고 운이 좋아 그 절대연대를 측정하였다. 하지만 이미 관찰한 바와 같이 우리가 최종적으로 복원하고 연대측정하고자 하는 대상은 그 퇴적층과 자료들이 나타내는 과거 인간 활동과 행위이다. 만약 그 퇴적층이 토기가 든 쓰레기 구덩이라면 퇴적층 자체가 인간 활동의 한 예로서 관심 대상이 되며 그 연대는 인간이 구덩이를 사용한 연대이다. 이 연대는 또한 토기가 최종적으로 묻힌 연대가 될 터이나 그 토기를 인간이 사용한 연대는 아니다. 왜냐하면 그 토기가 수십 년이나 수백 년 동안 유통되다가 다른 쓰레기와 더불어 이 구덩이 속에 던져졌을 수도 있기 때문이다. 그러므로 우리가 연대측정하기를 원하거나 전후 사정 속에서 신뢰할 만하게 연대측정할 수 있는 인간 활동이 어떤 것인지를 언제나 명확히 인식해야 한다.

2. 형식학적 변천 순서: 유물의 비교

우리는 유물, 건물이나 인간이 만든 주변의 어떤 것을 보더라도 대부분 마음속으로 그것들을 대체적인 편년 순서로 배열할 수가 있다. 어떤 항공기 기종은 다른 기종보다 오래되어 보이고 어떤 옷 한 벌은 그 다음 것보다 더 '구식으로' 보이거나 하는 것이다. 고고학자는 이런 능력을 상대연대결정에 어떻게 이용하는가?

고고학자는 토기 같은 인공물의 형태를 태토, 외형, 장식 등 특정한 속성들로 규정할 수 있다. 그리고 같은 속성들을 가진 몇 점의 토기는 하나의 토기 **형식**을 이루며, **형식분류**는 유물들을 그런 몇 개의 형식들로 묶어주는 작업이다. 그런데 형식분류로 상대연대를 결정한다고 하는 관념의 바탕에는 이 외에 두 가지 인식이 더 깔려 있다.

첫째는 특정한 시기와 장소의 산물들은 다른 시기 및 장소의 것들과 구별되는 양식을 가진다는 인식이다. 이것들은 특징적 외형과 장식 등으로써 어떤 의미에서는 그것들을 만들어낸 사회를 특징짓는다고도 할 수 있다. 고고학자나 인류학자는 개개 유물들을 흔히 그 양식으로써 인식하고 분류할 수 있으며, 그래서 그것들을 어떤 형식학적 변천 순서 속의 특정 위치에 배당할 수 있다.

둘째는 유물 양식(외형과 장식)에서의 변화가 아주 점진적인, 즉 진화적인 수가 많다는 인식이다. 사실 이 인식은 다윈의 종의 **진화** 이론에서 나온 것을 19세기 고고학자들이 받아들여 '비슷한 것 끼리끼리'라는 아주 편리한 원칙으로 적용한 것이다. 바꾸어 말하면 대략 같은 때에 만들어진 특정 유물(예컨대 청동 단검)들은 흔히 서로 닮은 데 반해 여러 세기 떨어져 제작된 것들은 그 사이 일어난 변화의 결과로 서로 다르리라는 것이다. 따라서 연대를 알지 못하는 일련의 단검들을 마주하였을 때 논리적으로 맨 먼저 해야 할 일은 가장 비슷한 것들끼리 서로서로 옆에 놓이도록 순서 배열하는 작업이 된다. 그러면 그 결과가 진짜 편년 순서가 될 가능성이 큰데, 왜냐하면 '비슷한 것 끼리끼리'라는 원리를 가장 잘 반영하기 때문이다. 아래 그림은 자동차와 유럽 선사시대 도끼들의 의장을 이런 식으로 해서 상대편년 순서로 배열한 것이다. 다만 그 변화의 율(자동차는 1세기, 도끼는 수천 년)은 절대연대측정법으로부터 도출해야 한다.

어떤 유물에 상대연대를 부여할 적에 여러모로 가장 좋은 방법은 잘 수립된 형식학적 변천

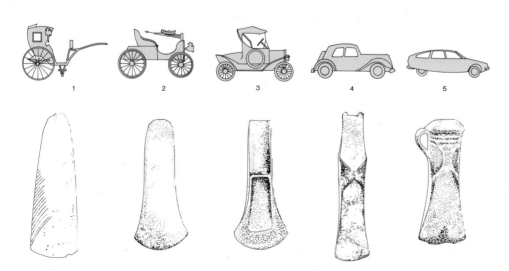

의장의 점진적 변화는 자동차의 역사(위)와 유럽 선사시대 도끼(아래, 1은 돌, 나머지는 청동)의 역사에서 명백하게 드러난다.

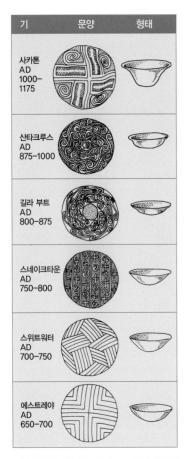

기	문양	형태
사카톤 AD 1000-1175		
산타크루스 AD 875-1000		
길라 부트 AD 800-875		
스네이크타운 AD 750-800		
스위트워터 AD 700-750		
에스트레야 AD 650-700		

미국 남서부에서 출토된 호호캄 바리 양식의 500년에 걸친 계기순서가 토기의 형식 변천을 잘 보여준다.

체계 속에서 그 위치가 이미 인식되어 있는 유물에 대비하는 길이다. 토기의 형식학적 순서는 대개 편년체계의 골격을 이루며 거의 모든 지역은 각기 잘 정립된 토기 연속 배열 체계를 갖고 있다. 좋은 예는 미국 남서부로, 여기서는 옛 사회들의 토기들에 대해 아주 광범위한 계기순서가 마련되어 있으며 왼쪽의 그림은 그 일부를 보여준다. 만약 이런 형식학적 배열 체계를 방사성탄소연대측정법이나 여타 절대연대측정법으로 측정할 수 있는 연속 층서 퇴적층들에 결부시키면 그 형식학적 계기순서 속의 유물들 자체에 햇수로 계산된 절대연대를 부여할 수 있다.

여기서 또 지적해 둘 만한 점은 양식(장식과 외형)에서의 변화가 유물 형식에 따라 다른 비율로 일어나며, 그래서 그것들이 나타내는 편년 구분 단위도 각기 달라진다고 하는 점이다. 대체로 말해 토기의 경우 표면 장식이 가장 빨리(흔히 겨우 20~30년 폭의 기간들에 걸쳐) 변화하므로 형식학적 계기순서를 세우는 데 가장 민감한 속성으로 이용된다. 반면 그릇이나 기타 용기의 외형은 물 저장용 등 실제적 요건의 영향을 가장 크게 받을 수 있기에 수백 년이 흘러도 변할 이유가 없다.

금속 무기나 도구 같은 다른 유물들의 양식도 꽤 빨리 변할 수가 있어서 유용한 편년 지표가 될 수 있다. **주먹도끼** 같은 석기는 이와 대조적으로 흔히 형태 변화가 느리기로 유명해서 시간 경과를 민감하게 나타내는 지표가 되는 경우는 드물다(다만 훨씬 긴 시기들 사이를 전반적으로 구분하는 데 좀더 유용하다).

순서배열법: 일괄 유물끼리의 비교

'비슷한 것 끼리끼리'라는 원리의 통찰력은 그간 더욱 발전을 거듭해서 물건 각각의 형태가 아니라 발견물들의 공반관계(유물복합체 혹은 일괄유물)를 따지게 되었다. 우리는 이 **순서배열** 기법으로써 유물복합체들을 계기순서 혹은 연속순서로 배열할 수 있는데, 그러면 이는 시간상의 배열, 즉 상대편년을 나타낸다고 본다.

이 기법은 그간 두 가지 형태로 적용되었는데 하나는 연속(혹은 발생)순서배열법이고 다른 하나는 빈도순서배열법이다.

이집트고고학의 대선구자 플린더스 피트리 경은 한 묘지의 무덤들을 배열하는 데 각 무덤에 부장된 다양한 토기 형태들의 공반관계를 주도면밀하게 체계적으로 비교하는 기법을 처음으로 개발한 이들 중 한 사람이었다. 19세기 말에 이루어진 그의 이런 선도적 연구는 반세기 뒤 미국 학자들이 이어받았는데 그들은 특정 토기 양식의 빈도가 한 취락의 연속 층위들에서 입증되듯 대개 양식 등장 시점에서는 적다가 유행을 하면서 서서히 증가하여 정점에 도달한 후 쇠퇴하는 사실을 인식하였다(이 현상을 그림으로 표현해 보면 마치 전함을 위에서 본 것과 같은 형태라 해서 '전함 곡선'이라 불린다). 그들은 이 지견을 이용하여 한 지역의 여러 유적들에서 출토되었으되 각기 한정된 시기의 층서 관계들을 가진 토기 복합체들을 상호 비교함으로써 그 유적들을 편

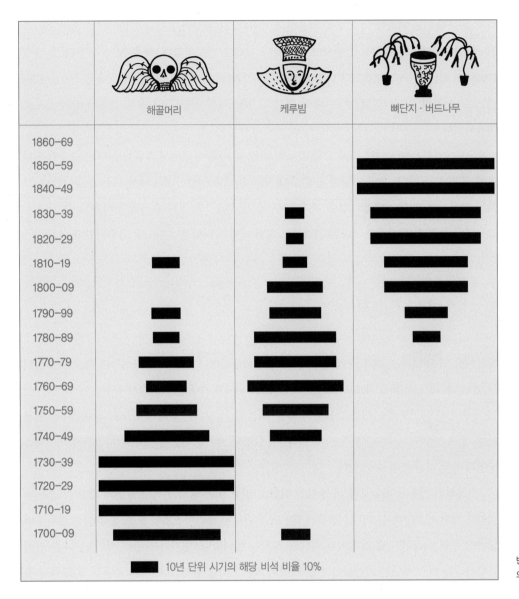

빈도순서배열법: 미국 코네티컷 주 중부 묘지들의 비석 문양 유행도(즉 빈도) 변화를 보여준다.

년순서로 배열할 수 있었는데, 그에서는 각 형식 토기의 빈도가 등장―정점 도달―쇠퇴라는 정형에 합치하도록 배열하였다.

위쪽 그림은 미국 코네티컷 주 중부 묘지들에 1710년부터 1860년까지 세워진 비석들의 세

핵심 개념: 상대연대결정법

- 층서법: 층위들이 연속적으로 쌓여 있을 때 맨 아래 층이 가장 이르고 꼭대기 층은 가장 늦다.
- 공반: 동일한 층위에서 발견된 물건들은 같은 때에 묻힌 것이다.
- 형식학적 변천순서: 비슷한 특성을 가진 유물들은 같은 때에 만들어진 것이다. '비슷한 것 끼리끼리'.
- 순서배열: 유물복합체들을 계기순서대로 배열하면 상대편년을 얻을 수 있다.

가지 문양 유행도 변화에 이 기법을 적용한 결과이다. 각 문양의 유행도가 늘어나고 줄어드는 부침 성쇠를 나타내는 특징적 전함모양 곡선들이 교대로 만들어졌다. 해골 모양 문양(최고 유행 1710~1739년)은 뉴잉글랜드의 다른 곳에서와 마찬가지로 케루빔 문양(최고 유행 1760~1789년)으로 서서히 대체되었고, 이는 다시 뼈단지·버드나무 문양(최고 유행 1840~1859년)으로 대체되었다.

순서배열법은 미국 고고학자 프랑크 홀이 이란 데 루란 평원에서 발굴을 하면서 고고학의 맥락에 적용된 바 있다. 그가 연구한 **신석기시대** 토기 일괄들은 층서 발굴에서 나온 것들이었고, 그래서 그것들의 **빈도순서배열**로 얻은 계기순서들을 발굴에서의 진짜 층서들과 비교할 수 있었다. 그랬더니 상호 간에 심각한 모순은 없었으므로 이 방법의 타당성이 다시금 입증되었다.

3. 환경의 계기순서

지금까지 이 장에서는 개개 유적에 대해 층서로 확증되거나 유물에 대해 형식학적으로 설정될 수 있는 계기순서들을 중심으로 논의를 하였다. 그 외에도 주요한 계기순서 부류들이 있는데, 이는 지구의 기후 변화에 근거한 것들로 지역별, 지방별, 심지어는 범세계 규모로 상대연대를 결정하는 데 유용하다는 사실이 입증된 바 있다. 이 환경의 계기순서들 중 일부는 다양한 절대연대측정법의 측정 대상이 될 수도 있다.

전세계의 기온이 지금보다 대개 훨씬 낮았고 빙원 또는 빙하가 지구 표면의 많은 부분을 뒤덮었던 소위 빙하시대(170만 년 전부터 1만 년 전까지의 플라이스토세 또는 홍적세)는 처음부터 끝까지 추위가 끊이지 않고 지속된 하나의 시기는 아니었다. 빙기라는 추운 시기들 사이사이에 간빙기라는 한층 따뜻한 기간들이 끼인 복잡한 계기순서를 이루었다. 지금 우리가 살고 있는 홀로세라는 간빙기는 지난 1만 년 동안 지속되고 있는 중이다. 이런 기후 변동들의 기록은 **심해저 시추 자료, 빙원 시추 자료**, 화분 포함 침적물 속에 간직되어 있다.

심해저 시추 자료와 빙원 시추 자료　　범세계 규모의 기후 변동에 관한 가장 일관성 있는 자료는 대양 해저를 시추한 자료로부터 나온다. 이 시추 자료는 유공충이라는 미세 해양 유기체의 각질을 담고 있는데, 이것들은 천천히 연속적으로 진행된 침전 과정을 거쳐 대양 바닥에 퇴적된 것이다. 이 각질들의 화학 구조가 나타내는 변이는 그 유기체들이 살아 있을 적의 해수 온도를 민감하게 반영하는 지표이다. 여기서 심해저 시추 자료 속의 추운 기간들은 빙하가 발달한 빙기들을, 따뜻한 기간들은 빙하가 쇠퇴한 간빙기들을 가리킨다. 또 유공충에 방사성탄소연대측정법과 우라늄 계열 연대측정법(아래 참조)을 적용함으로써 이 계기순서의 절대연대를 얻을 수 있는데 이제 그 연대는 230만 년 전까지 거슬러 올라간다.

남극과 북극의 극지 빙원에서 뽑아 올린 시추 자료들은 심해저 시추 자료와 마찬가지로 그간 과거의 기후 변동을 밝혀주는 아주 인상적인 계기순서들을 내놓았다. 압착된 얼음 층들은 지난 2~3천 년간 매년 단위로 셀 수 있는 퇴적층을 형성하고 있어서 그 계기순서에 절대연대를 제공한다. 그보다 이른 시기—더 깊은 층—에서는 연층(年層)을 더 이상 분간할 수 없기에 해당 빙원 시추 자료의 연대측정은 훨씬 불확실하다. 빙원 시추 자료를 근거로 한 기후 변동은 심해저 시추 자료 연구에서 도출된 기후 진동과 양호하게 들어맞는다는 사실이 확인된 바 있다.

주요 화산 폭발의 증거 또한 빙원 시추 자료 속에 간직될 수 있어서 이론적으로 말하면 대략 3500년 전 에게 해 테라 섬에서 일어난 엄청난 화산 폭발(이는 일부 학자들이 크레타 미노아 궁전의 파괴와 연관 짓는다) 같은 특정 폭발 사건에 절대연대를 부여할 수 있다. 하지만 빙원 시추 자료 속에 든 어떤 화산 폭발 사건이 역사적으로 입증된 특정 폭발에 정말 관련되는지를 실제로 확신하기는 어려운데 왜냐하면 세계의 다른 지역에서 일어난 알려지지 않은 폭발에 연관될 수 있기 때문이다.

화분 연대측정 꽃을 피우는 모든 식물은 화분(꽃가루)이라 불리는 알갱이를 만들어내며 이것들은 거의 썩지 않기 때문에 모든 종류의 환경 조건 속에서 수천 년(심지어는 수백만 년) 동안 잔존한다. 화분 전문가(화분학자)들은 그간 토탄 늪이나 호수 침전물 속에 보존된 화분을 이용하여 과거 식생과 기후의 상세한 계기순서를 복원할 수 있었다. 이 순차 현상은 옛 환경을 이해하는 데 엄청난 도움을 준다. 하지만 그간 상대연대측정의 한 방법으로서도—아직은 제한된 범위에서만 그렇기는 하나—중요한 역할을 하였다.

가장 유명한 화분 계기순서는 북유럽의 홀로세에 대해 밝혀진 것들로 거기서는 이른바 화분 대(帶)들이 지난 1만 년에 걸쳐 정밀한 순차 현상을 보인다. 어떤 유적에서 나온 화분 표본을 검사하면 더 넓은 지역의 이런 화분대 계기순서 속에서 해당하는 위치를 흔히 찾을 수 있기 때문에 그 유적에 상대연대를 부여할 수 있다. 유리된 유물이나 토탄 늪 사체 같은 발견물이라도 화분이 보존된 정황 속에서 발견된 경우에는 같은 식으로 아주 편리하게 연대측정을 할 수가 있다. 그렇

핵심 개념: 환경 이용 연대측정법

- 심해저 시추 자료: 연대를 측정할 수 있는 침전물 층들에 든 미세 해양생물체의 화학 구조를 분석하면 기후를 복원하고 상대편년을 얻을 수 있다.

- 빙원 시추 자료: 매년 쌓인 얼음 층들에서 세계 기후 편년을 얻을 수 있다.

- 화분 연대측정: 어떤 지역의 과거 식생에서 나온 화분은 특정 화분대의 기후를 밝혀내고 상대편년을 얻는 데 도움이 될 수 있다.

지만 화분대란 것이 넓은 지역에 걸쳐 균일하지는 않다는 점을 유념해야 한다. 그래서 지방 단위의 화분대 계기순서들이 먼저 확립되어야 하며 그런 연후라야 각 지역 유적과 발견물들이 그에 연계될 수 있다. 그리고 만약 그 계기순서의 전부나 일부에 대해 나이테연대나 방사성탄소측정연대를 얻을 수 있으면 그 지방에 대한 절대편년을 산출할 수 있다.

화분 알갱이는 내구성 덕분에 동아프리카 유적의 경우 아득히 3백만 년이나 거슬러 올라가는 환경 증거를 산출할 수가 있다. 또 북유럽 같은 지역에서는 여러 간빙기가 각기 특징적인 화분 계기순서를 갖고 있음도 밝혀졌는데, 이는 그 지역 내 어떤 유적의 화분 증거를 때로는 특정 간빙기에 맞출 수 있음을 의미하는 것이라서 방사성탄소연대측정법을 적용할 수 없는 그처럼 이른 시기에 대해 유용한 연대측정 기준이 된다.

절대연대측정법

상대연대가 극히 유용함은 사실이다. 그럼에도 고고학자는 종국적으로 계기순서, 유적, 유물이 햇수로 얼마나 오래되었는지를 알고자 한다. 고고학자는 이를 이루기 위해 다음 항들에서 기술하는 절대연대측정법들을 이용해야 한다. 고고학자들이 가장 흔하게 쓰고 또 가장 중요한 세 가지 방법은 역사 편년, 나이테연대측정법, **방사성탄소연대측정법**이다. 또 DNA연대측정법도 이제 옛 인구 관련 사건들을 연대측정하는 데 막 쓰이기 시작한 참이다.

4. 역법과 역사 편년

고고학의 연대측정은 20세기 초 즈음 최초의 과학적 연대측정 기법이 개발되기 전까지는 거의 전적으로 역사학적 방법에 의존하였다. 다시 말하면, 옛 사람들이 설정해 놓은 편년 및 역법에 고고학 자료를 연계하는 방식을 썼던 것이다. 그런 연대측정법은 지금도 여전히 엄청난 가치를 지니고 있다.

고대 세계의 문자사용 사회들은 자신의 역사를 문서로 기록하였다. 예를 들어 이집트, 근동, 고대 중국에서 역사는 각 '왕조' 집단을 구성한 역대 왕들을 기준으로 기록되었다. 또 나중에 보게 되듯이 메조아메리카에도 아주 정밀한 역법 체계가 있었다.

고고학자가 초기의 역사 편년을 가지고 작업할 때는 다음 세 가지 요목을 유념해야 한다. 첫째, 그 편년 체계는 면밀한 복원 작업이 필요하며 어떤 통치자 혹은 왕의 명부든 사리에 맞을 정도로 잘 갖추어져 있어야 한다. 둘째, 그 명부가 각 통치자의 재위 연수를 믿을 만하게 기록하고

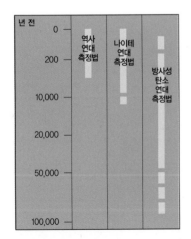

세 가지 주요 절대연대측정법의 적용 시간 폭

있다 하더라도 지금 우리가 쓰는 역법에 연계될 수 있지 않으면 안 된다. 셋째, 특정 유적에서 연대를 측정해야 할 유물, **유구**들은 예컨대 당시 통치자를 언급하는 명문과 공반된다든지 하는 식으로 역사 편년에 어떻게든 연계가 되어야 한다.

이 요목들은 이집트와 마야의 편년을 예로 들어 잘 설명할 수 있다. 이집트 역사는 31개 왕조로 정리되어 있고 그 왕조들은 고왕국, 중왕국, 신왕국으로 편성된다. 이 현대 통람은 이른바 토리노 왕력을 비롯한 몇 개의 문헌을 토대로 종합한 것이다. 이 종합안은 서기전 332년 알렉산더 대왕이 이집트를 정복한 시점(이 연대는 그리스 역사가들이 기록한 것임)에 이르기까지의 각 재위 연수를 추산하고 있다. 그래서 이집트 왕조들은 알렉산더 정복년으로부터 거슬러 올라가면서 연대측정이 될 수 있으나, 다만 각 재위의 정확한 연수는 알려져 있지 않다. 그런데 이 체계는 천문학을 이용하여 검증하고 개선할 수 있다. 이집트의 역사문헌은 천문 사건들을 기록하였는데, 그 사건들의 연대는 현재의 천문학적 지식을 이용하고 이집트의 어디에서 그런 관찰이 이루어졌는지를 알면 별도로 측정할 수 있기 때문이다. 이집트의 역사 연대는 서기전 1500년경 이후로는 오차 폭이 기껏해야 10~20년이기에 일반적으로 아주 믿을 만하다고 여겨지지만 왕조 개시 초기인 서기전 3100년경으로 거슬러 올라가면 누적 오차가 약 200년에 달할 수 있다.

메조아메리카의 역법 체계들 중에서는 마야 역법이 가장 정교하였다. 이 역법은 이른바 고전기(서기 300~900년) 동안 마야 유적들에 세운 돌기둥, 즉 **석비**에 역사(와 전설의) 사건들의 정확한 연대들을 명문 형태로 새겨 기록하는 데 쓰였다. 마야 사람들은 달과 날들을 나타내는 상형문자 혹은 부호들을 가졌으며 점 하나로 '1', 가로 막대기로 '5'를 표시하는 등 단순한 산술체계를 썼다. 마야 사람들은 서로 맞물려 돌아가는 두 가지 역법 체계를 사용하였는데 첫 번째 역법은 환력(還曆)으로 일상의 용도를 가졌다. 환력의 나날은 서로 다른 두 개의 주기를 결합함으로써 표시하였는데 하나는 260일로 이루어진 신성 환력이고 다른 하나는 365일로 된 태양력이다. 그래서 (우리의 갑자, 을축 같은) 특정 조합의 날은 오로지 52년마다 한 번씩 일어난다. 두 번째 체계인 장기력(長期曆)은 매일을 전설상의 제로일, 즉 출발일—서력으로 서기전 3113년 8월 13일—로부터 지난 날짜수로 기록하였으며 역사 연대(혹은 미래 연대)를 나타내는 데 쓰였다. 마야의 역법이 구명된데다가 그 상형문자가 좀더 최근에 해독된 덕택에 이제 정확한 연대를 가진 마야 역사가 몇 십 년 전에는 불가능해 보였던 수준으로 모습을 나타내고 있는 참이다.

역사 편년의 이용

역사 편년에 밀접하게 연계할 수 있는 유물이 풍부할 때는 고고학자가 이를 이용하기가 비교적 쉽다. 이를테면 띠깔이나 코판 같은 마야의 주요 유적에서는 명문에 역연대(曆年代)가 든 수많은 석비들이 있어서 그와 공반된 건물들의 연대를 결정하는 데 흔히 이용할 수 있다. 다시 그 건물에 공반된 유물들도 연대를 측정할 수 있다. 예컨대 만약 토기의 형식 변천 체계가 이미 구축되어 있는데 몇몇 형식 토기들이 그처럼 역사로써 연대를 측정할 수 있는 정황 속에서 발견된다면 형식 변천 체계 자체가 연대측정될 수 있는 것이다. 또 명문 자료가 없는 정황이나 건물인 경우에도 비슷한 토기 형식들이 나온다면 그로써 연대가 개략적으로 측정될 수 있다.

때로는 유물 자체가 연대를 담고 있거나 연대를 알 수 있는 통치자의 이름을 담고 있기도 한다. 상형 명문을 가진 고전기 마야의 많은 토기들이 그런 예가 되겠다. 유럽의 로마시대나 중세에서는 주화들이 대개 발행 통치자의 이름을 담고 있는데 다른 명문이나 기록으로 대개 그 통치자의 연대를 측정할 수 있다. 그런데 어떤 주화나 유물의 연대를 측정하기만 하면 곧바로 그것이 발견된 정황의 연대를 측정한 것은 아니라는 점을 반드시 유념해야 한다. 주화의 연대는 그것이 만들어진 해를 나타낸다. 그리고 그것이 어떤 밀봉된 고고학 퇴적층 안에 든 경우 그 퇴적층은 단지 terminus post quem(라틴 말로 상한연대)를 설정해 줄 뿐이다. 바꾸어 말하면 그 퇴적층은 주화의 제작 연대보다 이를 수는 없으며 (아마도 많이) 늦을 것이다.

한 나라에서 잘 정립된 역사 편년은 이 문자 사용국의 역사 속에 언급된 이웃 나라 및 더 광범위한 지역이 자기 역사 기록을 갖지 않았더라도 그에서 일어난 사건들을 연대측정하는 데 이용될 수 있다. 또 고고학자들은 이와 유사하게 수입 물품이나 수출 물품에 교차연대결정법을 적용함으로써 편년들을 연계, 확장할 수 있다. 예를 들어 연대측정이 잘 된 옛 이집트의 정황 속에 외국 토기가 들어 있다면 그 정황은 외국 토기의 제작에 관한 terminus ante quem(하한연대)를 설정해준다. 그 제작 연대는 이집트의 정황보다 늦을 수가 없는 것이다. 그 밖에 이집트 물품들 중 어떤 것들은 명문을 가지고 있기에 이집트에서 정확하게 연대를 측정할 수 있는데 만약 그것들이 이집트 바깥의 다양한 유적들에서 나타나는 경우 발견 정황을 연대측정하는 데 도움이 된다.

문자를 상당한 정도로 사용하고 또 신뢰할 만한 역법을 가졌던 나라에서 연구를 하는 고고학자들에게 역사 편년에 의한 연대측정은 지금도 가장 중요한 수단이다. 다만 역법에 심각한 불확실성이 있다거나 현대 역법체계와 연계하는 데 의심스러운 바가 있는 곳에서는 그 상호 연계를 아래에 기술한 다른 절대연대측정법을 이용하여 흔히 점검할 수가 있다.

그렇지만 역사를 기록하거나 문자를 사용한 나라 이외의 지역들에서는 이제 아래에 기술한 자연과학에 토대를 둔 다양한 연대측정 방법들이 그간 쓴 교차연대결정법이나 대략적 형식 비교 방법을 거의 전적으로 대신하게 되었다. 그리하여 이제 세계 전역의 과거 **문화**들에 절대연대가 부여될 수 있다.

5. 매년 주기 이용법

어떤 절대연대측정법이든 그 근거는 규칙적이고 시간 의존적인 작용의 존재에 있다. 이 중 가장 알기 쉬운 것이 현대 역법의 편성 근거, 즉 지구가 매년 태양 둘레를 한 바퀴 도는 현상이다. 이 매년 주기 작용은 해마다 기후에 규칙적 변동을 일으키기 때문에 환경의 여러 현상들에 영향을 끼치며 그런 현상들은 어떤 경우에 측정을 해서 편년을 만들어낼 수가 있다. 이 계기순서들이 절대연대측정에 쓰일 수 있으려면 중간에 빠진 것이 없이 길게 이어지고 또 어떻든 현재까지 연결됨으로써 우리가 실제로 연대측정하고자 하는 유구나 유물에 연계될 수 있어야 한다.

이런 기후의 매년 변동에 관한 증거는 도처에 널려 있다. 예를 들어 극지방의 기온 변화는 극빙원의 두께에 매년 변이를 낳으며 과학자들은 그 빙원을 뚫은 시추 자료로 이를 연구할 수 있다(위의 제3절 환경의 계기순서 참조). 이와 비슷하게 극지방에 면한 지역들에서는 매년 기온이 올라갈 때 빙원이 녹아 **해빙 연층**이라 불리는 퇴적층을 호수 바닥에 형성하며 이는 연 단위로 셀 수가 있다. 스칸디나비아에서는 수천 년에 걸쳐 쌓인 상당수의 해빙 연층들이 발견되었는데, 이들을 연계해 보니 그곳에서 지금부터 약 1만 3천 년 전 빙하가 퇴각하기 시작할 때까지 펼쳐졌다. 이 방법 덕택에 사상 처음으로 마지막 빙하시대의 종언 연대를 상당히 믿을 만한 정도로 추산할 수 있었고, 그래서 스칸디나비아뿐만 아니라 세계의 다른 많은 지역에서도 고고학 편년에 큰 기여를 하였다.

그러나 오늘날 해빙 연층은 한정된 용도를 지닌 반면 또 다른 매년 주기 현상인 나이테를 이용한 연대측정법은 유럽의 많은 지역, 북미, 일본에서 지난 수천 년에 대해 주된 연대측정방법으로서 방사성탄소연대측정법과 어깨를 겨루게 되었다.

나이테연대측정법

나이테연대측정법(수륜연대학)의 현대적 기법은 지난 세기 초 미국 천문학자 A. E. 더글러스에 의해 개발되었다. 다만 그 원리 중 많은 부분은 그보다 오래전부터 알려져 있었다. 더글러스는 미국 남서부 건조 지대에서 잘 보존된 통나무들을 조사 연구함으로써 1930년에 이르면 그곳의 메사버드라든지 푸에블로 보니토 같은 많은 주요 유적들에 절대연대를 부여할 수 있었다. 그러나 이 기법은 1930년대 말에 가서야 유럽에 도입되었고 또 1960년대에 이르러서야 비로소 통계학적 절차와 컴퓨터를 이용함으로써 이제 현대 고고학에 그토록 긴요한 장기 나이테 편년을 확립하는 데 필요한 토대가 마련되었다. 오늘날 수륜연대학은 두 가지 뚜렷한 고고학적 용도를 가지고 있는데, (1) 방사성탄소측정 연대를 아주 잘 보정하거나 수정하는 수단(아래 참조)으로서의 용도와 (2) 독자적인 절대연대측정법이라는 용도이다.

방법의 근거　　대부분의 나무는 매년 새로운 나이테를 형성하는데, 이 생장 테는 벤 나무둥치의 단면에서 쉽게 볼 수 있다. 그런데 이 테들은 두께가 일정하지 않다. 개개 나무의 나이테가 다른 데는 두 가지 이유가 있다. 첫째, 나무가 나이가 들수록 테들이 점차 좁아지기 때문이다. 둘

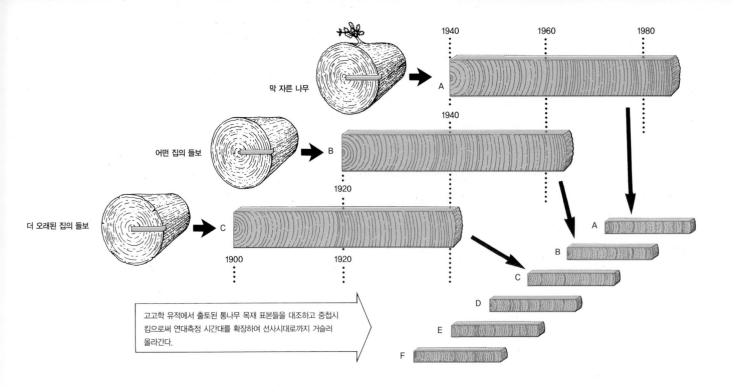

매년의 생장 테들을 어떻게 세고 대조하고 중첩시켜 한 지방의 표준 연속순서를 구축하는지 보여주는 도표이다.

째, 나무의 매년 생장량이 기후 변동의 영향을 받기 때문이다. 건조 지역에서는 연평균 이상의 비가 오면 특히 두꺼운 나이테가 생성된다. 기후가 좀더 온화한 지역에서는 햇볕과 기온이 강우보다 나무의 생장에 훨씬 결정적인 영향을 미칠 수 있다. 여기서는 봄 동안 한 차례 매서운 추위가 닥치더라도 생장 테가 좁아질 수 있다.

수륜연대학자들은 이 테들을 재고, 도면화해서 어떤 나무 한 개체가 지닌 연속 테의 두께들을 도표로 작성한다. 같은 지역에서 자라는 같은 종의 나무들은 대개 같은 생장 정형을 보이므로 연속적으로 나이를 더 먹은 나무들을 가지고 생장 계기순서들을 맞추어 나가면 한 지역의 편년을 구축할 수가 있다(나이테 계기순서를 조사하기 위해 나무를 벨 필요는 없다. 시추를 함으로써 나무에 해를 끼치지 않고도 유용한 표본을 뽑아낼 수 있기 때문이다). 수륜연대학자들은 나이가 다른 살아 있는 나무들뿐만 아니라 오래된 통나무들의 나이테 계기순서를 위의 그림처럼 상호 대조함으로써 지금부터 수백 년 전, 심지어는 수천 년 전까지 거슬러 올라가는 아주 길고 연속된 계기순서를 작성할 수가 있다. 그리하여 같은 종의 옛 통나무(예컨대 미국 남서부의 더글러스 전나무(미송)나 유럽의 오크나무)가 발견되었을 때 가령 그 나무의 나이테 계기순서가 100년 폭이면 이를 표준 계기순서 또는 전체 나이테 편년 중 적합한 부위의 100년 길이에 맞출 수 있게 된다. 이런 식으로 하면 그 통나무를 자른 연대를 대개 일 년 이내의 오차로 측정할 수 있다.

적용　　　그간 나이테연대측정법의 가장 중요한 용도 중 하나는 장기간에 걸친 나이테 계기순서를 수립함으로써 방사성탄소연대측정치를 대조, 보정할 수 있었던 데 있다. 선구적 연구는 미국 애리조나 주에서 4900살까지도 살 수 있는 진기한 수종인 캘리포니아 꺼끄러기 소나무에 대해 이루어졌다. 또 죽은 소나무들에서 얻은 표본들과도 맞추어 봄으로써 현재부터 서기전 6700

년까지 거슬러 올라가는 단절 없는 계기순서가 구축되었다. 이 계기순서가 방사성탄소연대측정 치의 보정 작업에서 지닌 중요성에 대해서는 아래에서 논의하기로 한다. 이 미국 남서부의 연구 는 그간 유럽의 오크나무 나이테에 대한 연구로써 보완되었는데, 그 표본들은 흔히 침수 퇴적층 속에 잘 보존되어 있다. 북아일랜드에서는 오크나무 계기순서가 서기전 5300년경까지, 서부 독 일에서는 표준 계기순서가 서기전 8500년경까지 거슬러 올라간다.

고고학적 정황 속에 보존되어 발견된 통나무의 나이테연대를 직접 측정하는 작업은 그간 여 러 지역에서 그 자체로 중요하였지만 특히 이 기법이 가장 오래전부터 확립되었고 또 나무가 잘 보존되어 있는 미국 남서부에서는 그 성과가 인상적이다. 예를 들어 애리조나 주 북서부의 암벽 밑 은거지인 베타타킨 유적은 수륜연대학을 이용함으로써 정밀 연대측정이 이루어졌는데 그 결 과로 우리는 이 취락이 서기 1267년 처음 세워졌다는 사실뿐만 아니라 그 뒤로 해마다 방이 늘어 나서 1280년대 중반에 정점에 달하였다가 곧 폐기되었음을 안다.

제약 요소들　　　수륜연대측정법은 방사성탄소연대측정법과는 달리 다음 두 가지 기본 제약 때문에 범세계적 연대측정법이 되지 못한다.

　　1. 이는 분명한 계절 차이 때문에 명확히 구분되는 나무 나이테를 생성하는 열대 이외 지역 나무들에만 적용된다.

　　2. 나이테연대 직접 측정은 a) 현재 시점부터 거슬러 올라가는 표준 계기순서가 작성된 나무 종 가운데 b) 과거 사람들이 실제로 이용한 종과 c) 표본이 표준 계기순서에 이의 없이 맞 출 수 있을 정도로 충분히 긴 시간 폭의 기록을 담고 있는 경우로 한정된다.

이 외에도 해석에서 참작해야 할 중요한 문제들이 있다. 나이테 측정연대란 그 나무의 벌채 연대를 가리킨다. 이는 가장 바깥 나이테(변재邊材)를 한 지방의 계기순서에 맞추어 봄으로써 결 정된다. 그래서 변재의 대부분이나 전부가 없어진 경우는 벌채 연대를 식별할 수 없다. 그리고 정확한 벌채 연대를 얻었다 하더라도 그 목재가 벌채 후 얼마나 지나 고고학적 정황 속으로 들어 갔는지를 고고학자가 정황과 유적 형성 과정에 근거해서 판단해야만 한다. 그 목재는 다른 곳에 서 쓰이다가 재사용되든지 오래전 세운 구조물을 보수하는 데 쓰이든지 함으로써 그것이 최종 포함된 구조물보다 나이가 많든지 적든지 할 수가 있다. 최상의 해결책은 되도록 많은 표본을 채취하고 그 증거들을 현장에서 면밀하게 점검하는 데 있다. 수륜연대측정법은 이런 제약 조건들에도 불구하고 온대와 건조 지대에서는 지난 8천 년에 대해 방사성탄소측정연대법과 나란히 주된 연대측정법이 되기 시작하였다.

6. 방사성 시계 이용법

제2차 세계대전 이후 절대연대측정 분야에서 이루어진 가장 중요한 진전 중 많은 부분은 '방사성 시계'라 부를 만한 것을 이용한 결과인데, 이는 자연계에 널리 퍼져 있는 **방사성 붕괴**라는 규칙적 현상을 근거로 한다. 이 방법 중 가장 유명한 것이 방사성탄소연대측정법으로서, 이는 오늘날 지난 5만여 년의 기간에 대한 주된 연대측정 도구이다.

방사성탄소연대측정법

방사성탄소연대측정법은 단일 방법으로는 고고학자에게 가장 유용한 연대측정법이다. 그런데 나중에 보듯이 이는 정확성과 적용가능 시간대라는 두 가지 점에서 나름의 제약점을 갖고 있다. 고고학자 스스로도 서투른 표본추출 조치라든지 부주의한 해석을 함으로써 오류의 주된 원인이

방 사 성 탄 소 붕 괴 의 원 리

탄소는 자연에 존재하는 다른 대부분의 원소와 마찬가지로 두 가지 이상의 동위원소 형태로 존재한다. 탄소는 세 개의 동위원소를 갖는데 ^{12}C, ^{13}C, ^{14}C로 여기서 숫자는 각 동위원소의 원자량을 나타낸다. 어떤 탄소 표본이라도 그 원자들의 98.9%는 ^{12}C로 되어 있으며 이는 핵에 6개의 양성자와 6개의 중성자를 갖고 있다. 1.1%는 ^{13}C로 핵에 6개의 양성자와 7개의 중성자를 갖고 있다. 원자들 중 1조분의 1(10^{-12})만이 ^{14}C로서 핵에 6개의 양성자와 8개의 중성자를 갖고 있다. 이 탄소 동위원소는 우주선(線)이 대기권 상층에서 질소(^{14}N)와 충돌해서 만들어지며 잉여 중

성자들을 가졌기 때문에 불안정하다. 이는 약한 베타선을 방출하면서 자연 붕괴하여 선구 물질인 ^{14}N(핵에 양성자 7개와 중성자 7개를 가진 질소 동위원소)로 되돌아간다. 그런데 이 과정은 다른 모든 유형의 방사성 붕괴 현상과 마찬가지로 어떤 환경 조건과도 무관하게 일정한 비율로 일어난다.

어떤 방사성 동위원소의 원자들 중 반수가 붕괴하는 데 걸리는 시간을 반감기라 부른다. 바꾸어 말하면 한 번의 반감기 후에는 원자들 중 반이 남게 된다는 것이며 두 번의 반감기 후에는 원래 동위원소의 양 중에서 4분의 1이 남는 것이다. ^{14}C의 경우 이제 반감

기가 5730년이라는 데 의견이 일치한다.

다른 원소들의 방사성 동위원소들은 반감기가 수십 억 년에서 1초의 수십, 수백분의 1에 이르기까지 다양하다. 그러나 붕괴 자체는 각각 일정한 유형으로 일어난다.

^{12}C원자

^{14}C원자

● 중성자
○ 양성자

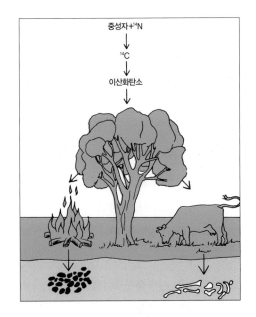

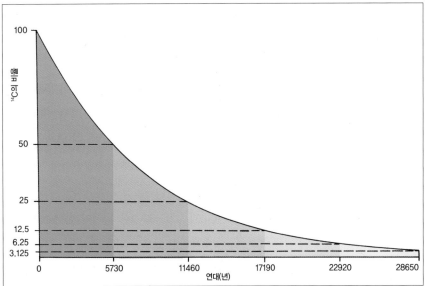

되기도 한다. 그럼에도 방사성탄소연대측정법은 사상 처음으로 고고학자들이 세계의 과거 문화들을 믿을 만하게 편년하는 데 도움을 줌으로써 그간 우리의 과거 이해에 변혁을 몰고 왔다.

방법 개발의 역사와 근거　　1949년 미국 화학자 윌러드 리비는 최초의 방사성탄소측정연대를 공표하였다. 그는 제2차 세계대전 동안 우주방사선(線), 즉 끊임없이 지구를 피폭하는 소립자들을 연구하였다. 이 우주선들은 고에너지 중성자들을 생성하고 이들은 다시 대기권에서 질소 원자와 반응해서 C-14(또는 ^{14}C), 즉 방사성탄소 원자들을 만들어내는데, 이는 보통 탄소가 원자핵 속에 중성자 6개를 가지는 데 비해 8개를 갖고 있어서 불안정하다(앞쪽 테 글 방사성탄소 붕괴의 원리 참조). ^{14}C는 이 불안정성 때문에 일정 비율로 방사성 붕괴를 일으킨다. 리비는 어떤 표본 속에 든 ^{14}C이라도 그 절반이 붕괴하는 데 걸리는 시간, 즉 **반감기**(위 그림 참조)는 5568년이라 추산하였는데, 다만 현대의 연구에서는 더 정확한 연수를 5730년으로 잡는다.

리비는 방사성탄소가 우주방사선 피폭으로 끊임없이 생성되는 현상은 그것이 일정 비율로 붕괴되는 현상을 상쇄하기 때문에 예나 지금이나 대기 중 방사성탄소의 비율은 변함없이 같다고 인식하였다. 더욱이 이처럼 대기 중에 일정한 농도로 존재하는 방사성탄소는 '탄소 순환'이라는 현상의 한 부분으로서 이산화탄소를 통해 모든 생물체로 균질하게 퍼진다. 식물은 광합성을 하는 동안 이산화탄소를 흡입하고, 초식동물은 그 식물을 먹으며, 다시 육식동물은 초식동물을 먹기 때문이다. 다만 어떤 식물이나 동물이 죽으면 ^{14}C의 흡입이 중단되고 그 일정한 농도는 방사성 붕괴 때문에 옅어지기 시작한다. 그런데 리비는 ^{14}C의 붕괴율, 즉 반감기를 알므로 어떤 표본 속에 남은 방사성탄소의 양을 측정함으로써 그 동물이나 식물 조직이 죽은 때를 계산할 수 있음을 알아차렸다. 측정 표본은 대개 고고학 유적에서 발견되는 유기물질들인데 숯, 나무, 씨앗, 여타 식물유체와 인간이나 동물의 뼈 등이다. 돌과 같은 무기물질은 탄소 순환의 한 부분을 구성하지 않기 때문에 방사성탄소연대측정을 할 수 없다.

(왼쪽) 방사성탄소는 대기 중에서 생성되어 식물이 이산화탄소로 흡수하며, 동물은 식물을 먹거나 다른 동물을 먹어서 흡수한다. 식물이나 동물이 죽으면 방사성탄소의 흡입은 중지된다. (오른쪽) 동식물이 죽은 뒤로 방사성탄소의 양은 알려진 비율로 일어나는 방사성 붕괴로 줄어든다(5730년 뒤에는 50% 등). 그래서 표본 속에 남은 양을 재면 그 죽은 연대를 알 수 있다.

리비의 실제 위업은 정확한 측정 장치를 고안한 데 있었다. 그는 각 ^{14}C 원자가 베타 입자를 방출하면서 붕괴함을 발견하였고 이 방출을 가이거 계수기를 이용해 측정하는 데 성공하였다. 이것이 오늘날 많은 방사성탄소 연구소에서 아직도 쓰는 재래식 측정방법의 토대이다. 1970년대 말과 1980년대 초에는 몇몇 연구소에서 아주 작은 표본이라도 계측을 할 수 있는 특수 가스계수기를 도입함으로써 재래식 측정방법에 진전을 이루어내었다. 재래식 방법에서는 정제작업을 한 뒤의 순수 목탄이 5g 정도 필요하였는데, 이는 원 표본이 나무 또는 목탄이라면 약 10~20g 정도, 뼈라면 100~200g은 되어야 한다는 의미이다. 그런데 이 특수 장비는 단지 수백 밀리그램(mg)의 목탄만 있으면 되었다.

이제 몇몇 연구소는 이보다 훨씬 더 작은 표본만 있어도 되는 가속질량분석법(AMS)을 사용하고 있다. AMS는 ^{14}C의 방사능과는 전혀 상관없이 그 원자를 직접 센다. 최소 표본 크기는 5~10밀리그램으로까지 작아졌고, 그래서 토리노 수의(아래 참조) 같은 귀중한 유기물질에서도 표본을 채취해 직접연대측정을 할 수 있게 되었으며 화분 알갱이 하나라도 직접연대측정을 할 수 있는 가능성이 생겼다. 당초 AMS를 이용하여 잴 수 있는 방사성탄소연대측정 시간대는 5만 년에서 8만 년 전까지 소급될 것으로 기대되었지만 실제 이를 달성하기는 어렵다는 사실이 밝혀졌는데, 표본 오염이 그 이유 중 한 가지이다.

방사성탄소연대는 대개 BP(before the present; '지금부터 몇 년 전', 지금의 기준 연도는 1950년으로 잡는다)로 매겨지지만 어떤 표본의 ^{14}C 활량을 정확히 계측하는 데는 계측 오차, 배경 우주방사선, 여타 내재적 요인들이 영향을 끼치기 때문에 언제나 불확정성의 요소가 수반된다. 그래서 모든 방사성탄소측정연대에는 ± 얼마로 표시되는 확률적 오차, 즉 '표준편차'가 항상 부가된다. 그리하여 어떤 방사성탄소연대가 3700±100BP로 매겨져 있다면 이는 정확한 방사성탄소연대 추산치가 3800BP와 3600BP 사이에 들 확률이 약 67%, 즉 셋 중 둘 정도로 맞을 것이라는 의미이다. 표준편차의 크기를 두 배로 하면 표본의 방사성탄소측정연대가 3900BP와 3500BP 사이에 들 확률은 95%가 된다. 그러나 또 한 가지 복잡한 요소가 있으니 불행하게도 이 연대들도 여전히 진짜 역연대와는 차이가 있다는 것이다. 방사성탄소측정연대를 역연대로 바꾸는 데는 보정이 필요하다.

방사성탄소측정연대의 보정　　방사성탄소연대측정법의 기본 전제 중 한 가지가 꼭 올바르지는 않음이 판명되었다. 리비는 대기 중의 ^{14}C 농도가 예나 지금이나 일정하다고 가정하였다. 그러나 이제 우리는 그 농도가 그동안 변화하였음을 안다. 이런 부정확성을 예증한 방법은 나이테연대측정법인데, 이는 또한 방사성탄소측정연대를 교정하거나 보정하는 수단이 되었다.

나무 나이테로부터 얻은 방사성탄소측정연대는 대략 서기전 1000년부터 거슬러 올라가면서 실제 역연대에 비해 점차 더 어리게 나옴을 보여주었다. 바꾸어 말하면 서기전 1000년 이전에는

방사성탄소연대의 보정 방법

방사성탄소연대 측정소들은 일반적으로 자신들의 표본에 대해 보정한 연대를 제공할 것이지만 고고학자가 보정곡선을 이용해 원 방사성탄소연대를 스스로 보정해야 할 경우도 있다.

아래 표의 나이테 보정 곡선은 방사성탄소연대(BP)와 나이테 표본에 의한 실제 역연대(보정연대 Cal BC/AD) 사이의 관계를 예시하고 있다.

곡선 속의 이른바 구불거림(wriggle)들은 연대 보정에 커다란 영향을 미칠 수 있으니 곡선의 단면선들이 때로 너무 납작한 탓에 방사성탄소연대로 동일한 나이를 가진 두 표본이 역연대에서는 실제 400년이나 떨어질

수 있기 때문이다. 이는 특히 역연대로 BC 800년에서 400년 사이의 기간에서 크게 영향을 준다.

2200±100BP로 연대측정된 방사성탄소 표본의 적정한 보정연대 범위를 찾아내기 위해 이 곡선을 이용할 경우 가장 간단한 방법은 방사성탄소측정연대 축의 해당 연대들로부터 보정곡선까지 두 개의 수평선(A1, A2)을 그어 만나는 교차점들로부터 역연대 축에 두 선(B1, B2)을 내리는 것이다. 그러면 보정연대는 두 수직선 안의 범위를 가진 것으로 매겨지게 된다. 이 경우 그 표본의 연대가 395Cal BC경에서 110Cal BC경 사이에 들 확률은 대략 67%이다. 표준편차를 두 배로 하

면(이 경우 2200BP 양쪽으로 200년씩으로 하면) 표본의 연대가 405Cal BC경과 5Cal AD경 사이에 있을 확률이 대략 95%라는 결과가 된다.

그런데 이 방법은 불행하게도 방사성탄소 연대측정 결과에 간직되어 있는 확률 정보의 복잡한 실상을 그대로 반영하지는 못한다. 그래서 충분할 정도로 정확한 연대 보정을 하기 위해서는 컴퓨터 프로그램을 이용하는 전문 통계 분석법을 적용해야 한다.

보정 연대의 폭이 405Cal BC와 5Cal AD 사이라는 것은 너무 넓어 대부분의 고고학적 용도에는 쓸모가 없다. 다행히도 이 연대 폭을 좁히는 방법이 두 가지 있다. 하나는 고(高)정밀도 연대이고 다른 하나는 복수 연대이다. 고정밀도 연대는 지금까지는 손가락으로 꼽을 정도의 방사성탄소연대 측정소들에서만 낼 수 있는데 이들은 현실적 오차가 ±20년으로 표시되는 연대들을 제공할 수 있으며 해당 표본은 보정을 하면 95%의 확률 수준에서 일반적으로 1세기 이하 폭으로 연대가 측정된다. 이런 고정밀도 연대가 아니면 동일 표본에 대해 복수 연대측정을 실시함으로써 한층 작은 표준편차를 가진 평균 연대들을 이끌어낼 수 있다.

보정 프로그램과 곡선은 『방사성탄소측정연대』지의 웹사이트 www.radiocarbon.org에서 직접 구할 수가 있다.

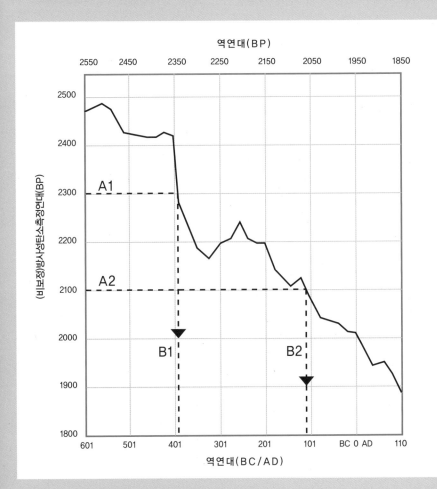

보정연대를 구하기 위한 단순절편식 방법을 보여주는 보정곡선 단면도

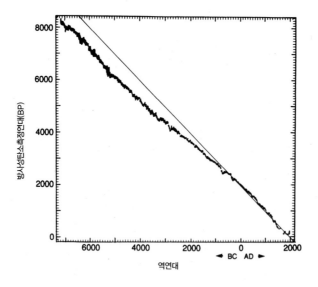

아일랜드 오크나무에 입각한 스튀버와 피어슨의 방사성탄소측정연대 보정 시간 척도. 직선은 방사성탄소측정연대와 역연대의 이상적 1:1 대응 시간 척도를 나타낸다.

나무가 (여타 모든 생물체들과 더불어) 오늘날보다 대기 중 ^{14}C 농도가 더 짙은 가운데서 살고 있었다는 것이다. 과학자들은 꺼끄러기 소나무와 오크나무의 장기 표준 계기순서들(앞 참조)로부터 체계적으로 방사성탄소측정연대를 얻어 나이테측정연대(이는 실제 역연대)와 대조하는 도표를 만듦으로써 예컨대 위에서 보는 보정곡선을 작성할 수 있었다. 방사성탄소측정연대는 아주 개략적으로 말해 서기전 1000년부터 거슬러 올라가면서 실제 연대로부터 점차 멀어져서 역연대로 서기전 5000년 근처가 되면 방사성탄소측정연대가 실제 연대보다 900년 어린 것으로 나온다. 그래서 6050BP라는 방사성탄소측정연대 추산치는 보정하면 실제로 서기전 5000년에 가까운 어디쯤인가로 보아도 좋다. 나이테연대측정의 한계를 벗어나는 연대에 대해서는 과학자들이 그간 우라늄-토륨으로 측정한 산호초, 연층을 센 해양 퇴적물을 이용함으로써 대략 24,000년 전까지의 보정곡선을 만들어낼 수 있었다. 보정 과정에 대한 좀더 상세한 설명은 앞쪽 테 글을 참조하기 바란다.

방사성탄소연대측정 표본의 오염과 해석　　방사성탄소측정연대는 측정과 관련된 피할 수 없는 어떤 수준의 오차를 가지만 측정연구소의 부적절한 조치뿐만 아니라 고고학자의 서투른 표본채집과 부정확한 해석 또한 그와 마찬가지로 잘못된 결과를 낳을 수 있다.

발굴현장에서 생길 수 있는 주요 오류의 원인들은 다음과 같다.

(1) 표본채집 이전의 오염: 땅속에서 표본이 오염되는 문제는 심각할 수가 있다. 예를 들어 침수 유적의 지하수는 유기물질을 용해할 수 있고 또 그것을 퇴적할 수도 있기에 표본 중에 든 ^{14}C의 양에 변동을 낳을 수 있다. 이런 문제는 실험실에서 대개 해결할 수 있다.

(2) 표본채집 도중 또는 채집 후의 오염: 어떤 현대 유기물질이라도 표본에 닿으면 오염을 일으킬 수 있는데 나무뿌리와 모래 같은 것을 항상 피할 수는 없다. 하지만 그런 오염 원인은 실험실에서 제거할 수 있다.

(3) 폐기의 정황: 방사성탄소연대측정 오류의 대부분은 발굴자가 당면 정황의 형성 작용들

을 잘 이해하지 못하였기 때문에 일어난다. 유기물질이 어떻게 그 위치에 있게 되었으며, (유적의 견지에서 볼 때) 어떻게, 언제 그것이 묻혔는지를 이해하지 못하면 정확한 해석은 불가능하다.

(4) 정황의 연대: 예컨대 목탄의 방사성탄소측정연대치가 곧바로 그것이 묻힌 연대 추산치가 될 것이라 가정하는 경우가 너무나 흔하다. 그러나 만약 그 목탄이 당시 수백 년 된 지붕 목재가 불탄 것이라면 우리는 그 파괴의 정황이 아니라 어떤 초기 건축 정황을 연대측정하는 셈이 된다. 이렇기 때문에 사용 수명이 짧은 표본들이 흔히 선호되는데, 이를테면 묻힐 당시 오래되었을 가능성이 적은 잔가지나 탄화된 곡물 낟알 등이 있다.

표본채집의 기본 방침으로는 "연대측정치 하나는 연대치가 아니다"는 현명한 금언을 상기해야 할 것이다. 즉 여러 표본들이 필요하다. 가장 좋은 측정 전략은 측정연대들이 내재적으로 상대순서를 지닌 경우를 지향하는 작업을 하는 것인데, 예컨대 뒤쪽에 보듯이 미국 네바다 주 모니터 강 유역 게이트클리프 암벽 밑 은거지처럼 성층 상태가 양호한 유적에서의 연속 층서를 측정 대상으로 삼는 것이다. 만약 표본들이 이렇게 맨 아래층 것은 가장 이르고 그 다음 층 것은 그 다음 이른 식의 상대 계기순서로 배열될 수 있다면 연구소 측정치의 일관성과 야외 채집표본의 질에 대한 내재적 점검이 이루어진다. 그런데 이런 계기순서에서 나온 연대 중 일부가 예상보다 오래된 것으로 나타날 수도 있다. 이는 아주 온당하다. 왜냐하면 자료 중 일부는 묻힐 당시 이미 '오래된' 것일 수 있기 때문이다. 그러나 만약 예상보다 어리게(즉 좀더 최근으로) 나오면 그것은 무엇인가 잘못되었다. 어떤 오염이 표본에 영향을 주었든지 아니면 연구소에서 심각한 잘못을 범하였든지, 그도 저도 아니면 층서 해석이 잘못된 것이다.

방사성탄소연대측정의 영향　　　"언제?"라는 고고학의 질문에 답하는 데 가장 일반적으로 쓰이는 방법 중 한 가지가 방사성탄소연대측정임은 의심의 여지가 없다. 이 방법의 최대 장점은 유기체(즉 생물체) 관련 자료가 있기만 하면 어디서나 기후가 어떻든 적용할 수 있다는 것이다.

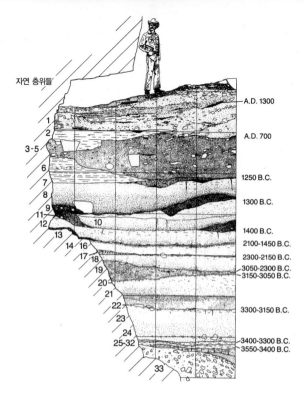

자연 층위들

1
2
3-5
6
7
8
9
11
12
13
10
14 16
17
18
19
20
21
22
23
24
25-32
33

A.D. 1300
A.D. 700
1250 B.C.
1300 B.C.
1400 B.C.
2100-1450 B.C.
2300-2150 B.C.
3050-2300 B.C.
3150-3050 B.C.
3300-3150 B.C.
3400-3300 B.C.
3550-3400 B.C.

데이비드 허스트 토머스가 작성한 네바다 주 게이트클리프 은거지의 전체 층위도. 방사성탄소연대측정에서 얻은 연대들이 연속 층위들과 얼마나 일관성 있게 맞아떨어지는지 보여준다.

그리하여 이 방법은 이집트나 메소포타미아에서 잘 통함과 마찬가지로 남미나 폴리네시아에서도 잘 적용할 수 있다. 그리고 5만 년 전까지 소급하는 시기에도 적용할 수 있다. 다만 그 시간의 반대편에 해당하는 가장 최근 400년에 대해서는 너무 부정확해서 큰 도움이 못된다. 방사성탄소연대측정법은 이전에는 자기 시간 잣대(예컨대 역연대 같은 것)를 갖지 못한 세계의 여러 문화들에 대해 사상 처음으로 광범위한 편년 체계를 수립하는 데 믿을 수 없을 정도로 중요한 역할을 하였다. 방사성탄소측정연대의 보정은 이런 성과를 떨어뜨리기보다는 드높여 준 바 있다.

AMS기법에 의한 방사성탄소연대측정은 새로운 가능성의 세계를 열고 있는 참이다. 필요한 것이라곤 아주 미량의 표본뿐이기 때문에 이제 귀중한 물품이나 미술품도 연대측정을 할 수 있게 된 것이다. 1988년 실시한 토리노 수의에 대한 AMS연대측정은 그 연대를 둘러싼 해묵은 논쟁에 종지부를 찍었다. 이는 한 남자의 신체 영상을 담은 천 조각인데 많은 사람들이 그리스도의 실제 신체 흔적이라고 진정으로 믿었으나 투손, 옥스퍼드, 취리히의 연구소들이 모두 서기 14세기로 연대를 측정함으로써 결국 그리스도 시기의 것은 아니라는 사실이 판명된 것이다. 다만 이는 여전히 논쟁거리로 남아 있기는 하다.

다른 방사성 이용법

방사성탄소연대측정법은 앞으로도 5만 년 전까지 거슬러 올라가는 유기물질에 대해 주된 연대측정 도구로서의 위치를 유지하겠지만, 방사성탄소의 반감기가 짧기 때문에 특히 오래된 표본일 경우 측정할 방사성이 거의 남지 않는 문제가 있다. 그래서 무기물질이나 아주 오래된 물질에 대해서는 다른 방법을 써야 한다. 그 중 가장 중요한 것들 역시 방사성 이용법, 즉 자연 방사성 붕괴 현상에 근거를 둔 방법이다. 그러나 이것들은 방사성탄소의 5730년이라는 반감기보다 아주 훨씬

핵심 개념

포타슘-아르곤연대측정법

• 방사성 포타슘-40이 아르곤-40으로 자연 붕괴하는 데 근거를 둠.

• 화산암 및 그와 공반된 고고학적 잔존물들을 연대측정함.

우라늄계열연대측정법

• 우라늄의 방사성 동위원소가 자연 붕괴하는 데 근거를 둠.

• 석회화(탄산칼슘) 및 그와 공반된 고고학적 잔존물을 연대측정함.

• 화산 활동이 없었던 지역에서의 연대측정에 유용함.

핵분열손상연대측정법

• 방사성 우라늄-238을 함유한 다양한 암석 및 광물질을 연대측정함.

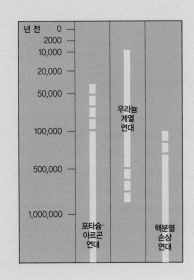

긴 반감기를 가진 방사성동위원소들을 이용한다. 그런데 이것들은 두 가지 약점을 갖고 있다. 첫째로 탄소보다는 고고학적 정황 속에서 발견되는 경우가 많이 드문 원소들에 의존한다. 그리고 둘째로 반감기가 길다는 것은 대개 그만큼 연대측정값이 덜 정확하다는 뜻이다.

포타슘-아르곤연대측정법   **포타슘-아르곤(K-AR)연대측정법**은 지질학자들이 수억 년 혹은 심지어 수십억 년 된 암석을 연대측정하는 데 쓰는 방법으로 약 10만 년 전 이후 것은 측정 대상이 되지 않는다.

포타슘-아르곤연대측정법은 화산암 속에 든 방사성 동위원소 포타슘-40(^{40}K)이 불활성 기체인 아르곤-40(^{40}Ar)으로 일정하나 아주 느리게 자연 붕괴한다는 원리에 기초를 둔다. ^{40}K의 붕괴율, 즉 반감기는 대략 13억 년임을 알고 있기 때문에 10g 정도의 암석 표본 안에 갇힌 ^{40}Ar의 양을 계측하면 그 암석 형성 연대의 추산치가 나온다. 이 방법의 주된 제약점은 화산암에 묻힌 유적들의 연대를 측정하는 데만 이용될 수 있다는 점이다.

연구소에서 얻은 연대 값은 사실 화산암층을 형성하기에 이른 화산폭발이라는 지질학적 사건의 연대이다. 그런데 다행스럽게도 전기 구석기시대 연구에 가장 중요한 지역 중 일부, 특히 동아프리카의 리프트 벨리(裂谷이라는 뜻)는 화산 활동 지역이었다. 예를 들어 **오스트랄로피테쿠스**, 호모 하빌리스, 호모 에렉투스의 중요 화석 잔존물이 나온 올두바이 고르지의 편년은 이 포타슘-아르곤연대측정법으로 잘 수립되었다. 이 유적과 여타 비슷한 유적들의 고고학적 잔존물들은 화산암층들 위에 놓인 경우가 흔하기에 K-Ar연대측정에 적합하며 더욱이 그 잔존물들 위에도 비슷한 화산암이 덧쌓인 경우가 아주 많기 때문에 이 두 지질학적 층들의 연대는 우리가 측정하고자 하는 자료의 연대 범위를 부여한다.

우라늄계열연대측정법　　　이 연대측정법은 우라늄 동위원소들의 방사성 붕괴에 근거를 둔다. 이 역시 방사성탄소연대측정의 시간대를 벗어나는 50만~5만 년 전의 기간에서 특히 유용함이 그간 입증되었다. 또 **우라늄계열**(U-series)**연대측정법**은 포타슘-아르곤연대측정에 적합한 화산암이 거의 없는 유럽에서 초기 인류가 점유한 유적들의 연대를 밝히는 데 최우선 방법이 될 수가 있다. 예를 들어 이스라엘 카프제 동굴과 스쿨 동굴에서 발견된 아주 이른 호모 사피엔스의 두개골 혹은 여타 유골에 적용되어 좋은 성과를 거두었다.

이 방법은 동굴 벽과 바닥에 퇴적되는 석회화(탄산칼슘)의 형성 시점을 측정하며, 그래서 흔히 유물과 뼈 같은 어떤 물질이라도 이 석회화 층 속에 묻히거나 탄산칼슘 퇴적물로 이루어진 두 층 사이에 묻힌 경우 그 연대를 측정하는 데 쓰일 수 있다. 또 이빨도 이 방법으로 연대를 측정할 수 있는데 이는 이빨이 묻힌 뒤 수용성 우라늄이 그 속으로 확산되기 때문이다. 초정밀 연대치는 예컨대 10만 년 된 표본에 대해 1천 년 이하의 오차범위를 수반하는 정도이며 이 방법은 동일 자료에 대해 **전자스핀공명법**(아래 참조)을 적용한 연대로 비교 확인을 할 수 있다.

핵분열손상연대측정법　　　**핵분열손상연대측정법**은 광범위한 암석과 광물질에 존재하는 방사성 우라늄 동위원소(^{238}U)가 자연 핵분열을 일으킬 때 해당 광물의 구조에 생기는 손상 현상을 이용한 방법이다. ^{238}U이 존재하는 화산 유리 및 제작 유리 그리고 암석층 안의 지르콘 및 인회석 같은 광물에서는 그 손상 흔적이 피션 트랙(핵분열궤적)이라 불리는 통로 모양으로 남는다. 이 궤적들은 실험실에서 광학 현미경으로 수를 셀 수 있다. ^{238}U의 핵분열 비율을 알고 있으므로 이 궤적 수 덕에 암석 혹은 유리의 형성연대를 판정할 수 있다.

이 경우 그 방사성 시계는 **흑요석**의 경우처럼 해당 광물이 자연적으로 형성되거나 일반 유리의 경우처럼 제작되면서 0에 맞추어진다. 이 방법은 암석에 고고학적 증거가 들어 있거나 가까이 위치해서 측정에 적합한 경우 적용하면 유용한 연대를 얻을 수 있는데, 탄자니아 올두바이 고르지와 같은 초기 구석기 유적들에 적용되어 성공을 거둠으로써 포타슘-아르곤측정연대와 기타 측정 연대를 독립적으로 확증해 주었다.

7. 기타 절대연대측정법

위에서 서술한 방법들만큼 고고학자들에게 실제로 중요한 것들은 아니지만 특수한 상황에서 쓰일 수 있는 연대측정법들이 몇 가지 더 있다. 어떤 것들은 구석기시대 바위 미술의 연대를 측정하는 등 특정 문제를 해결하는 데 적절하다. 가장 중요한 몇 가지를 아래에서 언급하기로 하는데 그리하면 이 장의 연대결정법 개관이 대략 완결될 것이다. 하지만 여기서의 논의는 고고학 본류

핵심 개념

열형광연대측정법

• 충분하게 가열되었다가 땅 속에 묻힌 광물질들을 연대측정함.

• 토기, 여타 구운 점토 그리고 불탄 돌에 적용할 수 있음.

• 방법론적으로 문제점이 있고 정확성에 제약이 있음.

광여기형광연대측정법

• 열형광연대측정법과 원리는 비슷하나 빛에 노출되었다가 땅속에 묻힌 광물질들을 연대측정함.

전자스핀공명연대측정법

• 이빨의 에나멜질, 뼈, 조가비를 연대측정함.

고고지자기와 지자기 역전 현상

• 지구의 자장이 시간의 흐름과 더불어 변화한 사실을 고고학적 기록에서 추적할 수 있음.

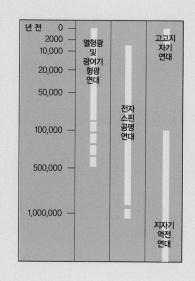

에 직접 관련되지는 않으면서도 자칫하면 복잡해지기 쉬운 한 분야에 대해 맛만 보는 식으로 일부러 간략히 하기로 한다. 다소 특수한 경우인 DNA연대측정법은 특히 관심거리가 될 것이다.

열형광연대측정법　　　　**열형광(TL)연대측정법**은 불을 맞은 후 땅속에 묻힌 결정 물질(광물)들—대개 토기지만 불에 구워진 점토, 불탄 돌 그리고 어떤 상황에서는 불탄 토양—을 연대측정하는 데 쓰일 수 있다. 그러나 이 방법은 불행하게도 정밀을 기하기 어렵기 때문에 방사성탄소연대측정법 같은 다른 방법들을 쓸 수 없을 때에 대개 쓰인다.

이것도 다른 많은 방법들과 마찬가지로 방사성 붕괴에 기반하고 있지만 이 경우는 출발 시점 이후로 표본이 방출한 방사선이 아니라 그것이 받은 방사선의 양을 이용한다. 어떤 광물질의 구조 속에 위치한 원자들은 근처 환경 속의 방사성 원소들이 자연 붕괴하면서 방출한 방사선들에 노출되면 그 에너지 중 일부를 흡수하여 구조 속에 '가둔다'. 만약 단위 방사선 총량이 시간의 흐름과 상관없이 일정하다고 하면 이 에너지는 균일한 비율로 축적되며 그 에너지 총량은 노출된 총 시간에 좌우될 것이다. 어떤 표본이 500℃ 이상으로 가열되면 갇혀 있던 에너지는 열형광으로 방출되며 그때 '방사성 시계'는 0에 맞추어진다.

이는 토기 같은 고고학 유물이 처음 소성되었을 때 그 시계들이 다시 맞추어짐을 의미하며 그래서 이런 물건들로부터 취한 표본을 재가열하면 축적되어 있다 방출되는 열형광을 잴 수 있고 또 그 결과로 소성 연대를 측정할 수 있다는 것이다. 이 방법의 주된 문제점은 어떤 표본이 받았을 배경 방사선의 수준이 균일하지는 않다는 것인데 그래서 각 표본이 발견된 바로 그 장소에 방사선 민감 물질을 담은 캡슐을 묻거나 아니면 방사선 계수기를 이용해서 표본 각각의 배경 방사선 수준을 재야 한다. 일반적으로 이런 측정을 해야 하는 어려움이 있기 때문에 열형광(TL)연대측정법은 표본의 연대를 ±10%보다 정밀하게 측정할 수 있는 경우가 아주 드물다.

TL을 고고학적으로 적용한 좋은 예로는 나이지리아 조스 고원 근처의 한 주석 광산 충적층에서 출토된 제마아 두상이라는 테라코타 제품을 연대측정한 경우를 들 수 있다. 이 두상 및 그와 유사한 예들은 녹 문화에 속하는데 녹 유적 자체에서는 그럴싸한 방사성탄소연대치가 없기 때문에 이런 소상들의 연대를 믿을 만하게 측정할 수가 없었다. 그런데 이 두상에 대한 TL측정치는 서기전 1520±260년이라는 연대를 내었고, 그로써 이 두상과 녹 지역에서 출토된 유사한 테라코타 제품에 대해 처음으로 확고한 편년적 위치가 부여되었다.

광여기형광연대측정법   이 방법의 원리는 열형광연대측정법과 비슷하지만 열이 아닌 빛에 노출된 적이 있는 광물질을 연대측정하는 데 쓰인다. 대부분의 광물질은 햇볕에 몇 분만 노출되면 방출하는 어떤 갇힌 에너지를 갖고 있다. 그래서 그런 노출이 실은 출발점이다. 일단 땅속에 묻힌 뒤로는 흙 속에서 경험하는 방사선 조사의 결과로 다시금 전자들이 축적되기 시작한다. 실험실에서는 표본에다 가시파 광선을 쏘아 거기에서 생기는 광여기형광(OSL)을 측정한다. 그리고 다시금 묻힌 장소의 배경 방사선을 측정해야 하는데, 그래서 광여기형광연대측정법은 열형광연대측정법과 똑같은 많은 문제점을 안고 있다.

전자스핀공명연대측정법   전자스핀공명(ESR)연대측정법은 TL연대측정법보다는 덜 민감하기는 하지만 비슷한 기법인데, 이는 가열하면 분해되기 때문에 TL법을 적용할 수 없는 물질들을 대상으로 한다. 지금까지 가장 성공적으로 적용된 예는 이빨 에나멜질의 연대측정에서였다. 새로 형성된 이빨 에나멜질에는 갇힌 에너지가 없지만 일단 이빨이 땅에 묻혀 자연 배경 방사선에 노출되면 그것을 축적하기 시작한다. 이 방법의 정밀도는 이빨 에나멜질을 측정할 경우 10~20% 정도이지만 초기 인류를 연구하고 다른 측정법의 연대를 대조 확인하는 데서는 여전히 아주 유용하다.

고고지자기연대측정과 지자기 역전 현상   **고고지자기**(혹은 고지자기)**연대측정법**은 지금까지 고고학에서는 용도가 한정되어 있다. 이는 지구 자장(지자기)의 방향과 세기가 모두 끊임없이 변한다는 사실에 근거를 둔다. 특정 시점의 지자기 방향은 어떤 진흙 구조물(오븐, 가마, 화덕 등)이든 650~700℃까지 가열된 경우에는 그에 기록된다. 이 온도에서는 진흙 속의 철 입자들이 가열 당시 지구 자기의 방향과 세기를 영구히 띠는 것이다. 이 원리는 열잔류자성(TRM)이라고 불린다. 시간의 흐름에 따른 자기 방향의 변화는 도표로 작성할 수 있으며, 그래서 연대를 알지 못하는 불 맞은 진흙 구조물의 TRM을 측정해 이 표준 계기순서의 특정 지점에 맞춤으로써 연대를 측정할 수가 있는 것이다.

고고지자기의 다른 측면으로 전기 구석기시대의 연대측정에 적합한 사항은 지자기의 완전한 역전 현상이다(자북이 자남이 되거나 그 반대 현상이 일어나는 것임). 가장 최근의 주요 역전은 약 78만 년 전 일어났으며, 지금까지 포타슘-아르곤연대측정법이나 기타 연대측정법의 도움으로 수백만 년 전까지 거슬러 올라가는 그런 역전 현상의 계기순서가 작성되어 있다. 아프리카 초기 호미니드 유적의 암석층에서 이 역전 계기순서 중 일부를 발견함으로써 그 유적들에 쓰인 다른 연대측정법을 대조 확인하는 데 도움이 된다는 사실이 입증된 바 있다.

DNA연대측정법　　　이 방법은 분자 유전학자들이 다소 특수한 목적으로 이제 막 쓰고 있는 참이다. 이들은 살아 있는 인간 집단으로부터 추출한 DNA 표본을 이용하여 특히 주민 이주 같은 인구 관련 사건들의 연대를 측정한다. 이들은 유전자 돌연변이 비율에 대한 전제들을 이용하면서 새로운 유전자 범주들의 출현 연대를 대략 측정할 수 있으므로 우리 종의 '아프리카 외부' 확산(약 60,000~55,000년 전) 등과 같은 중요 과정에 대해 연대를 부여할 수 있다. 연대측정 자료는 발굴된 옛 표본들이 아니라 바로 살아 있는 사람들 속의 정보가 제공한다. 즉 우리 몸속의 과거인 것이다!

8. 범세계적 편년체계

위에서 논의한 다양한 연대측정 기법들을 적용한 결과로 인류 조상들이 아프리카에서 수백만 년 전 진화한 후 우리 종이 전세계로 확산되고, 이윽고 농경과 복합 사회가 등장하기에 이르는 도정에 관련된 전세계 고고학 편년이 세워져 있는데 이는 대략 아래와 같이 요약할 수 있다.

범세계 편년: 주요 사건들

• 최초의 석기	250만 년 전
• 아슐리안 주먹도끼	160만 년 전
• 호모 사피엔스 사피엔스	늦어도 10만 년 전
• 최초의 오스트레일리아인	45,000년 전
• 최초의 아메리카인	14,000년 전 혹은 그 이전
• 최초의 농경민	근동에서는 늦어도 10,000년 전 | 중국에서는 9000년 전 아메리카 대륙에서는 9000년 전 | 유럽에서는 8500년 전
• 최초의 국가사회들	근동에서는 5500년 전 | 중국에서는 3500년 전 아메리카 대륙에서는 3500년 전

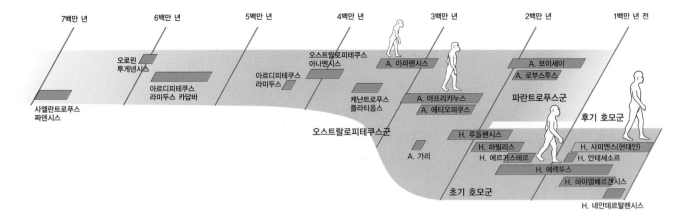

7백만 년	6백만 년	5백만 년	4백만 년	3백만 년	2백만 년	1백만 년 전

오로린
투게넨시스

아르디피테쿠스
라미두스 카답바

사엘란트로푸스
짜덴시스

아르디피테쿠스
라미두스

오스트랄로피테쿠스
아나멘시스

케난트로푸스
플라티옵스

A. 아파렌시스

A. 아프리카누스

A. 에티오피쿠스

오스트랄로피테쿠스군

A. 가리

H. 루돌펜시스

H. 하빌리스

H. 에르가스테르

초기 호모군

A. 보이세이

A. 로부스투스

파란트로푸스군

H. 사피엔스(현대인)

H. 안테세소르

H. 에렉투스

H. 하이델베르겐시스

후기 호모군

H. 네안데르탈렌시스

인류학자들은 인류 진화에 관련된 화석 잔존물들을 어떻게 해석해야 할지에 관해 서로 아주 다른 견해들을 갖고 있다. 이 가계도는 그 증거들을 네 차례의 적응 방산, 즉 오스트랄로피테쿠스군, 파란트로푸스군, 초기 호모, 후기 호모(현대인 포함)로 제시하고 있다.

현재 우리가 알고 있는 인류의 역사는 동아프리카에서 가장 이른 호미니드인 오스트랄로피테쿠스 속의 등장과 함께 시작되는데, A. 아파렌시스(종)는 4백만 년 전쯤에, 그리고 아르디피테쿠스 속은 아마 그보다 더 일찍부터 존재하였을 것이다. 2백만 년 전쯤이 되면 쿠비 포라(케냐)와 올두바이 고르지(탄자니아) 같은 유적에서 우리와 같은 속의 최초 대표자로 알려진 호모 하빌리스의 분명한 화석 증거가 나온다. 가장 이른 석기(에티오피아 하다르 출토)는 약 250만 년 전까지 거슬러 올라가지만 그런 연대를 가진 호모 하빌리스 화석은 아직 발견되지 않았기 때문에 어떤 호미니드가 그런 석기를 만들었는지는 알지 못하는 형편이다. 오스트랄로피테쿠스군도 호모 하빌리스의 시대에 혹은 그 전에 석기 문화를 영위하였을 가능성이 있다. 격지와 자갈돌 석기로 이루어진 이 초기의 석기복합체(혹은 석기 일괄)는 그것이 특히 잘 드러난 올두바이 고르지의 이름을 따서 **올도완 석기 공작**이라 부른다.

160만 년보다 좀 전이 되면 인류 진화의 다음 단계인 호모 에렉투스가 동아프리카에 출현한다(최신 연대로는 190만 년 전으로 봄—옮긴이). 이 호미니드는 아마 그 조상일 호모 하빌리스보다 큰 뇌를 가졌으며 석재의 양면 모두에서 격지를 떼어내었고 아슐리안 주먹도끼라 불리는 특징적인 눈물방울 모양의 석기를 만들었다. 이 유물은 전기 구석기시대에서 주류를 이루는 석기 형태이다. 호모 에렉투스가 절멸할 즈음(40만~20만 년 전)이면 이 종은 아프리카의 나머지 지역, 남·동·서부 아시아 그리고 중부 및 서부 유럽에까지 살았다.

대략 20만 년 전부터 4만 년 전까지의 중기 구석기시대(저자들은 이렇게 시기 구분을 하였으나 일반적으로 중기 구석기시대는 대략 10만 년 전후부터로 잡음—옮긴이)에는 호모 사피엔스의 출현을 보게 된다. 일반적으로 호모 사피엔스의 한 아종으로 분류되는 네안데르탈인(호모 사피엔스 네안데르탈렌시스)은 대략 13만 년 전부터 3만 년 전까지 유럽과 서부 및 중부 아시아에 살았으며 3만 년 전쯤 멸종하였다. 완전한 현대인, 즉 우리 같은 아종인 호모 사피엔스 사피엔스는 늦어도 10만 년 전에는 아프리카에 등장한 증거가 점차 증가하고 있다. 그 옛 변종 하나가 10만~9만 년 전에는 지중해 동부지역에 이르렀지만 아마도 절멸한 것 같다. 아프리카 이외 지역의 모든 현대인 조상들은 6만 년 전쯤의 '아프리카 외부' 확산에 참여한 것으로 보이는데 유럽과 아시아에는 늦어도 4만 년 전이면 도달하였던 것으로 여겨진다. 오스트레일리아에는 늦어도 5만 년 전부터 인간이 살았다(이 연대는 현재 열띤 논쟁거리인데, 이는 마침 방사성탄소연대측정의 한계 시간대 언저리에 해당한다).

인류가 동북아시아에서 베링해협을 거쳐 북미로 건너가 중미, 남미로 간 때가 언제인가는 확실하지 않다. 초기 아메리카인에 관련된 안정된 연대로서 가장 이른 것은 1만 4천 년 전쯤이지만 이 대륙에 그 이전부터 사람이 살았다는 논란 많은 증거도 있다.

서기전 1만 년이 되면 사막과 남극 지방을 제외한 세계 대부분의 육지에 인간이 살게 된다. 가장 두드러진 예외는 태평양 지역인데, 서폴리네시아는 서기전 1천년기가 되어서야 비로소 사람이 살기 시작했던 것 같고 동폴리네시아에는 서기 300년경부터 점차 그러했던 것 같다. 오세아니아 전역에 사람이 살게 된 것은 서기 1000년쯤부터이다. 인류의 전세계 확산 과정은 뒤쪽의 지도에 요약되어 있다.

지금까지 언급한 사회는 거의 모두 비교적 소규모 인간 집단으로 이루어진 **수렵채집** 사회로 볼 수가 있다.

세계의 역사 혹은 **선사**를 범세계적 수준에서 통관할 때 가장 중대한 사건 중 한 가지는 식물 종의 순화(재배)와 더불어 (일부 지역에서는 그보다 한정적이지만) 동물 종의 순화(사육)에 기반을 둔 식량생산의 개시이다. 세계 선사시대의 가장 괄목할 만한 사실 중 한 가지는 수렵채집으로부터 식량생산으로의 이행이 몇몇 지역에서 독립적으로 일어나되 각 경우 모두 빙하시대의 종언 시점인 약 1만 년 전 이후 벌어진 것으로 보이는 점이다.

근동에서는 이런 이행이 심지어 그 전부터 시작되었음을 인지할 수 있는데, 그 과정이 점진적이면서 인간 사회 조직의 구조 조정이 낳은 결과(이면서 동시에 그 원인)이었을 가능성이 크기 때문이다. 어떻든 이곳에서는 밀과 보리뿐만 아니라 양과 염소(그리고 나중에는 소)에 의존하는 확립된 농경이 서기전 8000년경에는 이미 진척된 상태였다. 이 농경은 서기전 6500년에는 유럽에 퍼졌고 남아시아에서는 발루치스탄의 메가르에서 대략 같은 때에 실증되고 있다.

중국에서는 황하 유역에서 처음에는 기장 재배에 기반을 둔 이와 별개의 발전이 서기전 5000년이면 일어났던 것으로 보인다. 또 양자강 유역에서는 거의 같은 때에 벼 재배가 시작되어 동남아시아로 퍼졌다. 사하라 이남 아프리카의 상황은 환경의 다양함 때문에 한층 복잡한데 서기전 3천년기에는 기장, 수수, 밀이 재배되었다. 서태평양(멜라네시아)의 뿌리 작물과 나무 작물의 복합 재배도 그때에는 확실히 개발된 상태였으며, 사실 뿌리 작물용 밭 배수로의 증거는 그보다 훨씬 더 일찍부터 나타난다.

아메리카 대륙에서는 위와는 다른 각양각색의 작물을 이용할 수 있었다. 페루에서는 강낭콩, 호박, 고추, 일부 씨앗류의 재배가 서기전 7000년, 심지어는 8000년이면 시작되었을 가능성이 있으며 서기전 7천년기에는 그곳과 메조아메리카에서 확실히 실시되고 있었다. 마니옥과 감자 등 다른 남미 종들도 곧 추가되었지만, 아메리카의 농경에 가장 큰 영향을 끼친 식물은 옥수수로서

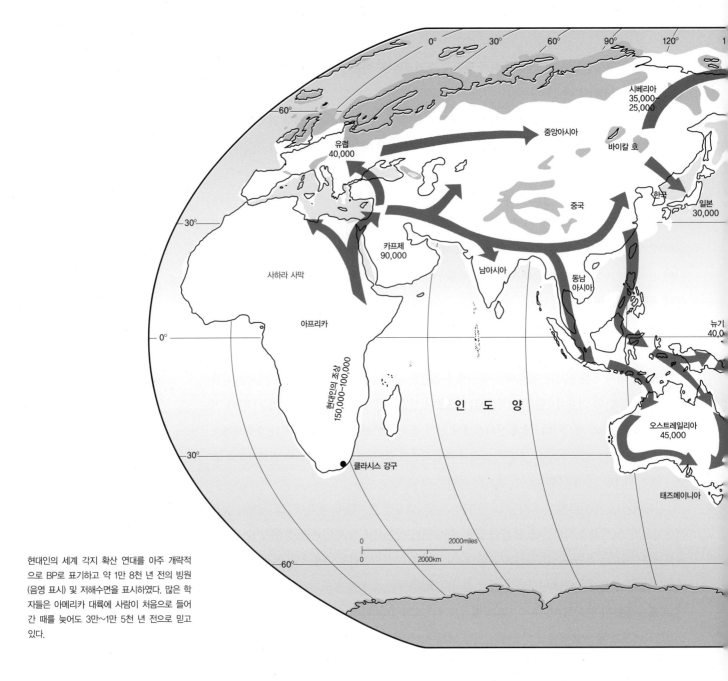

현대인의 세계 각지 확산 연대를 아주 개략적으로 BP로 표기하고 약 1만 8천 년 전의 빙원(음영 표시) 및 저해수면을 표시하였다. 많은 학자들은 아메리카 대륙에 사람이 처음으로 들어간 때를 늦어도 3만~1만 5천 년 전으로 믿고 있다.

이는 멕시코에서 지금부터 5600년 전이면 재배되었다고 믿어진다. 다만 북서 아르헨티나에서는 그보다 일찍 시작되었을 가능성이 있다.

그런데 이런 농업 혁신은 어떤 지역(예컨대 유럽)에서는 재빨리 채택되었으나 북미 같은 지역에서는 그 영향이 덜 즉각적이었다. 그러나 서력기원 무렵이면 수렵채집 경제는 확실하게 극소수에 불과하였다.

우리가 광범위하게 인지하는 다음 번 주요 변환인 도시 혁명은 단순히 취락 형식의 변화만이 아닌 심원한 사회 변화들을 반영한다. 그 중 가장 중요한 것은 **군장사회**의 경우보다 훨씬 분명하게 분화된 통치제도들을 보여주는 **국가사회**의 발달이다. 많은 국가사회는 문자를 가졌다. 우리는

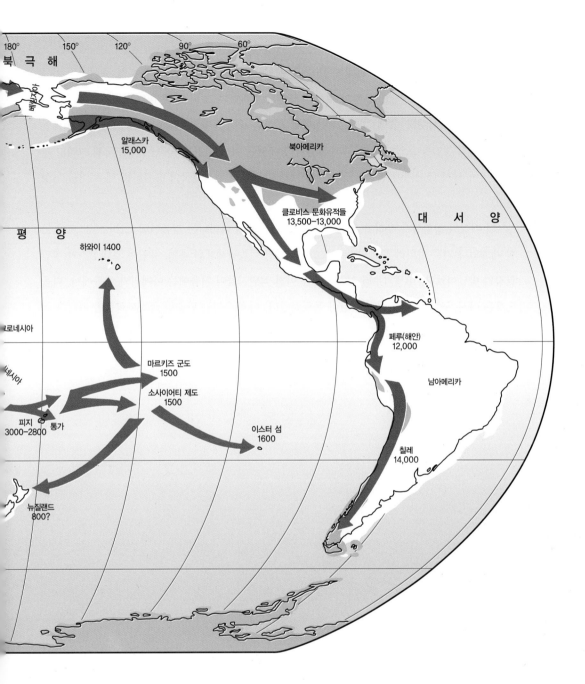

최초 국가사회 등장 시점을 근동에서는 대략 서기전 3500년쯤, 이집트에서는 그보다 아주 조금 늦게, 그리고 인더스강 유역에서는 서기전 2500년경 정도로 본다. 근동에서는 우르, 우룩 그리고 나중에는 바빌론 같은 유명한 곳들이 흥기함으로써 초기 메소포타미아 도시 국가의 시기를 특징 지으며, 그에 이어 서기전 1천년기에는 대제국, 특히 아시리아 제국과 아케메네스 왕조 페르시아 제국의 시대가 된다. 이집트에서는 구왕국의 피라미드 시대와 신왕국 이집트의 제국 권력 시기를 거쳐 2천년이 넘게 문화·정치적 전통이 연속적으로 발전함을 추적할 수 있다.

근동 서쪽 가장자리에서도 문명들이 발전하였으니 서기전 2천년기 동안에는 그리스와 에게 해 지역에서 미케네 문명과 미노아 문명이, 서기전 1천년기에는 에트루리아 문명과 로마 문명이 발전하였던 것이다. 아시아의 반대쪽 끝 중국에서는 서기전 1500년 이전에 도회 중심지를 가진 국가사회들이 나타나 상(商) 문명의 개시를 확실히 고하였다. 그와 대략 같은 시기에는 메조아메리카에서 마야, 사포텍, 똘떽 그리고 아스텍을 포함한 중미 문명의 긴 계기순서 가운데 첫번째인 올멕 문명의 흥기를 보았다. 남미의 태평양 연안에서는 차빈(서기전 900년부터), 모체 그리고 치무 문명이 서기 15세기에 번영을 구가할 광대하고 강력한 잉카제국이 흥기하는 데 토대를 형성하였다.

더 이상의 정형성은 우리가 훨씬 익숙한 문헌 역사에 나타나는 것들인데, 그리스 및 로마 고전 세계의 흥기뿐 아니라 중국의 흥기, 그리고 나서 이슬람세계의 흥기, 유럽의 르네상스와 식민 열강의 발달이었다. 18세기부터 지금까지는 이전 식민지들이 처음에는 아메리카 대륙에서, 다음으로는 아시아와 아프리카에서 잇달아 독립하였다. 이제 우리는 단순한 국가사회뿐만 아니라 국민 국가와 특히 식민시대의 제국을 이야기하고 있다.

요 약

• 고고학에서 "언제?"라는 질문에 대한 답은 두 가지 주요 구성요소를 갖고 있다. 우리는 상대연대결정법으로 어떤 것이 다른 것보다 상대적으로 오래거나 새로움을 판정할 수 있다. 절대연대측정법으로는 햇수로 센 연대를 낼 수 있다. 고고학의 연대측정은 이 두 가지 방법이 같이 쓰일 때, 예컨대 어떤 발굴에서 층위들에 부여된 상대 순서가 각 층에 대한 절대연대로 확증될 수 있을 때 가장 신뢰할 수가 있다. 어떤 경우든 가능하다면 한 가지 절대연대측정법으로 얻은 결과를 다른 방법으로 얻은 결과로 교차 검증해야 한다.

• 이를테면 메조아메리카처럼 옛 역법과 역사 편년을 이용할 수 있는 지역에서는 그 방법들이 연대측정에서 가장 중요한 방법들 중 한 가지로 역할을 한다. 그 외 지역에서 고고학자에게 가장 유용한 두 가지 방법은 방사성탄소연대측정법과 나이테연대측정법이다. 다른 많은 절대연대측정법들이 있기는 해도 그것들은 아주 특수한 적용 예들이 아니면 구석기시대로 멀리 거슬러 올라가 방사성탄소연대측정의 범위를 넘어설 때 쓰이는 경향이 많다.

• 각 시기에서 얻을 수 있는 연대측정의 정밀도는 종국적으로 우리가 과거에 관해 던질 수 있는 질문의 종류를 결정하는 데 도움을 주는데, 구석기시대에 대해서는 그 질문이 장기간 변화에 관한 것이고 그 이후 시기에서는 대개 전세계 인류의 발전과정에서 나타나는 좀더 단기적인 변이들과 더 관련이 있다.

추 천 문 헌

고고학자들이 이용하는 주된 연대측정기법에 대한 좋은 안내서

Aitken, M. J. 1990. *Science-based Dating in Archaeology.* Longman: London & New York.

Biers, W. R. 1993. *Art, Artefacts and Chronology in Classical Archaeology.* Routledge: London.

Bowman, S. G. E. 1990. *Radiocarbon Dating.* British Museum Publications: London; University of Texas Press: Austin.

Brothwell, D. R. & Pollard, A. M. (eds.). 2001. *Handbook of Archaeological Sciences.* Wiley: Chichester & New York.

Taylor, R. E. & Aitken, M. J. (eds.) 1997. *Chronometric Dating in Archaeology.* Plenum: New York.

Wintle, A. G. 1996. *Archaeologically relevant dating techniques for the next century.* Journal of Archaeological Science 23, 123-38.

옛 사회들은
어떻게 조직되었는가?
사회고고학

초기 사회들에 관해 우리가 제기할 수 있는 가장 흥미로운 질문 몇 가지는 사회 성격에 관련된 것이다. 그것들은 인간 집단에 관한 질문, 인간 집단 사이의 여러 가지 관계에 관한 질문, 권력 행사에 관한 질문, 사회 조직의 성격 및 규모에 관한 질문 등이다. 그러나 그 답들은 고고학적 기록에서 직접 나타나지는 않는다. 그러므로 자료들에 대해 올바른 질문들을 제기하고 또 그에 답할 방법들을 강구해야 한다.

이런 측면에서 **고고학**은 문화(혹은 사회)**인류학**과는 아주 다른데, 후자에서는 관찰자가 현존 사회를 실제로 방문할 수 있으며 그 사회구조 및 권력구조에 관한 결론들을 재빨리 이끌어내고 나서는 친족체계의 세부 측면들이나 의례 행위의 소상한 사정 같은 다른 복합적 문제들로 옮겨 갈 수가 있다. 반면 고고학자는 이런 종류의 기본 세부사항들을 파악하는 일에서조차 아주 힘든 작업을 벌여야 한다. 그러나 그 보상은 값진 것이어서 (문화인류학처럼) 단지 현재 사회나 아주 가까운 과거 사회들의 조직뿐만 아니라 수많은 시점의 과거 사회들이 지닌 조직에 대해서도 이해함으로써 변화를 연구하는 데 필요한 모든 시야를 지닐 수 있다. 오로지 고고학자만이 그런 통시적 관점을 얻을 수 있고, 그래서 장기간의 변화 과정들을 얼마간이라도 파악하고자 시도할 수 있는 것이다.

사회 종류가 다르면 제기하는 질문의 종류도 달라져야 하며 또 증거의 성격에 따라 조사 기법 또한 근본적으로 달라지게 마련이다. **구석기시대 수렵채집** 야영지를 초기 **국가**의 수도와 똑같은 식으로 다룰 수는 없다. 그래서 우리가 제기하는 질문들과 그에 답하는 방법들은 연구 대상으로 삼는 공동체의 종류에 맞추어 재단되어야 한다. 또 그런 만큼 해당 공동체의 전반적 성격에 관해 시초부터 명확히 해두어야 할 필요가 한층 더 있으며, 바로 이 점 때문에 언제나 다음과 같은 가장 기본이 되는 사회 관련 질문들을 맨 먼저 제기해야 하는 것이다.

우리는 첫째로 사회의 크기 혹은 규모를 문제 삼아야 한다. 고고학자는 흔히 단일 유적을 발굴하게 마련이다. 그런데 그것은 마야나 그리스의 도시국가처럼 독립적 정치 단위였는가? 아니면 수렵채집 집단의 본거지처럼 그보다 단순한 단위였는가? 혹은 다른 한편으로 페루의 잉카 제국처럼 광범위한 어떤 제국 안의 종속적 취락으로 마치 아주 큰 바퀴의 작은 톱니 하나 같은 것이었는가? 우리가 검토 대상으로 삼는 어떤 유적일지라도 그 주민을 부양하기 위한 각각의 배후지랄까 자원 가용권을 가지고 있게 마련이다. 그러나 우리의 관심사들 중 한 가지는 이 유적이 바로 그 국지적 범위를 넘어 다른 유적들과 어떻게 상호작용하는지를 이해하는 데 있다. 연구에서 쉽사리 채택하는 경우가 많은 개별 유적의 관점에서 보면 이는 지배-종속의 문제들을 제기한다. 그 유적은 정치적으로 독립, 자치적이었는가? 그렇지 않고 한층 큰 사회 체계의 한 부분이었다면 (한 왕국의 수도처럼) 지배적 역할을 차지하였는가 아니면 종속적 역할을 맡았는가?

사회 규모 문제가 자연스런 첫 번째 질문이라면 그 다음 질문은 틀림없이 그 내부 조직 문제이다. 그것은 어떤 종류의 사회였는가? 그 구성원들은 대체로 평등한 위치에서 사회를 이루고 있었는가? 그렇지 않고 사회 내에 지위, 계서, 위세의 현저한 차별이나 혹시 여러 계급들이 있었는가? 그리고 직업들은 어떠하였는가? 예컨대 특정 물품을 전문적으로 생산한 사람들이 있었는가? 만약 그랬다면 그들은 근동 및 이집트의 일부 궁정 경제에서처럼 어떤 중앙집중화된 체계 안에서 통제를 받았는가? 아니면 번영을 구가한 자유 교환체계를 가진 좀더 자유로운 경제 체제 속에서 상인들이 각자 이익을 좇아 마음대로 활동할 수 있었는가?

하지만 이런 질문들은 모두 '위에서 아래를 향한' 질문들, 말하자면 사회를 위에서 내려다보면서 그 조직을 조사하는 경우의 질문들이다. 그러나 지금은 점점 더 많은 사람들이 이에 대안적인 관점을 따라서 먼저 개개인을 살펴보고 그 개인의 정체성이 당해 사회 안에서 규정되는 방식을 조사하고 있다. 이 '아래에서 위를 향한' 관점에서 고고학자들은 젠더, 지위, 심지어 나이 같은 중요한 측면들이 한 사회를 구성하는 방식은 '주어진 여건'이 아니라 각각의 사회에 특유하다는 사실을 깨닫고 있는 참이다. 이런 통찰력 덕택에 새로운 분야들이 개척되고 있는데 이를테면 과거 개개인의 고고학적 연구와 정체성의 고고학적 연구라는 분야들이 있다.

1. 사회 성격 및 규모의 설정

사회고고학에서의 첫 단계는 너무나 명백하기 때문에 오히려 간과되는 수가 흔히 있다. 그것은 당시 가장 큰 사회 단위의 규모가 어떠하였으며, 아주 넓은 의미로 "그 사회는 어떠한 종류의 사회였나?"라고 묻는 것이다. 이때 가장 큰 사회 단위는 완전히 독립적인 수렵채집 유단(游團)에서 거대한 제국에 이르는 그 어떤 것이든 될 수 있다. 국가사회 같은 복합사회의 경우에는 그보다 작은 많은 구성 부분들을 가질 수가 있다.

이 질문은 야외 조사에 관련짓는다면 취락에 대한 연구로부터 흔히 최상의 답을 얻는다. 즉 개별 유적들의 규모 및 성격 파악이라는 관점과 취락 분포 정형 분석을 통한 개별 유적 상호 간 관계 파악이라는 관점에서 실시하는 취락 연구이다. 그러나 우리는 어떤 사회가 문자를 갖고 사용하는 경우의 문헌 기록, 구비 전승, 민족지고고학—고고학적 관점에서의 현존 사회 연구—도 검토 대상 옛 사회의 성격과 규모를 평가하는 데 똑같이 유익할 수 있다는 점을 유념해야 한다.

그렇지만 먼저 우리 생각을 검정해 볼 가설적 사회 분류가 하나의 준거 틀로 필요하다.

사회 분류

미국 인류학자 엘먼 서비스는 여러 사회들을 네 부문으로 분류하는 안을 개진하였는데 그간 많은 고고학자들이 이를 유용하다고 보았다. 다만 그의 용어는 나중에 수정된 바 있다. 이런 각 사회에는 특정 종류의 유적과 취락 유형들이 연관되어 있다. 어떤 고고학자들은 '군장사회' 같은 포괄적

핵심 개념: 사회들의 분류

	이동성 수렵채집 집단	분절사회	군장사회	국가
	남아프리카 산 부족 사냥꾼	이탈리아 발카 모니카 인력 경작	군데스트룹 냄비 기사	중국 진시황릉 병마도용 군단
총 인구 수	100명 미만	2~3천 명에 이름	5000~20000+	일반적으로 2만 이상
사회 조직	평등 비정규 지도체제	분절사회 범부족 유대 소규모 집단의 급습	세습 지도자하의 친족 토대 계서 고위 전사 집단	왕 또는 황제하의 계급 토대 위계 군대
경제 조직	이동성 수렵채집민	정주 농경민 이목민	중앙 기구의 축재와 재분배 물품생산 전문화 일부 달성	중앙집중화된 관료 조직 공납 토대 경제 징세 법
취락 유형	임시 야영지	정주 촌락	방호 시설을 갖춘 중심지 의례 중심지	도회: 도시, 읍 변경 방어 시설 도로
종교 조직	샤먼	종교 원로 주기적 의례 행사	종교적 직무를 맡은 세습 군장	사제(혹은 신관) 집단 다신교 혹은 일신교
건조물	임시 움막 시베리아 구석기시대 가죽 천막	정주 소촌(小村) 분구묘 성소 터키 차탈회육 신석기시대 성소	대규모 기념물 영국 스톤헨지 (최종 형태)	궁전, 신전, 그리고 여타 공공건물 기자의 피라미드 멕시코 치첸잇싸 까스띠요
고고학적 예	아메리카 고(古) 인디언 문화를 포함한 모든 구석기시대 사회	모든 초기 농경민(신석기시대/고기)	구대륙의 많은 초기 금속사용 사회와 신대륙의 형성기 사회	예컨대 메조아메리카, 페루, 근동, 인도, 그리고 중국의 모든 고대 문명과 그리스, 로마
현대 예	이누이트 남아프리카 산 부족 오스트레일리아 원주민	미국 남서부 푸에블로 뉴기니 고지대민 동아프리카 누어족과 딩카족	미국 북서해안 인디언 통가의 18세기 폴리네시아 군장사회 타히티, 하와이	모든 현대 국가

분류 단위의 가치를 의문시하고 있으나 이를 특히 지나치게 곧이곧대로 받아들이지만 않는다면 분석의 예비 단계에서는 유용하다. 이 분류안은 앞쪽 표에 요약되어 있으니 참고하기 바란다.

이동성 수렵채집 집단　　이는 일반적으로 100명 이하 수렵인과 채집민이 야생 식량 자원들을 이용하기 위해 계절에 따라 이동하는 소규모 사회(때때로 '유단'이라 불림)들이다. 오늘날 잔존하는 대부분의 수렵채집 집단들이 이 종류인데, 예를 들면 아프리카 남부의 산(San)족이 있다. 유단 성원들은 일반적으로 출계 또는 혼인으로 인척관계에 있는 친족들이고 유단에는 정해진 지도자가 없으며, 그래서 성원들 사이에 현저한 경제적 차이나 지위의 불균형도 없다.

유단은 이동성 집단들로 구성되어 있기 때문에 그 유적은 주로 계절에 따라 점유된 야영지와 그보다 작고 한층 전문화된 여타 유적들로 이루어져 있다. 후자에는 대형 포유동물을 죽이고 때로 해체하는 지점인 사냥 유적 혹은 도살 유적 그리고 도구들을 만들거나 기타 특정 활동들을 수행하는 작업 유적이 있다. 본거 야영지에서는 거주 쓰레기들과 함께 다소 빈약한 거소나 임시 은거지에 관한 증거가 나타날 수 있다.

구석기시대(12,000년 이전)에는 대부분의 고고학 유적이 이런 범주의 유적들, 즉 야영지 유적, 사냥 유적, 작업 유적 중 어느 하나에 속하는 것으로 보이며, 고고학자들은 대개 대부분의 구석기사회가 유단들로 조직되어 있었다는 가정하에서 연구 작업을 한다.

분절사회　　이 사회들은 일반적으로 이동성 수렵채집 집단보다는 크지만 그 인구가 수천 명 이상 되는 경우는 좀처럼 없고 식단 혹은 생업은 주로 재배 작물 및 순화 가축에 토대를 둔다. 이들은 때로 **부족**이라 불린다. 전형은 정주 농경민들이지만 가축의 집약적 이용을 기반으로 한 이동성 경제체계를 가진 이목민들일 수도 있다. **분절사회**들은 대개 많은 개개 공동체들이 친족 관계로써 좀더 큰 사회로 통합된 형태를 취한다. 비록 어떤 분절사회는 관인(官人)들과 심지어는 '수도' 혹은 통치 중심지까지 가지기는 해도 그런 관인들은 권력을 효율적으로 행사하는 데 필요한 경제적 기반을 갖고 있지 못하다.

분절사회의 전형적 취락 분포 정형은 정주 농장 또는 촌락들로 이루어진 형태를 띤다. 그 특징은 각 지방 안의 그 어떤 취락도 다른 취락에 비해 우월하지 않다는 데 있다. 고고학자는 그 대신 상호 유리되어 항구적으로 점유된 집들(산개 거주 유형)이나 정주 촌락(응집 유형)을 가리키는 증거들을 발견한다. 그런 촌락들은 독립가옥들이 집합한 형태일 수도 있는데 예컨대 서기전 4500년경 유럽 다뉴브 강 유역 최초 농경민 촌락들을 들 수 있다. 아니면 소위 집괴 구조라고 하듯이 건물들이 한데 뭉친 결집체일 수 있는데, 예를 들면 미국 남서부의 푸에블로들이 있다.

군장사회　　군장사회는 계서(階序)—사람들 사이의 사회적 지위 차이—의 존재가 특징이다. 여러 **종족**(宗族, lineage, 종족이란 공통 조상에서 나온 자손으로 자처하는 하나의 집단을 말한다)들은 위세의 정도에 따라 등급이 매겨지며, 한 사람의 군장이 상위 종족을 통치함으로써 사회 전체를 통치하게 된다. 각 사람의 위세와 계서는 군장과 얼마나 가까운 관계인지에 따라 결정되며 계급으로의 진정한 분화는 없다. 군장 개인의 역할이 결정적인 것이다. 군장사회는 그 크기가 아주 다양하지만 일반적으로는 인구가 5000명에서 20,000명 사이의 범위에 든다.

군장사회에서는 흔히 지역별로 물품 생산을 전문화하고 그 잉여 물품 및 잉여 식량은 군장에 대한 의무로 정기적으로 상납된다. 군장은 이 상납물을 이용해 자기 가신들을 부양하며 그 밖의 신민들에게 재분배하기도 한다.

군장사회는 일반적으로 권력 중심지를 가지는데 그곳에는 흔히 신전, 군장 및 가신들의 거관, 물품 생산 장인들의 거소가 소재한다. 이곳은 항구적 제식 및 의례 중심지로서 집단 전체의 구심점 역할을 한다. 그런데 이는 국가사회들에서 보는 것처럼 확립된 관료제를 갖춘 (도시 같은) 항구적 도회 중심지는 아니다. 그렇지만 군장사회들은 어떤 유적이 다른 유적들보다 한층 중요하다(바꾸어 말하면 유적 위계가 있다)는 표지들을 실제로 나타낸다. 그 예로는 서기 1000년에서 1500년 사이에 번영하였던 미국 앨라배마 주 마운드빌이 있다(144-145쪽 참조).

군장사회의 특성인 개인별 계서는 군장의 무덤에 흔히 동반되는 아주 풍부한 부장품들에서도 볼 수 있다.

초기 국가   이 초기 국가는 군장사회의 특성 중 다수를 갖고 있지만 그 통치자(대개 왕이지만 때로는 여왕)는 법령을 제정하고 상비군을 이용해 그 법령을 집행할 수 있는 명시적 권능을 가진다. 사회는 더 이상 전적으로 친족관계에만 의존하지 않으며 이제 여러 계급들로 분화되어 있다. 농업 노동자 혹은 농노와 가난한 도회 거주민들이 최하 계급을 이루고 그 위에 전문 장인들이, 그리고 그 위에 신관과 통치자 친족들이 있다. 통치자의 역할은 신관의 역할과는 분리되어 있다. 즉 궁전이 신전으로부터 분리된다. 영토는 통치 종족(lineage)이 '소유'하며 그 안에 사는 거주자는 모두 소작인으로서 세금 납부의 의무를 진다. 세금 및 기타 사용료는 중심 수도에 근거지를 둔 관리들이 징수하고 그것을 정부, 군대, 전문 장인들에게 분배한다. 많은 초기 국가들은 이런 필수 업무들을 지원하기 위한 복잡한 재분배 체계들을 개발하였다.

초기 국가사회들은 일반적으로 도회적 특징의 취락 분포 정형을 보이는데 그에서는 도시들이 주도적 역할을 한다. 도시는 대규모 인구 중심지(흔히 5000명 이상의 주민으로 이루어짐)인 경우가 전형이며 신전과 행정 관료 근무처를 비롯한 주요 공공건물들을 가진다. 그리고 흔히 취락 사이의 위계가 현저한데 수도가 주된 중심지이며 부차 중심지 또는 지방 중심지들과 더불어 각 지역 촌락들이 있다.

이상의 다소 단순한 사회 분류안은 무분별하게 이용해서는 안 된다. 예컨대 다소 모호한 '부족' 개념과 그보다 좀더 현대적인 '분절사회'라는 개념 사이에는 약간의 차이가 있다. '부족'이라는 용어는 그보다 작은 단위들이 모여 이루어진 좀 큰 집합체라는 의미를 담고 있으면서 그 공동체들이 공통된 족속 정체성과 자기인식을 가지고 있다고 가정하는데, 이제 이는 일반적으로 사실과 다르다고 알려져 있다. 한편 '분절사회'라는 용어는 대개 자신들의 일을 자율적으로 통할하는 농경민으로 이루어진 규모가 비교적 작은 자치적 집단을 가리킨다. 그런데 이 집단은 어떤 경우에는 그에 비길 만한 공통점을 가진 다른 분절사회들과 합쳐져 좀더 큰 족속 단위 혹은 '부족'을 이룰 수도 있고, 또 어떤 경우에는 그렇지 않기도 한다. 그래서 우리는 이 장의 나머지 부분에서 '부족'이라는 용어보다 분절사회라는 용어를 쓰기로 한다. 그리고 엘먼 서비스의 유형분류에서 '유단'이라 불린 것은 이제는 '이동성 수렵채집 집단'이라 부르는 쪽이 한층 일반화되어 있다.

위에 제시된 네 가지 사회 유형의 중요성을 지나치게 강조한다든지 어떤 집단이 어느 범주로 분류되어야 할지로 고심하느라 지나치게 시간을 쓴다면 그것은 정말 잘못된 일이다. 또 사회들이 어떻든지 유단으로부터 분절사회로, 혹은 군장사회로부터 국가로 필연적으로 진화한다고 가정하는 것 또한 잘못된 일이다. 고고학의 난제 중 한 가지는 왜 어떤 사회들은 점점 더 복잡해지고 어떤 사회들은 그렇지 않은가를 설명하는 일이다.

그럼에도 서비스의 범주들은 우리 생각을 조직하는 데 도움이 될 좋은 뼈대를 제공한다. 그렇지만 그 범주들 때문에 자칫 우리가 진정으로 알고자 하는 것, 즉 사회 권역, 식량 획득 조직, 기술, 접촉과 교환, 혹은 영적 세계 등 사회의 여러 분야들에서 일어난 통시적 변화에 초점을 맞추지 못하고 빗나가서는 안 된다. 왜냐하면 고고학은 수천 년 간에 걸친 변화의 과정들을 연구할 수 있는 유례없는 강점을 지니고 있으며 또 우리가 가려내고자 하는 바가 바로 이런 과정들이기 때문이다. 그런데 다행스럽게도 단순 사회와 그보다 복잡한 사회 사이의 차이는 현저하기 때문에 그리 할 수 있는 방법들을 충분히 찾아낼 수 있다.

사회들은 복잡해질수록, 위에서 서비스의 네 가지 사회 유형에 관해 기술하면서 본 바와 같이, 그만큼 그 **문화**의 각 부문에서 특히 전문화가 증가한다. 즉 각 부문들이 상호 분리되는 현상을 나타낸다. 복합사회에서는 사람들이 이를테면 식량을 획득하고 도구를 만들거나 종교 의식을 거행하는 일을 더 이상 겸하지 않고 그런 업무들 중 어느 한 가지의 전문가인 전업 농민, 장인 혹은 사제가 된다. 예를 들어 기술이 발달함에 따라 일단의 개인들이 토기 제작이나 야금술에서 특별한 전문지식을 쌓을 수 있고 그 결과로 전업 물품생산 전문가들이 되어 한 읍이나 도시의 특정 구역을 차지하고 살면서 장차 고고학자가 발견할 뚜렷한 흔적들을 남기게 될 것이다. 이와 비슷하게 농업이 발달하고 인구가 증가함에 따라 쟁기나 관개를 도입함으로써 주어진 넓이의 토지로부터 한층 많은 식량을 얻게(즉 식량생산이 집약화) 될 것이다. 이런 전문화와 집약화가 일어남에 따라 어떤 사람들이 다른 사람들보다 부유하게 되고 더 많은 권위를 행사하는 경향이 생겨날 것이다. 즉 사회적 지위의 차이와 계서가 생겨난다는 말이다.

이처럼 전문화, 집약화, 사회계서화가 증가하는 과정들에 대해 조사하는 방법들이야말로 우리가 고고학적 기록에서 한층 복합적인 사회의 존재를 식별하는 데 도움이 된다. 그보다 단순한 수렵채집민 같은 집단을 고고학적으로 식별하는 데는 나중의 항에서 보듯 다른 방법들이 필요하다.

2. 사회 분석의 방법들

사회 사이의 상호작용과 사회 구조를 연구하는 데 적합한 방법은 사회 종류에 따라 다르다. 초기 사회들에 대한 주된 자료는 취락 분석과 **발굴**로부터 나온다. **유물**들이 부장된 무덤을 연구하는 일은 흔히 어떤 사회에서 피장자 각각이 지녔던 복식, 재산, 지위를 연구하는 아주 좋은 방법이다. 어떤 사회들에 대해서는 그들이 지은 기념건축물들을 연구하는 것도 아주 많은 정보를 얻어내는 방법이다.

수렵채집민 야영지에서 얻을 수 있는 자료가 어떤 도시로부터 얻을 수 있는 자료와 아주 다르다는 것은 당연한 일이다. 우선 첫째로 국가사회들은 흔히 문자사용 사회들이라서 문헌 기록을 이용할 수 있을 것이다. 고고학자는 문헌 증거를 이용할 수 없는 사회들에 대해서는 그간 민족지 유추에 흔히 의존하였는데 이는 인류학자들이 비교적 최근의 도시 아닌 사회들에서 관찰한 바를 근거로 고고학적 기록에서 발견되는 것에 대한 해석에 시사를 얻는 방식이다. 민족지고고학이라 불리는 이 분야는 현존 사회들에서 나온 경험을 이용하여 고고학적 기록에 대한 해석적, 설명적 접근방식들을 제시하고자 시도한다.

취락 분석과 유적의 위계

기본 질문인 "사회 규모는 어떠한가?"에 답하는 주된 방법 한 가지는 취락 분포 정형에 대한 이해인데 이는 지표조사로만 알아낼 수 있다. 우리는 연구 대상의 시기를 불문하고 상대적으로 작

핵심 개념: 사회 분석의 방법들
- 취락 분석: 옛 사회 조직을 조사 연구하는 주된 방법. 자료는 지표조사와 발굴로 수집하지만 사용되는 특정 방법은 해당 사회에 따라 아주 다양할 수 있다.
- 무덤 분석: 계서와 사회적 지위는 개개 분묘의 부장품에 대해 분석해 보면 가장 잘 드러난다.
- 기념물 및 공공시설: 기념물과 공공시설의 규모 및 분포는 사회 조직의 좋은 지표가 될 수 있다.
- 문헌 기록: 초기 국가사회의 조직에 관한 탁월한 정보원.
- 민족지고고학: 과거 해석에 도움을 얻기 위해 현존 사회들을 연구하는 분야로 유물, 건물 및 구조물의 용도와 의미 그리고 이런 사물들이 고고학적 기록 속으로 어떻게 편입될 수 있는지에 주안점을 둔다.

은 **유적**들과 더불어 주된 중심지 혹은 중심 취락을 찾아내는 데 관심을 가지게 마련이다. 제3장에서 서술한 지표조사, 표본추출법, 원격탐지 기법들 다수를 이용해 이런 일을 할 수 있지만 정확하게 어떤 작업을 해야 할지는 연구 대상 사회에 좌우될 수밖에 없다. 즉 이동성 수렵채집민이 남긴 미미한 흔적은 고대 도시보다 찾아내기가 훨씬 어려우므로 그만큼 집중적인 지표조사가 필요하다.

지표조사를 하면 으레 그 결과로 지도와 발견 유적 목록이 각 유적의 크기, (토기 같은 지표 잔존물들로부터 판정될 수 있는) 연대 폭, 건축 유구들을 비롯한 세부 사항들과 더불어 작성되고 때로는 개략적 인구 추산치도 나올 것이다. 그러고 나면 유적들을 중요도에 따라 어떤 식으로 분류하는 일, 즉 유적 위계를 설정하는 일이 다음 목표가 된다. 이때 여러 유형의 유적들에 대해 설정할 수 있는 유적 범주로는 지방 중심지, 지역 중심지, 집촌, 산촌, 소촌 등이 있다.

어떤 지방의 유적 위계를 설정하는 데는 갖가지 기법들이 쓰일 수 있지만 제일 간단한 방법은 유적 크기만을 기준으로 삼는 것이다. 유적들을 크기 등급에 따라 배열하고 막대그래프로 표시하면 대개 작은 유적들이 가장 많게 마련이다. 이런 막대그래프를 이용하면 여러 지방과 여러 시기 그리고 여러 사회 유형의 유적 위계들을 상호 비교할 수 있다. 예를 들어 유단사회에서는 대개 유적 크기의 변이 폭이 좁고 모든 유적들이 비교적 작게 마련이다. 반면 국가사회들은 소촌과 농장들, 큰 읍과 도시들을 모두 가질 것이다. 어떤 유적이 취락 분포 체계 안에서 우세한 정도 또한 이런 유형의 분석으로부터 분명하게 드러날 것이며 그 취락 분포 체계의 구조는 흔히 그런 결과를 만들어낸 사회의 조직을 직접 반영할 것이다. 일반적으로 말해 취락 분포 정형이 위계적일수록 그만큼 그 사회도 위계적이다.

그레고리 존슨이 메소포타미아의 한 지방 소재 초기 왕조 시기(서기전 2800년경) 취락 유적들을 분석한 결과는 맞은편 그림에서 보듯이 이를 명확하게 보여주었다. 유적들을 25헥타르에서 10분의 1헥타르를 겨우 넘는 것까지 배열하였더니 크기에 따라 다섯 범주로 나눌 수 있었는데, 존슨은 이들을 대읍, 읍, 대촌, 촌, 소촌으로 명명하였다. 일부 고고학자는 그간 이와 같은 취락 위계의 존재를 국가사회의 지표로 삼기도 하였다.

하지만 취락 잔적의 발굴이야말로 한 사회 안의 여러 가지 관계에 관한 정보를 얻는 주된 방법이다. 이는 어떤 수준의 복합도를 가진 사회든 적용할 수 있지만 쓰이는 방법은 아주 다양할 수 있는데 크게 구분하면 이동성사회와 정주사회로 나눌 수 있다.

이동성 수렵채집사회 이동성 수렵채집사회는 항구적 행정 중심지 없이 오로지 지역 수준의 조직에만 머무른다. 그래서 여러 가지 유적들을 식별한 상태에서 첫 번째 접근 방식은 유적 자체에 초점을 맞추는 것인데, 그 목표는 각 유적에서 이루어진 활동들의 성격을 이해하고 또 그를 이용해 사회 집단의 성격을 이해하는 데 있다.

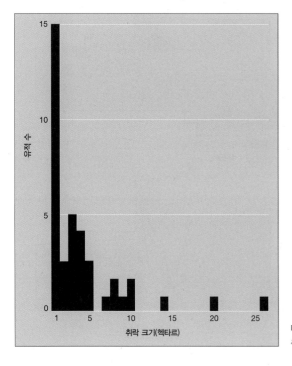

메소포타미아의 한 지방에 소재한 초기 왕조
취락들의 유적 위계

　고고학자는 이동성 수렵채집 공동체의 유적들을 동굴 유적과 야외 유적으로 구분한다. 동굴 유적의 점유 퇴적층들은 깊은 경향이 있으며, 대개 수천 년 혹은 수만 년에 걸쳐 간헐적으로 벌어진 인간 활동을 가리키기에 유적의 층서를 정확하게 해석해 낼 수 있는 주도면밀한 발굴과 기록이 필수적이다. 야외 유적들에는 사람들이 이보다 짧은 기간씩 살았을 수 있지만 퇴적층들이 동굴처럼 보호를 받지 못하므로 침식이 더 많이 일어났을 수 있다.

　수렵채집민 유적에서 한 차례 짧은 기간 동안 사람이 살았음을 가려낼 수 있으면 (오두막 터, 화덕 잔적 같은) **단일유구** 및 복합유구 안팎의 유물 및 뼈 조각들의 분포를 살펴서 어떤 일관된 정형성이라도 나타나는지 알아볼 수가 있다. 하지만 그런 분포 양상이 바로 그 자리에서(in situ) 벌어진 인간 활동의 결과인지 아니면 그런 물질들이 흐르는 물에 운반되어 다시 쌓인 것인지 언제나 명확하지는 않다. 그리고 어떤 사례에서 특히 뼈 조각들의 분포는 인간 활동의 소산이 아니라 포식동물의 활동 결과일 수가 있다.

　그런 질문들을 연구하는 데는 정교한 표본추출 전략과 아주 철저한 분석 작업이 필요하다. 글린 아이작의 조사단이 케냐 투르카나 호수 동안의 쿠비 포라 전기 구석기시대 유적에서 벌인 작업은 이와 관련된 수습 및 분석 기법들을 잘 보여준다. 발굴 절차는 아주 엄격하게 통제하였으며 수습한 뼈 혹은 석기 하나하나의 좌표 위치를 정확하게 기록하고 그것들이 버려진 이후 일어났을 교란의 정도를 주도면밀하게 분석하였다. 아이작의 조사단은 일부 뼈 및 석기 조각들을 도로 맞출 수가 있었다. 그리하여 그들은 그 출토 지점들을 연결한 망상 면(뒤쪽 그림 참조)은 호미니드들이 골수를 꺼내기 위해 뼈를 까발리고 석기를 제작한 구역—소위 활동 구역들을 나타낸다

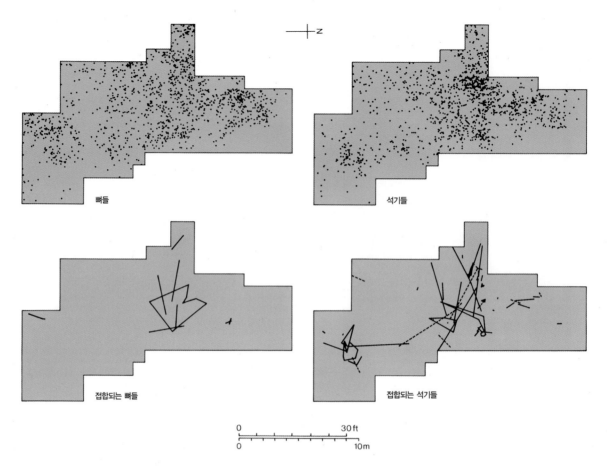

뼈들

석기들

접합되는 뼈들

접합되는 석기들

0 ————— 30 ft
0 ————— 10m

글린 아이작의 동아프리카 케냐 쿠비 포라 전기 구석기유적 연구. (윗줄) 도면으로 작성한 뼈와 석기의 위치. (아랫줄) 접합되는 뼈 및 석기들의 위치를 연결한 선들로 이는 아마도 골수를 꺼내려고 뼈를 깨트리고 석기를 제작한 활동 구역을 가리킬 것이다.

고 해석할 수 있었다.

좀더 넓은 시야를 얻기 위해서는 각 집단 또는 유단이 활동한 전 영역을 고려하고 유적들 사이의 상호관계를 고찰하는 작업이 필요하다. 그간 민족지고고학(아래 참조)은 연중 본거 범위(즉 그 집단이 1년 동안 돌아다닌 전 영역)와 그 안의 (특정 계절용) 본거 야영지, 임시 야영지, 사냥 매복지, 해체 또는 도살 유적, 저장 은닉처 등등 특정 유형 유적의 관점에서 생각할 수 있는 분석 틀을 설정하는 데 도움을 준 바 있다. 이런 관심사들은 수렵채집민 고고학 연구에서는 기본이며 또 지방 단위로 넓게 보는 관점은 그 집단의 연간 생활 주기와 행위에 관한 지견을 얻으려면 필수불가결하다. 이는 (유물의 밀도가 높은) 통상의 유적들 이외에도 이를테면 사방 10m방안 탐사 구역마다 물건들이 겨우 한두 점 있을 뿐인 아주 희박한 유물 산포지들 또한 조사해야 함을 의미한다. 또 그 지방 전체의 환경과 수렵채집민이 그 안에서 벌였으리라 추정되는 자원 이용의 양상도 연구해야 한다.

좋은 예로는 영국 인류학자 로버트 폴리가 케냐 남부 암보셀리 지방에서 실시한 작업을 들 수 있다. 그는 조사 구역 600km² 안 257개소 표본 지점으로부터 약 8531점의 석기를 채집하고 기록하였다. 그는 이 증거로부터 환경 및 식생 지대별로 석기들이 버려진 비율들을 계산해 내고 그 분포 정형을 수렵채집 집단들의 각종 전략과 이동에 관련지어 해석할 수 있었다. 그는 후속 연구에서 세계 여러 지역의 수렵채집 유단들에 대한 다수 연구들에 근거하여 석기 분포 양상에

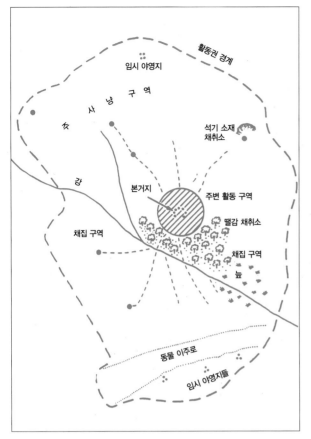

수렵채집 유단의 연중 본거 범위 안 활동과 그런 활동으로 생겨나는 인공물 산포지(오른쪽)를 로버트 폴리가 모델화한 것(왼쪽).

관한 일반 모델 한 가지를 개발하였다. 한 가지 결론은 약 25명으로 구성된 한 유단이 단 한 해 동안 자신들의 연중 영역 안에 무려 163,000점의 유물을 버린다고 상정할 수 있다는 것이었다. 그 유물들은 영역 전반에 산란될 것이지만 상당 부분은 본거 야영지와 임시 야영지에 집중될 것이다. 그렇지만 폴리의 연구에 따른다면 어떤 단일 유적에서 작업하는 고고학자들이 발견하게 될 유물은 전체 가운데 아주 작은 한 부분일 뿐이며 그래서 개개 유적의 유물복합체들은 반드시 한층 넓은 범위의 정형 중 한 부분들로 해석하는 것이 대단히 중요하다.

정주사회　　　분절사회, 군장사회, 국가를 포함하는 정주 공동체의 사회 조직에 대한 연구는 취락을 조사해야 가장 잘 다가갈 수 있다(다만 아래에서 보듯 이런 사회들에서 분명하게 나타나는 공동묘지와 공공 기념물들도 유용한 연구 분야가 될 수 있다).

지표조사로부터도 많은 것을 알 수 있지만 공동체 전체를 효율적으로 분석하기 위해서는 유구 몇몇은 완전하게 발굴하고 나머지는 다양한 여러 유구들에 대한 감을 잡는 데 충분할 정도로 집중적인 표본 조사를 실시해야 한다. 상대적으로 작은 정주 공동체를 대상으로 할 때 개개 집과 촌락 전체를 주도면밀하게 발굴하는 일은 표준 절차이다. 이는 세대공동체 연구와 공동체 전체 구조 연구뿐만 아니라 든든한 근거를 가진 인구 추산으로 나아가는 길을 터준다.

좋은 예로는 켄트 플래너리가 멕시코 와하까의 띠에라스 라르가스 유적에서 발굴한 형성기 초기 집들을 들 수 있다. 그는 와하까 지방 형성기 촌락의 평면 배치를 보여주는 도면을 처음으로 작성할 수 있었다. 그러자 사회적 지위의 차이를 말하는 증거들이 나타났다. 상대적으로 높은 지위에 속한다고 추론된 거소들은 고품질 아도비 벽돌과 돌로 지은 건물 기단을 지녔을 뿐만 아니라, 낮은 지위의 거소로 추론된 초벽 집 구역보다 많은 양의 동물 뼈, 수입 **흑요석**, 수입 바다 조가비들이 출토되었다. 또 주목할 만한 사실은, 그 지역에서 구할 수 있는(따라서 위세 가치가 덜한) 각암은 낮은 지위 구역 도구들에서 한층 높은 비율을 차지한다는 점이었다.

덜 발달한 사회들에 적합한 분석 기법들 대부분은 그처럼 좀 단순한 사회들에 보이는 사회 형태 및 상호작용 유형들을 대부분 안에 품은 중앙집중화된 군장사회 및 국가를 연구하는 데도 여전히 유효하다. 이외에 다른 기법도 필요한데 그 이유는 군장사회와 국가사회들을 특징짓는 중앙집중화, 유적 위계화, 조직 및 정보 교류의 장치들 때문이다. 좋은 예는 뒤에 서술한 미시시피 마운드빌 유적에서 이루어진 작업을 들 수 있다.

복합사회를 조사할 때 첫 단계 작업 중 하나는 단수나 복수의 주 중심지를 식별하는 일인데, 이는 각 유적의 크기를 절대 크기의 견지에서 고찰하거나 어느 것이 지배적이고 어느 것이 종속적인지를 판정할 수 있도록 주요 중심지들 사이의 거리라는 견지에서 고찰해 보면 해결할 수 있다. 이 정보를 가지면 주된 독립 중심지들 및 그를 둘러싼 영역들의 개략적 범위를 나타내는 지도를 만들어낼 수 있다.

그렇지만 유적 크기에만 의존하면 오류를 범할 수 있으며 그래서 1차 중심지임을 가리키는 다른 지표들을 찾아보아야 한다. 가장 좋은 길은 당해 사회가 스스로와 그 영역을 어떻게 보았는지 알아내고자 시도하는 데 있다. 이는 불가능한 일로 보일지 모르지만 대부분의 국가사회들이 어떻든 문헌 기록을 갖고 있다는 점을 유념한다면 반드시 그렇지만도 않다. 문자 자료들은 다양한 유적들을 거명하기도 하므로 그 덕에 각 유적이 위계 구조 속에서 지닌 위치를 식별할 수 있다. 따라서 고고학의 임무는 그 거명된 유적들을 찾아내는 일인데, 이는 대개 해당 유적의 이름을 포함하는 실제 명문을 발견함으로써 이루어진다. 예컨대 로마 제국의 상당 규모 읍이라면 그런 명문을 찾아내기를 기대할 수 있다. 근년에는 마야의 상형문자가 해독됨으로써 이런 전혀 새로운 증거의 세계가 열린 바 있다.

하지만 유적의 위계 구조는 대개 문자 기록에 의존하지 않고 좀더 직접적으로 고고학적 수단으로 추론해 내어야 한다. 독립 국가의 수도 같은 '최상위' 중심지들의 존재를 식별하는 가장 좋은 길은 다른 어느 곳에서도 넘보지 못하는 규모이자 그와 대등한 다른 국가의 최상위 중심지들에 비견될 중앙 조직의 존재를 나타내는 직접적 지표들을 이용하는 데 있다.

그런 지표 중 한 가지는 중앙집중화된 조직의 존재를 가리키는 고문헌(설사 이것이 무엇을 말하고 있는지 전혀 이해하지 못한다 하더라도)이나 기타 상징 지표들이다. 예컨대 많은 통제경제 체제들에서는 원통 도장들을 사용해 진흙에다 소유권, 출처, 목적지 등을 표시하였다. 그런

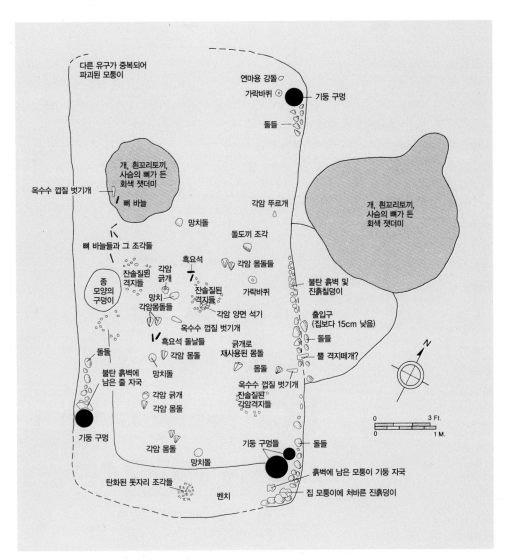

다른 유구가 중복되어
파괴된 모퉁이

연마용 강돌

가락바퀴 ─ 기둥 구멍

돌들

개, 흰꼬리토끼,
사슴의 뼈가 든
회색 잿더미

옥수수 껍질 벗기개

뼈 바늘

각암 뚜르개

개, 흰꼬리토끼,
사슴의 뼈가 든
회색 잿더미

망치돌

돌도끼 조각

뼈 바늘들과 그 조각들

각암 몸돌들

흑요석

잔솔질된
격지들

각암
긁개

가락바퀴

종
모양의
구멍이

잔솔질된
격지들

불탄 흙벽 및
진흙칠덩이

망치
각암몸돌들

각암 양면 석기

출입구
(집보다 15cm 낮음)

옥수수 껍질 벗기개

돌들

흑요석 돌날들

각암 몸돌

긁개로
재사용된 몸돌

뿔 격지떼개?

돌들

몸돌

불탄 흙벽에
남은 줄 자국

망치돌

옥수수 껍질 벗기개

각암 긁개

잔솔질된
각암격지들

각암 몸돌

기둥 구멍

각암 몸돌

기둥 구멍들

돌들

망치돌

흙벽에 남은 모퉁이 기둥 자국

탄화된 돗자리 조각들

벤치

집 모퉁이에 처바른 진흙덩이

0 ─ 3 Ft.
0 ─ 1 M.

N

자료들이 상당량 발견된다면 그것은 조직화된 활동의 지표가 될 수 있다. 그런 지표들은 문자 및 상징 표현 사용 관습 전체가 조직 운용에서 정말 너무나도 핵심적 위치에 있기 때문에 귀중한 증거가 된다.

　중심적 지위를 가리키는 또 다른 지표로는 높은 수준의 중심적 기능들과 연관된다고 알려진 표준화된 형태의 건물들을 들 수 있다. 그런 건물의 예로는 미노아시대 크레타 섬에서 발견된 궁전들, 마야 신전 단지들처럼 의례 기능을 가진 건물들(대부분의 초기 사회들에서 행정의 통할과 종교 전례의 관할은 밀접하게 연계되었으므로), 성채, 주조화폐 발행소들이 있다.

　위계적으로 조직된 사회에 대해서는 그 중심지의 기능으로 왕권제도, 관료조직, 재화의 재분배 및 비축, 의례활동 조직, 물품 생산 전문화, 대외 교역 등과 같은 요소들의 가능성이 크다는 점을 고려하면서 면밀하게 검토하는 일이 언제나 의미 깊은 작업이다. 이 모든 것들은 그 사회가 어떻게 운용되었는지에 관한 지견을 제공한다.

마운드빌 사회의 분석

UNITED STATES
Moundville

마운드빌은 서기 14세기와 15세기의 전성 시절에는 북미 미시시피 문화의 최대 의례 중심지 중 하나였다. 유적 이름은 앨라배마 주 서중부 블랙 워리어 강안 150헥타르 범위에 걸쳐 목책 안에 축조된 20기의 위압적 토루(mound)군에서 따온 것이다. 마운드빌은 일찍이 1840년에 처음 발굴되었지만 대규모 발굴은 20세기에 들어서서야 비로소 실시되었다. 좀더 최근에는 크리스토퍼 피블스와 그 동료들이 한정된 범위의 발굴과 더불어 체계적인 탐사를 실시하고 이전 연구를 재분석함으로써 이 유적을 남긴 사회에 대한 설득력 있는 연구 성과를 내놓았다.

피블스와 그 팀에게는 우선 믿을 만한 편년이 필요하였다. 이는 토기 분석으로 이루어졌다. 그 결과 도출된 상대편년은 방사성탄소연대측정을 한 층서 정황들에서 발굴된 토기들과 교차 대조를 함으로써 절대연대를

마운드빌 지방의 취락 분포 정형이 시기에 따라 변화한 모습. I기(서기 1050~1250년)에는 마운드빌이 이 지방의 다른 비슷한 유적들과 마찬가지로 단 하나의 토루만을 가진 유적이었을 뿐이었다. 그렇지만 II기가 되면 한층 커져서 이 지방의 주요 중심지로 우뚝 선다. 마운드빌은 전성 시절인 III기를 지나서 IV기(1550년 이후)에는 지방 전체가 더 이상 유력 중심지를 갖지 않게 되면서 중요 유적으로서의 모습을 잃는다.

부여하였다.

팀은 이 편년을 이용하여 이 유적이 몇 단계를 거쳐 발전하였음을 연구할 수 있었다. 또 이웃 유적들에 대해 예비 탐사를 실시함으로써 이 지방의 시기별 취락 분포 정형을 수립할 수 있었는데 아래 지도에서 보는 바와 같다.

마운드빌에서는 그간 3천 기가 넘는 무덤들이 발굴되었는데 피블스는 통계학적 기법을 적용하여 그 중 2053기를 사회 계서에 따라 분류하였다. 피블스는 가장 높은 계서의 소수 사람들(A분단: 피라미드 도표에서 IA, IB, II군)이 구리 도끼와 귓불꽂이 같은 유물들을 배타적으로 부장하고 봉토분 안이나 그

2053기의 무덤에 대한 군집 분석으로 나타난 피라미드 모양의 마운드빌 사회 위계. 각 군집(분단 I–X)의 인공물 목록은 부장품이다.

IA: 구리 도끼	**IA**	중심 봉분 안의 묘 7기
IB: 구리제 귓불꽂이, 곰이빨, 돌원반	**IB**	봉분이 있거나 없는 묘 43기
II: 조가비구슬, 구리제 목가리개, 방연광	**II**	봉분이 있거나 없는 묘 67기
III: 명기, 동물뼈, 조가비 목가리개 IV: 원반류, 뼈송곳, 투사식 첨두기	**III** **IV**	봉분이 없는 묘 III: 221기 IV: 50기
V & VIII: 물병토기 VI, VII & IX: 바리토기	**V VI VII VIII IX X**	봉분 없는 묘 V: 55기 VI: 45기 VII: 55기 VIII: 70기 IX: 46기 X: 70기
부장품 없음		1256기

A

B

C

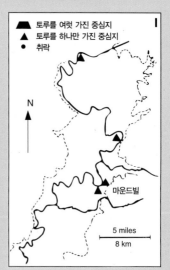

I

- 토루를 여럿 가진 중심지
- 토루를 하나만 가진 중심지
- 취락

N

마운드빌

5 miles
8 km

II

마운드빌

III

마운드빌

IV

마운드빌

가까이 묻혔음을 알아내었다. 그보다 낮은 계서의 B분단에 속하는 인물들(III, IV군)은 무덤에 봉분이 없고 일반 부장품은 약간 있으나 구리 유물은 없는 반면, C분단의 인물들은 주변부에 묻혔고 부장품이 아주 적거나 없었다.

피블스는 흥미롭게도 나이와 성에 따라 차이가 있음을 발견하였다. 사회 피라미드의 꼭대기에 있는 IA군 7명은 모두 어른이었고 성별은 남성일 가능성이 크다. IB군의 인물들은 성인 남성과 아이들인 반면 II군은 모든 나이와 양성의 인물들을 포괄하였다. 그래서 성인 남성이 가장 높은 지위를 차지하였음이 분명한 듯하다. 아이들이 IB군에 포함된 사실은 그들의 높은 지위가 출생으로 세습되었음을 시사한다.

피블스의 연구는 한 지방 사회의 유적들이 마운드빌의 최고 계서 공동체를 정점으로 뚜렷하게 구분된 위계 속에서—피블스가 군장사회라고 말한 것으로—조직된 모습을 우리에게 시사한다.

무덤 분석: 개개 분묘로부터 계서를 연구하는 법

고고학에서 개개인을 알아볼 수 있는 경우는 너무나 드물다. 개개인과 그 사회적 지위에 대한 가장 계발적인 지견 중 한 가지는 무덤에서 부장 유물들과 공반된 인간의 신체 잔존물, 즉 유골이나 유해들로부터 나온다. 인골에 대해서는 체질인류학자가 검사를 함으로써 각 개인의 성별 및 사망 연령을 흔히 밝혀내며 또 식단에 어떤 결함이 있었거나 다른 병(제8장 참조)이라도 앓았다면 그것도 밝혀낼 수 있다. 다인장묘 혹은 합장묘(1인 이상이 매장된 묘)는 해석에 어려움이 있을 수 있는데, 그 이유는 어떤 부장품이 어떤 망자에게 부속되는지가 언제나 분명하지는 않기 때문이다. 따라서 가장 많은 사항을 알아내기를 기대할 수 있는 무덤은 바로 단인장묘들이다.

분절사회와 계서 분화가 덜 된 여타 사회들에서는 부장품에 대해 면밀한 분석을 함으로써 사회 지위의 불균등에 관한 많은 사실을 밝혀낼 수 있다. 그런데 망자와 함께 묻힌 것들이 그 사람이 살아 있는 동안 소유하거나 사용한 유형재와 지위를 꼭 그대로 반영하지는 않는다는 사실을 반드시 유념해야 한다. 무덤은 살아 있는 사람들이 만드는 것이고 또 그 산 자들이 망자를 상징하거나 기리는 데도 이용되지만 그와 똑같이 아직 살아 있는 다른 사람들과 자신들의 관계를 표현하고 그에 영향을 끼치려는 목적에도 이용된다. 그럼에도 불구하고 고인의 생전 역할 및 계서와 그의 유해가 안치되고 유물이 부장되는 방식 사이에는 모종의 상관관계가 흔히 있다.

무덤에 대한 분석에서는 으레 남녀에 따라 어떤 차별이 있는지를 판정하고 그런 차별이 부나 지위에 따른 구분도 담고 있는지를 평가하고자 시도한다. 계서 또는 지위와 연관된 다른 공통 요소는 나이인데, 나이 차는 망자의 처리 방식에 체계적으로 반영될 가능성이 농후하다. 상대적으로 평등한 사회들에서 각 개인이 사는 동안 (예컨대 사냥에서의) 거둔 업적으로 높은 지위를 얻는 예는 흔히 볼 수 있고 이는 장례 습속에 반영되는 수가 많다. 그렇지만 고고학자는 이용할 수 있는 증거로부터 그런 묘가 정말 그 개인이 획득한 지위에 관계되는지 그렇지 않고 출생으로 얻은 세습 지위에 관련되는지를 문제시하여야만 한다. 이 둘을 분간하는 일은 쉽지 않다. 한 가지 유용한 기준은 어린이들에게 때로 풍부한 부장품이 공반되고 또 다른 차별적 배려가 있는지의 여부이다. 만약 그렇다면 세습 계서 체계가 존재하였을 수도 있는데, 그 이유는 그렇게 어린 아이가 개인의 공적으로 그런 지위를 획득하였을 가능성은 별로 없기 때문이다.

일단 공동묘지 내 무덤들의 연대가 결정되고 나면 분석의 첫 단계는 대부분의 경우 각 묘의 유물 유형별 도수 분포도(막대그래프)를 작성하는 일이다. 그러나 분석을 좀더 심층적으로 하는 데는 가치재에 더 많은 가중치를 두고 일상재에는 덜 두든지 함으로써 부와 지위를 좀더 잘 나타내는 어떤 지표를 찾아내는 방법이 한층 유익하다. 그런데 이는 곧바로 가치 인식의 문제를 낳는다(왜냐하면 과거 사회들이 가치에 대해 우리와 똑같은 생각을 가졌다고 가정할 수는 없기 때문이다). 한 가지 답은 만드는 데 시간이 많이 들거나 먼 곳에서 들여온 것이든지 얻기 어려운 소재로 만든 것들을 귀중한 물품들로 가정하는 것이다. 또 우리는 계서가 단지 부장품에만 표현되지 않고 무덤의 전 요소에 표현된다는 사실을 유념해야 한다.

공동묘지 전체에 대한 분석의 좋은 예로는 찰스 하이엄과 라차니 토사라트가 태국 중부 샴 만 해안 가까운 내륙의 대규모 토루인 콕 파놈 디 유적에서 벌인 발굴을 들 수 있다. 취락은 서기전 2000년경부터 약 500년간 점유되었으며 묘지에는 인골과 조가비 장신구들이 손상되지 않은 154기의 묘들이 있었다. 묘들은 사이사이에 공간을 두면서 군집해 있었다. 아주 세밀한 무덤 편년이 이루어진 덕에 그 공동체의 약 20세대에 걸친 친족체계에 대한 지견을 얻을 수 있었다. **선사시대**의 가계를 이처럼 세세로 추적할 수 있는 경우는 극히 드물다. 나중 시기들에서는 여성의 우위가 나타났는데 여성들 중 일부는 '공주'라는 별명이 붙은 예처럼 상당한 재부를 지니고 묻혀 있었다. 또 어린이들의 재부와 그들과 동반된 어른들의 재부 사이에는 분명한 연계가 있었는데 재부가 적은 어린이에는 재부가 적은 어른이, 재부가 많은 어린이에는 역시 재부가 많은 어른이 동반되었다. 이런 식으로 한 묘지 전체를 분석함으로써 무덤 한 기를 아무리 정밀하게 조사하더라도 나올 수가 없는 많은 지견들을 얻을 수 있었다.

기념 건축물과 공공시설

어떤 사회들은 기념물과 공공시설 건축에 대단히 많은 노동력과 상당한 자원을 투자한다. 그런 기념 건축물들은 일반적으로 사람들의 눈길을 끌 목적으로 지어졌으며 이집트의 피라미드들처럼 몇몇 경우에는 오늘날까지도 주목을 받고 있다. 많은 초기 국가사회들은 그 중심지에 주요 의례 유적을 남겼으며 그런 유적의 기념 건축물들은 당해 사회의 종교 신앙뿐만 아니라 사회 조직의 여러 측면들에 관해 풍부한 정보를 준다.

메조아메리카의 의례 중심지들에 있는 거대한 광장들이 좋은 예이다. 멕시코 몬테 알반은 서기전 200년경 사포텍 국가의 주 중심지가 되었다. 뒷면에 보이듯이 그곳에 경이롭게 자리 잡은 중앙 광장은 주변의 전원 지역보다 우뚝 솟은 위치에 있다. 몬떼 알반은 그 이후로 약 만 명에서

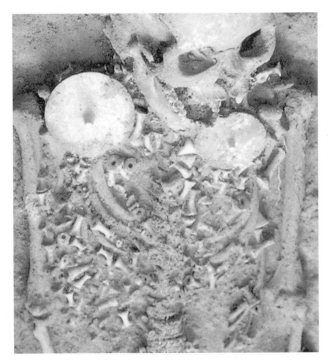

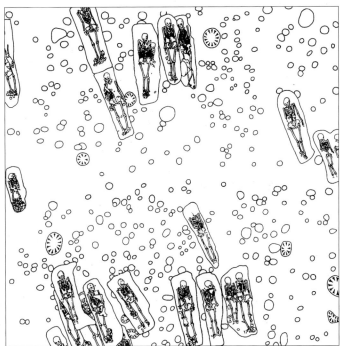

(왼쪽) 12만 점의 구슬, 관식, 팔찌로 이루어진 일단의 조가비 장식들과 더불어 훌륭한 토기 그릇들을 갖춘 '공주'. (위) 죽은 이들이 몇 개의 정연한 군집을 이루면서 묻혔다.

2만 명에 이르는 사람들의 거처이자 와하까 지방의 1차 중심지였다. 그 기념 건축물들은 국가의 권력과 이 도시의 중심 권능을 기리는 한편 나타내기도 한다.

일부 분절사회에서 흔히 장묘 기념물의 형태로 잔존하는 기념 건축물들은 그에 비해 그다지 대단찮은 수가 흔한 취락들보다 훨씬 눈길을 끈다. 어떤 경우에는 기념 건축물의 잔적은 뚜렷한데 반해 취락들은 완전히 깎여나가 버려 찾아낼 수 없을 정도이다. 영국 남부 웨섹스 지방의 **신석기시대**가 바로 그런 예인데 여기서는 '장분'이라 불리는 흙으로 지은 고분이 그곳에 서기전 4000년경부터 초기 농민들이 살았다는 가장 분명한 흔적이다.

이 지방에서는 각 장분이 경관에서 각 단일 공동체의 구심점이었다고 생각할 만한 충분한 근거가 있다. 다음 쪽 아래 그림에서 보듯 각 고분 사이에 선을 그어 보면 경관이 대략 같은 크기의 영역을 가진 단위들로 나뉨을 알 수 있을 터인데, 각 영역 단위는 각 고분에 연관된 농경 공동체의 터전으로 기능하였다.

이런 식의 기념물 공간 분석 연구는 그것들을 축조하는 데 든 노동력을 고찰해 보면 보완이 된다. 웨섹스의 각 장분을 축조하는 데는 연 1만 작업 시간이 들었다고 추산된다. 장분과 동시기의 대규모 기념 건축물 부류 중에 기본적으로 동심원 도랑 한 개로 이루어진 '방죽길 두른 원형 봉지(causewayed camp, 단속 원형 주구)'라 불리는 것이 있는데 이는 축조하는 데 연 10만 작업 시간이 들었을 것이다. 서기전 2500년경이 되면 이 장분/방죽길 두른 원형 봉지 시기는 끝나고 한층 규모가 큰 둑-도랑 기념물로서 '헨지'라고 불리는 것들이 축조되는 시기가 이어진다. 대규모 헨지들은 그 이전 방죽길 붙은 원형 봉지와 대략 같은 분포를 가졌지만 각각을 짓는 데는 연 1백만 시간 정도의 작업 시간이 들었을 것이다. 이 시기의 *끄트머리*쯤인 서기전 2100년경에

몬떼 알반의 중앙 광장을 가로질러 남쪽으로 바라본 광경인데 복원된 신전 몇 기의 잔적이 보인다. 이 유적은 서기전 500년 야산 꼭대기에 건립되었다.

신석기시대 웨섹스 지방의 이 지역에서 각 장분은 작은 규모의 농민 집단에게 영역의 중심지였다. 이 사회는 그 어떤 집단도 우위를 차지하지 못한 분절사회였다.

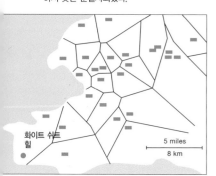

화이트 쉬트 힐

5 miles
8 km

는 스톤헨지의 거대한 돌 구조물이 축조되었는데 그에는 연 약 3천만 작업 시간이 들었다. 이처럼 엄청난 건축 사업이라는 점을 감안하면 이 시기에 웨섹스지방 전역을 관할하는 모종의 중앙 조직이 있었지 않나 싶다.

위의 계산은 아주 개략적인 추산치이기는 하지만 거주용 취락의 흔적이 정말 아주 드문 시기라 하더라도 그 기념 건축물들을 연구해 보면 사회조직이 시간의 흐름에 따라 어떻게 변화하였는지를 어느 정도 추정할 수 있음을 실제로 보여준다.

이처럼 구조물들은 이른 시기에 지어졌다 하더라도 아주 인상적일 수 있다. 스톤헨지는 그 가운데 가장 큰 것이나 가장 오래된 것은 아니다. 유럽 북동부의 많은 지역 곳곳에 신석기시대의 석조 기념물들이 있는데 흔히 '거석'(megalithic, 그리스어로 크다는 뜻의 megas와 돌이라는 뜻의 lithos에서 유래된 것)이라고 불리는 합장묘가 주를 이룬다.

이것들 중 일부는 이집트의 피라미드들보다 1천 년 전인 서기전 4000년으로까지 거슬러 올라간다. 스코틀랜드 북쪽 끝 너머 오크니 제도에서는 금속기가 사용되기 전에 이미 주민들이 지역산 사암들을 쉽게 가공할 수 있었고 지금 아주 잘 보존된 몇기를 비롯한 잔존 기념 건축물들은 아주 정교한 석조 건축 작품들이다.

예컨대 스코틀랜드 북안 앞바다 오크니 제도 퀸터네스에 있는 서기전 3300년경의 석실묘에서는 아마도 390명이나 될 많은 사람의 유골들이 발견되었다. 남자와 여자가 대략 같은 수로 나타났으며 연령 분포는 전체 인구의 사망 유형을 대표한다고 볼 수가 있었다. 즉 이 무덤 속에 매장된 사람들의 사망연령(20세 이하 46%, 20세~30세 47%, 그리고 단지 7%만이 30세 이상)은

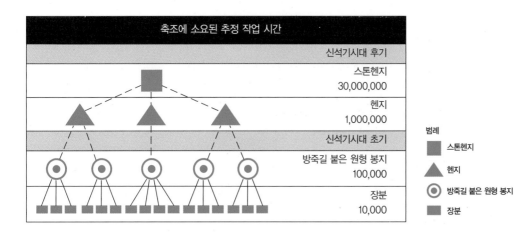

웨섹스 지방의 기념물들을 각기 축조하는 데 필요했을 노동 시간의 견지에서 그 규모를 분석해 보면 후기 단계에 위계가 등장하는 현상은 사회적 제 관계의 발달과 계서사회의 출현을 반영한다고 생각된다. 이때 축조된 스톤헨지는 웨섹스 지방의 기념물들 중에서 가장 규모가 크다. 신석기시대 초기는 기념물들의 크기가 평등한 분절사회에 상응한다.

전체 인구의 연령 분포와 비례적으로 같았으리라는 것이다. 발굴자들은 이 무덤이 그 공동체의 대다수 부문에서 똑같이 이용할 수 있는 무덤이었으며 처음에 그 건축이 정교하다는 이유로 추정하였던 위계적 사회가 아닌 분절사회들을 나타낸다고 결론지었다.

문자 기록

역사 기록은 예컨대 메조아메리카, 중국, 이집트, 근동의 모든 대문명 같은 문자사용 사회들의 경우에 이 장의 첫머리에서 제시한 여러 가지 사회 관련 질문들 중 다수에 답을 줄 수가 있다. 따라서 이런 사회들을 연구대상으로 하는 고고학자들의 제1차 목표는 적합한 원전들을 찾아내는 일이다. 예를 들어 근동지방의 대규모 유적들에 대한 초기의 발굴 중 다수는 점토판 문서고를 발견하는 데 중점을 두었다. 이런 종류의 주요 발견은 오늘날도 이루어지고 있는데, 예를 들면 시리아의 고대 도시 에블라(텔 마르디크)에서는 1970년대에 아카드(바빌로니아)시대의 이 지역 초기 방언으로 쓰인 5000점으로 이루어진 점토판 문서고가 발견되었다.

　문자는 문자사용 초기 사회 각각에서 고유한 기능과 용도를 가졌다. 예컨대 서기전 1200년경으로 편년되는 그리스 미케네시대 문자 점토판들은 거의 예외 없이 미케네 궁전들에서 벌어진 상거래(재화의 출입)에 관한 기록들이다. 우리는 이로써 미케네 경제의 여러 측면들에 대한 감을 잡을 수 있으며 국가 공직의 이름들에 관한 지침을 얻을 수 있을 뿐만 아니라 (갖가지 장인에 대한 이름들을 근거로) 물품 생산 조직 또한 엿볼 수 있다. 그러나 여기서는 다른 사례들처럼 보존의 우연성이 중요한 역할을 하고 있을 수가 있다. 즉 미케네 사람들이 점토판에는 상거래 기록만 쓰고 문헌 혹은 역사 원전은 다른 부패하기 쉬운 물질에 쓴 까닭에 멸실되어 버려 우리에게 전해지지 않을 수 있는 것이다. 실제로 고대 그리스어 및 로마 문명에서 지금까지 잔존한 것들은 바로 대리석에 새긴 공식 법령들이 주라는 점은 움직일 수 없는 사실이다. 문헌 원전들이 쓰인 현대 종이의 선조격인 취약한 파피루스 두루마리들은 이집트의 건조한 공기 속에서나 예컨대 폼페

서기전 3천년기 말로 편년되는 에블라(현대 시리아의 텔 마르디크)의 왕궁에서 발견된 5000점의 문자 점토판 중 일부. 이 점토판들은 에블라의 140여 년 역사를 기록한 국가 문서의 일부분이다. 원래 이 점토판들은 나무 선반 위에 보관되었으나 궁전이 함락될 때 무너져 내렸다.

이를 뒤덮은 화산재 속에 묻힌 경우에만 대개 고스란히 잔존한다. 주조화폐 또한 중요 문자 자료이다. 그 발견 지점들은 교역에 관한 흥미로운 증거를 제공한다. 그러나 명문 자체는 발행 당국—(고대 그리스의 경우처럼) 도시국가든 (로마제국이나 중세 유럽 왕들의 경우처럼) 1인 통치자든—에 관한 정보를 제공한다.

옛 언어의 해독은 그 언어를 사용한 사회에 관한 우리의 지식을 변모시킨다. 근년에 이루어진 제일 중대한 진전 중 한 가지는 가장 큰 의례 중심지들의 석비에 새겨진 부호들(상형문자)을 읽어낸 일이었다. 전에는 다들 마야의 명문이 전적으로 역법의 성격을 띤 것이거나 아니면 순전히 종교사, 특히 신들의 위업에 관한 것이라고 가정하였다. 그러나 이제 그 명문들은 많은 경우 실제 역사적 사건들, 그 중에서도 주로 마야 왕들의 치적에 관련된 것으로 해석할 수 있다. 또 우리는 이제 각 마야 중심지에 속한다고 여겨지는 영역들을 막 추론하기 시작한 참이다. 그리하여 마야 역사는 바야흐로 새로운 차원에 진입하였다.

문자 자료가 옛 사회를 고고학적으로 복원하는 데서 지닌 가치를 좀더 상세하게 보여주는 예로 메소포타미아를 들 수 있는데, 여기에는 주로 점토판 형태로 엄청난 수의 옛 수메르 및 바빌

미래에 쓸 정보의 기록	• 행정 목적 • 연대기	• 법전 편찬 • 학술 목적	• 신성한 전통의 규정
현재 정보의 전달	• 편지 • 공공 포고문	• 왕의 칙령 • 사서 훈련용 글귀들	
신들과의 의사소통	• 신성한 글귀, 부적 등		

론시대(서기전 3000년경~1600년경) 기록들이 보존되어 있었다. 메소포타미아에서 문자의 용도
는 왼쪽 맨 밑 표와 같이 요약할 수 있다.

당시 상황을 가장 잘 환기시켜 주는 유물은 아마도 법전들일 터인데, 그 중에서도 가장 인상
적인 예는 서기전 1750년경 아카드어(및 쐐기 문자)로 쓰인 바빌론의 함무라비 법전이다. 그 통
치자는 비석의 꼭대기 부분에 정의의 신 샤마쉬 앞에 서 있다. 함무라비가 말하고 있듯이 이 법
의 포고 목적은 "강자가 약자를 억누르지 못하게 하고 고아와 과부의 권리를 보호하기 위한 것"
이었다. 이 법은 생활의 여러 측면들을 망라하는데, 예컨대 농업, 상거래, 가족법, 상속, 장인 종
류별 고용 조건, 간통 및 살인 같은 범죄에 대한 형벌 등이다.

함무라비 법전은 인상적인데다 많은 정보를 주기는 해도 곧이곧대로 해석할 수는 없기에 고
고학자가 어떤 원전을 낳은 사회 정황을 충실하게 복원해야 함을 힘주어 말하는 사례이다. 영국
학자 니콜라스 포스트게이트가 지적한 바와 같이 이 법전은 결코 법 전부를 나타낸 것이 아니며
시빗거리가 많다고 판단한 법 분야들만을 담은 것으로 생각된다. 더구나 그때 함무라비는 막 경
쟁 도시국가 몇 개를 정복한 참이었고, 그래서 이 법전은 그의 제국 내 새 영토들을 통합하는 데
도움이 되도록 할 요량으로 작성하였을 것이다.

서기전 1750년경 바빌로니아 함무라비 왕의 유
명한 법전.

민족지고고학

사회고고학의 또 다른 기본 접근 방법은 민족지고고학이다. 민족지고고학은 현존 사회들 안에서 인공물, 건물, 구조물 들이 오늘날 지닌 용도 및 의미와 그런 물질들이 고고학적 기록 속으로 통합되는 방식—그것들이 버려지거나 (건물 및 구조물의 경우) 무너져 내리고 폐기될 때 어떤 일이 일어나는지—둘 다를 연구하는 분야이다. 따라서 민족지고고학은 어떠한 과거 사회를 이해하는 데서도 간접적 접근 방식이 된다.

과거 해석에 도움을 얻기 위해 현존 사회들을 조사한다는 생각은 결코 새로이 나타난 것은 아니다. 19세기와 20세기 초 유럽 고고학자들은 아프리카나 오스트레일리아 사회들에서 민족지학자들이 수행한 연구들을 흔히 참조함으로써 영감을 얻고자 하였다. 그러나 그 결과로 도출된 소위 '민족지적 유사 현상'이란 흔히 고고학자들이 과거 사회를 현재 사회에 무턱대고 조야하게 빗대어 본 것들이었고 그래서 새로운 사고를 조장하기는커녕 오히려 억누르는 경향이 있었다. 그런데 미국에서는 고고학자들이 처음부터 아메리카 인디언 사회들이 지닌 복잡한 삶의 현실들에 맞닥뜨렸고 그들이 그에서 배운 바는 민족지학을 어떤 식으로 써야 고고학적 해석에 도움이 되는지를 좀더 깊이 생각해야만 한다는 것이었다. 그럼에도 불구하고 민족지고고학은 실로 지난 35년 동안에야 비로소 완전히 성숙한 단계로 들어섰다. 이전과의 핵심적 차이는 현존 사회들에서 연구를 수행하는 주체가 민족지학자나 인류학자들이 아니라 바로 고고학자라는 점에 있다.

좋은 예로는 루이스 빈포드가 알래스카의 수렵채집 집단인 누나미우트 에스키모 사이에서 수행한 작업을 들 수 있다. 빈포드는 1960년대에 프랑스 중기 구석기시대(무스테리안기로 180,000년~40,000년 전) 고고학 유적들을 해석하고자 시도하던 중에 현대의 수렵채집민들이 뼈와 도구들을 어떻게 사용하고 버리며 이 유적에서 저 유적으로 어떻게 이동하는지를 연구해야 비로소 무스테리안기의 고고학적 기록—이것도 거의 틀림없이 이동성 수렵채집경제의 소산일 것—을 만들어낸 메커니즘들을 이해하는 출발점에 설 수 있을 것이라는 사실을 인식하였다. 그는 1969년부터 1973년 사이에 간헐적으로 누나미우트족과 살면서 그들의 행위를 관찰하였다. 예컨대 그는 한 계절용 수렵 야영지(알래스카 아나투북 패스의 마스크유적)에서 사람들이 뼈를 조각내고 버리는 방식을 연구하였다. 그는 사람들이 화덕 둘레에 앉아 골수를 꺼내기 위해 뼈를 칠 때 작은 뼈 조각들이 깨어지면서 떨어져 '낙하지대'가 생기는 것을 보았다. 그 앞과 뒤에는 사람들이 더 큰 조각들을 던져 버려 '투기지대'가 형성되었다.

누나미우트인들이 무스테리안 사회들에 대해 정확한 '민족지적 유사 현상'을 제공하지는 못할지도 모르지만, 빈포드는 이런 뼈 이용 사례에서 보듯이 사람들이 야영지의 불 둘레에 앉았을 때 벌인 행위들은 되도록 편리함을 지향하기 때문에 모든 수렵채집민들에게 공통될 가능성이 큰 특정 행위나 기능들이 있다고 인식하였다. 그래서 버려진 뼈 조각들은 고고학자가 장차 발견하여 해석하게 될 특징적 정형을 남기는 것이다. 빈포드는 이런 분석에서 한 걸음 더 나아가 자신의 모델을 이용해 어떤 구석기시대 야영 유적에서 출토된 자료를 해석하였다. 이런 분석을 하면 그 집단의 구성원 수가 대략 얼마였으며 야영 유적이 사용된 기간은 얼마였는지도 추론할 수 있음이 입증되었다. 이런 질문들은 우리가 수렵채집 집단들의 (크기를 비롯한) 사회 조직을 이해하는 데 아주 적절한 질문들이다.

민족지고고학은 국지 규모의 관찰로만 한정되지는 않는다. 영국 고고학자 이안 호더는 케냐 바링고 호수 지역의 여러 부족들이 사용한 여자 귀고리 장식들에 대한 연구에서 물질문화(이 사례에서는 개인 장신구)가 부족 간 차이를 표시하는 데 어느 정도 이용되는지를 조사하기 위한 지방 단위 연구를 실시하였다. 이제 고고학자들은 부분적으로는 이런 작업의 결과로 고고학적 유

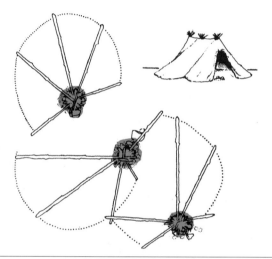

루이스 빈포드의 민족지고고학. (왼쪽 아래) 누나미우트 에스키모에 대한 관찰로부터 나온 '낙하지대'와 '투기지대' 모델. 프랑스 뺑스방 구석기시대 유적에서 드러난 세 개의 노지를 발굴자 르루아-구랑은 가죽 복합 텐트(복원 그림은 왼쪽)가 있었던 증거로 해석하였다. (아래) 빈포드는 자신의 '야외 화덕 모델'을 이 세 개소의 뺑스방 화덕에 적용하고 뼈 분포로부터 자신의 모델이 르루아-구랑의 해석보다 증거에 더 잘 들어맞는다고 추론하였다. 즉 그 화덕들이 텐트 안이 아닌 야외에 있었다는 것이다.

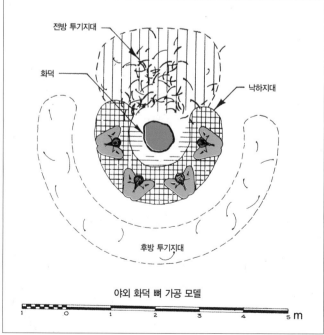

야외 화덕 뼈 가공 모델

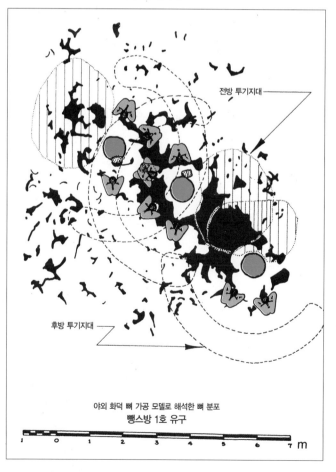

야외 화덕 뼈 가공 모델로 해석한 뼈 분포
뺑스방 1호 유구

구·유물 복합체들을 한데 묶어 지방 단위 '문화'들로 규정하고, 그렇게 설정된 '문화'가 하나의 사회 단위를 대표한다고 가정하는 일이 더 이상 손쉬운 작업이라고는 가정할 수 없게 되었다. 사실 그런 절차는 호더가 연구한 귀고리 장식들에 대해서는 아주 잘 들어맞을 수 있는데, 그 이유는 문제의 부족민들이 자기 부족의 고유성을 밝히는 데 이 요소를 사용하기로 선택했기 때문이었다. 그러나 호더가 보여준 대로 만약 우리가 토기나 도구 같은 다른 물질문화 요소를 택했다면 반드시 동일한 정형성이 도출되지는 않았을 것이다. 그의 연구 사례는 고고학자들이 상정한 족속 집단을 복원하는 데 물질문화를 단순한 방식으로나 무분별하게 사용해서는 안 된다는 중요한 교훈을 보여준다.

3. 개인 및 정체성의 고고학적 연구

이 장에서 지금까지 편 논의는 사회 및 그 조직에 대한 개념을 출발점으로 삼았다. 이는 의도적으로 설정한 이 책의 구조적 특징인데, 인간의 갖가지 경험에 대한 질문들을 제기하기 전에 먼저 한 사회의 규모 및 복합도에 대한 모종의 관점을 가지는 것이 필요하다는 데서 비롯되었다. 그러나 이런 방식은 그와 동시에 '위에서 아래를 향한' 접근법이라는 비판을 받을 수 있다. 즉 조직과 위계, 권력과 중앙집중화로부터 시작해야 비로소 실제 그 사회 안에 사는 개개인으로 눈을 돌리게 되어, 그 사람의 역할, 젠더, 지위의 문제와 당시 그런 사회적 환경 속에서 실제 벌어진 삶이 과연 어떠하였는지 등의 문제를 다룰 수 있다는 것이다.

개개인과 친족관계 같은 사회적 관계로부터 출발하여 바깥으로 나아가는 식의 '아래에서 위를 향한' 접근법이라 할 만한 것도 똑같이 유효할 수가 있다. 이에서는 사회적 불평등, **족속성**, 젠더 같은 주제들을 다룬다.

개인이 지닌 측면으로서 유념해야 할 한 가지는 우리의 '인간다움'이 지닌 대부분의 측면들과 우리가 '인간적'이라고 소중히 여기는 지각 구조, 사고, 젠더 같은 개념들 다수, 윤리의식, 우리가 몸을 이리저리 움직이고 의사소통을 하는 방식들(서 있기, 앉기, 쳐다보기, 말하기, 걷기 등)과 심지어 (우리의 후각과 미각 같은) 오감에 반응하는 방식조차도 본래 '주어진 것'이 아니라 실은 문화적으로 특정한 것, 즉 사람들이 한 사회 안에서 개발하고 채택한 것이기에 시간과 공간에 따라 다르다고 하는 사실이다. 만약 우리가 과거 사회 속에서 사는 것이 어떠하였을까를 정말로 알고 싶다면 우리 자신의 경험을 토대로 '인간적'이라고 하는 것에 대해 가정들을 하지 않도록 주의해야 할 것이다.

핵심 개념: 옛 개개인의 발견

• 개개인의 행위가 지닌 많은 측면들은 통문화적으로 '주어진 것'(즉 정해진 것)이 아니라 학습되며 그래서 옛 문화 및 현대 문화 모두에서 아주 다양하다.

• 고고학적 기록에서 족속 집단의 존재를 인지하기는 어렵다. 예들 들어 물질문화의 특정 양식이 비슷하다는 사실이 반드시 그대로 족속성의 존재로 등식화되지는 않는다.

• 고고학적 기록에서 젠더(특히 그간 전통적으로 간과된 여성의 역할)를 인지하는 것이 중요하다. 또 성과 젠더의 구분 문제도 있다. 성은 생물학적으로 결정되는 반면 젠더 역할은 사회에 따라 대단히 다양하다.

사회적 불평등

사회적 불평등의 고고학적 연구라는 주제는 아직 아주 포괄적으로는 다루어지지 않았다고 생각되지만, 역사고고학 분야에서는 문헌 기록으로써 가난한 사람들이 살았음을 아는 어떤 읍 안의 여러 구역에 대한 몇몇 흥미로운 연구들을 비롯하여 혜택 받지 못한 일부 집단들의 물질문화에 대한 체계적 연구들이 이루어진 바 있다.

찰스 디킨스를 비롯한 19세기 초 작가들이 묘사한 뉴욕 맨해튼 하류의 악명 높은 파이브 포인츠 슬럼 구역은 그곳 폴리 광장에 새 연방 법원을 짓기 위한 구제 발굴 차원에서 조사된 바 있는데 몇 가지 생생한 지견을 얻을 수 있었다. 예컨대 발굴 구역에는 (그 관리인에 대한 1843년 기소장에서) "풍기를 문란케 하는 집―창녀들과 여타 사람들의 악명 높은 소굴로서 많은 수의 인물들이 온당치 못하게 매일 밤 늦은 시각까지 흥청망청 대는 곳"이라고 역사로 기록한 박스터가 12번지 지하 사창가 터 한 곳이 포함되어 있었다. 발굴 결과 물질문화에 입각한 다음과 같은 새로운 지견들을 얻을 수 있었다.

"박스터 가 12번지 안쪽의 사실(私室)에서 발견된 가구재들은 이 구획의 다른 어떤 곳에서 발견된 것들보다도 훨씬 질이 뛰어났다. 창녀들은 적어도 일을 나가는 동안에는 잘 살았다. 그들을 붙들어 맨 것 중 한 가지는 침모, 세탁부, 하녀로는 누릴 수 없는 식으로 살 수 있는 기회였다. 매춘부집에서는 오후 시간에 마시는 차를, 제대로 갖춘 찻잔과 커피 잔, 받침접시와 판, 찻물 개수그릇 그리고 심부름꾼까지 대동하여 중국 자기 세트에 담아 대접하였다. 식사는 스테이크, 송아지 고기, 햄, 껍질이 연한 대합조개, 많은 종류의 물고기로 이루어졌다. 매춘부집에서는 법원가의 다른 구역에서 출토된 유물보다 훨씬 다양한 유물들이 나왔다…… 다른 개인물품들은 매춘 직업의 위험요소들을 암시하였다. 여성 전용으로 만든 두 점의 유리 소변기는 아마도 창녀가 성병 때문에 자리에 누웠을 때 사용하였을 것이다."

폴리 광장에서 멀지 않은 곳에 위치하며 1755년 평면도에 기록된 묘지로서 이전에는 '흑인 묘지'라고 한 '아프리카인 묘지'에 대한 또 다른 발굴에서는 아주 많은 정보를 얻었으며 커다란 반향을 불러일으켰다.

뉴욕 맨해튼 하류의 19세기 파이브 포인츠 슬럼 구역에 대한 구제 발굴 광경. 지하 사창가 자리 한 곳이 조사되었으며 그에서는 주민들의 일상생활에 관련된 많은 정보를 얻을 수 있었다. 창녀들은 사회적으로 계서는 낮았지만 적어도 오후 시간 차를 마시기 위해 중국 자기 세트(오른쪽 위)를 사용하였다.

1991년 그곳 인골들에 대해 실시된 구제발굴은 자신들과 충분한 상의를 하지 않았다고 느낀 오늘날 아프리카계 아메리카인 공동체들의 분노를 야기하였고 이를 계기로 마침내 뉴욕 시에 아프리카인 및 아프리카계 아메리카인 박물관이 건립되었다. 묘를 나타내는 표지는 아무것도 없었고 나무, 관 못, 수의 핀 이외에는 유물이 거의 발견되지 않았다. 출토 유골에 대해서는 출신지를 찾기 위해 DNA 분석과 두개골 계측연구, 형태학적 역구, 역사 자료를 결합한 연구를 실시하였다. 표본 수가 많기 때문에 앞으로 영양과 병에 대한 연구도 할 수 있을 터이다. 발굴에서 수습한 419개체의 유골들은 2003년 10월 브로드웨이를 한 차례 행진한 뒤 예식을 갖추어 다시 묻었다.

이 논란과 발굴은 이미 플랜테이션 유적들에 대한 조사로 잘 정립된 아프리카계 아메리카인 고고학이 더욱 발전하는 하나의 자극제가 되었다고 평가된다.

족속성과 갈등

족속성(즉 부족 집단을 포함한 족속 집단의 존재)은 고고학적 기록으로부터 인지하기가 어렵다. 예를 들어 토기 문양 같은 특성들이 자동적으로 족속의 친연을 나타내는 표지라는 인식은 그간

뉴욕 맨해튼 하류의 아프리카인 묘지에 묻힌 한 사람의 무덤에서 요루바 여사제와 하미트 사제가 조상에 대한 헌주 의식을 거행하는 장면.

의문시된 바 있다. 이 분야에서는 민족지고고학이 이제야 겨우 약간의 진전을 보기 시작하였다.

족속성이라는 주제는 문헌 기록의 도움을 받지 못하면 고고학적으로 접근하기가 어려운데 그 이유는 족속성이라는 것이 주로 자기 인식에 토대를 두기 때문이다. 족속 집단은 흔히 언어 집단과 상관관계가 있으며 그래서 이 분야는 또 다른 연구거리가 될 수 있다. 집단 자의식의 문제들은 족속성과 아주 똑같이 갈등과 전쟁의 기저에 도사리고 있는 경우가 흔하다.

초기 사회들에서 전쟁이 지닌 역할은 더욱 깊이 천착할 만한 주제 중 한 가지이다. 전쟁이 초기 국가사회들에서 반복 발생한 현상이라는 데는 오래전부터 의견이 일치하고 있지만 선사시대의 경우에는 평화를 애호한 '고귀한 야만인'이라는 견지에서 생각하는 경향이 한층 흔하였다. 그러나 선사시대에 전쟁이 예외가 아니라 흔하게 벌어진 일이었음을 시사하는 증거들이 점점 늘어나고 있다. 좋은 예로는 독일 신석기시대의 도랑 두른 봉지 유적인 탈하임 유적(서기전 5000년경에서 2000년 사이)이 있다. 야외 조사를 해보니 그 땅은 많은 고고학자들이 이전에 생각하였듯이 단지 상징적 의미만 가진 것이 아니라 진짜 요새였음이 드러났다. 한 구덩이에는 성인 18명과 어린이 16명의 사체가 들어 있었는데 모두 적어도 6개의 서로 다른 도끼로 맞아 죽은 것이어서 평화로운 초기 농경사회라는 관념과는 배치되었다.

전쟁의 목적이 반드시 영역 확대 과정에서 피정복자의 땅을 항구적으로 차지하려는 데 있었다고 볼 이유는 없다. 미국 고고학자 데이비드 프라이델은 보남파크 유적의 벽화와 초기 문헌 기록으로부터 이끌어낸 추론을 토대로 마야의 전쟁에 대한 연구를 하면서 이 점을 중시하였다. 그의 분석에 따르면 마야의 전쟁이 지닌 기능은 새 영토를 정복함으로써 해당 국가의 영역을 넓히

서기전 5000년경으로 연대측정된 독일 탈하임 유적의 한 구덩이에서 발견된 유골들로 집단 학살을 시사한다.

기보다는 마야 통치자들에게 이웃 국가 왕과 왕자들을 포로로 삼을 기회를 주는 것이었으며 그 포로들 중 다수는 나중에 신들에게 산 제물로 봉헌되었다. 그럼으로써 전쟁은 마야 통치자들에게 왕으로서의 지위를 공고히 해주었다. 즉 전쟁의 중추적 역할은 통치 체계를 떠받치는 것이었지 영역 확대가 그 역할은 아니었던 것이다.

젠더 조사

사회고고학 연구의 한 가지 중요한 측면은 젠더의 조사 연구이다. 원래 이는 고고학의 남성 중심주의(남성 편중)를 밝혀내고 교정한다는 명시적 목표를 가진 페미니즘고고학과 서로 겹친다고 여겨졌다. 현대 세계에서 고고학자를 포함한 여성 전문 직업인들이 역할을 해내기 힘든 경우가 흔하였음은 의심의 여지가 없다. 예컨대 영국 최초의 여성 고고학 교수였던 도로시 개로드는 1937년 교수직에 임용되었는데 그때는 자기 대학(케임브리지)의 학부 여학생이 코스를 마쳐도 남학생들과는 달리 학위 취득이 허용되지 않고 수료만 인정되던 시절이었다. 학교세계에서는 교정되어야 할 불균형이 있었고 지금도 그러하니 바로 그런 교정 작업은 페미니즘고고학의 초기 목표들 중 하나였다. 두 번째 목표는 그때까지 흔히 간과되고 있었던 과거 여성들의 역할을 한층 명확하게 밝혀내고 고고학 저술에 그토록 만연한 남성 편견을 교정하는 일이었다.

하지만 젠더 연구는 단순히 여성을 연구하는 정도를 훨씬 넘어서는 분야이다. 얼마 지나지 않아 생물학적 성(sex)과 사회적 성(젠더 gender)의 구분이 중요 핵심 관념이 되었다. 생물학적 성—남성 혹은 여성—은 생물학적으로 결정된다고 볼 수 있으며 그래서 고고학적으로는 인골로부터 판정될 수 있다. 그러나 젠더—가장 간단하게는 남자와 여자—는 하나의 사회적 구성 개념으로 각 개인이 사회 안에서 생물학적 성과 관련하여 맡은 역할 등을 말한다. 젠더에 따른 역할은 시공간을 달리하는 각 사회에 따라 대단히 큰 차이가 있다. 친족 체계, 혼인 체계, 상속 체계, 노동 분화 같은 것은 모두 생물학적 성과 관계가 있지만 그에 의해 결정되지는 않는다. 고고학의 젠더 연구는 이 두 번째 시기에 이런 관점들 덕분에 아주 유익한 성과들을 많이 내놓았지만 그것들은 다시 새로운 '제3파' 페미니즘의 비판을 받았는데, 남성과 여성 사이에 '본래부터 있다'고 상정한 차이를 강조하고 여성이 재생산(즉 출산)으로써 자연계에 연계된다는 점을 강조하였다는 비판이었다.

예컨대 동남 유럽의 선사시대에 대한 마리아 김부타스의 연구 작업은 이제 좀더 최근의 젠더고고학 분야 연구자들에게 비판을 받고 있다. 그녀는 선구적 연구에서 동남 유럽과 아나톨리아의 신석기시대 및 순동시대에 속하며 압도적으로 여성상인 경우가 많은 상들이 당시 여성의 지위가 중요하였음을 입증한다고 주장하였다. 그녀는, 여성적 가치의 영향하에 있었던 옛 유럽에 이어 청동기시대가 되면서 호전적인 남성 위계 구조가 지배하게 되는데 그것은 상정하건대 동쪽에서 온 인도유러피언 전사 유목민들이 도입한 것이라는 복원 그림을 그려내었다.

마리아 김부타스는 의당 숭배 인물 같은 존재가 되었고, 다산 원리를 대표하는 위대한 '모신(母神)' 개념을 내세운 그녀의 주장은 현대 '생태여성주의자'와 뉴에이지 열광분자들의 환영을 받는 바가 되었다. 이안 호더가 최근 발굴을 한 결과 진흙으로 만들어 구운 여성 소상들이 실제 발견된 터키 차탈회육의 초기 신석기시대 유적에는 '모신' 귀의자들이 정기적으로 방문을 하고 있으며 발굴자들은 그들의 견해가 자신들의 견해와는 다르지만 그래도 기꺼이 경청하고 있다. 이안 호더는 김부타스와 달리 그 소상들이 여성을 소유와 남성 욕망의 대상으로 종속화한 사실을 표현하였다고 주장한 바 있다. 에게 해 지역에서 출토된 이와 유사한 소상들은 생물학적 성이나 젠더를 특징적으로 나타내는 명확한 요소들이 흔히 빠져 있음을 볼 수 있으며, 멕시코 와하까에서 출토된 이와 비교할 수 있는 진흙 소상들에 대한 연구에서는 그것들이 신이 아닌 조상에 관련된 의례에서 쓰려고 여성들이 만든 것으로 추론되었다. 그것들이 모신(母神)을 나타낸다는 관념은 뒷받침할 증거가 없어지는 셈이다.

1990년대의 페미니즘 '제3파'와 가락이 맞는 젠더고고학 발달과정의 세 번째 시기는 젠더에 대해 두 가지 의미에서 다른 관점을 취한다. 첫째로 이는 좀더 좁은 의미로, 그리고 린 메스켈이 말하듯이 "유색 여성, 동성애 여성주의자, 기묘한 이론주의자, 탈식민주의 여성주의자들의 주도하에" 젠더 및 젠더 차에 관한 분야가 남성과 여성 사이의 단순한 양극 구도보다는 훨씬 복잡하며 또 다른 차이의 축들도 인식되어야 함을 깨닫고 있다. 사실 남성과 여성 사이의 구조적 대항

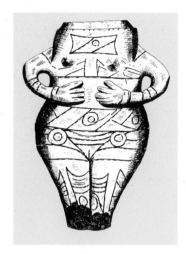

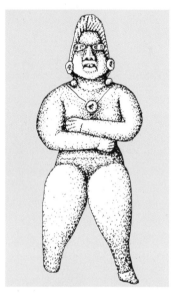

여성의 권력을 상징하는 상들인가? (위) 루마니아 비드라에서 출토된 신석기시대 여성 형상병. (아래) 멕시코 와하까 산 호세 모고떼에서 출토된 사포텍 소상.

관계라는 단순한 인식 자체야말로 우리 자신의 사회에서조차 지나친 단순화이다. 많은 사회에서 어린이는 사춘기에 도달할 때까지는 사회적으로 남성이나 여성으로 취급되지 않으며, 예컨대 현대 그리스어에서는 남자와 여자가 문법상 남성과 여성인 반면 어린이에 관한 단어들은 일반적으로 제3의 중성에 속한다.

이는 젠더가 좀더 넓은 사회적 틀의 한 부분, 사회 과정의 한 부분이라는—마거릿 콩키의 말로는 "사회의 범주, 역할, 이데올로기, 관습들이 규정되고 실행되는 방식"이라는 두 번째 관점으로 연결된다. 젠더는 어떤 사회에서든 하나의 분류체계이지만 다른 한편으로 나이, 부, **종교**, 족속성 같은 사회적 차이들로 구성된 더 큰 체계의 한 부분이다. 더욱이 이런 것들은 정적 구성 개념들이 아니라 유동적이고 가변적이며 실행되면서 나날을 살아가는 동안 구축되고 또 재구축된다.

분묘 자료를 젠더에 관련시켜 분석하는 데 개재된 복잡한 사항들은 베티나 아놀드가 동중부 프랑스의 이른바 '빅스 공주' 무덤에 대한 연구에서 잘 보여준다. 분석을 해보았더니 무덤에는 여성으로 여겨지는 인골이 들어 있었지만 부장품은 대개 남성을 가리킨다고 생각되는 다양한 위세품들로 이루어져 있었다. 이처럼 이례적으로 화려한 서기전 5세기 분묘는 처음에는 여성이 그런 식으로 예우되었다고는 볼 수 없다고 생각하였기 때문에 남장 여성 신관으로 해석되었다. 하지만 아놀드가 부장품에 대해 면밀하게 재분석을 실시한 결과는 그 분묘가 여성 엘리트의 무덤이라는 해석을 뒷받침하였다. 이로써 철기시대 유럽에서 여성이 강력한 힘을 가졌고 때로는 최고 권력자 역할까지 수행하였을 가능성이 있다는 새로운 평가를 내려야 할지도 모르게 되었다. 그러면서도 이 연구는 그에서 더 나아가 철기시대의 젠더 구분에서 아주 높은 지위에 있는 인물들인 경우 전통적 양극 젠더 개념이 과연 적합한지를 재평가하는 등 한층 폭넓은 고찰이 필요함을 일러준다.

요 약

- 이 장에서는 초기 사회의 사회 조직을 연구하고자 하는 고고학자들이 이제 엄청나게 많은 기법들을 이용할 수 있음을 보여주었다. 그 중 두드러진 주제들만 다루었으나 그것만으로도 국가와 군장 사회로 대표되는 한층 복잡하고 고도로 조직된 사회들을 이해하는 데 잠재력이 특히 대단히 크다는 사실을 명확히 드러내 주었을 것이다. 문자 기록은 존재하는 경우(이는 오로지 국가사회들에서만 그러함) 중요한 자료가 될 수 있다.

- 우리는 계서사회들을 그 유적 위계로써 조사 연구할 수 있으며 국가사회의 경우에는 그 도회 중심지들로써 연구할 수 있을 것이다. 고고학적 방법만을 사용하더라도 이런 식으로 통치 중심지를 식별할 수 있고 또 그 지배권이 미치는 지역의 범위를 알 수 있을 것임에 틀림없다.

- 계서사회 혹은 계층사회들(군장사회와 국가사회들)에 대해서는 중심지의 건물과 여타 통치 증거에 대한 연구를 하면 그 사회의 사회적 · 정치적 · 경제적 조직뿐만 아니라 지배 엘리트의 생활 모습에 대해서도 귀중한 정보를 얻을 수 있다. 우리는 그들의 궁전과 무덤들을 식별하고 분석할 수 있으며, 하위 행정 중심지들을 연구하면 사회 및 정치 구조에 관한 추가 정보를 얻을 수 있다. 피장자에 따라 무덤 부장품의 질과 양을 달리하는 망자 처리 방식을 연구하면 한 사회 내 지위 구분의 전모를 밝혀낼 수도 있다.

- 위와 비슷한 접근법들은 분절사회에도 적용될 수 있는데, 개개 취락, 분묘가 드러내는 사회계서에 대한 증거, 주요 기념물들을 건조하기 위한 협동적 공동 조직의 존재 등을 연구하는 것이다.

- 이 장에서 개요를 설명한 방법들을 동원하면 좀더 작은 규모인 (그리고 특히 구석기시대에 중요한) 이동성 수렵채집사회의 소규모 야영지와 계절별 유적 간 이동도 연구할 수 있는데, 특히 현존 사회에 대한 민족지고고학 연구가 제공하는 지견들이 고고학적 기록에 대한 직접 연구와 결합되어 쓰일 수 있다.

- 사회고고학의 최근 연구들에서는 '아래에서 위를 향한' 관점, 즉 개개인의 고고학과 정체성의 고고학이 중요하다. 특히 젠더 연구는 이제 사회 구조 연구에 새로운 지견을 보태고 있는 참이다.

추 천 문 헌

다음 저작들은 고고학자들이 사회 조직을 복원하려고 시도할 때 쓰는 몇 가지 방식을 예시한다.

Binford, L. R. 2002. *In Pursuit of the Past*. University of California Press: Berkeley & London.

Hodder, I. 1982. *Symbols in Action*. Cambridge University Press: Cambridge & New York.

Jones, S. 1997. *The Archaeology of Ethnicity. Constructing Identities in the Past and Present*. Routledge: London.

Journal of Social Archaeology. (2001년부터 발행).

Meskell, L. 1999. *Archaeologists of Social Life: Age, Sex, Class etc. in Ancient Egypt*. Blackwell: Oxford.

Pyburn, K. A. (ed.) 2004. *Ungendering Civilization*. Routledge: London & New York.

6 옛 환경은 어떠하였으며
사람들은 무엇을 먹었는가?

환경고고학, 생업활동, 식단

고고학자들이 옛 사람의 생활을 연구하는 데서 다루어야 할 가장 기본적이면서 결정적으로 중요한 두 가지 요소는 환경과 식단이다. 환경은 인간의 생활을 지배한다. 위도와 고도, 지형과 기후는 식생을 결정하고, 식생은 다시 동물의 생활을 결정하며 양자는 식단을 결정한다. 그리고 이 모든 것들은 다함께 인간이 지금까지 혹은 적어도 아주 최근까지 살아온 방식과 장소를 결정하였다.

환경을 복원하기 위해서는 우선 지구 전체의 기후 변화에 관련된 아주 개략적인 질문들에 답을 해야만 한다. 현재 연구 중인 인간 활동들이 벌어졌을 때 지구의 기후는 어떠하였는가? 그 **정황**은 빙기에 속하는가 아니면 간빙기에 속하는가? 이런 포괄적 질문들에 대한 답은 해당 정황의 연대를 나무 나이테와 더불어 심해저 시추 자료 및 빙원 시추 자료로부터 얻은 장기 기후 변동 증거에 연계함으로써 얻을 수 있다.

그에 이어서 좀더 세부적인 질문들이 등장하는데, 그것들은 특히 대략 1만 년 전 이후인 후빙기의 모든 정황들에 관련이 된다. 두 가지 주요 증거 자료가 있으니 하나는 식물 유체이고 다른 하나는 동물 유체이다. 이것들을 연구해 보면 옛 사람들이 특정 시점과 장소에서 마주하였을 동식물상의 범위가 드러날 뿐만 아니라 많은 동식물이 기후 변동에 민감하기 때문에 해당 지방 및 지역의 기후 또한 어떠하였을지 알아낼 수 있다.

하지만 유감스럽게도 많은 형태의 유기질 증거들이 잘 보존되지 않는데다가 우리가 찾아내는 표본들마저 왜곡된 것이기 때문에 우리가 내린 결론들에 대해 결코 확신할 수가 없다. 단지 가장 근사한 그림을 얻어내는 데 목표를 두어야 할 것이다. 어떤 방법이든 한 가지만으로는 완전하고 정확한 그림을 그려낼 수 없고 또 그래서 각각은 어떤 식으로든 왜곡될 것이므로 자료와 재정이 허락하는 범위 내에서 되도록 많은 방법들을 함께 적용함으로써 통합된 그림을 구축해야만 한다.

일단 환경이 어떠하였는지를 알고 당시 살았던 동식물의 종류 또한 알고 나면 옛 사람들이 이런 조건과 자원들을 어떻게 이용하였고 또 그들이 무엇을 먹고 살았는지를 알려고 시도해 볼 수 있다. 먹을거리의 추구라고 할 수 있는 생업활동은 모든 필요 불가결한 활동들 가운데서도 가장 기본적인 것 중의 하나이며 고고학적 기록에서는 이에 관련된 다양한 증거들이 발견된다. 동식물 유체들과 토기나 석기 같은 **유물**들에 남은 찌꺼기는 옛 사람들의 식단이 무엇으로 구성되었는지에 대한 간접적 단서가 될 수 있지만 우리가 가진 유일하게 직접적인 단서는 실제 인체 관련 잔존물, 즉 위장 내용물, 대변 물질, 이빨, 뼈들에 대한 연구로부터 나온다.

1. 지구 전체 환경의 조사

과거의 환경 조건들을 평가하는 첫걸음은 그것들을 지구 전체의 관점에서 바라보는 것이다. 국지적인 변화상은 이처럼 폭넓은 기후 배경에 비추어 보지 않으면 거의 의미를 갖지 못한다. 나무 나이테는 지난 1만여 년에 대한 좋은 정보 자료이지만 지구의 거의 4분의 3은 물에 덮여 있기 때문에 먼저 빙하와 극지방 만년설 안의 자료를 비롯하여 이 지역으로부터 얻을 수 있는 과거 기후 관련 증거부터 조사해 보아야 한다. 그러고 나면 동식물 유체로부터 좀더 국지적 수준의 과거 환경에 관해 무엇을 알 수 있는지 살펴볼 수 있을 것이다.

대양과 빙원으로부터의 증거

대양 해저의 퇴적물은 천 년에 겨우 몇 cm 정도로 아주 서서히 쌓이지만 수천 년 혹은 수백만 년에 걸친 기후의 역사에 관련된 증거를 담고 있을 수 있다. 대양 퇴적물은 어떤 지역에서는 유공충—대양 표수대(表水帶)에 살다 죽으면 바닥으로 가라앉는 미세한 단세포 해양 생물체—껍질 같은 미세 화석들이 주체를 점하는 개흙으로 주로 이루어져 있다. 우리는 고고학의 **층서 연구**에서와 마찬가지로 해저로부터 추출한 원통형 표본들을 조사함으로써 시간의 흐름에 따른 환경 조건들의 변화를 추적할 수 있으며 그 퇴적 순서대로 나타나는 생물 종 구성의 변동과 단일 종의 형태 변화를 또한 추적할 수가 있다. 또 유공충에 대해 산소동위원소 분석을 해보면 환경에서 일어난 변화들도 드러낼 수 있다(맞은편 테 글 참조).

지금까지 수천 개의 심해저 시추 표본들이 추출되어 연구되었지만 극지방의 성층 빙원들에서도 시추 표본을 얻어낼 수 있는데(어떤 것에는 수십만 년에 걸친 매년 형성층들이 들어 있다), 이 경우에도 산소동위원소 구성비가 기후 변동에 관한 약간의 지침을 준다. 그린란드와 남극지방, 안데스 및 티베트 빙하의 시추 표본들로부터 얻은 결과는 심해저 시추 표본들로부터 나온 결과들과 일치하며 한층 자세한 정보를 제공한다. 또 빙원 속에 갇힌 옛 메탄가스 거품들(식물 부패로부터 생겨난 것인데 기온 및 습도 변화에 민감하다)도 분석할 수 있다.

옛 바람 동위원소들은 기온을 연구하는 데만 쓰이는 것이 아니라 강우에 관한 자료를 얻는 데도 이용된다. 그리고 날씨의 폭풍우 강도를 대체로 결정하는 것은 바로 적도지방과 극지방 사이의 기온 차이이기 때문에 동위원소 연구는 여러 시기의 바람에 관해서까지 우리에게 무언가를 말해줄 수 있다.

대기가 저위도 지방으로부터 추운 지방 쪽으로 움직임에 따라 비나 눈의 형태로 잃어버리는 수분 속에는 안정된 산소동위원소인 ^{18}O 분자의 농도가 남는 증기에 비해 높은 반면 남는 증기에는 그에 상응하여 다른 안정된 산소동위원소인 ^{16}O 분자가 풍부하다. 그리하여 어떤 지점의 강우

심해저 시추 표본을 이용한 기후 복원

대양 해저 퇴적물의 층서는 해저에서 뽑아낸, 통상 길이 약 10~30m의 시추 표본들로부터 구한다.

시추 표본의 여러 층위들에 대한 연대는 방사성탄소연대측정법, 고지자기연대측정법, 혹은 우라늄 계열 이용법(제4장) 등으로 얻는다. 다음으로 퇴적물 속에 든 유공충이라 불리는 미세한 단세포 생물의 미세 화석들에 대해 두 가지 시험을 실시함으로써 과

거 환경 조건의 변화에 대한 추론이 이루어진다. 첫째, 과학자들은 여러 유공충 종이 층에 따라 있는지 없는지와 그 변동 양상을 조사한다. 둘째, 질량 분석기로 유공충 껍질의 탄산칼슘 속에 든 안정 산소동위원소 ^{18}O과 ^{16}O의 비율 변화상을 분석한다. 이 두 가지 시험에서 식별할 수 있는 변이들은 기온 변화뿐 아니라 대륙 빙하의 작은 변동 양상까지도 반영한다. 예를 들어, 빙하가 성장하면

그 속에 바닷물을 빨아들이면서 해수면이 낮아지고 대양의 밀도 및 염도는 증가함으로써 어떤 종의 유공충이 사는 수심에 변화를 일으킨다. 그와 동시에 바닷물 속에 든 원자량 18 산소분자의 비율이 증가한다. 따뜻한 기후 기간 동안에 빙하가 녹으면 원자량 18 산소분자의 비율은 감소한다.

유공충의 한 종인 Globorotalia truncatulinoides의 화석을 현미경으로 본 모습인데, 추운 시기 동안에는 왼쪽으로, 따뜻한 시기 동안에는 오른쪽으로 사리를 튼다.

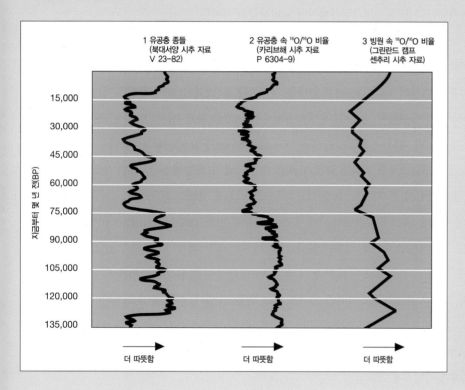

세 가지 기후 기록의 비교 그림. (왼쪽에서 오른쪽으로) 심해저 시추 표본의 여러 연체동물 종 함유 비율, 심해저 시추 표본 속 조가비의 ^{16}O에 대비한 ^{18}O의 비율, 빙원 시추 표본의 산소 비율. 이 세 가지 기록이 유사하다는 점은 장기 기후 변동이 범세계적이었다는 좋은 증거가 된다.

에 들어 있는 두 동위원소의 비율로부터 그 지점과 적도지방 사이의 기온차를 계산할 수가 있다.

그동안 그린란드 및 남극지방에서 채취한 빙원 시추 표본들에 대해 이 기법을 이용하여 지난 10만 년 동안의 비율 변화를 연구하였다. 그 결과 빙하기 동안에는 적도와 극지방 사이의 기온차가 20~25% 증가하고, 따라서 바람의 순환이 훨씬 격렬하였음에 틀림없음을 보여준다. 서아프리카 연안 앞바다의 심해저 시추 표본들로부터 이에 대한 확증이 나왔는데, 그 표본들을 분석하였더니 지난 70만 년 동안의 바람 강도에 대한 추산치들이 산출되었다. 바람의 '기세'는 각 빙기 동안에는 오늘날보다 분명히 2배가 세었고, 빙기 동안의 바람 속도는 간빙기보다 50% 더 빨랐

다. 장래에는 이 시추 표본들 속에 든 미세 식물 조각들을 분석함으로써 바람 유형의 변천사에 대한 지식도 늘어날 것이다.

그런데 왜 고고학자들이 옛날의 바람에 관심을 가져야 하는가? 그 답은 바람이 인간 활동에 큰 영향을 미칠 수 있기 때문이다. 예를 들어 바이킹족들은 추운 시기가 내습함과 더불어 폭풍우 강도가 증가하였기 때문에 북대서양 항해를 포기하였을 것으로 생각된다. 이와 비슷하게 서기 12세기 및 13세기 동안 남서태평양에서 일어난 폴리네시아인들의 대이주 중 일부는 짧은 기간의 좀더 더운 날씨가 시작된 때와 일치한다고 생각되며, 그때는 격렬한 폭풍우가 드물었을 것이다. 이런 이주는 수세기 후의 '소빙하시대'로 끝나는데, 그때는 폭풍우 빈도가 급증하였을 것으로 여겨진다. 만약 폴리네시아인들이 계속해서 이주를 할 수 있었다면 그들은 그때 뉴질랜드에서 더 나아가 태즈메이니아 및 오스트레일리아까지 도달하였을 것이다.

나이테와 기후

나이테는 기후와 더불어 변화하는 생장 양태를 가지는데, 그 생장은 봄에 크게 일어나고는 점차 둔화되어 겨울에는 정지하며, 물을 많이 빨아들일수록 그만큼 넓은 나이테가 생성된다. 제4장에서 본 바와 같이 이런 테의 너비 변이는 주요 연대 결정법 한 가지의 토대가 되었다. 그런데 특정 나이테 짝들을 연구함으로써 중요한 환경 자료 또한 찾아낼 수 있는데, 예를 들어 생장이 느렸는지(이는 지역의 삼림이 빽빽하였음을 의미함) 혹은 빨랐는지(삼림이 성겼음을 의미함)를 알 수 있다. 나무의 생장은 매우 복합적이며 다른 많은 요인들의 영향을 받지만 그 중에서 기온과 토양 습도가 가장 주된 영향을 미치는 경향이 있다.

나이테는 빙원 시추 자료보다 매년 변이 및 10년 단위 변이를 훨씬 분명하게 드러내 보이며 또 기후에서 일어난 갑작스럽고 극적인 충격도 담고 있을 수 있다. 예를 들어 버지니아에서 나온 자료는 아메리카 최초의 백인 영구 취락인 식민시대 제임스타운이 놀랍도록 높은 사망률을 기록 하면서 거의 버려졌던 사건이, 지난 770년 동안 가장 이례적으로 가물었던 7년(서기 1606~1612년) 가뭄 중에 일어났음을 가리킨다.

또 나이테에 근거한 기후 연구(수륜기후학)는 그간 X선으로 나무 세포의 크기 및 밀도를 계

핵심 개념: 범세계적 규모의 환경을 복원하는 작업

- 심해저 시추 자료와 빙원 시추 자료: 연대를 측정할 수 있는 대양 퇴적물 및 빙원 얼음층들 안의 동위원소 비율에 대해 분석을 해보면 옛 기후를 정확하게 이해할 수 있다. 전세계에서 이루어진 연구 성과를 보면 지난 수백만 년 동안 범세계적 기후가 어떠하였는지에 대해 의견이 대략 일치한다.

- 나이테로부터 얻은 증거: 나이테에 대해 이와 비슷한 분석을 해보면 지금부터 약 1만 년 전까지 여러 지역의 환경이 어떠하였는지를 한층 세밀하게 이해할 수 있다.

측하여 환경 생산력의 한 지표로 삼는 분야에서 진전을 이룩하였다. 좀더 최근에는 나이테의 섬유소에 보존된 탄소동위원소의 비율들을 계측함으로써 옛날의 기온을 도출해 낸 바 있다. 로마인들이 서기 73년 포위한 유대인 성채 마사다를 함락시키는 데 사용한 경사로 목재 중 위성류(渭城柳)의 섬유소가 지닌 동위원소들을 이스라엘 고고학자들이 조사하였더니 당시 기후가 오늘날보다 습윤해서 농사짓는 데 한층 적합하였음이 드러났다.

나이테는 환경 복원을 하는 데 무엇보다도 유기체 잔존물이 가장 풍부한 증거 자료가 된다는 사실을 분명하게 밝혀준다. 이제 식물 및 동물의 잔존 흔적들을 상세하게 살펴보고 그것들이 옛 환경에 관해 무엇을 말해 줄 수 있는지 보아야 할 차례이다.

2. 식물 환경의 복원

식물을 고고학적으로 연구하는 주된 목적은 과거 특정 시기 및 장소의 식생이 어떠하였는지를 복원하는 데 있다. 그렇지만 식물이 먹이사슬의 기저부에 놓여 있다는 사실을 잊어서는 안 된다. 그러므로 어떤 지역 및 시기의 식물 군락은 그 지역 동물 및 인간의 생활에 대한 단서를 제공할 것이고 토양 조건들과 기후 또한 반영하게 마련이다. 어떤 유형의 식생은 (예컨대 곤충보다는 덜 빠르지만) 기후 변화에 비교적 빨리 반응하며, 식물 군락이 위도 및 고도에 따라 나타내는 변천상은 예를 들어 빙하시대 기후 변동과 땅 위 인간 환경을 가장 직접적으로 이어주는 연결고리이다.

고고학에서 식물 연구는 그간 언제나 동물상 분석의 그늘에 가렸는데, 그 이유는 단지 **발굴**에서 동물 뼈가 식물 유체보다 훨씬 두드러져 보인다는 데 있다. 뼈가 때로 더 잘 잔존하기도 하지만, 수적으로는 대개 식물 유체가 뼈보다는 훨씬 많이 남아 있다. 그동안에 식물 연구의 중요성이 부각되었는데, 이는 식물의 구성 부분 중 일부가 분해에 대한 저항력이 생각했던 것보다는 훨씬 강하며 또 오래전 사라져 버린 식생에 관해 무언가를 말해 줄 엄청난 양의 자료가 실제로 잔존한다는 사실을 알게 된 덕택이었다. 이런 분석 연구를 하는 데는 고고학이 의존할 수 있는 많은 다른 전문분야들과 마찬가지로 아주 많은 시간과 재정이 필요하다.

특정 시기의 식물 군락에 대한 전반적 평가를 하는 데서 가장 많은 정보를 얻을 수 있는 기법으로는 가장 큰 유체가 아닌 가장 미세한 식물 유체들, 특히 화분에 대한 분석 등을 들 수 있다.

미세 식물 유체

화분 분석　　　　**화분학**, 즉 꽃가루 알갱이 연구(뒤쪽 테 글 참조)는 20세기 초 노르웨이 지질학자 렌나르트 폰 포스트에 의해 개발되었다. 이는 다양한 종류의 **유적**들에 적용될 수 있고 또 환경

화 분 분 석

건초열 환자라면 누구나 봄과 여름에 자신들을 괴롭힐 수 있는 화분 '비'를 익히 알고 있을 것이다. 꽃피는 식물의 수술에 있는 미세 번식체인 화분 알갱이는 거의 파괴되지 않는 바깥 껍질(외피)을 갖고 있어서 어떤 퇴적물 속에서는 수만 년이 흘러도 잔존할 수 있다. 화분 분석에서는 이 외피들을 토양으로부터 추출해 현미경으로 검사함으로써 식물 과(科)와 속(屬)에 따라 각기 특징적인 외피 형태 및 장식을 가진 화분들을 분별해 낸다. 그리고 일단 각각의 양을 잰 후 이런 식별 결과를 화분 도표에 곡선으로 표시한다. 그 다음으로 식물별 곡선의 변화를 연구함으로써 기후 변동의 표지나 인간에 의한 삼림 개간 및 작물재배의 징표를 집어낼 수 있다.

화분의 보존

화분의 보존에 가장 유리한 퇴적물은 산성이면서 통기가 잘 안 되는 토탄 늪과 호수 바닥 층인데 이곳들에서는 박테리아의 활동이 억제되고 알갱이들이 급속히 묻히기 때문이다. 또 동굴 퇴적물도 대개는 적합한데, 그 이유는 습기와 일정한 온도 때문이다. 풍화에 노출된 상태의 사질 퇴적토나 야외 유적 같은 다른 정황들에서는 화분이 잘 보존되지 않는다.

화분 분석을 위한 토양 표본은 습지 유적이나 미발굴 지역에서는 원통 모양으로 길게 뽑아내지만 건지 유적에서는 토층 단면으로부터 일련의 단독 표본들을 떼어내도 된다. 고고학 발굴에서는 대개 일정한 층위 간격으로 작은 표본들을 추출한다. 이때 사용하는 도구나 대기로부터 오염이 되지 않도록 아주 조심해야 한다. 또 화분은 진흙 벽돌, 그릇, 무덤, 미라 싸개, 보존된 사체의 내장, 화석 대변, 기타 많은 정황 속에서도 찾아낼 수 있다.

검사와 집계

표본을 담은 밀봉 관들을 연구소에서 검사하는데, 각 표본 일부분을 현미경으로 보아 그 속에 든 수백 개의 알갱이들을 식별해 낸다.

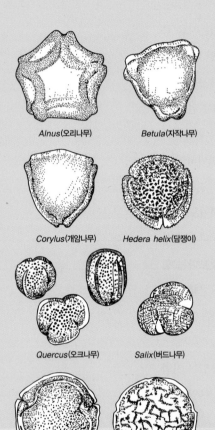

Alnus(오리나무)   *Betula*(자작나무)

Corylus(개암나무)   *Hedera helix*(담쟁이)

Quercus(오크나무)   *Salix*(버드나무)

Tilia(라임나무)   *Ulmus*(느릅나무)

현미경으로 본 몇 가지 화분 알갱이의 형태

아일랜드 북부에서 채취한 후빙기 화분 시추 표본은 이 지방의 최초 농경민들이 환경에 미친 영향을 드러내 보인다.

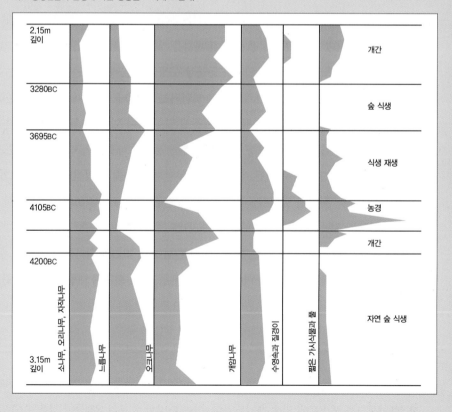

식물 각 과와 거의 모든 속들이 형태 및 표면 장식에서 상호 구분되는 화분 알갱이들을 내지만 더 세분해 들어가 종을 집어내기는 어렵다. 이 점이 환경 복원에 일정한 제약이 되는데, 그 이유는 같은 속이라도 종에 따라 필요로 하는 토양, 기후 등이 현저하게 다를 수 있기 때문이다.

식별이 끝나면 각 식물 유형의 화분 양을 층위별로 계산하는데 대개 각 층위 내 전체 화분 알갱이 수에 대한 비율로 계산을 하며

그러고 나서는 곡선 도표로 작성한다. 이 곡선 도표들의 연속 변천 순서가 과거 기후의 변화를 반영하는 것으로 볼 수 있으며 이 해석에서는 해당 식물의 오늘날 기후 내성을 지침으로 삼는다.

또 도표는 과거 인간이 식생에 미친 영향도 나타낼 수 있다. 하지만 여기서 조정 작업이 필요하다. 여기 실은 화분 도표는 아일랜드 북부에서 채취한 화분 시추 표본을 토대로 한 것인데 이 지방의 최초 농경민들이 환

경에 미친 영향을 드러내 보인다. 서기전 4150년경 나무(특히 느릅나무와 오크나무) 화분이 크게 감소하고 풀과 팽이밥 같은 개활지 및 밭 식물 종들이 급격히 증가하는 것으로 보아 그때 삼림 개간이 이루어진 듯하다. 그 뒤 삼림 식생이 되살아난 후 두 번째 개간이 이어지는 것으로 미루어 이 지역 초기 농경은 집약적이지 못하였음을 알 수 있다.

및 삼림 개간뿐만 아니라 편년에 관한 정보도 제공하기 때문에 고고학에 더없이 귀중하다는 사실이 이미 입증된 바 있다.

화분 분석은 과거 환경을 정확히 그려낼 수는 없지만 시간의 흐름을 따라 일어났던 식생 변천을 그 원인(기후 아니면 인간)이야 무엇이든 어느 정도 알게 해주며, 이를 다른 방법들로부터 얻은 결과들과 비교할 수가 있다. 또 화분 연구는 지금부터 약 300만 년 전 에티오피아 하다르의 퇴적층 및 오모 강 유역의 환경처럼 아주 오래된 환경에 관해서도 매우 필요한 정보를 제공할 수 있다. 이 지방들은 언제나 대개 지금처럼 건조하였을 것으로 가정하였지만 화분 분석을 해보니 350만 년 전부터 250만 년 전에는 일부 열대식물까지 있는 등 훨씬 습하고 푸르렀다는 사실을 알 수 있었다. 지금은 반사막으로 나무와 관목들이 드문드문 흩어진 하다르는 당시 풀이 풍성하고 드넓게 자라던 초지로서 호수와 강을 따라서는 나무가 빽빽하였다. 250만 년 전쯤 일어난 한층 건조한 환경으로의 변화는 풀 종류가 좀더 우세해지면서 나무 화분이 줄어든 데서 볼 수 있다.

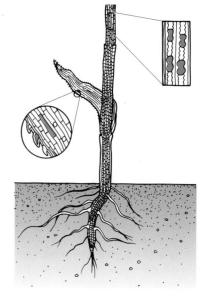

식물 규산체는 식물 세포에 있는 미세한 규소 입자로서 그 식물의 나머지 부분이 썩어 없어진 이후에도 잔존한다. 어떤 규산체는 식물의 특정 부위(예컨대 줄기 혹은 잎)에만 있다.

식물 규산체   미세 식물 연구 분야 중 상대적으로 잘 알려지고 급속하게 성장하고 있는 분야는 **규산체**에 관련된 것인데, 이는 일찍이 1908년에 최초로 고고학적 정황의 한 요소로 인지되었으나 체계적으로 연구된 것은 지난 수십 년 간에 불과하다. 이는 식물 세포에서 생겨난 미세한 규소 입자(식물 단백석; 플랜트 오팔)로 유기체의 나머지 부분이 분해되거나 불탄 경우에도 잔존한다. 이것들은 화덕이나 재층에 흔하지만 토기나 석회반죽 속, 심지어는 석기 및 동물이빨 표면에서도 발견될 수 있다. 예를 들어 초본류의 규산체가 유럽 청동기시대, 철기시대, 중세 유적 출토 초식동물 이빨들에 부착된 채로 발견된 바 있다.

이 결정체들이 유용한 이유는 화분 알갱이들과 마찬가지로 다량으로 생성되고 옛 퇴적물에서 잘 잔존하며 유형에 따라 서로 다른 무수한 특징 및 크기를 지니기 때문이다. 이것들은 우리

에게 주로 사람들이 이용한 특정 식물에 관해 알려주지만 단지 이것들이 있다는 사실만으로도 다른 자료들로부터 그려낸 환경 복원 그림에 보탬이 된다.

특히 규산체 분석과 화분 분석을 결합하면 환경 복원의 강력한 도구가 될 수 있는데, 그 이유는 두 방법이 강점과 약점을 상호 보완적으로 지니고 있기 때문이다. 미국 학자 돌로레스 피페르노는 파나마의 가뚠 분지에서 채취한 시추 표본들을 연구하였는데, 그것들이 함유한 화분은 11,300년 전부터 현재까지의 계기적 식생 변천 순서를 이미 드러내 보인 바 있다. 그녀는 시추 표본 중의 식물 규산체들이 한 가지 예외를 빼고는 화분 연속 순서를 그대로 확증함을 발견하였는데, 그 예외란 규산체에서는 농업 및 삼림 개간의 증거, 즉 옥수수가 등장하고 풀이 나무를 대체해 증가한 증거가 대략 4850년 전으로 나타나 화분의 경우보다 1000년 정도 이르다는 점이다. 규산체 증거가 이처럼 이른 이유는 개간이 소규모로 이루어진 탓에 주변 삼림으로부터 나온 화분 알갱이들이 표본 중 주체를 점함으로써 화분 도표에서는 개간 관련 화분들이 나타나지 못한 데 기인할 것이다.

규조류 분석　　　식물의 미세 화석을 이용한 또 한 가지 환경 복원 방법은 **규조류 분석**이다. 규조류는 섬유소 대신 규소로 된 세포막을 가진 단세포 조류(藻類)로서 그 조류가 죽은 뒤에도 규소 세포막들은 잔존한다. 이 세포막들은 조류가 사는 물이면 어디서든 그 바닥에 아주 많이 쌓이며 토탄층에서는 발견 예가 적지만 호수 및 해안 퇴적물에서는 대부분 나온다.

규조류는 지난 200년 동안 기록되고 식별되었으며 또한 분류되었다. 규조류를 식별하고 세는 과정은 야외에서 표본 채집을 하는 작업과 마찬가지로 화분 분석에서 실시되는 과정과 흡사하다. 규조류는 명확한 형태와 치레들을 갖고 있어서 식별을 아주 잘 할 수 있으며, 그 집합체는 직접적으로는 당시 살았던 조류의 유형과 규조류 생산력을 반영하고, 간접적으로는 물의 염도,

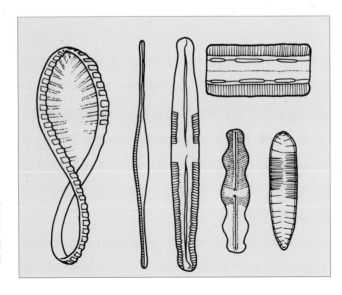

아주 작은 단세포 조류인 규조류의 다양한 모습인데 이들은 죽은 뒤에도 많은 퇴적물 속에서 그 규소 세포벽이 잔존한다. 과학자들은 어떤 퇴적층 속의 규조류 종들이 시간의 흐름에 따라 변화한 양상을 연구함으로써 과거 환경 변동을 복원하는 데 도움을 얻는다.

알칼리도, 자양 상태 등을 반영한다. 따라서 여러 규조류 종들이 필요로 하는 (서식지, 염도, 자양 등에 관련된) 환경 조건들로부터 그것들의 직접 환경이 시기별로 어떠하였는지를 판정할 수 있다.

또 규조류 집합체는 물이 담수인지, 반염수인지 혹은 염수인지를 나타낼 수 있기 때문에 그간, 이를테면 **지각구조** 융기 지역의 호수가 바다로부터 분리된 시기를 확인하고 과거 해안선의 위치를 찾아내며 수질 오염을 밝혀내는 데 이용되었다. 예컨대 네덜란드의 메뎀블리크에 이전에 있었던 위버슈프 호수 자리의 퇴적물 속에서 나타난 일련의 규조류들은 담수호였던 그곳에 서기 800년경 해침이 일어나 바닷물이 참으로써 그 인근의 인간 거주에 단절이 야기되었음을 시사한다.

이상의 모든 미세 식물―화분, 규산체, 규조류―분석은 분명히 전문가만 할 수 있다. 그렇지만 고고학자들이 훨씬 더 직접적으로 접촉하는 환경 관련 자료들이 있으니, 자신들이 발굴하는 도중에 실제로 보고 또 보존 조치할 수 있는 좀더 큰 식물 유체들이다.

큰 식물 유체

다양한 유형의 큰 식물 유체들이 수습될 수 있으며, 이것들은 유적 근처에 어떤 식물들이 자라고 있었고 사람들이 어떤 것들을 이용 혹은 소비하였는지 등등에 관한 중요한 정보를 제공한다. 여기서는 큰 식물 유체가 지역 환경 조건에 관련하여 줄 수 있는 귀중한 단서들에 초점을 맞추기로 한다.

퇴적물로부터 식생 자료를 수습하는 작업은 그간 토양으로부터 유기물질을 분리할 수 있는 체질과 **부유선별** 기법이 개발됨으로써 한결 손쉬워졌다. 부유선별에서는 발굴 시 나온 토양 표본들을 물이 흘러넘치는 탱크에 쏟아 부으면 가벼운 유기물질이 위로 떠올라 가장자리를 넘어 눈 크기가 다른 여러 체들에 차례로 걸리도록 되어 있다. 그러면 유기물질들을 말려 식별을 한다.

퇴적물만이 식물 유체가 나오는 유일한 곳은 결코 아니며, 냉동 보존된 매머드와 토탄 늪에 보존된 인간 사체의 위장 속, 화석화된 대변 속, 이빨 및 석기 표면, 그릇 속 찌꺼기에서도 발견된 바 있다.

씨앗과 과실　　　옛 씨앗 및 과실들은 탄화되거나 침수되어 모양이 바뀌었음에도 불구하고 대개 종의 수준까지 식별할 수가 있다. 어떤 경우 유체는 분해되고 자국만이 남기도 하는데, 예컨대 토기에서는 곡식 알갱이가 눌린 자국이 꽤 흔한 편이고 나뭇잎 눌린 자국 또한 알려져 있으며 이런 눌린 자국은 회반죽 및 탄산석회에서 가죽 및 부식된 청동에 이르기까지 다양한 재질들에 남아 있다. 물론 그 식별 작업은 흔적의 종류와 질에 따라 다르다. 그런데 그런 발견 모두가 반드시 그 지역에 해당 식물이 자라고 있었음을 의미하지는 않는다. 예컨대 포도 씨는 수입품으로부터 나올 수 있는 한편 어떤 토기편의 포도 씨 눌린 자국은 해당 토기가 제작지에서 멀리 이동

될 수 있기 때문에 잘못된 해석을 낳을 수도 있다.

식물 찌꺼기　　　그릇 안 식물 찌꺼기에 대한 화학적 분석은 밑에서 인간의 식단과 관련지어 다룰 것이지만, 그 분석 결과는 옛 사람들이 어떤 종들을 이용할 수 있었는지를 짐작하는 데 도움이 된다. 토기 그릇 자체에 태토조절 물질로서 (조가비, 깃털 혹은 피 등은 말할 것도 없고) 식물 섬유들을 섞는 수가 있어서 때로 그 유체를 현미경으로 식별할 수 있는데, 예를 들면 미국 사우스캐롤라이나 주 및 조지아 주에서 출토된 옛 토기들을 연구해 보니 파인애플과의 하나인 소나무겨우살이의 줄기를 갈기갈기 찢어 넣었음이 드러났다.

나무 유체　　　고고학에서 목탄(불탄 나무)에 대한 연구는 인간의 목재 이용 및 환경을 복원하는 데 점점 더 많은 기여를 하고 있는 참이다. 내구성이 아주 강한 물질인 목탄은 대개 고고학자가 발굴 중에 발견한다. 그 조각들을 전문가가 현미경으로 검사하는데, 나무의 해부학적 조직 덕택에 대개는 속의 수준, 때로는 종의 수준까지 식별할 수 있다. 목탄과 탄화된 씨앗은 또한 **방사성탄소연대측정**용 표본을 채취할 수 있는 가장 신뢰도 높은 물질임이 입증된 바 있다(제4장).

　　많은 목탄 표본들은 땔나무 잔적이지만 그 외에 유적의 역사 중 어느 시점에서 불탄 나무 구조물, 가구, 도구 들로부터도 나올 수가 있다. 따라서 표본들은 유적 주변에서 자라던 모든 식물 종이 아닌 인간이 선택한 나무를 필연적으로 반영하는 경향을 띤다. 그럼에도 각 종의 총화를 구하면 주어진 때의 식생 중 한 부분을 어느 정도 짐작할 수 있다.

　　목탄 분석 결과를 때로 다른 증거들과 결합하면 지역 환경뿐만 아니라 그에 대한 인간의 적응 양상에 관해서도 무언가를 밝혀낼 수 있다. 남아공 케이프 주 남부 붐플라아스 동굴의 깊은 퇴적층에 대한 발굴에서는 약 7만 년 전까지 거슬러 올라가는 인간 거주의 흔적들이 드러난 바 있다. 이 유적에서는 빙하시대와 후빙기의 목탄들 사이에 분명한 차이가 있었다. 22,000년 전부터 대략 14,000년 전 사이처럼 극도로 춥고도 건조한 기후였던 시기에는 목탄과 화분 둘 다에서 종의 다양성이 적은 반면, 강우량이 많고 기온이 높거나 그 중 어느 한쪽이었던 나중 시기에는 종의 다양성이 증가하였다. 이와 비슷한 유형의 종 다양성 변화는 소형 포유동물에서도 나타난다.

　　붐플라아스 동굴 주변의 식생을 보면 가장 춥고 건조했을 때는 인간이 주로 이용할 수 있는 식물 자원은 거의 없는 관목 및 풀로 이루어졌다. 대형 포유동물상은 들소, 말, 큰 영양 등 '거대' 종들을 비롯한 초식동물들이 주류를 점하였으며 이들은 대략 1만 년 전에 절멸하였다.

　　붐플라아스의 목탄은 대형 초식동물을 소멸로 이끌고 그에 상응하여 동굴 거주민의 생업활동 관습을 변화시킨 기후 및 식생 상의 점진적 변화를 직접 반영한다. 또 목탄 분석 결과는 최대 강우 계절의 천이를 반영하는 좀더 미묘한 변화들을 밝혀 주었다. 오늘날 캉고 강 유역의 숲 식생에서는 가시나무인 아카시아 카르루(*Acacia karroo*)가 주류를 점하는데, 이는 비교적 건조하

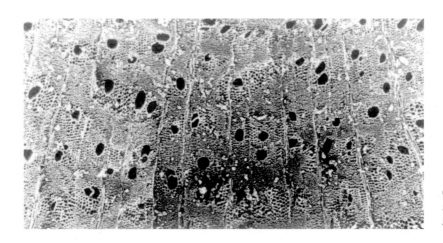

남아프리카 케이프 주 붐플라아스 동굴에서 발견된 가시나무 *Acacia karroo*의 목탄을 전자주사현미경으로 찍은 사진.

고 주로 여름에 비가 오는 남아프리카의 많은 지역들에서 보이는 특징적 현상이다. 이 가시나무 목탄은 붐플라아스의 빙하시대 표본들에서는 없지만 약 5000년 전부터 나타나며 2000년 전이 되면 우세종이 됨으로써 덥고 비교적 습한 여름으로 바뀌었음을 가리킨다. 동굴 거주자들은 여름 강우를 좋아하는 종들의 수가 증가함에 따라 새로운 과실들을 더 많이 이용할 수 있었으며 그 중 일부의 씨앗들이 이 유적에 보존되어 있었다.

이런 종류의 분석을 할 수 있는 나무들이 모두 탄화 상태인 것은 결코 아니다. 점점 더 많은 양의 침수목(沈水木)들이 세계 많은 지역의 습지 유적들에서 수습되고 있다. 그리고 극한 기후 혹은 극단 건조 기후 같은 일부 환경 조건에서는 나무들이 탄화되거나 침수되지 않고서도 건조

핵심 개념: 옛 식물 환경의 복원

미세 식물 유체

• 화분: 화분은 어떤 정황에서는 수백만 년 동안 보존될 수도 있지만 지난 12,000년 동안의 기후에서 일어난 작은 변동들을 연구하는 데 가장 유용하다.

• 식물 규산체: 대부분의 고고학 퇴적층에서 아주 잘 잔존하며 그래서 다른 자료로부터 구축한 환경 그림에 보탬이 될 수 있다.

• 규조류: 호수 및 해안 퇴적물에서 발견되며 그래서 과거 해양 환경을 분석하는 데 유용하다.

큰 식물 유체

• 씨앗과 과실: 대개 종의 수준까지 식별할 수 있지만 이것들을 다른 곳에서 유적으로 들여왔을 수도 있기 때문에 해석에 어려움이 있을 수 있다.

• 식물 찌꺼기: 어떤 종들을 이용할 수 있었는지를 약간 이해할 수 있도록 해준다.

• 나무: 목탄은 고고학적 기록에서 잘 잔존하며 종의 수준까지 식별할 수 있지만 발견된 목탄들이 유적 주변에서 자라던 나무 종들을 전부 반영하기보다는 인간이 선택한 나무를 나타내는 경향이 있다.

목(乾燥木)으로 잔존할 수 있다.

기타 증거 자료　　　고고학자들이 연구하는 좀 덜 아득한 시기의 식생에 관한 아주 많은 정보
는 미술, 옛 원전들(예컨대 대(大)플리니우스의 저술, 로마시대 농업지, 쿡 선장 같은 초기 탐험
가들의 이야기 및 삽화 등), 심지어는 사진들로부터 얻을 수가 있다.

한 가지 범주의 증거만으로는 지역 혹은 지방의 식생, 소규모 변화 추세 혹은 장기 변동에 관
한 전체 그림을 그려낼 수가 없다. 각각의 증거는 과거의 실상에 대한 부분 그림만을 만들어낼
뿐이기 때문이다. 따라서 모든 가용 자료의 입력이 필요하며, 밑에서 보게 될 바와 같이 과거 환
경에 최대한 가까운 그림으로 복원하기 위해서는 그것들을 이 장에서 논의한 다른 형태의 자료
들로부터 얻은 성과들과 반드시 결합해야만 한다.

이 절에서는 지금까지 과거 특정 장소나 시점의 식물 환경을 복원하기 위해 다양한 고고학
자료를 어떻게 이용할 수 있는지 보았다. 그러면 동물 생활에 관한 증거로는 무엇이 있으며 이는
우리에게 과거 환경에 관해 무엇을 말해 줄 수 있는가?

3. 동물 환경의 복원

동물 유체는 19세기 고고학자들이 발굴 과정에서 맞닥뜨린 선사시대 여러 시기의 기후를 특징짓
는 데 사용한 최초의 증거였다. 그들은 여러 종들이 층위별로, 따라서 시기별로 있거나 없고 혹
은 특히 많기도 하다는 사실을 인지하였고 이는 변화를 거듭한 과거 기후 조건들을 반영한다고
가정하였다.

오늘날 동물 유체를 환경에 관한 단서로 사용하기 위해서는 그 증거를 19세기 선구자들보다
훨씬 비판적으로 조사할 필요가 있다. 예컨대 우리는 현대 동물들과 그 환경 사이에 존재하는 복
합적 관계를 이해해야만 한다. 또 우리가 연구하는 동물 유체들이 어떻게 유적으로 들어가게 되
었는지—자연에 의해서인지, 혹은 육식동물 또는 사람의 활동을 거쳐서인지—를 조사해야 하
며, 그래서 그것들이 해당 시기의 다양한 동물들을 어느 정도 대표할 수 있는지를 연구해야 한
다.

소형동물

작은 동물들은 큰 종들보다 기후 및 환경 변화의 지표로 쓰기가 좋은데, 그 이유는 소형동물들이
작은 기후 변화에 민감하고 또 상대적으로 빨리 그에 적응하기 때문이다. 게다가 소형동물들은
유적에 자연적으로 축적되는 경향이 있기 때문에 인간 혹은 동물의 포식행위로써 유체가 축적되

는 경우가 흔한 대형동물보다 근접 환경을 한층 정확하게 반영한다. 또 소형동물, 특히 곤충들은 화분과 마찬가지로 대개 대형동물보다 훨씬 많은 수로 발견되며, 그래서 그에 대한 분석의 통계적 유의성을 증대시킨다.

고고학 유적에서는 식충동물, 설치류 및 박쥐 같은 아주 다양한 소형동물들의 유체가 발견되지만, 그 뼈들이 출토 토층과 동시에 퇴적되었으며 굴 파는 동물에 의한 후대 틈입이 일어나지 않았다는 점을 최대한 확인하는 작업이 필요하다. 일부 작은 동물 종은 아주 특정한 환경 조건들을 나타내는 수가 있지만 그 유체들이 후대의 틈입물이 아니라고 해서 반드시 직접 접한 환경을 말해 주는 것은 아니라는 점을 유념해야 한다. 예를 들어 그 동물 유체들이 올빼미가 토해낸 뼈, 깃털 따위의 소화되지 않은 먹이로부터 나온 것이라면 그것들은 유적으로부터 수 km까지 떨어진 곳에서 잡힌 놈들일 수도 있기 때문이다(그럼에도 새가 토해낸 먹이 속에 든 내용물은 지역 환경을 평가하는 데 아주 귀중할 수는 있다).

조류 및 어류의 뼈는 유난히 부서지기 쉽지만 연구 가치는 아주 풍부하다. 이것들은 예를 들어 특정 유적이 점유된 계절을 판정하는 데 이용할 수 있다. 조류는 기후 변화에 민감한데, 마지막 빙하기에 '한랭' 종과 '온난' 종이 번갈아 살았던 점은 그동안 환경을 평가하는 데 큰 도움이 되었다. 다만 어떤 새가 자연적으로 그 유적에 있는 것인지 사람 혹은 육식동물에 의해 반입된 것인지를 판정하기가 때로 어렵기는 하다.

(달팽이 같은) 육상 연체동물의 탄산칼슘 외피는 많은 유형의 퇴적물 속에 보존되어 있다. 이 동물들은 지역 기후 조건들을 반영하며 미세한 기후 변화, 특히 기온과 강우의 변화에 민감할 수가 있다. 그러나 많은 종들이 아주 폭 넓은 기후 내성을 가지며, 그래서 변화에 대한 반응이 비교적 느리므로 살기에 불리한 지역들에서도 '내내 버티다가' 새로 적응할 만한 지역들로 천천히 퍼져 나간다는 점을 유념해야 한다. 시간의 흐름에 따라 변화한 해양 연체동물 종들의 상대 비율은 그에 나타난 종들이 오늘날 어떤 조건들을 선호하는지 연구함으로써 옛 해안 미세 환경이 지닌 성격―모래로 덮였는지 혹은 바위로 되었는지 따위―을 어느 정도 드러내 보일 수 있다. 여러 종들의 존부 혹은 빈도에서 일어난 이런 변화들이 시사하는 기후 변동은 그 껍데기에 대한 산소 동위원소 분석으로 확인해 볼 수 있다.

또 광범위한 종류의 곤충들도 발견될 수 있는데, 이들은 성충, 유충, (파리 종류의 경우) 번데기의 형태로 발견된다. 곤충류 연구(**고곤충학**)는 고고학에서 대략 30여 년 전까지는 다소 소홀히 하였으나 그 이후 아주 많은 선구적 연구 작업들이 이루어졌다. 곤충의 외골격은 반부패성이 아주 강하기 때문에 어떤 일괄에서는 수천 개체가 남아 있기도 한다. 옛 곤충들의 오늘날 후손들이 지닌 분포와 환경적 요건들을 알기 때문에 그 곤충 유체들을 특정 시기, 특정 지역에 세력을 떨쳤음직한 기후 조건들(그리고 어느 정도의 식생)을 알아내는 정확한 지표로 이용할 수 있는 경우가 흔히 있다. 어떤 종들은 새끼를 치고 싶어 하는 장소와 그 유충들이 필요로 하는 먹이의 종

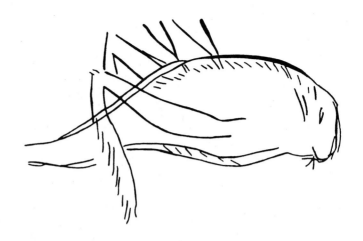

프랑스 아리에주 앙렌느의 빙하시대 말(막달레니안) 유적 출토 뼈 조각에 새겨진 메뚜기. 곤충들은 기후 변화에 재빨리 반응하며, 그래서 환경 변이의 때와 규모를 나타내는 민감한 지표가 된다.

류가 딱 들어맞아야 그곳에 서식한다. 그렇지만 미세 환경을 복원하는 데 단 하나의 '지표 종'을 이용하기보다는 여러 종들을 동시에 고려하는 편이 더 믿을 만하다(그러면 옛 기후를 각 종의 기후 내성 영역들이 중첩되는 범위로 좁혀서 특정할 수 있다).

대형동물

고고학 유적에서 발견되는 대형동물의 유체는 주로 과거 인간의 식단에 관한 그림을 그려내는 데 도움을 준다(아래 참조). 그것들은 환경 지표로서는 한때 생각했던 것보다 덜 믿음직스럽다는 사실이 밝혀진 바 있는데, 그 이유는 주로 대형동물들이 소형동물들만큼 환경 변화에 민감하지 않기 때문이지만 또한 그 유체가 인간 혹은 동물의 활동 때문에 고고학적 정황 속에 퇴적되었을 가능성이 아주 크기 때문이다. 사람이나 육식동물에 잡혀 죽은 동물로부터 나온 뼈들은 그 동물들이 선택된 것이기에 그 환경 속에 살았던 동물상의 전 범위를 정확하게 반영할 수가 없다. 따라서 자연적 사건 혹은 재난으로 생겨난 동물 유체 집적을 발견하는 편이 이상적이다. 예컨대 분류성(奔流性) 홍수에 휩쓸리든가 화산 폭발로 묻히거나 아니면 영구동토 속에서 얼어버린 동물들이 있다. 그러나 그런 발견들은 아주 드물며 고고학자들이 조우하는 통상적 동물 뼈 집적물과는 아주 다르다.

적합한 뼈 일괄이 발견되고 종까지 식별되었다고 한다면, 그 결과는 옛 환경에 관해 무엇을 말해 줄 수 있는가?

대형동물의 골격과 특히 이빨은 그들의 식단에 관해 무엇인가를 이야기해 주고, 따라서 초식동물인 경우에는 선호한 식생 유형에 관해 말해 준다. 그렇지만 그들의 분포 구역 및 서식지에 관한 대부분의 정보는 현대 종들을 연구함으로써 얻어내는데 이 경우 당해 시기 이래로 그 종의 습성이 실질적으로 바뀌지 않았음을 전제로 한다. 또 이런 연구들은 대형동물들이 한때 생각했던 것보다는 훨씬 넓은 범위의 기온과 환경에 대한 내성, 즉 그것들을 견디거나 이용할 수 있는 잠재력을 지녔다는 사실을 보여준다. 그러기에 빙하시대 퇴적층 속에 든 옛털 코뿔소 같은 종의 존재는 추운 기후를 가리킨다기보다는 그 종이 낮은 기온을 감내하는 능력을 지녔음을 말하는 증거로만 삼아야 한다.

또 대형 포유동물들은 일반적으로 식생의 좋은 지표는 못되는데, 그 이유는 초식동물들이 아주 광범위한 환경에서 잘 번성할 수 있고 또 다양한 식물들을 먹을 수 있기 때문이다. 따라서 각 개체종이 대개 어떤 특정 서식지를 대표한다고는 생각할 수 없다. 그러나 예외는 있다. 예를 들어 순록은 발견된 뼈뿐만 아니라 동굴 미술이 보여주듯이 마지막 빙하시대에는 북부 스페인까지 도달하였다. 그런 중대한 이동상은 환경 변화를 분명하게 반영한다. 또 사하라 사막의 바위 미술에서도 오늘날은 이 지역에 생존할 수 없는 기린과 코끼리 같은 종들이 존재했던 증거를 분명하게 볼 수 있으며, 따라서 극적인 환경 개변이 일어났음을 말하는 증거가 될 수 있다.

또한 동물상은 아래에서 보게 될 바와 같이 사람들이 어떤 유적에 연중 어느 계절에 살았는지를 판정하는 데도 이용할 수 있다. 해안 유적들에서는 해수면 변화로 해안 평지가 늘거나 줄어듦에 따라 유적의 해안 근접도와 가용 목초가 변화함으로써 고고학적 연속 퇴적층 내에서 해양 자원과 초식동물의 유체가 교호로 나타났다가 사라지곤 하는 것으로 보인다.

하지만 우리가 언제나 명심해야 할 점은 동물상의 변화 원인에는 기후나 사람이 아닌 다른 것들도 있을 수 있다는 사실이다. 그런 부가적 요인들로는 동물들 간의 경쟁, 전염병, 혹은 육식동물 수의 변동 등을 들 수 있다. 더욱이 기후 및 날씨가 국지적으로 조금만 변화해도 야생 동물의 숫자와 분포에 엄청난 영향을 끼칠 수 있기에 설령 어떤 종의 저항력이 높다고 하더라도 극도로 많은 상태로부터 수년 안에 실질적 절멸로까지 쇠퇴할 수도 있다.

4. 생업활동과 식단

앞에서 환경복원 방법들을 논의하였으므로 이제 사람들이 환경으로부터 무엇을 손에 넣었는지, 바꾸어 말하면 뭘 먹고 살았는지를 알아내는 방법으로 눈을 돌려보기로 하자. 옛 생업활동을 복원하는 데서는 식료(meals)와 식단(diet)을 구분하는 것이 유용한데, 전자는 특정 시기에 사람들이 실제 먹은 것들에 관한 여러 종류의 직접 증거를 말하고 후자는 오랜 기간에 걸친 음식소비 유형을 뜻한다.

식료에 관한 한 그 정보 자료는 다양하다. 문자기록은 만약 남아 있다면 사람들이 먹었던 음식 중 일부를 예시하며, 미술 형태의 표현물들 또한 그렇게 해 준다. 심지어 현대 민족지고고학도 옛 사람들의 선택 폭에 대한 이해를 넓힘으로써 그들이 먹었을 '가능성이 큰' 항목을 예시하는 데 도움을 준다. 그리고 옛 사람들이 먹었던 식사의 실제 잔존물이 아주 유용한 정보를 줄 수 있다.

훨씬 더 어려운 문제인 식단 연구에 도움이 되는 조사 기법은 몇 가지가 있다. 어떤 방법은 인골에 초점을 맞춘다. 한 인구 집단의 유골들에 대해 동위원소 분석을 해보면, 예컨대 식단 중 해양 식량과 육지 식량의 비율을 예시할 수가 있고 심지어는 동일 사회 내의 혜택 받은 구성원들과 그렇지 못한 구성원들 사이의 영양 차이까지 밝혀낼 수 있다.

그러나 옛 생업활동에 관한 직접 정보의 대부분은 사람들이 먹었던 음식의 잔존물로부터 나온다. 과거 인간의 동물 이용에 관한 연구인 동물고고학(또는 **고고동물학**)은 이제 고고학연구에서 큰 사업이다. 어느 곳의 발굴단이든 동물 뼈를 연구할 전문가를 갖추지 않은 경우는 거의 없을 정도이다. 예를 들어 펜실베이니아 주 메도우크로프트의 고인디언 암벽 밑 은거지에서는 약 1백만 점의 동물 뼈(그리고 거의 150만 점에 달하는 식물 표본)가 출토되었다. 중세 및 근세 유적들에서 수습되는 자료의 양은 그보다 더 엄청날 수도 있다. 과거 인간의 식물 이용에 관한 연구인 **고인간식물학**(또는 고고식물학)도 이와 마찬가지로 한창 발전하고 있는 분야로서, 수습 식물 종을 판정하는 여러 가지 기법들을 갖추고 있다. 이 두 분야 모두에서 가장 효율적인 정보추출 기법을 확실하게 담보하기 위한 첫째 요건은 유적의 보존 조건들을 상세하게 파악하는 일이다. 또 두 분야 모두에서 그간 관심의 초점은 옛 사람들이 먹은 종뿐만 아니라 그 동식물 먹을거리의 관리 방식까지로 확대되었다. 동물과 식물 둘 다의 순화 과정이 이제 주요 연구 주제 중 한 가지가 된 것이다.

음식 잔존물에 대한 해석은 논란이 많을 수 있기에 아주 정치한 연구 절차를 필요로 한다. 처음에는 주변 환경 속에서 이용 가능하였을 '식단표'를 복원할 수 있지만(위 참조) 어떤 식물 혹은 동물 종이 실제 소비되었음을 논란의 여지없이 일러주는 유일한 증거는 위장 내용물이나 건조된 옛 대변의 잔존물이다. 고고학자가 만약 그런 증거를 이용할 수 없는 경우에는 발견물의 정황이나 주변 상황으로부터 그 먹을거리를 실제로 먹었는지 판정하려고 할 수밖에 없다. 예컨대 잘리거나 불탄 뼈가 있다면 동물들이 해체되어 조리되었을 가능성이 있다.

식단에서 주식이었던 식물일지라도 그 유체가 전반적으로 잘 보존되지 못하여 과소하게 나타날 수가 있다. 물고기 뼈도 그와 마찬가지로 잘 잔존하지 못할 가능성이 있다. 그러므로 고고학자는 한 유적의 음식 잔존물들이 전체 식단을 어느 정도까지 대표할 수 있는지를 숙고해야 한다. 이 점에 관련해서는 해당 유적의 기능을 평가할 필요가 있고 또 한때만 거주하였는지 자주 그러하였는지, 기간이 짧았는지 길었는지, 불규칙적이었는지 계절적이었는지(점유 계절도 때로는 동식물 증거로부터 추론할 수 있음)도 평가할 필요가 있다. 장기 점유 취락은 특수 용도의 야영지나 도살 유적보다는 대표성이 더 큰 음식 잔존물이 나올 가능성이 크다. 그러나 고고학자들이 식단에 관한 판정을 내리기 전에 표본들을 다양한 정황이나 유적들로부터 추출해야 이상적이라고 하겠다.

이제 인간의 생업활동에 관한 주요 증거 형태 몇 가지와 더불어 그에 대해 내릴 수 있는 여러 가지 해석들 중 몇 가지를 살펴보기로 한다.

5. 식물 음식은 식단에 관해 무엇을 말해줄 수 있는가?

우리는 미세 식물 유체 연구로부터 식단에 관해 약간 알아낼 수 있는데, 특히 식물 규산체를 연구함으로써 예컨대 야생 식물 종과 순화 식물 종을 분간하는 데 도움을 얻을 수 있다. 그러나 고고학자들의 손에까지 들어오는 식물 증거에서 절대 다수는 큰 식물 유체의 형태를 띠며 식단을 복원하려 할 때는 이것들이 훨씬 유용하다.

큰 식물 유체

큰 식물 유체는 (오로지 사막이나 고산처럼 절대적으로 건조한 환경 속에서) 건조되거나 (오로지 폐기된 때부터 항구적으로 물에 젖은 환경 속에서) 침수되든지 아니면 탄화되어 보존된 것들이다. 예외적 상황으로 화산이 폭발해 식물 잔존물을 보존할 수도 있는데 이를테면 엘살바도르의 세렌에서는 아주 다양한 종들이 탄화되거나 수많은 그릇에 눌린 자국을 남긴 상태로 발견되었다. 때로는 한 유적 안에서도 여러 가지 다른 방식으로 보존된 식물 유체들을 만날 수도 있지만, 세계 대부분 지역의 주거 유적에서 큰 식물 유체의 보존을 낳는 주된 혹은 유일한 요인은 탄화이다.

때로는 어떤 유적에서 단 하나의 표본이 아주 많은 양의 자료를 내는 수가 있다. 예를 들어 영국 남부 블랙 패취 청동기시대 농원의 저장 구덩이 하나에서는 탄화된 보리, 밀, 여타 식물들이 27kg 넘게 출토되었다. 그런 예는 이따금 여러 곡류, 채소류, 잡초 식물 사이의 상대적 중요도에 대한 단서를 제공하기는 하지만 그럼에도 어느 한 시점의 상황을 반영할 뿐이다. 고고학자가 정말 필요로 하는 자료는 어떤 유적에서 단일 시기에 속하는 최대한 많은 수의 표본들(각기 100알 이상이 바람직)이며, 나아가 해당 시기에 어떤 종들이 이용되었으며 각각의 비중과 용도는 무엇이었나에 관한 믿을 수 있는 정보를 얻기 위해서는 최대로 다양한 유형의 퇴적 정황들로부터 나온 자료가 필요하다.

충분한 식물 유체 표본들을 손에 넣었다면 그것들을 예컨대 무게나 수에 따라 계량화할 필요가 있다. 어떤 고고학자는 표본들의 빈도만을 기준으로 정리하기도 한다. 그러나 영국 고고식물학자 제인 렌프류가 그리스 시타그로이의 **신석기시대** 취락지에서 출토된 자료를 연구한 데서 보

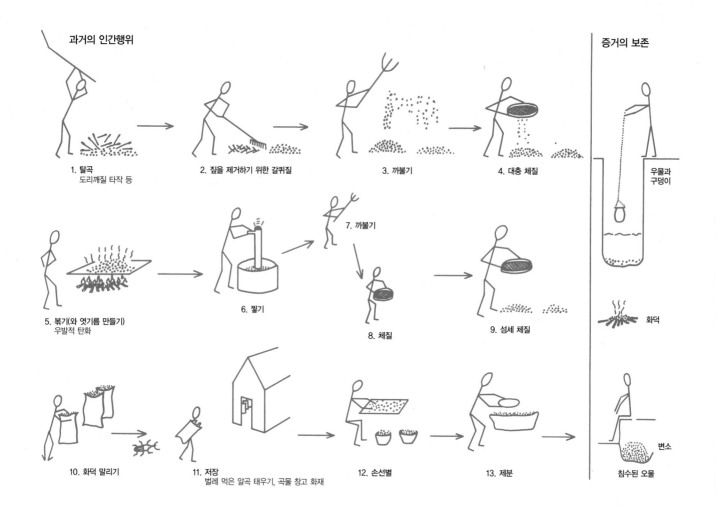

과거의 인간행위　　　　　　　　　　　　　　　　　　　　　　　　　　　　　　　**증거의 보존**

1. 탈곡
도리깨질 타작 등

2. 짚을 제거하기 위한 갈퀴질

3. 까불기

4. 대충 체질

우물과
구덩이

5. 볶기(와 엿기름 만들기)
우발적 탄화

6. 찧기

7. 까불기

8. 체질

9. 섬세 체질

화덕

10. 화덕 말리기

11. 저장
벌레 먹은 알곡 태우기, 곡물 창고 화재

12. 손선별

13. 제분

변소

침수된 오물

알곡 가공 과정: 이런 여러 단계에서 나오는 쓰레기들이 탄화되거나 물에 잠기면 잔존물로 보존될 수 있다.

여 주었듯이 빈도는 잘못된 해석을 낳을 수가 있다. 그녀는 가장 풍부한 식물이 실은 (굽는 과정에서의 사고 등으로) 우연히 그렇게 잘 보존되었을 가능성이 있음을 지적한 바 있다. 씨앗이나 낟알을 많이 산출하는 종들도 이와 마찬가지로 고고학적 기록 속에서 중요성이 실제보다 과장되어 나타날 수 있다. 예컨대 시타그로이 유적에서는 골무 하나에 19,000개의 마디풀 보리 낟알이 가득 들어 있었다.

정황과 잔존물의 해석　　　고고학자나 전문가는 식물 표본의 고고학적 정황을 이해하고자 노력하는 일이 가장 중요한데, 그 정황은 해당 식물이 정확히 어떻게 이용되고 있었는지를 좀더 드러내줄 수 있기 때문이다. 과거에는 식물 자체가 지닌 식물학적 역사, 형태, 원산지, **진화** 등에 주로 초점을 맞추곤 하였다. 그러나 이제는 고고학자들이 수렵채집경제와 농경하에서 인간이 식물을 어떻게 이용하였는지, 즉 식단에서 어떤 식물이 중요하였고 그것이 어떻게 채집되거나 길러져서 가공되고 저장되었으며 조리되었는지 등등에 관해서도 더 잘 알기를 원한다. 이를 위해서는 식물 가공의 각 단계를 이해하고 각 가공 과정이 잔존물에 미치는 영향을 인식하며 고고학적 기록 속의 여러 가지 정황들을 식별해 내는 작업이 필요하다. 식물 유체가 발견된 지점의 기능을 드러내주고 그럼으로써 그 정황의 성격 또한 밝혀주는 것은 많은 경우 다름 아닌 식물 유체 자체이다(그 역이 아니라).

예컨대 농업경제하에서는 식물 가공에 여러 단계들이 있으니 곡류는 옆의 그림에서 보듯이 소비하기 전 낟알을 겨, 짚, 잡풀로부터 분리하기 위해 탈곡을 하고 키질을 하며 씻어내야 한다. 그러나 종자용 알곡은 또한 다음해 농사를 위해 저장을 해야 한다. 그리고 곡물 식량은 병충해 등을 최소화하기 위해 탈곡을 하지 않고 저장하였다가 필요할 때만 탈곡을 할 수도 있다. 그런데 이런 활동들 중 일부는 민족지고고학 및 실험고고학 관찰에 의하면 화덕, 주거지 바닥, 변소 혹은 저장구덩이 중 어디서 나온 것이든 실제 고고학적 표본들과 비교할 수 있는 특징적 찌꺼기들을 남긴다고 한다.

식물 유체 속 화학물질 찌꺼기 식물 유체 속에 잔존한 여러 가지 화학물질도 그 식물이 무엇인지 식별하는 데 쓸 수 있는 또 다른 근거를 제공한다. 그런 화합물로는 단백질, 지방, 심지어는 DNA가 있다. 이 중에서 지방은 지금까지 여러 가지 곡류와 채소류들을 가려내는 데 가장 유용한 수단으로 밝혀졌지만 언제나 다른 비화학적 식별 기법들과 같이 써야 한다. DNA는 종국적으로 한층 세밀한 수준에서 식별 문제를 해결해 줄 전망을 지니고 있으며 그 식물의 족보와 식물 먹을거리의 교역 유형도 추적할 수 있도록 해줄 것으로 기대된다.

식물 압인 식물 유체의 눌린 자국(압인)은 소성된 점토에 아주 흔하게 나타나며, 최소한 그 식물 종이 점토를 가공하는 장소에 실제 있었음을 말하는 증거이다. 그렇지만 그런 압인을 남긴 식물들이 반드시 경제나 식단에서 중요하였음을 입증하는 것은 아닌데, 그것들이 아주 편향된 표본이며 또 중간 정도 크기의 씨앗이나 곡류들만 자국을 남기는 경향이 있기 때문이다. 토기편에 남은 압인들에 대해서는 특히 신중해야 하는데, 그 이유는 토기가 제작 지점으로부터 아주 멀리 떨어져 폐기될 수 있고 또 어떻든 옛 사람들이 많은 토기들에 곡류를 의도적으로 눌러 장식을 한 탓에 해당 종의 중요성이 지나치게 강조될 가능성이 있기 때문이다.

유물에 붙은 식물 찌꺼기의 분석

제7장에서 보게 되듯이 도구의 날을 현미경으로 분석해 보면 그 도구가 살코기, 나무 혹은 어떤 다른 물질 중 대략 무엇을 자르는 데 쓰였는지 식별할 수 있다. 도구에서 규산체를 발견해 내면 어떤 유형의 풀을 잘랐는지 알 수 있다. 또 현미경 검사로 석물 섬유질을 찾아내고 식별할 수 있다. 또 한 가지 방법은 도구 날에 붙은 찌꺼기에 대한 화학적 분석이다. 어떤 화학 시약은 도구나 그릇에 식물 찌꺼기가 있는지 없는지를 입증하는 수단이 될 수 있다. 예컨대 옥화칼륨은 녹말가루가 있으면 푸르게 변하고 다른 식물질에 대해서는 황갈색으로 반응한다. 또 녹말가루는 현미경으로도 탐지해 낼 수 있는데, 예컨대 파나마 습윤 열대지역의 아구아둘세 은거지에서 출토된

선사시대 갈판 표면의 갈라진 틈에서 바늘로 녹말을 긁어내 조사한 적도 있다. 녹말 알갱이는 그 종을 식별할 수도 있기에 알아보았더니 마니옥이나 칡 같은 괴경류가 서기전 5000년경 이곳에서 재배되고 있었음이 드러났는데 이것들은 통상적으로는 수습 가능한 화석 유체를 남기지 않는다. 이는 아메리카 대륙에서 가장 이른 연대를 가진 마니옥의 발견이다.

그릇 안에 보존된 지방질에 대한 화학적 검사 또한 진전을 이룩하고 있는 참인데, 그 근거는 지방산, 아미노산(단백질의 구성성분), 그리고 이와 유사한 물질들은 매우 안정적이라서 잘 보존된다는 사실을 알게 되었기 때문이다. 찌꺼기로부터 표본을 채취하여 정화 처리하고 원심분리기에서 농축시킨 후 말려서 분광계로 분석하고 또 지방의 주요 구성성분들을 분리하는 색층분석이라는 기법으로도 분석을 한다. 그 결과를 해석하기 위해서는 여러 물질의 판독정보인 '착색 띠'들로 구성된 대조 표품과 비교를 한다.

예를 들어 독일 화학자 롤프 로틀렌더는 신석기시대 호반 주거지에서 나온 표본들을 비롯한 토기편들에 묻은 겨자, 올리브유, 종자유, 버터, 여타 물질들을 식별한 바 있다. 그는 독일 호이너부르크의 철기시대 성채에서 출토된 토기편들에 대한 작업에서, 통상 액체와 연관되는 저장용기인 암포라 몇 개가 실제로 올리브유와 포도주를 담은 반면 로마시대 암포라 한 개에 남은 목탄 같은 검은 찌꺼기는 액체가 아닌 밀가루임을 입증할 수 있었다. 이 중요한 기법은 식단에 관한 증거를 제공할 뿐만 아니라 지방질이 담긴 그릇들의 기능을 규명하는 데도 도움을 준다. 지금은 작은 식물질 조각에 대해 단백질, 지방질, DNA 생화학 분석을 해서 식물 음식의 종을 식별하려는 한층 개량된 기법들도 개발되고 있는 중이다.

야생 식물 종의 순화

현대고고학의 주요 쟁점 분야 중 하나는 인류의 식물 경영 문제, 특히 어떤 종이 야생인지 순화된 것인지에 관한 것인데 이는 인류사에서 가장 중요한 측면들 중 하나인 이동(**수렵채집**) 생활로부터 정주(농경) 생활 방식으로의 전이 과정을 밝혀줄 수 있기 때문이다. 다만 야생종과 순화종을 구분하는 일 자체가 흔히 어렵든지 불가능하거나 혹은 부적절할 수 있는데, 그 이유는 많은 유형의 재배가 식물 형태를 변화시키지 않을 수 있고 심지어 그런 변화가 일어난 경우에도 그것이 발현하는 데 얼마나 오래 걸렸는지를 알지 못하기 때문이다. 실험 증거에 따르면 야생에서 순화로의 전이는 옛 농민이 의식적으로 개입하지 않았어도 겨우 20년에서 200년 만에 완료될 수도 있었음을 시사한다. 설사 야생 식물과 순화 식물 사이에 어떤 선을 긋더라도 그것이 반드시 채집과 농경 사이의 구분에 대응하는 것은 아니다. 그럼에도 야생 형태와 완전한 순화 형태를 분명하게 구분할 수 있는 경우들이 있다. 여기서는 큰 식물 유체가 주로 소용에 닿는다. 예를 들어 최근 미국 고고학자 브루스 스미스는 앨라배마 주 러셀 동굴에서 출토된 거의 2000년 된 5만 점의 *Chenopodium*(명아주류) 탄화 열매들이 순화를 반영하는 일련의 상호 관련된 특성들을 가졌다

야생 곡류와 순화 곡류의 비교. 왼쪽부터 야생 및 순화 아인콘, 순화 옥수수, 멸종 야생 옥수수. 야생 아인콘에서 소수상 화서들이 떨어지고 있는데 이것들은 각 화서의 기저부에 있는 화축이 부러지기 쉬운 덕에 이처럼 쉽사리 떨어진다. 그보다 단단한 화축을 가진 순화종은 사람이 쳐야만 비로소 그 작은 이삭들이 떨어진다.

는 사실을 발견하였다. 그리하여 그는 서기 200년경 옥수수가 도입되기 전 '동부 삼림지대'의 채원에서 이용할 수 있었던 호리병박, 호박, 늪딱총나무, 해바라기, 담배를 비롯한 몇 안 되는 재배작물의 목록에다 이 전분질 씨앗 종을 추가할 수가 있었다.

근년 들어 야생 콩류와 순화 콩류를 형태에 따라 분간할 수 있는지에 대해 약간의 논쟁이 있었지만 영국학자 안 버틀러가 실시한 고고식물학적 연구에 의하면 전자주사현미경에서조차 절대 확실하게 구분할 방법은 없는 듯하다. 반면 곡류는 잘 보존된 경우라면 한층 간단하며, 순화여부는 씨앗이 자연적 요인에 따라 잘 퍼지도록 해주는 약한 꽃자루(화축) 같은 해부학적 특성들이 있는지를 단서로 판별할 수 있다. 바꾸어 말하면 일단 사람들이 곡물을 재배하기 시작한 이후로는 그것이 수확될 때까지 자기 씨앗을 계속 지닌 변종으로 서서히 발전하였다는 것이다.

문자사용 사회들에서 나온 식물 증거

작물 재배의 기원이나 수렵채집민의 식물 이용에 대해 연구하는 고고학자들은 민족지고고학과 현대 실험고고학의 연구 성과를 분별 있게 이용하면서 위에 개괄한 여러 가지 과학적 증거에 의지해야 한다. 그렇지만 문자사용 사회, 그 중에서도 특히 대문명 사회의 식단에 관한 연구를 하는 학도들은 문헌 기록과 미술에서 식물 순화뿐만 아니라 농경관습, 조리법, 기타 식단에 관련된 많은 측면들에 관해 풍부한 증거를 발견할 수 있다.

예컨대 그리스 역사가 헤로도토스는 서기전 5세기의 식사 습관, 특히 음식과 식단에 대해 광범위한 증거를 남긴 이집트문명에서의 사례에 관해 풍부한 정보를 우리에게 준다. 파라오시대에 관한 증거 중 많은 부분은 무덤 속 벽화 및 음식물로부터 나오기에 어느 정도 상류 계급에 치우친 점은 있으나 텔 엘 아마르나 같은 노동자 촌락의 식물 유체와 상형문자 원전으로부터 그보다 평범한 사람들의 식단에 관해서도 많은 정보를 얻을 수 있다. 후대인 프톨레마이오스 왕조시기에는 노동자들의 옥수수 할당량 기록으로 예컨대 파윰의 농장 노동자들에게 할당한 곡물에 관련

알곡 수확과 가공: 이집트 테베의 신왕국 시기 무덤 벽에 그려진 장면.

된 서기전 3세기 계산서가 있다. 인형들 또한 음식 조리에 관한 지식을 준다. 예를 들어 제12왕조 (서기전 2000~1790년) 귀족 메케트레의 무덤에 부장된 목제 인형 한 벌은 밀가루를 반죽해 빵 덩이로 만드는 여성상과 맥주를 빚는 인물상 등으로 이루어져 있다. 이라크에서 출토된 3750년 전 바빌로니아시대 문자 점토판 세 점이 새로 해독되었는데 이는 아주 다양하고 풍성한 고기 스 튜 요리법 35가지를 포함한 설형문자 원전으로 세계에서 가장 오래된 요리책인 셈이다.

신대륙에서는 16세기 프란체스코수도회 수사 베르나르디노 데 사아군이 직접 관찰하고 또 인디언 제보자의 증언에 근거해서 쓴 귀중한 저술들에서 아스텍 사람들의 식량 작물, 어로 관습, 자연사 지식의 많은 부분을 얻고 있다.

그렇지만 언제나 유념해야 될 일은 문자 증거와 미술이 아주 짧은 기간의 생업활동 모습을 전하는 경향이 있다는 점이다. 인간의 식단을 장기적인 관점에서 조사할 수 있는 길은 고고학뿐 이다.

핵심 개념: 식물 음식은 옛 식단에 관해 무엇을 말해 줄 수 있는가?

• 큰 식물 유체: 이것들은 유적에 어떤 식물들이 있었는지를 잘 이해할 수 있도록 해주지만 계량화와 해석의 문제들이 있다. 어떤 식물이 어떻게 가공되고 이용되었는지를 이해하는 것이 중요하다.

• 유물에 붙은 식물 찌꺼기: 일부 유물들(흔히 토기와 석기)에서 식물의 화학 잔적이 발견될 수 있으며 이것들을 검사해 서 대조 표품과 비교함으로써 종을 식별할 수 있다.

• 야생 식물 종의 순화: 고고학적 기록에서 발견된 식물 유체가 야생종인지 순화종인지를 구분하는 결정적으로 중요한 질문에 답하는 데 도움이 될 수 있는 여러 가지 기법들이 있다.

6. 동물 유체로부터 식단, 계절성, 순화를 연구하는 법

인간의 식단에서 식물 먹을거리는 특수 환경이나 북극지방 같은 고위도 지방을 제외하고는 언제나 아주 큰 부분을 차지하였을 터이지만 살코기는 먹을거리로나 사냥꾼의 특출한 솜씨 혹은 유목인의 지위를 나타내는 요소로서 한층 중요하였던 것으로 보아도 무방할 것이다. 또 고고학 유적에서 동물 유체는 대개 비교적 잘 보존되기 때문에 식물 유체와는 달리 고고학의 아주 초년 시절부터 연구되었다.

고고학자가 동물 유체를 해석할 때 마주해야 할 첫 번째 문제는 그것들이 (육식동물이 남긴 쓰레기, 올빼미가 토해낸 덩어리, 굴 파기 동물의 활동 등의 경우처럼) 자연적 요인이나 기타 육식동물 때문이 아닌 인간 행위의 결과로 그곳에 존재하는지의 여부를 판정하는 일이다. 또 어떤 유적에서 동물은 식용이 아닌 (의복용 가죽, 도구용 뼈 및 뿔 등) 목적으로 이용되었을 수도 있다.

따라서 식물 유체의 경우와 마찬가지로 동물 표본의 정황과 내용물을 특히 면밀하게 조사해야만 한다. 이 일은 최근 시기의 유적들에서는 대개 간단하지만 **구석기시대**, 특히 전기 구석기시대에서는 결정적으로 중요하다.

구석기시대 인간의 동물 이용을 입증하는 방법들　　과거에는 동물 뼈와 석기가 공반되면 곧 인간들이 동물 유체를 그곳에 남기거나 최소한 이용한 증거로 간주하는 경우가 흔하였다. 이제 우리는 그런 해석이 언제나 정당한 가정은 아니라는 사실을 알고 있으며, 옛 사람들이 여하튼지 이용한 많은 뼈들이 석기와 공반되지 않기 때문에 고고학자들이 그간 뼈 자체에 남은 석기의 사용 흔적으로부터 좀더 확실한 증거를 찾기 위해 노력한 점 또한 알고 있다. 작금의 연구 중 대단히 많은 부분은 그런 흔적의 존재를 증명하고 그것과 동물 이빨에 의해 긁히고 뚫린 자국, 식물 뿌리에 의한 식각(蝕刻), 퇴적물 입자나 폐기 후 풍화에 의한 마멸, 게다가 발굴 도구에 의한 손상 같은 다른 자국들을 분간하는 방법을 찾는 데 목적을 두고 있다. 이는 또한 초기 인류들이 정말로 사냥꾼이었는지 아니면 다른 육식동물들이 죽인 동물 사체로부터 단순히 살코기를 약취했을 뿐인지를 둘러싸고 벌어지고 있는 구석기시대 연구의 주요 논쟁에서 믿을 만한 증거를 찾는 작업의 한 부분을 이루기도 한다.

150만 년이 넘는 유명한 전기 구석기시대 유적인 동아프리카 올두바이 고르지와 쿠비 포라에서 출토된 뼈들에 대해서는 그간 많은 관심이 집중된 바 있다. 고고학자들은 전자주사현미경을 이용하여 뼈들에서 도구 자국이 아닌가 싶은 것들을 검사하고 그 결과를 우리가 아는 작용들로 현대 동물 뼈에 생긴 자국들과 대조하였다. 예컨대 도구로 저민 행위로 생긴 자국의 특징적 양상은 V자 모양 단면의 바닥에 길이 방향으로 일련의 평행선들이 난 반면 육식동물이 남긴 자국은 단면이 훨씬 둥글다(뒤의 사진들 참조). 그들은 많은 뼈들에 도구 자국과 육식동물 생채기

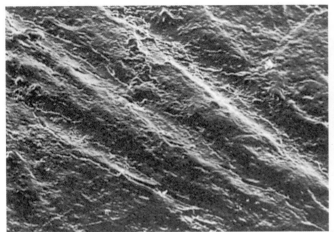

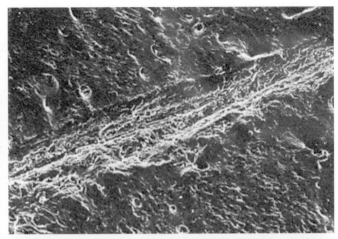

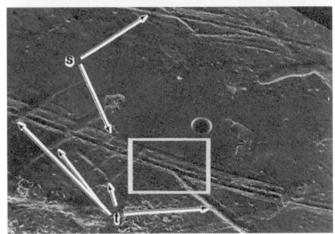

육식동물의 이빨 흔적인가 아니면 도구 사용흔인가? 전자주사현미경으로 분석한 뼈 표면.
(위) 하이에나가 현대 뼈에 남긴 둥근 바닥의 줄홈.
(위 오른쪽) 날카로운 돌 격지로 그어 생긴 현대 뼈 위의 V자형 줄홈.
(오른쪽) 올두바이 고르지 출토 화석 뼈인데 돌 격지로 생긴 두 군데의 자르기 자국(s)과 그 뒤 생긴 육식동물 이빨 자국(t)을 나타낸다고 여겨진다.

들이 둘 다 있음을 발견하였는데 이는 사람과 육식동물이 사체를 둘러싸고 모종의 경쟁을 벌였음을 시사한다. 어떤 경우는 육식동물에 의한 자국이 도구 자국 위에 분명하게 겹쳐져 있었으나 대부분의 경우는 육식동물이 먼저 손을 댄 것으로(!) 보인다.

그러나 최근 연구 작업은 동물들이 짓밟는다든지 하는 다른 요인으로도 그와 아주 비슷한 자국들이 생겨날 수 있음을 알려준다. 따라서 현미경에 보이는 양상만으로는 인간의 개입을 증명하기에 충분하지 않다. 발견의 정황과 뼈 위의 자국 위치 역시 연구되어야 하는 것이다.

아직도 더 많은 작업이 이루어져야만 비로소 초기 인류의 활동을 이런 식으로 증명해 내었다고 확신하고 또 우리의 초기 조상들이 살코기 약취자가 아니라 사냥꾼이었던 경우들을 식별하였노라고 확신할 수 있을 것이다. 하지만 인간의 뼈 가공 행위를 증명할 수 있는 다른 유형의 증거들도 있다. 예를 들면 중부 및 동부 유럽의 구석기시대 유적에서 오두막을 짓는 데 이용한 매머드 뼈들처럼 특정 장소에 뼈들이 인위적으로 집중되어 있는 경우이다. 불탄 뼈 또한 인간에 의한 이용의 분명한 지표가 된다.

이렇게 해서 어떤 동물 유체가 정말 인간의 행위로 생겨났음을 최대한 입증하였다면, 이제 고고학자는 그에서 한 걸음 더 나아가 사람들이 어떤 동물들을 먹었고 특정 동물들을 어느 계절에 먹었으며 그 동물을 어떤 방법으로 사냥하고 도살하였으며 그 동물들이 사육되었는지 등의 질문으로 옮겨갈 수가 있다.

동물 잔해 중 가장 수가 많고 또 정보를 많이 제공하는 것은 뼈, 이빨, 뿔, 조가비 등 큰 유체들이다. 이제는 이런 유형의 자료로부터 정보를 빼내는 데 수많은 기법들을 이용할 수 있다.

뼈 일괄을 분석하는 데서 제일 먼저 해야 할 작업은 그것들을 식별하는 일이지만 그러고 나면 또한 동물 마리 수와 살코기 무게라는 양면으로 계량화를 해야 한다. 어떤 뼈가 대표하는 살코기의 양은 그 동물의 성과 나이, 죽은 계절, 몸 크기 및 영양의 지리적 변이 등에 따라 다를 것이다. 그러나 나이, 성, 죽은 계절 같은 요소들을 참작하려면 우선 그것들을 판정하는 방법을 알아야 한다.

동물 이용 전략들: 큰 동물들로부터 나이, 성, 계절성을 추론하는 법

성 판별은, 수컷만이 뿔을 가지거나(대부분의 사슴) 큰 송곳니를 가지는 경우(돼지)나 음경 뼈가 있는 경우(예컨대 개), 혹은 암컷이 다른 골반 구조를 가진 경우 등은 쉽다. 어떤 동물의 다리 같은 특정 부위의 뼈들을 계측해 보면 수컷(큰 쪽)과 암컷(작은 쪽)으로 해석되는 두 개의 뚜렷한 군집을 때로 얻을 수 있다.

동물의 나이는 두개골 봉합선 폐쇄 정도 따위의 특징들로부터 추정되지만 사지뼈 발달 정도로부터도 어느 정도까지는 추산될 수 있다. 그러고 나서는 현대 동물 집단들의 이런 특징들에 관한 정보와 비교함으로써 나이를 평가할 수 있다. 그렇지만 포유동물이 죽은 나이에 대한 추산은 대개 이빨의 발아 및 마모 유형에 근거한다.

사망 계절 또한 결정적으로 중요한 요소 중 하나이다. 동물 유체로부터 계절성을 연구하는 데는 여러 방법들이 있는데, 예컨대 연중 일정한 때만 가용한 종이라든가 특정 계절에 뿔이 나는 종의 식별 등을 들 수 있다. 만약 어떤 종의 새끼가 연중 어느 때 태어나는지를 안다면 태아 유체나 막 태어난 놈의 뼈는 점유 계절을 정확하게 가리킬 수가 있다.

동물 순화의 문제

동물들이 야생종인지 순화종인지의 여부를 평가하는 데는 위의 방법들과 완전히 다른 일단의 방법들이 필요하다. 이는 앞에 서술한 식물 순화 연구와 마찬가지로 인류사에서 일어난 가장 중요한 진전 중 한 가지, 즉 이동성 생활 방식으로부터 정착 농경 생활 방식으로의 전이와 관련된 결정적으로 중요한 질문이다. 때로 그 답은 인간이 섬에 비토착 동물들을 들여온 경우, 예컨대 키프로스에 소, 양, 염소, 개, 고양이가 출현한 과정처럼 명백할 수 있다.

동물 순화의 한 가지 기준은 어떤 종의 자연적 생식 습성에 대한 인간의 간섭인데, 이는 결국 그 종이 야생 상태에서 지닌 신체 특성들에 변화를 가져왔다. 그러나 다른 식의 정의들도 있으며

장례 공헌 음식: 이집트 사카라의 제2왕조 시기 귀족 여성 무덤에서 발견된 풍성한 갖가지 음식 잔존물. 이에는 삼각형 빵, (모양이 체리와 비슷한) 납크 베리, 소갈비, 조리한 메추라기, 조리한 콩팥 두 개, 무화과로 추정되는 과일 조각, 케이크, 비둘기 스튜, 조리한 물고기 등이 있다. 음식 잔존물이 이처럼 인상적인 점으로 보아 옛 이집트 사람들이 매일 먹은 식단을 대표할 가능성은 적다고 하겠다.

동물 신체의 어떤 변화들이 과연 순화의 특성인지에 대해서는 전문가들의 견해가 일치하지 않는 상황이다. 야생/가축이라는 이분법에 너무 비중을 두면, 선택적 육종이 없는 상태에서의 동물 떼 관리 같은 인간-동물 간 상호관계의 전모를 보지 못할 수가 있다. 그렇지만 가축 순화는 어떤 정의를 내리더라도 세계 여러 지역에서 별개로 일어났음이 분명하기에 고고학자들은 완전한 가축과 완전한 야생 동물을 구분하고 나서 순화의 과정을 조사할 필요가 있다.

몇 가지 다른 계통의 증거 가운데 도구 또한 어떤 경우에는 순화된 동물이 있었음을 나타낼 수 있는데, 예를 들면 쟁기, 멍에, 마구 등이 있다. 또 동물 신체의 기형과 질병도 순화에 관한 설득력 있는 증거가 될 수 있다. 말, 소, 낙타 등은 견인용으로 이용되면 모두 아래 사지뼈들이 때로 골관절염이나 응력 변형증을 앓는 수가 있다. 또 DNA로 순화의 역사를 추적하는 작업도 진전을 보고 있는 중이다.

개개 식사 잔존물

과거 특정 시점의 사람들이 무엇을 먹었는지에 관한 가장 직접적인 종류의 증거 중 한 가지는 때때로 발견되는 실제 식사 잔존물로부터 나온다. 예를 들어 폼페이에서는 상점에서 식료품이 발견되었을 뿐 아니라 물고기, 계란, 빵, 견과류로 이루어진 식사물이 식탁 위에서 고스란히 발견되었다. 음식물은 매장 정황들 속에서도 흔히 보존되어 있는데, 예컨대 페루의 무덤들 속에 든 건조된 옥수수 속대와 기타 품목들, 이집트 사카라의 제2왕조 귀족 여성 무덤 속에 든 엄청나게 다양한 음식들을 들 수 있다. 후자는 곡물, 물고기, 새고기, 쇠고기, 과일, 케이크, 꿀, 치즈 및 술 등 풍성하고 정성 들인 식사거리였으며 이는 그 무덤의 그림들로 판단하건대 여느 때와 별다른 것은 아니었다. 또 중국 한대(서기전 206년~서기 220년) 무덤들에도 음식이 가득 들어 있었다.

핵심 개념: 동물 먹을거리에서 나온 정보

• 동물 유체는 고고학 유적에서 흔히 잘 보존된다.

• 어떤 유적에서 나온 동물 유체가 인간이라는 인자로 인한 것인지 아니면 다른 요인으로 인한 것인지를 판정하는 작업이 중요하다.

• 동물 뼈의 성과 나이를 판별할 수 있으며 그 계절성을 연구하고 그 동물들이 야생이었는지 순화되었는지를 추론할 수 있다. 이 모든 것들은 옛 사람들이 동물 환경을 어떻게 이용하고 있었는지를 이해하는 데 도움이 된다.

예컨대 대후(軑侯) 이창(利蒼)의 부인이 묻힌 무덤에는 식량과 한약재와 칠기, 도기, 죽기에 담은 요리가 독특하게 한데 차려져 있었는데 요리들에는 각기 이름을 써 붙이고 심지어는 재료를 설명하는 쪽지까지 있었다. 그렇지만 이런 대단한 잔존물들이 나날의 식사를 대표할 가능성은 적다. 폼페이라는 묻힌 도시에 놀라우리만치 잘 보존된 상태로 발견된 식료들조차도 단 하루의 아주 작은 표본에 지나지 않을 뿐이다. 옛 사람들이 일상적으로 먹었던 음식을 연구할 수 있는 유일한 길은 실제 인간의 유체를 조사하는 데 있다.

7. 인간 유체로부터 식단을 평가하는 법

사람들이 실제로 어떤 것을 먹었는지에 관한 반박할 수 없는 유일한 증거는 위장이나 대변 속 내용물이다. 이 두 종류의 증거는 우리에게 각 끼니와 단기간 식단에 관해 더없이 귀중한 정보를 제공한다.

또 인간 이빨에 대한 연구도 식단을 복원하는 데 도움을 주지만, 장기간 식단을 이해하는 데서 근년 이룩된 진정한 획기적 진전은 뼈 교원질 분석으로부터 나온다. 인간의 뼈가 건강 전반에 관해 무엇을 말해 주는지는 제8장에서 검토할 것이다.

매끼 식료

위장 내용물　　　위장은 토탄 늪 사체를 제외하고는 고고학적 정황 속에 잔존하는 경우가 극히 드물다. 몇몇 미라들도 식단에 관한 증거를 제공한다. 예컨대 위에 언급한 서기전 2세기 중국의 사례에서는 뚱뚱했던 대후(軑侯) 이창(利蒼)의 부인이 참외를 푸지게 즐긴 지 한 시간여 뒤 담석이 유발한 극심한 고통으로 심장마비를 일으켜 사망한 듯이 보인다(그녀의 위장과 내장에서는 138개의 참외 씨앗이 발견되었다).

토탄 늪 사체에 위장이 잔존할 경우에는 그것이 제공하는 식단 관련 증거가 가장 큰 관심사가 될 수 있다. 덴마크 철기시대 토탄 늪 사람들의 위장 내용물에 관한 선구적 연구에서는 예컨대 그라우발레인이 한두 가지 곡물 및 약간의 고기(작은 뼈 조각들로 알 수 있었음)와 함께 60종이 넘는 야생 씨앗들을 먹은 반면 톨룬트인은 오로지 식물류만 먹었음을 밝혀낸 바 있다. 그러나 이런 연구 결과들이 매력적이기는 하지만 반드시 나날의 식단에 바로 연계되는 것은 아니라는 점을 명심해야 하는데, 왜냐하면 이 희생자들이 처형되거나 희생 제물로 바쳐졌을 가능성이 크기에 그들의 마지막 식사가 일상의 식사로부터는 벗어나 있었을 가능성이 다분하기 때문이다.

배설물　　　그간 옛 식단 연구에 적합한 여러 가지 음식물의 잔존 특성들을 평가하기 위한 실험들이 실시되었으며, 그 결과 많은 유기질 잔존물들이 인간의 소화기관을 여행한 후에도 놀라우리만치 잘 살아남는다는 사실을 발견한 바 있다. 대변(이들을 화석화된 똥을 뜻하는 **분석**이라고 흔히 부르지만 이는 잘못이다) 자체는 미국 서부 및 멕시코 등지의 동굴들처럼 아주 건조한 유적이나 아주 습한 유적에서만 드물게 잔존한다. 그러나 이것들이 보존된 곳에서는 개개인이 과거에 먹은 것에 관해 엄청나게 중요한 정보를 준다는 사실이 입증된 바 있다.

인간의 배설물에서는 큰 유체가 극도로 다양할 수 있으며, 사실 이 다양성이야말로 그것이 인간의 소산이라는 한 표지이다. 뼈 조각, 식물 섬유질, 목탄 조각, 씨앗 종류, 물고기, 새, 심지어는 곤충 잔존물들까지 알려져 있다. 연체동물, 알, 견과류 껍질 조각들 또한 식별될 수 있다. 터럭은 현미경으로 볼 수 있는 비늘 유형에 따라 특정 부류 동물들의 소산으로 비정할 수 있으며, 따라서 어떤 동물을 먹었는지 아는 데 도움이 된다.

미국 네바다 주 러브록 동굴에서는 예외적 환경 조건 덕택에 2500년 전부터 150년 전 사이의 연대를 가진 5000점의 배설물들이 보존되었으며 로버트 하이저가 그 내용물을 연구하였더니 씨앗 종류, 물고기, 새 등으로 구성되었다고 여겨지는 식단에 관한 괄목할 만한 증거가 나왔다. 왜가리, 논병아리 같은 물새의 깃털 조각들이 식별되었고, 또 소화기관을 통과하고도 변하지 않은 물고기 및 파충류 비늘로써 몇 가지 종을 식별할 수 있었다. 그 배설물 중 일부에서는 물고기 유체가 풍부하였는데, 예를 들어 1000년 전쯤의 한 배설물에는 5.8g의 물고기 뼈가 들어 있었으니 이는 계산에 의하면 작은 황어 101마리로부터 나온 것으로 한 사람의 한 끼 식사 속에서 전체 생중량 208g에 해당하는 물고기 양이었다.

대변과 배설물 찌꺼기들은 한 끼 식사를 대표하며, 그런 까닭에 러브록 동굴에서처럼 대량으로 발견되지 않으면 식단에 관해서는 단기간 자료이고 사실 러브록 동굴의 배설물들조차도 연중 단지 몇 끼의 식사를 대표할 뿐이다. 인간의 전 생애에 걸친 식단을 알기 위해서는 인간의 유골 자체를 조사해야만 한다.

식단 증거로서의 인간 이빨

이빨은 신체에서 가장 단단한 두 가지 조직으로 이루어져 있기에 극히 양호한 상태로 잔존하며,

그래서 현미경으로 이빨 표면의 마모흔들을 검사하면 이빨 주인공이 즐겼던 음식의 종류에 대한 증거를 얻을 수 있다. 마모를 일으키는 음식 속 입자들은 이빨 에나멜질에 줄 흔적을 남기는데 그 방향과 길이는 식단 속 고기나 채소의 종류 및 조리 과정과 직접 관련이 있다. 예를 들어 살코기를 먹는 현대 그린란드 에스키모들은 이빨 측면에 거의 전적으로 수직 홈 줄들을 가지는 반면 대체로 채식을 하는 멜라네시아인들은 수직 및 수평 홈 줄들을 모두 가지며 평균 길이도 한층 짧다.

이런 결과를 수십만 년 된 화석 이빨에서 나온 자료와 비교하였더니 시간이 흐름에 따라 수평 홈 줄이 늘어나고 수직 홈 줄은 줄어들며 홈 줄의 평균 길이도 줄어드는 게 밝혀졌다. 이는 다른 말로 하면 음식을 씹는 데 힘이 점점 덜 필요해졌고 식단이 점점 더 잡식성이 됨에 따라 살코기의 중요성이 줄어들었을 것이라는 뜻이다. 즉 초기 사람들은 이빨로 음식을 으깨고 잘게 부수었지만 조리 기법들이 개발되고 발전됨에 따라 저작이 덜 필요하게 되었다는 것이다.

이빨 마모흔뿐만 아니라 이빨 부식도 때로 식단 관련 정보를 제공한다. 캘리포니아 인디언의 유체들은 아주 두드러진 이빨 부식 양상을 나타내는데, 이는 그들의 주식인 도토리로부터 타닌산을 빼내는 데 모래판을 쓴 습성 때문에 과도한 이빨 마모가 일어난 데 기인한다. 또 전분이 많고 단 음식 탓에 이빨 부식 및 상실이 일어날 수 있다. 서기 12세기의 미국 조지아 주 해변지방에서는 특히 여성 주민들에게 충치가 많았다. 그런데 바로 이 시기는 사냥, 고기잡이, 채집생활로부터 옥수수 농경으로 생활이 바뀐 때였다. 인류학자 클라크 라르센은 수백 구의 유골에 대한 연구에서 드러나듯 이 시기에 이빨 부식이 증가한 이유는 옥수수의 탄수화물 때문이었다고 믿는다. 그리고 이 집단의 남성보다 여성이 충치를 더 많이 앓은 것으로 보아 여성들이 옥수수를 생육, 수확, 가공, 조리하였던 반면 남성들은 단백질을 좀더 많이 섭취하고 탄수화물은 적게 먹었을 가능성이 크다.

동위원소 이용법에 의한 평생 식단의 복원

최근 들어 인간의 이빨 에나멜질과 인골의 교원질에 대한 **동위원소 분석**이 장기 음식물 섭취에 관해 아주 많은 사실을 밝힐 수 있다는 점을 인식함으로써 식단 연구에 하나의 혁명이 일어났다. 이 방법의 근거는 우리 몸은 먹는 것에 따라 달라진다는 원리에 입각하여 여러 가지 음식물이 몸속에 남겨 놓은 화학적 기호들을 읽어내는 데 있다.

식물은 탄소동위원소 두 가지의 함유 비율에 따라 온대식물, 열대식물, 해양식물의 세 가지 부류로 나눌 수 있다. 동물들이 식물을 먹으므로 서로 다른 이 세 가지 화학적 기호들은 먹이사슬을 따라 전해지며 종국적으로는 인간과 동물의 조직 속에 고정된다. 그리하여 이 비율들은 식단이 육상식물 혹은 해양식물 중 어느 쪽에 기반을 두었는지 알려줄 수 있다. 하지만 정확하게 어떤 식물 혹은 동물 종들이 그 식단에 기여하였는지를 한층 상세하게 일러주는 것은 오로지 고고학적 증거뿐이다.

예를 들어 남아공 마카팡스가트에서 출토된 네 개체의 오스트랄로피테쿠스 아프리카누스로부터 최근에 이빨 에나멜질을 채취하여 동위원소 분석을 실시하였더니 그들은 이전부터 추정하였듯이 과실과 잎사귀를 먹었을 뿐만 아니라 초본 종류나 사초 종류 식물 아니면 그런 식물들을 먹은 동물 혹은 양자 모두를 또한 다량으로 섭취하였음이 드러났다. 다른 말로 하면 그들은 상당히 트인 환경(잔나무 숲이나 초지)에서 나는 먹을거리를 정기적으로 이용하였으며 또 그들의 이빨에 초본류를 먹고 사는 사람들을 특징짓는 긁힌 흔적이 없으므로 그들이 이미 작은 동물들을 사냥하거나 큰 동물을 약취하여 살코기를 실제로 먹었을 가능성이 있다는 것이다.

요 약

• 인류는 환경과 그것이 주는 먹을거리에 좌우되는 하찮은 종의 처지로부터 자신의 환경에 대해 엄청난 영향력을 가진 존재로 발전하였다. 환경은 고고학 연구에 결정적으로 중요하다. 환경은 과거의 모든 시기에서 사람이 살 수 있는 장소와 방식을 결정하는 데 지극히 중대한 역할을 하였다. 고고학자들은 이제 그런 과거 환경들을 복원하는 데 도움이 될 일련의 기법들을 갖추고 있는데 그것들은 대체로 식물유체와 동물유체의 분석에 토대를 두고 있다.

• 먹을거리 연구에 관한 한 이용할 수 있는 증거는 크고 작은 동식물 유체로부터 도구 및 그릇, 식물 및 동물의 찌꺼기, 그리고 미술과 옛 원전들에 이르기까지 다양하다. 우리는 옛 사람들이 무엇을, 어느 계절에 먹었고, 때로는 그것을 어떻게 가공하였는지도 알아낼 수 있다. 우리는 그 증거가 고고학적 기록 속으로 자연적으로 들어온 것인지 아니면 인간의 손을 거쳐 들어온 것인지를, 그리고 그 자원들이 야생이었는지 아니면 인간의 통제하에 있었는지를 평가할 필요가 있다. 우리는 이따금 매끼 식료가 장례 봉헌물로나 위장 내용물 혹은 배설물로서 잔존한 경우를 발견하기도 한다. 마지막으로 인간의 몸 자체가 이빨 마모흔 속에 그리고 여러 가지 음식들이 뼈 속에 남긴 화학기호 속에 식단 기록을 담고 있다.

• 연구 기법 중 다수는 전문가들, 그 중에서도 특히 생화학자들의 영역에 속하지만 고고학자들은 그 분석 결과를 어떻게 해석해야 할지 알아야 한다. 왜냐하면 옛 환경이 어떠하였고 옛 사람들이 무엇을 먹었으며 그 자원을 어떻게, 어떤 비율로 이용하였는지 아는 데 엄청난 도움이 될 것이기 때문이다.

추 천 문 헌

환경고고학과 식단 연구에 대한 일반 개설서

Brothwell, D. & P. 1997. *Food in Antiquity: A Survey of the Diet of Early Peoples.* Johns Hopkins Univ. Press: Baltimore, MD.

Dimbleby, G. 1978. *Plants in Archaeology.* Paladin: London.

Dincauze, D. F. 2000. *Environmental Archaeology.* Cambridge University Press: Cambridge.

Gilbert, R. I. & Mielke, J. H. (eds.) 1985. *The Analysis of Prehistoric Diets.* Academic Press: New York & London.

Klein, R. G. & Cruz-Uribe, K. 1984. *The Analysis of Animal Bones from Archaeological Sites.* University of Chicago Press: Chicago.

O'Connor, T. 2000. *The Archaeology of Animal Bones.* Sutton: Stroud.

Reitz, E. J. & Wing, E. S. 1999. *Zooarchaeology.* Cambridge University Press: Cambridge.

Roberts, N. 1998. *The Holocene: An Environmental History* (2nd ed.). Blackwell: Oxford.

Smith, B. D. 1998. *The Emergence of Agriculture* (2nd ed.). Scientific American Library: New York.

7 옛 사람들은 어떻게 도구를 만들어 사용하고 분배하였는가?

기술, 교역, 교환

고고학적 기록의 대부분을 차지하는 것은 바로 인간이 누대에 걸쳐 만든 **인공물**의 물질적 잔적들이다. 우리는 이미 고고학자들이 이 인공물, 즉 유물을 어떻게 발견하고 연대측정하는지를 보았지만 이 장에서는 근본적으로 중요한 두 가지 질문, 즉 인공물들이 어떻게 만들어졌으며 무엇에 쓰였는가 하는 데서부터 출발하기로 한다. 이 두 가지 질문에 대해서는 몇 가지 접근법들이 있는데, 순수 고고학적 방법, 대상물의 과학적 분석법, 민족지학적 방법, 실험에 의한 방법 등이다.

고고학자는 옛 기술들을 평가할 때 보존된 표본이 편향되었을 가능성이 크다는 점을 언제나 유념해야 한다. 예컨대 기나긴 **구석기시대** 동안에는 오늘날 수렵채집 사회에서처럼 나무 및 뼈로 된 도구들의 중요성이 돌로 된 도구에 결코 뒤지지 않았을 것임에 틀림없지만 고고학적 기록에서는 석기가 절대 우위를 점하고 있는 것이다.

일단 만들어진 인공물은 개인이나 집단들이 그것을 취득하거나 다른 개인이나 집단들에게 넘김에 따라 대개 여기저기로 이동하는데 이는 집단 사이의 접촉 빈도와 범위뿐만 아니라 수송, 경제 등등에 관해서도 아주 많은 사실을 일러줄 수 있는 현상이다. 우리는 고고학자가 발견한 인공물들의 분포와 더불어 인공물을 만드는 데 쓰인 소재의 산지를 분석함으로써 누가 누구와 물건들을 교환하였으며 어떤 방법을 썼는지 등 교환 관계를 어느 정도 복원할 수 있다.

고고학자는 어떤 대상물을 연구할 때 무엇보다 먼저 그것을 과거 사람들이 정말로 만들거나 사용하였는지의 여부를 판정해야 한다. (위조품과 모조품을 경계해야 하기는 하지만) 대부분의 시기들에서는 그 답이 명백할 것이다. 그러나 구석기시대, 특히 전기 구석기시대에서는 그 판단이 그리 간단치만은 않을 수 있다. 가장 초기의 도구들, 그래서 인간의 작업 흔적이 극히 미미할 것으로 예기할 수 있는 경우에는 이 문제가 그리 쉽게 풀리지 않는데, 이 시기의 거칠기 짝이 없는 작업 결과와 자연적으로 생긴 손상들이 분간되지 않을 수도 있기 때문이다.

우리는 옛 기술에 관한 다음 절에서 과거에 물건을 만드는 데 사용된 소재들을 편의상 두 부류로 구분하기로 하겠다. 하나는 플린트처럼 대체적으로 변성이 되지 않은 것들이고 다른 하나는 토기나 금속처럼 인간 활동의 산물로 합성된 것들이다. 물론 변성이 되지 않았다고 여긴 소재조차도 제작 공정을 돕기 위해 열처리나 화학 반응 처리를 하였던 경우가 흔하다. 그러나 합성 물질들은 대개 열처리 때문에 실제로 상태 변화를 겪은 것들이다. 그에서는 인간의 불이용—**꽃불기술**—이 결정적 요인이다.

1. 변성되지 않은 소재

돌

우리가 인지할 수 있는 최초의 도구로서 대략 250만 년 전까지 연대가 거슬러 올라가는 석기들로

이스터 섬의 채석장: 거대한 석상 한 개가 제작이 상당히 진전된 단계에서 중단된 채 놓여 있어서 그것을 만든 과정에 관한 단서를 준다.

부터 일본에서 서기전 14,000년으로 연대측정된 최초의 토기 제작법 도입에 이르는 기간의 고고학적 기록에서 우세를 점하는 것은 돌이다. 돌 유물들은 가장 작은 세석기로부터 가장 큰 거석에 이르기까지 어떻게 채취, 제작, 사용되었는가?

초기 도구용 돌 중 다수는 냇바닥이나 경관 중의 다른 부위로부터 주웠을 것이지만 고고학적으로 가장 두드러지는 돌 산지는 광산과 채석장이다. 가장 유명한 광산은 북부 유럽 여러 지역의 **신석기시대** 및 그 이후 플린트 광산들로서 예컨대 영국 그라임스 그레이브즈 광산에서는 가장 질 좋은 플린트 층에 도달하기 위해 백악에다 15m 깊이의 수갱들을 여러 개 팠다. 이 **유적**에서는 추산에 따르면 2천 8백만 개의 플린트 도끼머리가 생산되었을 것이다. 채석장은 흔히 건물이나 기념물을 짓기 위한 큰 돌덩이의 산지였다. 고고학자는 옛 채석장 유적 안이나 근처에서 때로 미완성 돌이나 버려진 돌들을 발견함으로써 기술 복원 작업을 좀더 손쉽게 해낼 수 있다. 가장 인상적인 예는 이스터 섬의 조각상 채석장인데 거기에는 제작의 각 단계에서 미완성인 채로 남은 다수의 조상들이 있었다.

고고학적 조사와 현대 실험연구를 결합하면 돌들이 어떻게 가공되었는지 아는 데 필요한 귀중한 지견을 얻을 수 있다. 옛 사람들이 큰 돌덩이들을 어떻게 캐내어 운반하고 마무리 가공해서 맞추었는지를 알아내기 위해 많은 고고학적 조사와 실험 연구가 이루어지고 있기는 하지만 여기서는 석기 제작 문제에 초점을 맞추기로 한다.

석기의 제작과 기능　　　　석기는 대부분의 경우 자갈돌 혹은 '**몸돌**'로부터 원하는 형태를 얻을 때까지 재료를 제거하는 과정을 거쳐 만들어진다. 처음 쳐낸 격지(1차 박편)들은 소재의 바깥 표면(표피) 흔적들을 갖는다. 그 다음으로 최종 형태를 얻기 위해 마무리 격지들을 쳐내며 그런 다

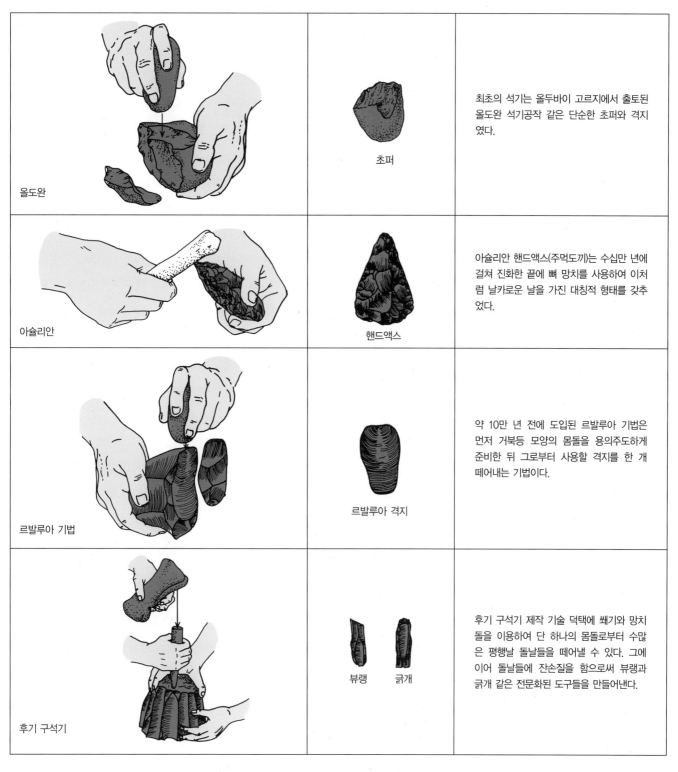

올도완	초퍼	최초의 석기는 올두바이 고르지에서 출토된 올도완 석기공작 같은 단순한 초퍼와 격지였다.
아슐리안	핸드액스	아슐리안 핸드액스(주먹도끼)는 수십만 년에 걸쳐 진화한 끝에 뼈 망치를 사용하여 이처럼 날카로운 날을 가진 대칭적 형태를 갖추었다.
르발루아 기법	르발루아 격지	약 10만 년 전에 도입된 르발루아 기법은 먼저 거북등 모양의 몸돌을 용의주도하게 준비한 뒤 그로부터 사용할 격지를 한 개 떼어내는 기법이다.
후기 구석기	뷰랭　긁개	후기 구석기 제작 기술 덕택에 쐐기와 망치돌을 이용하여 단 하나의 몸돌로부터 수많은 평행날 돌날들을 떼어낼 수 있다. 그에 이어 돌날들에 잔손질을 함으로써 뷰랭과 긁개 같은 전문화된 도구들을 만들어낸다.

음 어떤 날들에는 아주 작은 2차 박편들을 더 제거하는 '잔손질'을 베풀 수 있다. 이렇게 해서 만들어진 몸돌이 주된 도구이기는 하지만 격지들 자체도 나이프, 긁개 등등으로 충분히 사용할 수 있다. 도구제작자의 작업은 이용할 수 있는 소재의 유형과 양에 따라 달라지게 마련이다.

　석기 제작기술의 역사(위의 그림 참조)를 보면 정련 정도가 간헐적으로 증가하는 양상을 나

최초의 올도완 기술로부터 후기 구석기시대의 정련된 방법들로 발전한 석기 제작의 진화 과정.

타낸다. 우리가 인지할 수 있는 최초의 도구들은 날카로운 날들을 얻기 위해 자갈돌을 쳐내 만든 간단한 찍개와 격지들이었다. 가장 유명한 예는 탄자니아의 올두바이 고르지에서 나온 소위 올도완 석기들인데 그 중 제일 이른 것은 약 250만 년 전으로 연대가 거슬러 올라간다. 그로부터 수십만 년 뒤 사람들은 도구의 양쪽 표면을 모두 떼어내는 쪽으로 진전을 이루었고 마침내 대칭형의 아슐리안 **주먹도끼** 형태를 만들어내었다. 그 후 10만 년 전쯤 '르발루아 기법'의 도입과 더불어 다음 단계의 진전이 이루어졌는데, 이 명칭은 그것이 처음으로 식별된 파리 근교 유적의 이름을 딴 것으로 이 기법에서는 예정한 크기 및 형태의 대형 격지들을 떼어낼 수 있도록 몸돌을 미리 다듬어내었다.

35,000년 전쯤 후기 구석기시대의 개시와 더불어 세계의 몇몇 지역에서는 돌날 기술이 우세를 점하게 되었다. 양 측면이 나란하고 긴 돌날은 원통형 몸돌로부터 쐐기와 망치돌을 이용해 조직적으로 떼어내었다. 이는 커다란 진전이었는데, 그것을 더 다듬고 잔손질하여 긁개, 뷰랭, 뚜르개 등 아주 다양하고 전문화된 도구들을 만들어내었을 뿐만 아니라 동일한 크기의 돌로부터 얻은 작업 날의 길이를 모두 합쳐 비교하였을 때 이전 그 어느 때보다도 훨씬 긴 날을 얻음으로써 원재료를 훨씬 덜 낭비하게 되었기 때문이다. 이런 경제성을 높이는 방향으로의 추세는 10,000년 전쯤 세석기가 우세를 점하면서 절정에 달하였는데, 이 아주 조그만 석기들 중 다수는 아마도 복합도구에 미늘들로 쓰였을 것이다.

석기를 어떻게 만들었는지 알아내기 위해서는 제작의 단계들을 순서대로 복원하려고 노력해야 하며 이를 위해서는 재현 실험과 **되맞추기**라는 두 가지 주된 접근방법이 있다. 석기 재현 실험은 **실험고고학**의 한 유형으로서, 석기 제작에 수반된 과정들과 필요 시간 및 노력의 양을 평가하기 위해 원 제작자들이 이용할 수 있었던 기술만을 구사하여 여러 유형의 석기들을 정확하게 복제해 내는 작업이다. 석기를 숙련되게 재현하려면 다년간에 걸친 고된 실습이 필요하다.

석기 제작 전문가 도널드 크랩트리는 제작에 관련된 특정 문제 한 가지를 시행착오 끝에 풀 수 있었는데 그 문제는 북미 고인디언들이 대략 11,000년 전에서 10,000년 전쯤으로 연대측정되는 폴솜 찌르개라는 세로로 홈이 진 석기들을 어떻게 만들었나 하는 것이었다. 특히 그 '세로 홈' 혹은 골진 격지를 어떻게 떼어내었는지가 관심사였다. 이는 미스터리였으며 다양한 기법들을 동원해 실험들을 하였어도 번번이 실망스런 결과를 맺을 뿐이었지만 드디어 한 스페인 신부가 17세기에 아스텍 사람들이 **흑요석**으로 긴 나이프-돌날들을 만드는 것을 보고 기록한 원전에서 결정적 단서를 발견하였다. 그 방법은 새로운 실험이 입증하였듯이 T자형 버팀목을 가슴으로 받치고 그 뾰족한 끝을 두발로 꽉 잡은 몸돌 위의 정확한 한 점에 대고 내리 눌러 격지를 떼어내는 방법이었다.

재현 실험은 과거에 대개 어떤 기법이 사용되었는지를 확정적으로 입증할 수는 없지만 그 가능 범위를 좁혀주며 위의 폴솜 찌르개 예에서처럼 가장 가능성이 큰 방법을 집어내는 수가 흔히

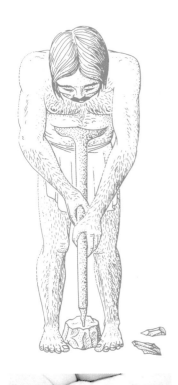

아메리카 고(古)인디언 폴솜 찌르개는 어떻게 만들었는가? (위) 도널드 크랩트리는 T자 모양 버팀목 쐐기를 써서 몸돌로부터 그와 같은 격지들을 떼어내었음을 실험으로 보여주었다. (아래) 플린트 석기 제작자들은 폴솜 찌르개를 이와 같이 거의 완벽하게 복제해 내었다.

있다. 반면 되맞추기는 원래의 도구들을 가지고 작업을 함으로써 옛 석기 제작자의 정확한 연쇄 행위들을 분명히 예시해 줄 수 있다. 이 되맞추기는 입체 조각 맞추기 놀이처럼 도구와 격지들을 다시 한데 맞추어내려는 작업이다. 이 작업은 지루하고 시간이 걸리지만 성공을 거두게 되면 석기 제작자의 여러 작업 단계들을 추적할 수 있다.

　그런데 석기의 기능은 어떻게 알아낼 수 있는가? 석기 표면에서 때로 발견되는 미세한 유기 물질 찌꺼기 흔적과 더불어 현존 사회에서 쓰이는 비슷한 석기들의 용도에 대한 민족지 관찰이 흔히 귀중한 단서들을 준다. 또 실험 연구로 어떤 용도일 가능성이 있을지나 가장 클지를 판정할 수 있다. 그렇지만 아슐리안 주먹도끼가 나무로부터 목재를 떼어내는 데 쓰일 수도 있고 동물을 도살하는 데 쓰일 수도 있으며, 무엇을 치거나 긁거나 자르는 데도 쓰일 수 있듯이 도구 한 개는 여러 가지 다른 용도로 쓰일 수가 있으며, 그 반대로 한 가지 일을 하는 데 여러 가지 다른 도구들 이 쓰일 수 있다. 기능을 직접 증명하는 유일한 방법은 원 도구에 남아 있는 미세한 사용 자국들, 즉 미세 마모흔을 연구하는 길이다. 전자주사현미경으로만 제대로 볼 수 있는 이 미세한 광택과 자국들은 현대 실험에서 나온 증거들과 대조해 볼 수 있으며 그래서 우리는 어떤 도구가 어떤 종 류의 물질(나무, 뼈, 가죽 혹은 살코기)에 쓰였으며 사용 행위 유형(뚫기, 자르기 혹은 긁기)은 무엇인지를 추론해 낼 수 있다.

나무

나무는 가장 중요한 유기질 소재 중 한 가지이며 돌이나 뼈만큼 오래 전부터 도구를 만드는 데 사용되었음에 틀림없다. 사실 선사시대의 많은 석기들은 목재를 얻고 가공하는 데 사용되었다. 만약 그 나무가 양호한 상태로 잔존하고 있으면 그것을 어떻게 가공하였는지 보여주는 도구 사 용흔들을 간직하고 있을 수 있다. 특별한 환경 조건에서는 다양한 종류의 나무도구들이 잔존할 수 있다. 예를 들어 이집트의 건조한 환경 속에서는 나무 농사도구(갈퀴, 호미, 곡물용 삽), 가구, 무기 및 장난감과 나무망치 및 끌 같은 목공구 외에 심지어는 선박들이 통째로 우리에게 전해지 고 있다. 또 테베에 있는 귀족 레크미레의 무덤에 그려진 예와 같은 이집트 그림들은 때때로 송 곳과 톱을 사용하는 목수들을 묘사하고 있다. 그러나 지금까지 목공기술에 관해 가장 풍부한 정 보를 내놓은 자료는 바로 침수된 나무들(배의 잔적 포함)이었다.

식물성 섬유와 동물성 섬유

가죽, 나무껍질, 섬유로 그릇, 직물, 끈을 만드는 일의 시원은 아마도 고고학 연구 대상 시기의 가 장 초기로까지 거슬러 올라가겠지만 이 부서지기 쉬운 물질들이 잔존한 경우는 아주 드물다. 그 러나 제2장에서 본 대로 아주 건조하거나 습한 조건들에서는 그것들이 실제로 잔존한다. 이집트 나 신대륙 일부 지역처럼 건조한 지방에서는 그런 썩기 쉬운 물품들이 어느 정도 우리에게 전해

- 돌: 고고학적 기록에서 우위를 점하는 유물은 석제 유물이다. 고고학 조사, 현대 실험, 민족지 관찰을 결합하면 석
  제 유물들이 어떻게 만들어지고 사용되었는지에 관해 대단히 많은 사실을 말해 줄 것이다.
- 나무: 나무는 아주 건조하거나 침수된 조건이 아니라면 잘 잔존하지 않지만 자원으로서 돌만큼 중요하였음에 거의
  틀림없다.
- 식물 및 동물 섬유: 식물 및 동물 섬유로 만든 용기, 직물, 끈 또한 과거에는 흔한 물건이었을 터이지만 이것들도
  고고학적 기록에서 잔존하는 경우가 극히 드물다.
- 여타 소재: 뼈, 뿔, 조가비, 가죽 또한 고고학자들이 흔히 발견하지만 우리는 변성되지 않은 소재들로 만든 대부분
  의 다른 유물들과 마찬가지로 어떤 유물이 실제로 인간이 만든 것인지 아니면 자연작용으로 생성된 것인지를 주의
  해서 판정해야 한다.

지고 있으며, 그곳 유물들에 대해 실시된 바구니 짜기와 끈 꼬기 분석 연구는 옛 사람들이 이 유기물질들을 완벽하게 파악하였음을 과시하는 복잡하고도 정교한 의장과 기법들을 잘 보여준다.

또 침수 환경에서도 아주 많은 양의 부서지기 쉬운 증거들이 나올 수가 있다.

직물류가 관련된 사항 중 가장 중요한 문제는 그것들이 무엇으로 어떻게 만들어졌는가 하는 것이다. 신대륙에서 콜럼버스 이전 시대의 직조법에 관한 정보는 민족지 관찰 보고와 더불어 식민시대 서술과 도해들, 모체 토기 그림들, 페루 사막에서 보존된 채로 발견된 옛 직조기 및 기타 물건 등의 실제 발견물로부터 얻을 수가 있다. 그렇지만 신대륙에서 가장 풍부한 증거는 직물류 자체로부터 나오며, 이것들은 건조한 기후 조건에서 극히 양호한 상태로 잔존하고 있다. 안데스 **문화**들은 지금까지 알려진 거의 모든 직조법이나 옷감 장식 기법에 통달하였기에 그들의 제품은 흔히 오늘날 것보다도 훌륭하며 사실 지금까지 인간이 만든 것 중 최상품에 속한다.

여타 변성되지 않은 소재들

고고학 유적에서는 뼈, 뿔, 조가비, 가죽으로 만든 유물들도 흔히 발견된다. 무엇보다 그 발견물이 정말로 인간이 만든 것인지(예를 들어 날카로운 뼈 찌르개 형태나 구멍 뚫린 조가비는 자연작용으로도 쉽게 생겨난다) 판정함과 더불어 제작 기법을 복원하고 기능을 추론하는 데는 실험고고학과 결합된 **미세 마모흔 분석**이 가장 좋은 수단이다.

2. 합성 소재

합성 소재에 관한 한 기술의 총체적 발전 양상은 불의 제어, 즉 꽃불제조기술이라는 관점에서 고

찰할 수 있다. 거의 모든 합성 소재는 아주 최근까지는 열 조절에 따라 결정되었다. 그리고 새로운 기술의 개발 또한 제어할 수 있는 조건하에서 이전보다 높은 온도를 얻어낼 수 있는지의 여부로 결정된 경우가 많았다.

인류가 이 길로 들어선 첫걸음은 분명히 불의 인위적 제어였으며 그렇게 볼 만한 증거는 150만 년 전으로 연대측정되는 남아공 스와르트크랜스 동굴 층위들 안에서 이미 나타난다. 불을 다룸으로써 음식을 조리하고 살코기를 보존할 수 있는 가능성이 생겨났으며 플린트를 가공하거나 독일 레링겐 중기 구석기시대 유적에서 출토된 주목(朱木) 창 같은 나무 도구들을 강화 처리하는 데도 열을 이용할 수 있었다.

서기전 8000년경 근동의 신석기시대 초기에는 한 가지 중대한 발전이 이루어졌으니 그것은 탈곡을 용이하게 하기 위해 곡식 낟알들을 덖고 또 빵을 굽는 데도 사용한 특수 화덕을 축조한 일이었다. 이 화덕은 땔감을 때는 방 하나로 된 구조였다. 화덕이 뜨거워지면 땔감을 긁어내고 그 안에 알곡이나 굽지 않은 빵을 들여놓았다. 이는 사람들이 승온 조건들을 의도에 따라 조절할 수 있는 시설을 처음으로 축조하였음을 뜻한다. 바로 이런 초기의 꽃불제조 경험으로써 진흙을 구워 토기를 만들 수 있는 가능성도 발견하였으리라 가정할 수 있다. 처음에는 토기를 한데에서 소성하였지만 토기 가마를 도입함으로써 훨씬 높은 온도를 얻을 수 있었고 이는 야금술의 발전에도 박차를 가하였다.

토기

옛 사람들은 **선사시대**의 이른 시기 내내 가벼운 유기 물질로 만든 용기들을 사용하였을 것으로 추정된다. 그렇다고 해서 그간 흔히 가정한 것처럼 구석기인들이 토기를 만들 줄 몰랐다는 뜻은 아니다. 동굴 바닥에 불을 피우기만 하면 언제든지 그 주변 진흙이 단단해지게 마련이었고, 또 때로 테라코타 상들을 만들기도 하였기 때문이다. 신석기시대 이전에 토기 그릇이 없는 이유는 주로 구석기시대 **수렵채집민들**이 이동식 생활을 한 때문인데 소성 점토 용기는 무거워 그들에게 별 쓸모가 없었을 것이다.

토기의 도입은 대체로 좀더 정주적인 생활양식이 채택됨과 동시에 일어나며 그런 생활에서는 내구성이 있는 튼튼한 그릇과 용기들이 필수적이다. 거의 파괴가 되지 않는 토기편은 좀더 이른 시기에 석기가 도처에 존재하듯이 나중 시기들에서 역시 그러하며, 이른 시기의 일부 유적에서 석기가 수천 점이나 출토되는 것과 같이 늦은 시기의 일부 유적에는 실로 수 톤의 토기편들이 들어 있다.

토기는 어떻게 만들었나?　토기를 물레 혹은 회전판 위에서 제작 혹은 '성형'하는 방법은 아무리 빨라도 (메소포타미아에서) 서기전 3400년 이후에야 도입되었지만 신대륙에서는 그나마

회전판을 이용한 토기 제작의 증거. 서기전 2400년경의 이 석회암 조상은 이집트 도공이 턴테이블 모양의 회전판 위에서 토기 그릇을 성형하는 모습을 보여준다.

유럽인들과 접촉한 이후에 비로소 시작되었다. 세계 일부 지역들에서 아직도 쓰이는 그 이전의 방법에서는 일련의 점토 띠나 테를 손으로 서리거나 쌓아 토기를 만들었다. 토기 내면 및 외면을 간단히 검사해 보기만 해도 대개 제작 방법을 식별할 수가 있다. 물레로 성형한 토기들은 그 사실을 일러주는 특징적인 나선형 돌선 및 침선을 일반적으로 가지는 반면 손으로 빚은 토기에는 그것들이 없다. 이런 흔적들은 도공이 회전판 위에서 토기를 손가락 끝으로 뽑아 올릴 때 생긴 것이다.

소성기법은 완성품이 지닌 몇 가지 특징으로부터 추론할 수 있다. 예를 들면 표면이 유리질이 되어 있거나 유리 같은 광택이 나면(즉 유리 같은 외양을 가지면) 그 토기는 900℃ 이상으로 소성된 것이며 아마도 실요(室窯)에서 소성되었을 것이다. 또 토기의 산화(태토 속의 유기 물질들이 타버리는 작용) 정도도 소성법을 나타내는 지표가 될 수 있다. 완전히 산화되면 태토 전체에 걸쳐 균일한 색이 나타난다. 만약 어떤 토기편의 속심이 (회색이나 검정 등) 어두운 색이면 소성 온도가 너무 낮아 점토가 완전히 산화되지 못했거나 소성 시간이 불충분하였던 것인데 이는 흔히 노천 소성(한데 굽기)을 나타낸다. 실험적으로 여러 가지 반죽 흙을 여러 가지 온도로, 여러 유형의 가마에서 소성해 보면 예기할 수 있는 색깔과 효과에 관한 지침을 얻을 수 있다.

전통 방법에 의한 토기 생산은 석기 제작과는 달리 아직도 전세계에 널리 퍼져 있으므로 민족지고고학 연구를 하면 기술 측면들뿐만 아니라 토기의 용도와 교역에 관해서도 아주 많은 것을 배울 수 있다.

금속

옛 금속 유물 및 제작 공정에 대한 연구는 고고야금학이라고 한다. 과거의 금속 가공 기술에서 이룩한 진전들 중 다수는 그 이전보다 높은 온도를 얻고 제어할 수 있는 능력을 얻은 결과였다.

비철금속　　　인류 역사의 이른 시기에 사용된 가장 중요한 비철금속, 즉 철을 함유하지 않는 금속은 구리였다. 얼마 지나지 않아 구리에다 주석을 **합금**하여 청동을 만듦으로써 한층 단단하고 질긴 제품을 생산할 수 있음을 알게 되었다. 그 합금 과정에 다른 원소들, 그 중에서도 특히 비소와 안티몬이 때때로 사용되었으며 유럽 청동기시대 후기에는 소량의 납이 주조성을 향상시킨다는 사실을 알아차렸다. 금과 은도 중요하였고 납 또한 간과되어서는 안 된다.

이런 소재들로 유물을 만든 기법은 몇 가지 방식으로 조사 연구할 수 있다. 첫 번째로 확정해야 할 사항은 그 조성이다. 주요 조성은 전통적인 실험실 조사방법들로 금방 식별할 수 있다. 예컨대 청동 속 합금들은 이런 식으로 동정할 수 있다. 그렇지만 이제 실제상으로 **미량원소 분석법**(아래 참조)을 활용하는 편이 한층 일반적이다. 다른 필수 접근법은 **금속 조직 검사법**인데 이는 소재의 조직을 현미경으로 검사하는 방법이다. 이 방법은 어떤 유물이 냉단(冷鍛), **소둔**, 주조되었는지 아니면 이런 방법들을 결합함으로써 그 모양을 이루었는지 판정해 줄 수 있다.

철   철은 신대륙에서 콜럼버스 이전 시대에는 쓰이지 않았고 구대륙에서는 서기전 1000년경 근동에서 철기시대가 개시됨과 더불어 다량으로 출현한다. 일단 제철 기법이 숙달되자 이는 아주 중요하게 되었는데 그 이유는 자연 속에서 철이 구리보다 훨씬 광범위하게 발견되기 때문이다. 그러나 철은 자연 속에서 산소와 결합된 산화철 형태로 존재하므로 그 산소로부터 분리하는 일, 즉 환원을 하기가 훨씬 어려우며 환원 작업은 적어도 800℃(실제로는 1100~1150℃-역자 주) 이상의 온도를 요한다.

어떤 유물을 무엇으로 어떻게 만들었으며 무엇에 쓰였는지 식별하는 작업은 확실히 중요하고 또 흥미롭다. 그렇지만 일단 어떤 유물이 만들어지고 나면 그것은 사용되고 깨어지거나 폐기된다는 견지에서뿐만 아니라 수송되고 반입되거나 교환된다는 견지에서도 각각 독특한 삶을 산다. 이런 과정들을 연구하면 과거 사회들에 대한 많은 사실들과 그것들이 어떻게 운용되었는지를 배울 수 있다. 다음 절에서는 교환과 교역의 연구로부터 무엇을 배울 수 있는지를 논의하고 여러 가지 물자의 이동을 조사 연구하는 몇 가지 방법을 살펴볼 것이다.

3. 교역과 교환

사회와 경제는 개인 및 조직들 사이의 정보 및 재화의 교환에 의존한다. 모든 사회적 거래는 사람들 사이의 어떤 상호작용을 함축하기에 그런 교환 거래 과정에서 일어난 물자의 이동 및 흐름에 대한 연구는 흔히 고고학자가 그런 상호작용을 추적하는 가장 직접적인 방법이 된다.

많은 교환에서는 교환되는 물품보다 그 관계가 더 중요하다. 예컨대 기독교 사회 전통에서 크리스마스에 가족들이 서로 선물을 교환할 때 인척 간에 선물을 주고받는다는 행위 자체가 실

위세를 뽐내는 데 쓰이는 소재들

거의 모든 문화는 각기 귀중품이라는 것들을 갖고 있다. 그 중 일부는 실제로 쓰임새가 있기도 하지만(이를테면 멜라네시아의 돼지는 먹을 수 있다) 대부분은 과시 이외에는 아무런 용도가 없다. 즉 그것들은 단순히 위세품이다.

귀중품은 특정 사회가 높은 가치를 부여하는 한정된 범위의 소재로 만들어지는 경향이 있다. 이를테면 서구 사회에서는 금을 너무나 귀히 여겨 다른 모든 가치를 측정하는 하나의 표준으로 삼는다.

그런데 우리는 이런 가치 매김이 전적으로 자의적이라는 점을 망각하는 경향이 있으며, 그래서 금이 마치 본질적으로 가치를 가진 듯이 '본래적' 가치 운운한다. 그러나 금은 그렇게 유용한 소재가 아니며(물론 밝은 색에 녹이 슬지는 않지만) 장인이 무슨 특별한 기술을 부려 만들어내는 것도 아니다. 본래적 가치란 잘못 붙여진 이름이다. 이를테면 아스텍 사람들은 금을 애지중지한 정복자들과는 달리 깃털을 훨씬 귀히 여겼다. 둘 다 주관적 가치 체계를 따르고 있었던 것이다. 여러 사회들이 그간 본래적 가치를 부여한 다양한 소재들을 조사해 보면 그 중 다수가 희소성, 내구성, 시각적 돌출성을 지녔음을 알 수 있다.

- 아스텍 사람들과 뉴기니 부족들이 선호한 화려한 깃털은 이 중 두 가지를 만족시킨다.
- 상아: 코끼리와 바다코끼리의 엄니들은 후기 구석기시대 이래로 귀히 여겨졌다.
- 조가비, 특히 대형 바다 연체류의 조가비는 수많은 문화에서 수천 년 동안 아주 소중히 여겨졌다.
- 호박이라는 아주 특수한 유기물질은 후기 구석기시대에 북유럽에서 귀히 여겨졌다.
- 옥은 중국에서 메소포타미아에 이르는 많은 문화들에서 선호된 소재이며 신석기시대 유럽에서는 일찍이 서기전 4000년부터 귀히 여겨졌다.
- 그 밖의 천연적으로 단단하고 화려한 색상의 돌들(이를테면 수정, 청금석, 흑요석, 석영, 얼룩마노)은 언제나 귀히 여겨졌다.
- 보석들은 최근 몇 세기에 들어 작은 면들을 만들어내 빛을 발산하도록 세공하는 기술이 개발되면서부터 비로소 특별한 가치를 지니게 되었다.
- 금은 '본래적' 가치를 지녔다는 상품 중에서 아마도 (유럽인들의 눈에는 확실하게) 높은 자리를 차지할 것이다. 그 뒤는 은이 잇는다.
- 구리 및 여타 금속들도 그에 필적하는 역할을 가졌는데, 북미에서는 구리 물품들이 특별한 가치를 지녔다.
- 유리 같은 인공 소재는 꽃불제조기술의 개발과 더불어 완전한 빛을 발하게 되었다.
- 위세란 흔히 개인적 과시를 뜻하였기에 정교한 직물과 여타 의복 소재들(이를테면 폴리네시아의 나무껍질 옷인 타파) 또한 언제나 아주 귀히 여겨졌다.

멕시코 몬테 알반에서 출토된 사포텍 옥 가면인데 눈은 조가비이다.

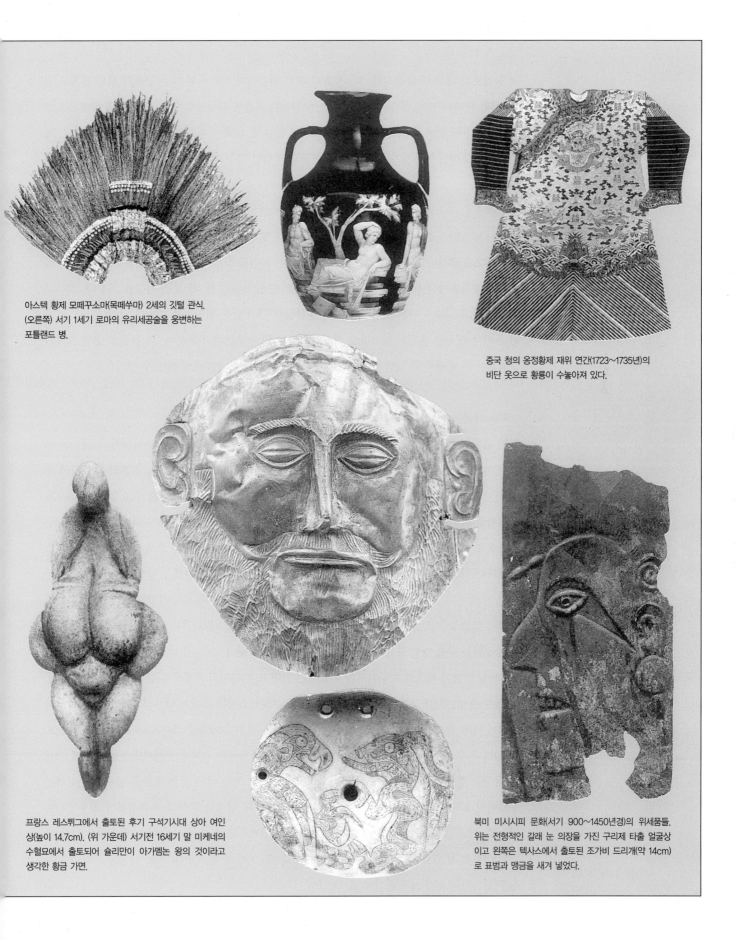

아스텍 황제 모떼꾸소마(목떼쑤마) 2세의 깃털 관식.
(오른쪽) 서기 1세기 로마의 유리세공술을 웅변하는
포틀랜드 병.

중국 청의 옹정황제 재위 연간(1723~1735년)의
비단 옷으로 황룡이 수놓아져 있다.

프랑스 레스쀠그에서 출토된 후기 구석기시대 상아 여인
상(높이 14.7cm). (위 가운데) 서기전 16세기 말 미케네의
수혈묘에서 출토되어 슐리만이 아가멤논 왕의 것이라고
생각한 황금 가면.

북미 미시시피 문화(서기 900~1450년경)의 위세품들.
위는 전형적인 갈래 눈 의장을 가진 구리제 타출 얼굴상
이고 왼쪽은 텍사스에서 출토된 조가비 드리개(약 14cm)
로 표범과 맹금을 새겨 넣었다.

제 물건보다 대개 더 중요하다. 즉 "중요한 것은 마음이다." 또 이와 다른 종류의 교환 관계도 있다. 어떤 관계에서는 (가족의 크리스마스에서처럼) 베풂이 지상명령이고, 또 어떤 관계에서는 그 목적이 이윤에 있어서 개인적 관계는 강조되지 않는다. 더욱이 재화의 종류도 여러 가지이다. 매일매일 사고파는 일용재가 있는가 하면 선물로 적합한 특수 재화, 즉 가치재(앞쪽의 테 글 참조)도 있다.

50년 전 고고학에서 '전파론적' 해석이 유행하였을 때는 어떤 유적에 낯선 유형이나 소재의 물건이 있으면 이는 흔히 다른 문화, 아마도 좀더 발달한 문화로부터 중대한 '영향'이 있었음을 가리킨다고 생각하였다. 그렇지만 오늘날은 그런 물건들이 멀리 떨어진 집단들 사이의 사회 경제적 상호작용에 관해 무엇을 일러줄 수 있는지를 알아내는 데 더 깊은 관심을 가진다. 그러나 어떤 유물의 형태가 다른 곳에서 발견된 유물들과 단지 닮은 점만으로 교환이 있었다거나 두 집단 사이에 명확한 연계가 있었다고 확신하기에는 대개 충분하지 못하다. 그 유물을 만든 소재가 틀림없이 먼 곳에서 온 것임을 밝혀내야 하며 이는 **특성 변별 연구**로써 해낼 수 있다.

교역된 재화의 산지 발견: 특성 변별 연구

어떤 유물이 특정 지점에서 발견되었다고 해서 그것이 반드시 그곳에서 만들어졌다고는 볼 수 없다. 실제로는 수백 혹은 수천 킬로미터 너머에서 들여온 것일 수도 있다. 유물의 기원지에 대한 연구는 단순치 않다. 유물 형태는 모방될 수 있고 또 우연히 서로 닮을 수도 있다. 그러므로 고고학적 **정황** 속의 어떤 물건이 다른 데서 만든 줄 아는 물건을 닮았다는 이유만으로 그것을 수입품으로 인식하는 것은 언제나 무방하지는 않다. 만약 그 물건을 만든 소재가 다른 곳에서 산출되었다는 사실을 믿을 만할 정도로 밝혀낸다면 교역이 있었다는 훨씬 신빙성 있는 증거를 얻은 셈이 될 것이다. 특성 변별법 혹은 산지 추정법은 구성 소재의 특징적 성질들을 식별해 내고 또 그렇게 함으로써 그 소재의 산지를 판정하는 검사 기법들을 가리킨다. 소재의 산지를 특성 변별로 추정하는 주요 방법 중 일부는 아래에서 기술하기로 한다.

특성 변별이 제대로 이루어지기 위해서는 어떤 소재 산지의 제품을 다른 산지의 제품들과 구분 짓는 무엇인가가 분명히 있어야만 한다. 물론 어떤 소재는 자체가 너무나 진기하고 특이해서 대번에 특정 산지로부터 나왔음을 알아차릴 수 있는 경우도 이따금 있다. 그러나 산지를 육안으로 판별할 수 있는 소재는 실제로 극히 드물다. 통상적으로는 과학적 분석기법들을 이용해 소재의 특징을 훨씬 더 정확하게 집어내야 한다. 지난 40년 동안 아주 작은 표본을 정확히 분석하는 능력에서 놀라운 진전이 있었다. 그렇지만 특성 변별의 성패는 분석의 정확성에만 좌우되지는 않는다. 어떤 소재(예컨대 플린트나 일부 금속)의 산지들은 흔히 특성이 아주 비슷해서 검사 기법이 아무리 정밀해도 상호 분간이 안 될 수 있다. 또 어떤 소재(예컨대 흑요석)들은 산지 특성이 아주 달라서 비교적 쉽게 분간이 될 수 있다.

여기서 지적해야 할 한 가지 중요한 사항은 특성 변별 연구에 의한 소재 산지 판정이 해당 소재의 자연 분포에 관한 우리의 지식에 결정적으로 좌우된다는 사실이다. 이 지식은 지질학자 같은 전문가들의 야외조사로부터 주로 나온다. 예를 들어 설사 우리가 모든 돌도끼의 암석 종류들을 정확하게 잘 알고 있다고 하더라도 그 특정 종류의 암석들을 자연 속 특정 부존 장소(즉 채석장)에 있는 해당 암석들에 대응시킬 수 없는 한 고고학자에게 아무런 도움이 되지 못할 것이다. 따라서 양호한 지질 분포도를 작성하는 일은 신뢰할 만한 산지 추정 연구를 위해 없어서는 안 될 기초 작업이다.

박편(薄片) 현미경 검사　　　석제품 혹은 토기편으로부터 박편(薄片, thin section)을 표본으로 잘라내어 소재의 산지를 판정하는 기법은 19세기의 중엽 이래로 존재하였다. 빛이 투과할 수 있을 정도로 아주 얇게 표본을 만들어서 광학현미경으로 (암석 또는 광물의 구조를 조사하는) 암석학적 검사를 하면 특정 산지에서만 나오는 특유한 특정 광물들을 대개 인지할 수가 있다. 이 부문의 작업은 암석학적인 훈련을 받은 사람이 해야 한다.

이 방법은 그간 세계 여러 지역의 석제품들에 적용되었는데, 예를 들면 (고대 그리스 및 로마인들이 사용한 특수한 색깔의 암석 같은) 건축용 석재, (올멕문화의 거대 두상이나 스톤헨지 같은) 기념물, (오스트레일리아, 뉴기니 등지의) 돌도끼의 산지를 집어내기 위한 것이었다. 이런 특성 변별 연구가 이룬 성공담 중 하나로는 서기전 3000년 이전에 개시된 영국 신석기시대 돌도끼 교역의 정형 분석을 들 수 있다.

토기의 경우에는 태토 자체가 특징 있는 점토일 수도 있지만 그보다는 혼입물—광물 입자 혹은 암석 조각—이 특징적인 수가 더 많다. 혼입물은 때로는 태토 속에 자연적으로 든 물질일 수도 있다. 그 외 경우에는 건조 및 소성 기능을 향상시키기 위한 **태토 조절제**로서 의도적으로 첨가되는데 그런 때는 토기의 조직이 둘 이상의 별개 산지로부터 나온 물질들로 구성될 수 있기 때문에 특성 변별 연구를 혼란시킬 수 있다. 조성 중의 규조류 화석(제6장 참조) 같은 것들도 소재의 산지를 식별하는 데 도움이 될 수 있다.

이런 분석법들이 그간 영국 선사시대 토기 교역의 실상을 그려낸 것은 아주 놀랍다. 데이비드 피콕과 그 동료들의 **박편(薄片)** 연구 작업이 실시되기 전에는 서기전 3000년 이전의 신석기시대 토기 바리와 여타 그릇들이 100km 정도의 먼 거리까지 교역되리라고는 인식조차 하지 못하였다. 이제 우리는 영국 신석기시대 토기의 교환 범위와 이미 언급한 돌도끼의 교환 범위를 알기 때문에 당시에 많은 개인과 취락들이 아주 광범위한 교환체계들로 상호 연계되어 있었음도 분명하게 안다.

미량원소 분석　　　많은 소재들의 기본 조성은 아주 일관성이 있다. 플린트와 매한가지로 타제석기 제작에 사용된 화산 유리인 흑요석이 그 좋은 예이다. 흑요석을 구성하는 주된 원소들(규소, 산소, 칼슘 등)의 농도는 산지가 어디든 대체로 비슷하다. 그렇지만 미량원소(아주 소량으로만 존재하는 원소들로 단지 몇 ppm으로 측정됨)들은 산지에 따라 다양하며 그것들의 농도를 측정하는 유용한 방법들이 몇 가지 있다.

태평양의 뉴브리튼과 애드미럴티 제도에서 출토된 흑요석에 미량원소 분석을 하였더니 뉴브리튼(탈라세아)의 한 산지에서 나온 흑요석이 지금부터 3000년 전 동쪽으로는 피지, 서쪽으로는 사바(북부 보르네오)까지 6500km 거리에 걸쳐 교역되었음이 드러났다. 그로써 이는 전세계의 신석기시대에서 확실하게 가장 넓은 분포 기록을 세운 상품이 되었다.

동위원소 분석　　　동일 원소로 이루어진 원자라도 그 핵 속의 중성자 수는 여러 가지일 수 있는데 이들을 동위원소라 한다. 자연 상태로 존재하는 원소 대부분은 몇 가지 동위원소로 이루어져 있다. 특히 우리가 금속의 산지를 조사할 때는 (유물과 더불어) 산지의 특성 변별을 하기 위해 납동위원소의 여러 가지 비율들을 분석한다. 때로는 두 군데 이상의 산지가 동일한 납동위원소 비율을 가질 수도 있지만 이는 미량원소 분석 자료를 함께 고찰하면 대개 풀릴 수 있다.

납동위원소 분석법은 납 유물뿐만 아니라 은 유물에도 직접 적용할 수 있는데, 은 유물에 대개 납이 불순물로서 들어 있기 때문이다. 구리 원석 또한 납을 최소한 미량으로라도 함유하며, 실험을 해본 결과 제련을 하는 동안 구리 금속 안에 그 납 중 상당 비율이 섞여 들어간다는 사실이 밝혀진 바 있다. 그래서 한 가지 특성 변별 기법을 납, 은, 구리 유물에 모두 적용할 수 있는데, 이는 고전시대 및 중세의 은화, 청동기시대의 구리 도구 및 청동 도구, 납 추와 더불어 유리 및 유약 안료에 든 납 그리고 주성분이 납인 흰색 도료의 광물 산지들을 판정하는 데 적용하여 성공을 거둔 바 있다.

산소동위원소의 비율 또한 바다조가비의 특성 변별에 유용함이 입증된 바 있다. *Spondylus gaederopus*' 조가비는 유럽 남동부에서 신석기시대 동안 팔찌 및 장신구의 형태로 널리 교역되었다. 고고학자들은 그것이 에게 해 지역산인가 아니면 혹시 흑해 지역산인가를 알고자 하였다. 바다 조가비의 산소동위원소 조성은 제6장의 심해저 시추 자료 절에서 논의한 바와 같이 그 유기

핵심 개념: 특성 변별 연구

• 고고학자는 특성 변별 연구로써 어떤 유물을 만든 소재의 산지를 알아낼 수 있다.

• 특성 변별 연구의 성패는 어떤 소재의 산지들이 과학적 분석을 하면 분간이 될 정도로 충분하게 서로 다른지의 여부에 달려 있다.

• 특성 변별 연구로 소재의 산지를 알아내는 주된 방법으로는 박편 현미경 검사법, 미량원소 검사법, 동위원소 분석법이 있다.

체가 사는 바다의 수온에 따라 달라진다. 흑해는 지중해보다 훨씬 차며, 그래서 분석 결과는 문제의 조가비들이 에게 해 지역산임을 확증해 주었다.

분포의 연구

교역된 재화 자체의 연구와 특성 변별에 의한 산지 식별은 교환을 조사 연구하는 데 가장 중요한 절차들이다. 그렇지만 우리가 문제의 핵심, 즉 옛 사회들이 어떻게 작동하였고 그 사회들이 서로 어떤 사회적, 경제적 연관을 맺고 있었는지를 포착할 수 있는 길은 바로 분포, 즉 재화의 이동에 대한 연구를 통해서이다.

문자 기록이 없는 상황에서는 분포의 메커니즘이 무엇이었는지 또 교환 관계가 어떤 성격을 띠었는지를 판정하기란 쉬운 일이 아니다. 그러나 문자 기록들이 있는 경우에는 그로부터 가장 많은 정보를 얻을 수 있다.

하지만 선(先)문자 사회―문자 기록을 갖지 않은 사회들에서 나온 증거도 재화의 소유 및 분배 관리를 어느 정도 분명히 알 수 있도록 해 준다. 예를 들어 항아리 주둥이를 막고 상자를 봉하며 창고 문에 봉인 표시를 하는 데 사용되었던 봉니(封泥)들은 서로 다른 각인을 누른 것들인데 근동의 선문자 시기와 에게 해의 청동기시대 유적에서 널리 발견된다.

그렇지만 어떤 경우는 교역된 재화 자체에 소유자 또는 생산자 표시가 되어 있기도 한다. 예컨대 로마시대에 액체 저장용기(암포라)를 생산한 도공들은 그 구연부에 자기 이름을 찍어놓곤 하였다. 그래서 그 전반적 수출 정형은 분포도를 작성해 보면 분명히 드러날 수 있다.

그러나 그 뒤에 놓인 작인들을 이해하려면 이 분포도를 해석해 내야 하며, 바로 이 점에서 발견물의 공간 분포가 교환 메커니즘에 따라 어떻게 달라질 수 있는지, 다시 말하면 발견물의 분포

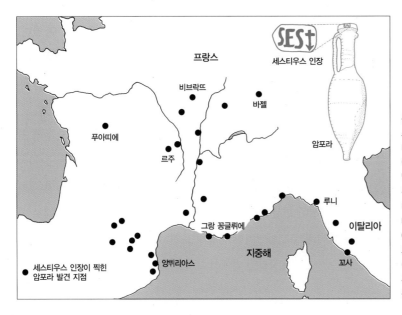

분포 연구. 도공 세스티우스의 인장이 찍힌 로마시대 저장용기(암포라)들이 이탈리아 북부와 중부 및 남부 유럽 전역에서 발견된 바 있다. 그것들과 그 내용물(물론 술이다)은 아마도 꼬사 근처의 사유지에서 만들어졌을 것이다. 그리하여 이 분포 지도는 이 상품이 꼬사 지역으로부터 수출된 전반적 정형을 가리킨다.

정형이 당시 이루어진 교환의 유형에 관해 우리에게 무엇을 말해 줄 수 있는지를 고찰하는 일이 유용하다. 여러 가지 메커니즘은 다음과 같이 요약할 수 있다.

- '직접 접근'은 어떤 교환 메커니즘도 개재되지 않고 이용자가 바로 소재 산지로 가는 상황을 가리킨다.
- '노선하향식' 교환은 **호혜교환** 성격의 교환들이 반복됨으로써 어떤 상품이 연이은 교환을 통해 연접 지역들로 계속 이동하는 것을 말한다.
- '방물장수' 교역은 이득을 위해 독자적으로 움직이는 교역자들의 활동을 가리키는데, 그들은 대개 시장 교환에서처럼 상담으로 거래를 하지만 고정된 장터는 없으며 방물장수가 여행을 해서 소비자에게 직접 재화를 갖다 준다.
- '대리인' 교역은 '교역자'가 본국에 기지를 둔 중앙 조직의 대리자 역할을 하는 상황을 가리킨다.

이 모든 거래 유형이 고고학적 기록 속에 명확하고 모호하지 않은 징표들을 남기리라고 기대하기는 어렵다. 다만 앞으로 보게 되듯이 노선하향식 교역은 확실히 그러기는 한다. 그리고 어떤 곳에서 발견된 소재들이 아주 다양한 산지들로부터 온 것이라면 그곳은 역소(易所, 교역소) 터로 인식해야 마땅하며 그 장소는 꼭 행정 중심지는 아니었다 할지라도 교역 활동이 전문적으로 벌어진 곳임은 분명하다.

분포의 공간 분석

분포 연구를 하는 데는 몇 가지 공식 기법들을 이용할 수 있다. 첫째로 꼽을 수 있고 가장 알기 쉬운 기법은 당연한 일이지만 위에 언급한 로마시대 압인 암포라의 경우처럼 발견물의 분포도를 작성하는 방법이다. 또 분포를 계량적으로 조사하는 작업도 도움이 될 수 있으며 지도 위에 발견물의 수를 표시하기 위해 크기가 다른 점이나 기타 표시들을 간편한 수단으로 사용할 수 있다. 이런 종류의 지도는 소비 및 **재분배**의 중요 중심지들을 잘 나타내 보일 수 있다. 그렇지만 분포도를 직접 사용하는 방법은 계량화된 도표의 도움을 받는 경우일지라도 자료를 연구하는 가장 좋은 길이 아닐 수 있으며 좀더 철저한 분석을 해야 도움이 될 것이다.

최근에는 **'감쇠 분석법'**이 상당한 관심을 끌고 있다. 교환된 물자의 양은 대개 산지로부터 거리가 멀어질수록 그만큼 줄어든다. 이는 하등 놀라운 일도 아니지만 (예컨대 특정 유형의 교역이 이루어진) 어떤 경우에는 줄어드는 양태에 규칙성이 있다. 만약 물자의 양을 산지로부터의 거리에 대비한 도표로 찍어보면 감쇠 곡선이 만들어진다. 물론 여러 가지 분포 메커니즘들이 때로 이와 비교될 만한 최종 결과들을 빚어내기도 하겠지만 예컨대 노선하향식 교역은 아주 뚜렷한 지수 감소 곡선을 낳는다. 이는 대수적으로 표시하면 옆에서 보듯 직선 형태를 띨 것이다.

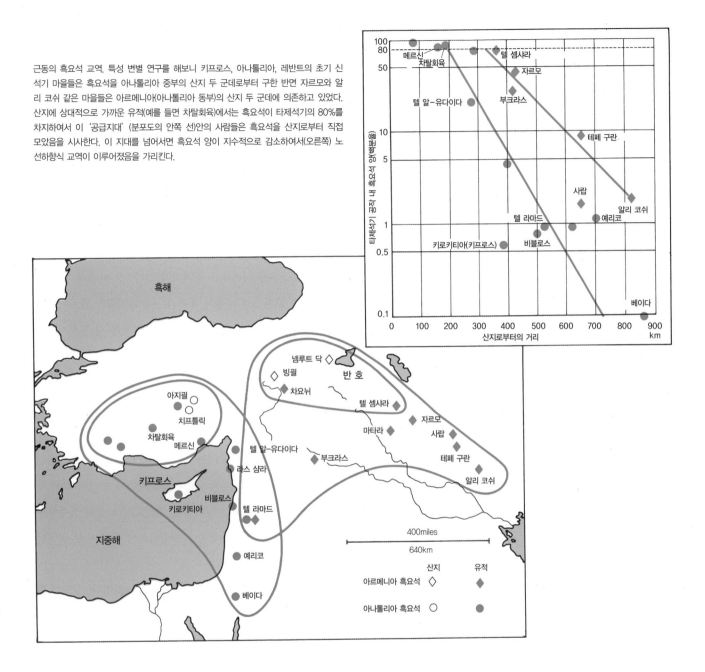

근동의 흑요석 교역. 특성 변별 연구를 해보니 키프로스, 아나톨리아, 레반트의 초기 신석기 마을들은 흑요석을 아나톨리아 중부의 산지 두 군데로부터 구한 반면 자르모와 알리 코쉬 같은 마을들은 아르메니아(아나톨리아 동부)의 산지 두 군데에 의존하고 있었다. 산지에 상대적으로 가까운 유적(예를 들면 차탈회육)에서는 흑요석이 타제석기의 80%를 차지하여서 이 '공급지대'(분포도의 안쪽 선)안의 사람들은 흑요석을 산지로부터 직접 모았음을 시사한다. 이 지대를 넘어서면 흑요석 양이 지수적으로 감소하여서(오른쪽) 노선하향식 교역이 이루어졌음을 가리킨다.

흑요석 분포 연구   한 가지 좋은 예는 근동의 신석기시대 초기 유적들에서 발견되는 흑요석이다. 특성 변별 연구를 해보니 아나톨리아 중부에 2개소, 동부에 2개소의 산지가 있었음이 드러났다. 표본들은 서기전 7,000년기 및 6,000년기로 연대측정되고 대부분 이미 알려진 근동 신석기시대 초기 유적에서 나온 것이었다. 아나톨리아 중부산 흑요석들은 레반트 지역(아래쪽 팔레스타인까지 포함)에 교역되고 있었던 반면 아나톨리아 동부의 것들은 주로 자그로스 산맥을 따라 내려가 이란의 알리 코쉬 같은 유적들까지 교역되었다.

계량적 분포 연구를 해 본 결과 감쇠 유형이 나타났고 이는 노선하향식 교역이 이루어졌음을 가리켰다. 따라서 흑요석은 한 촌락에서 다른 촌락으로 계속 건네지고 있었다고 결론을 내릴 수

핵심 개념: 분포 연구

• 발견물의 공간 분포 분석은 과거에 운용되고 있었던 교환 메커니즘을 이해하는 데 도움이 된다.
• 주요 교환 메커니즘으로는 직접 접근, 노선하향식 교환, 방물장수 교역, 대리인 교역이 있다.
• 예를 들어 감쇠 분석 같은 계량 분석 연구를 해보면 어떤 교환 방법이 쓰였는지를 가리키는 통계학적 지표를 얻을
  수 있다.

있었다. 산지에 가까워 공급지대로 명명된 지역들(산지로부터 320km 내)에서만 사람들이 자기가 쓸 흑요석을 채취하기 위해 직접 산지로 갔음을 나타내는 증거가 있었다. 그 바깥의 접촉 지대로 명명된 지역에서는 지수 감쇠 경향으로 보아 노선하향식 체계가 운용되었음을 알 수 있다. 당시 전문 중개 교역자가 있었다는 징표는 없고 또 흑요석 공급에 주도적 역할을 한 중심지들이 있었던 것으로도 보이지 않는다.

난파선과 퇴장물 : 해상 교역 및 육상 교역   분포 문제에 대한 다른 접근 방법 한 가지는 수송 연구로부터 얻는다. 수운은 육운보다 흔히 훨씬 안전하고 빠르며 또 비용이 적게 든다. 수송 문제와 어떤 상품들이 어떤 규모로 서로 교역되었는가 하는 아주 중요한 문제 둘 다에 대한 최상의 정보는 난파선이 제공한다. 일찍부터 위에 언급한 로마시대 암포라들이 완전한 화물 형태로 여러 차례 수습된 바 있다. 조지 배스는 터키 남해안 앞바다의 겔리도니아 곶과 울루부룬(뒤쪽 테 글 참조)에 난파한 두 척의 중요한 청동기시대 배들을 조사함으로써 당시 해상 교역에 대한 우리의 지식을 아주 크게 넓혀 주었다.

    육상의 난파선에 해당하는 것이 교역자의 은닉물(cache) 또는 **퇴장물**(hoard)이다. 상당한 양의 재화 일괄이 고고학적 퇴적층에서 발견될 때 그곳에 그것들을 남긴 사람들의 의도를 분명하게 밝혀내기는 쉽지 않다. 어떤 퇴장물은 분명히 봉헌의 성격을 지니면서 신들에게 바친 것이었겠지만 금속 쪼가리 등 재활용하기 위한 물자들이 든 경우에는 그곳을 오가던 대장장이들이 나중에 와 찾아 쓸 요량으로 묻어 놓았을 가능성이 아주 크다.

    이런 예들, 그 중에서도 특히 잘 보존된 난파선 같은 경우에는 분포의 성격을 이해하는 데 최대한 가까이 다가갈 수가 있다.

교환과 상호작용 : 교환 체계의 전모

고고학적 증거가 교환 체계의 전모를 복원할 수 있을 정도로 충분한 경우는 극히 드물다. 예를 들어 문자 기록 없이 무엇이 무엇에 대해 교역되었으며 각 상품에 어떤 가치가 부여되었는지를 확정하기는 극히 어렵다. 더욱이 썩기 쉬운 물자의 교환은 고고학적 기록 속에 흔적을 거의 남기

지 않거나 아예 남기지 않게 마련이다. 대부분의 경우 고고학적으로 판정한 산지 및 분포에 관한 증거들을 짜맞추는 일이 우리가 해낼 수 있으면 하고 바라는 최대한도가 된다. 그런 조사 사업의 좋은 예로는 멕시코 와하까에서 제인 피레스-페레이라가 실시한 작업을 들 수 있다.

고대 멕시코의 교환 체계   피레스-페레이라는 '형성기' 초기 및 중기(서기전 1450~500년) 동안 와하까에서 사용된 다섯 가지 소재들을 연구하였다. 첫째는 흑요석으로서 대략 9개소의 산지가 식별되었다. 이들은 특성 변별이 되었고 관련 교환망들이 설정되었다. 그러고 나서 그녀는 또 하나의 소재인 진주조개의 교환망들을 고찰하고는 당시 두 개의 다른 교환망이 운용되었다고 결론지었다. 하나는 태평양 연안으로부터 해양물품들을 들여오는 네트워크였고 다른 하나는 대서양으로 흘러 들어가는 강들의 담수 산지로부터 물품을 가져오는 네트워크였다.

그녀는 다음 단계의 연구로서 형성기에 거울을 제작하는 데 사용된 철광석(자철광)을 고찰하였다. 마지막으로 그녀는 양식을 근거로 제작지를 판정할 수 있었던 두 부류의 토기(와하까산과 베라끄루쓰산)를 각각 고찰 대상으로 삼을 수 있었다. 그 다음으로 이런 성과들을 한데 짜맞

교환 체계의 전모: 피레스-페레이라가 교환된 다섯 가지 물품 소재에 대한 연구를 토대로 작성한 지도로 이는 형성기 초기 메조아메리카의 여러 지방들을 연계한 상품들 중 일부를 나타낸다.

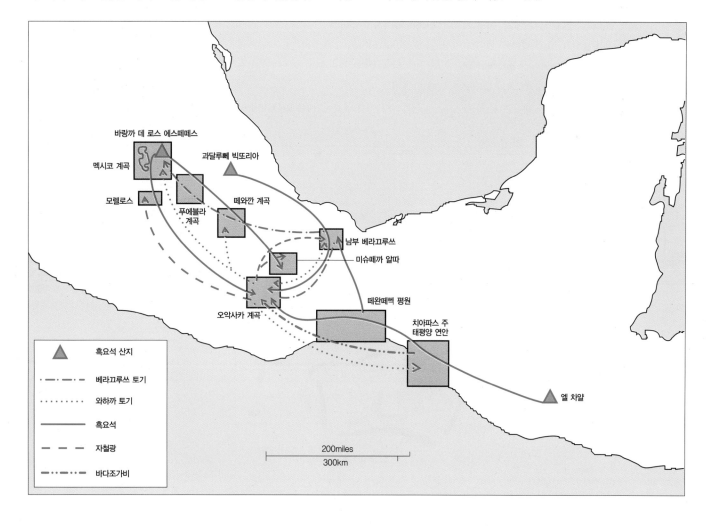

터키 울루부룬 난파선이 말하는 동지중해 교역

고고학자가 무역에서 어떤 상품들이 서로 거래되었는지를 알아내고 그 메커니즘을 이해하기란 어려운 일이다. 그래서 화물을 모두 실은 채 난파된 무역선을 발견해 내는 것은 특별한 가치가 있다.

1982년 서기전 1300년에 가까운 연대를 가진 바로 그런 난파선 한 척이 터키 남부 해안 카스 근처 울루부룬의 수심 43m에서 60m 지점에서 발견되었다. 이는 1984년부터 1994년 사이에 미국 텍사스 대학 해양고고학 연구소의 조지 배스와 케말 풀락에 의해 발굴되었다.

이 배의 화물에는 350개가 넘는 이른바 '쇠가죽' 덩이쇠(모양이 쇠가죽 같음) 형태의 구리 10톤이 들어 있었는데 이 덩이쇠는 이집트의 벽화와 키프로스, 크레타, 여타 지점의 발견물들로부터 이미 알려져 있었다. 이런 덩이 구리는 (납동위원소 분석법과 미량원소 분석법이 제시한 대로) 거의 틀림없이 키프로스 섬에서 채광한 것이었다. 또 특히 중요한 점은 거의 1톤에 가까운 덩이쇠 형태 및 여타 물품으로 된 주석이 해저에서 화물 잔존물의 일부로서 발견된 일이었다. 당시 지중해에서 쓰인 주석의 산지가 어디인지는 아직 명확하지 않다. 다만 이 배가 동지중해 해안으로부터 서쪽으로 항해를 하다가 난파되었고 또 동쪽 산지 어딘가에서 난 주석과 더불어 키프로스산 구리를 싣고 있었음은 너무나 분명한 듯하다.

토기에는 가나안 암포라라고 하는 형식의 항아리가 있었는데 그런 이름이 붙은 이유는 (가나안 땅인) 팔레스타인이나 시리아에서 만들어졌기 때문이다. 그 대부분에는 테레빈 나무로부터 나온 테레빈질 수지가 담겨 있었지만 몇 점에는 올리브가 들어 있었고 다른 것에는 유리옥이 있었다.

비슷한 항아리는 그간 그리스와 이집트에서, 또 특히 레반트 해안을 따라서 발견된 적이 있다.

난파선의 이색 물품 중에는 흑단 비슷한 긴 목재들이 있었는데 그것들은 이집트 이남의 아프리카에서 자라는 나무들이었다. 그리고 발트 지역 호박옥들이 있었는데 이것들은 원래 북유럽산이다(아마도 육로로 지중해에 이르렀을 것이다). 또 코끼리와 하마의 엄니 형태로 된 상아들도 있었는데 동지중해산일 것이며 북아프리카나 시리아산으로 추정되는 타조알도 있었다. 난파선에서 나온 청동 도구와 무기들은 이집트식, 레반트식, 미케

난파선에서 출토된 특기할 만한 세 가지 물건. (위에서 시계 방향으로) 메소포타미아에서 서기전 1750년경 석간주(적철광)로 도장을 새겼다가 그로부터 약 400년 뒤 그 위에 다시 새로운 장면을 새긴 도장을 굴려 누른 모습. 서기전 14세기에 남편 아크나튼과 함께 이집트를 통치한 유명한 왕비 네페르티티의 이름을 담은 금 스카라베 도장으로 처음으로 발견되었다. 위로 쳐든 두 손에 가젤영양을 한 마리씩 쥔, 누군지 알려지지 않은 여신을 표현한 금 드리개.

이 지도는 울루부룬에서 발견된 불운한 난파선의 추정 항해로이다. 또 난파선에 실린 각종 인공물 소재의 산지로 추정되는 곳도 표시하였다.

네식을 비롯한 여러 형식들이 뒤섞여 있었다. 다른 중요한 발견물로는 시리아식 및 메소포타미아식의 원통형 도장 몇 점, (당시에는 특별하고 비싼 소재였던) 유리 덩이, 금잔한 점이 있다.

우리는 바다 밑에서 나온 이런 어마어마한 보물들 덕분에 지중해의 청동기시대 무역을 엿볼 수 있다. 배스와 풀락은 그 무역업자가 레반트 해안으로부터 마지막 항해에 올랐을 가능성이 크다고 생각하였다. 그의 통상적 순환 항로는 아마도 키프로스로 가서 거기서 터키 해안을 따라 카스를 지나 서쪽으로 크레타로 가든지 아니면 좀더 가능성이 크지만 그리스 본토의 주요 미케네 유적 중한 곳으로 가든지 아니면 난파선에서 흑해의

다뉴브 지방산 의례용 권표와 창이 발견된 데서 암시되듯이 더 북쪽으로 가기까지 하였을 것이다. 거기서 계절풍을 타고 외해를 가로질러 북아프리카 해안, 나일 강 하구 및 이집트 동쪽을 거쳐 마지막으로 본국 페니키아로 되돌아왔을 것이다. 하지만 그는 이 항해에서는 울루부룬에서 배와 화물을 잃었고 아마도 자신의 생명까지도 그랬을 것이다.

잠수부가 쇠가죽 덩이쇠를 수습하는 장면.

추어 한 장의 지도를 작성하였는데 이는 형성기 초기에 메조아메리카의 여러 지방을 몇 개의 교환망으로 연결하였던 상품들 중 일부를 보여준다. 이 그림은 분명히 불완전하며 그로써는 상품들의 상대 가치에 관해 어떤 짐작도 할 수가 없다. 그러나 이 연구는 활용할 수 있는 특성 변별 자료를 정말 훌륭하게 이용하였고 또 탄탄한 고고학적 증거를 토대로 이 지역의 교환망을 잠정적으로나마 잘 종합하였다는 평가를 내릴 수 있다.

상징 교환과 상호작용　　상호작용에는 유형재의 교환뿐만 아니라 관념, 상징, 발명, 소망, 가치 등을 포함하는 정보의 교환까지도 관련이 된다. 현대 고고학은 그간 특성 변별 연구와 공간 분석법을 이용하여 물자의 교환에 대해서는 꽤 많은 사실을 알 수 있었지만 상호작용의 측면들 중 좀더 상징에 관련된 부분들을 식별하고 설명하는 데는 한층 큰 어려움에 부딪혔다. 유사한 기술 혁신이 멀리 떨어진 곳에서 보일 경우 다른 증거가 없는 한 상호 접촉이 있었다는 표지로 써서는 안 되지만 아주 두드러진 새로운 기술이 한정된 지리적 범위에 걸쳐 여러 곳에서 나타나면 이는 대개 정보 소통이 있었고 그래서 접촉이 있었음을 가리킨다.

과거에 고고학자들은 이웃 지역 사이의 상호작용을 논의할 때면 으레 '전파'를 거론하였다. 이 용어는 한 지역이 다른 지역에 대해 우세한 관계였으며 새로운 기술이 그 종속 지역으로 전해졌음을 함축하였다. 이에 반대되는 접근법은 각 지역들이 완전히 자치적이고 독립적이었다고 상정하는 쪽이 될 것이다. 그렇지만 여러 집단들 사이에 상당한 상호작용들이 있었을 가능성을 아

예 배제하는 것은 비현실적으로 보인다.

그래서 해결책은 여러 지역 사이에 우세와 종속, 핵심과 주변을 가정하지 않고 그것들이 대체로 대등한 위치에 있었다고 보면서 상징 구성 요소들을 비롯한 상호작용을 분석하는 방법들을 강구하는 길이다. 이런 대등한 지위의 독립된 사회들 사이의 상호작용을 논의할 때는 **상호작용 권역**을 거론함이 유용하다는 사실이 그간 밝혀진 바 있다.

그에 관련된 한 가지 주요 요소는 경쟁이다. 서로 이웃하는 지역들은 각기 이웃의 성공에 비추어 자신의 성공 여부를 판단하면서 여러 가지 방식으로 상호 경쟁한다. 이는 흔히 몇몇 주요 의례 중심지에서 주기적으로 벌어지는 회합이라는 상징적 형태를 띠는데 각 지역 대표자들은 거기에서 만나 의식을 거행하며 이따금 경기로나 기타 행사로 경쟁을 벌인다.

이런 행태는 수렵채집 **유단**들 사이에서 보이며 이들은 정기적으로 모여 좀더 큰 단위(오스트레일리아에서는 코로보리(corroboree)라 불리는 집회)를 이룬다. 또 **국가**사회의 순례 및 각종 의식들에서도 보이는데 그 중에서도 가장 두드러진 예는 고대 그리스의 올림픽 경기와 여타 범그리스적 집회들이며 그때는 모든 도시 국가의 대표들이 모이곤 하였다.

이런 회합에서는 각 사회가 경쟁적으로 과시적 소비를 함으로써 이웃 사회들을 능가하려고 애를 쓰는 경향이 있다. 그 예로는 미국 북서해안 인디언들이 많은 비용을 들이며 벌인 공공 축제인 포트래치를 들 수 있다. 이와 몇 가지 점에서 아주 유사한 현상으로 각 지역이 의례 중심지에 규모 및 장려함에서 이웃을 능가하는 장대한 기념물들을 경쟁적으로 건립하는 관습을 들 수 있다. 우리는 마야 도시라는 의례 중심지들에서 이런 종류의 행위가 벌어지지 않았나 생각할 수 있고 또 같은 현상은 중세 유럽의 여러 수도들에 지은 장려한 대성당들에서도 보인다.

전쟁 또한 두말할 것도 없이 명백한 경쟁의 한 형태이다. 그러나 그 경쟁의 목적은 반드시 영토를 얻는 데 있지는 않다. 예를 들어 희생용 포로들을 노획하는 데도 전쟁이 이용될 수 있다. 전쟁은 당사자 간에 아주 잘 양해된 규칙 아래 운용되며 그래서 여기 열거된 다른 예들과 전혀 다르지 않은 상호작용의 한 형태이다.

기술 혁신 또한 전달되며 한 지역에서 이루어진 기술상의 진보는 으레 다른 지역으로 금방 퍼지게 마련이다. 그리고 가치재도 의례적으로 교환될 수 있다. 여기서는 비물질적(즉 상징적) 상호작용들을 강조하지만 여러 사회의 엘리트들 사이에 혼인 상대 및 가치재의 이동을 포함해 다양한 물질적 교환 행위가 있었음은 분명한 사실이다. 그와 동시에 사회들 사이에 대규모 일용재 교환이 있었음을 물론 간과해서는 안 된다. 어떤 경우에는 각 경제가 한데 연계되기도 하였다.

유형재의 물리적 교환을 강조하는 만큼 상징적 측면들 또한 강조하는 개념들은 대부분의 초기 사회 및 문화들에서 일어난 상호작용을 분석하는 데 유용하게 쓰일 수 있다. 하지만 이런 종류의 체계적인 분석은 고고학에서 아직까지 드문 형편이다.

요　약

• 우리는 이 장에서 초기의 기술에 관한 몇 가지 기본 질문을 부각시키고 그것들에 대한 답을 어떻게 찾는지 고찰하였다. 무엇보다도 먼저 어떤 물체가 정말 인공물인지 평가해야 하고 그 다음에는 어떤 소재—변성되지 않은 소재(주로 돌, 나무, 섬유질)인지 합성 물질(토기, 금속류)인지를 평가해야 한다. 어떤 석기의 기능은 민족지와 고고학적 정황이 시사해 줄지도 모르지만, 미세 사용흔에 대한 분석만이 가장 가능성 큰 용도를 예시할 수가 있다. 그럼에도 불구하고 민족지고고학 또한 극히 유용하다는 사실이 입증되고 있다.

• 특성 변별 연구, 즉 유물을 이룬 원재료의 산지를 식별하는 연구는 여러 가지 기술 공정, 여러 지방과 문화 사이의 접촉과 교역 관계를 밝혀냄으로써 그간 고고학에서 엄청나게 중요시되었다. 이런 연구에서는 박편(薄片) 현미경 검사와 더불어 미량원소 분석, 동위원소 분석이 주된 역할을 하였다.

• 일단 유물 제작 및 사용의 전 과정을 이해한 후에는 그 분포 문제로 눈을 돌릴 수 있는데 그 제작지 및 발견 장소에 대한 공간 분석을 하고 그것을 토대로 그런 분포 정형을 생겨나게 만든 교환 및 수송 체계를 연구할 수 있다.

추 천 　 문 헌

옛 기술, 교역, 교환을 개관한 책들

Earle, T. K. & Ericson, J. E. (eds.) 1977. *Exchange Systems in Prehistory*. Academic Press: New York & London.

Ericson, J. E. & Earle, T. K. (eds.) 1982. *Contexts for Prehistoric Exchange*. Academic Press: New York & London.

Fagan, B. M. (ed.). 2004. *The Seventy Great Inventions of the Ancient World*. Thames & Hudson: London & New York.

Forbes, R. J. (series) *Studies in Ancient Technology*. E. J. Brill: Leiden.

Gale, N. H. (ed.) 1991. *Bronze Age Trade in the Mediterranean*. (Studies in Mediterranean Archaeology 90). Åström: Göteborg.

Lambert, J. B. 1997. *Traces of the Past: Unraveling the Secret of Archaeology through Chemistry*. Helix Books/Addison-Wesley Longman: Reading, Mass.

Nicholson, P. & Shaw, I. (eds.) 2000. *Ancient Egyptian Materials and Technology*. Cambridge University Press: Cambridge.

Pollard, A. M. (ed.) 1992. *New Developments in Archaeological Science*. (Proceedings of the British Academy 77). Oxford University Press: Oxford.

Pollard, A. M. & Heron, C. (eds.) 1996. *Archaeological Chemistry*. Royal Society of Chemistry: Cambridge.

Scarre, C. & Healy, F. (eds.) 1993. *Trade and Exchange in Prehistoric Europe*. Oxbow Monograph 33: Oxford.

White, K. D. 1984. *Greek and Roman Technology*. Thames & Hudson: London; Cornell University Press: Ithaca, NY.

8

옛 사람들은 무엇을 생각하였으며
어떤 모습이었는가?

인지고고학과 옛 사람의 고고학

이 장은 우리 조상들의 정신적 특질 및 신체적 특질에 대한 장이다. 이상스럽게도 **고고학** 개론서들은 옛 사람 자체의 고고학적 연구—그들의 체질적 특성과 **진화**—에 관해서는 거의 혹은 아예 논급하지 않는 것이 일반적이다. 고고학의 주된 목표 중 한 가지가 고고학적 기록을 생성해 낸 사람들의 삶을 재창조하는 것일진대 그런 과거 인간들의 신체 잔존물만큼 직접적인 증거가 또 달리 어디 있을 것인가? 어떤 경우 우리는 옛 사람의 나이와 성을 판정할 수 있고 그들이 어떤 모습이었으며 어떻게 죽었는지를 말할 수 있다. 그리고 개인들이 아닌 인간 집단에 관한 좀더 일반적인 사실들을 추론할 수 있다. 또 당연한 일이지만 옛 사람들의 삶이란 것이 단지 인간 존재의 신체적 측면에만 관련되지는 않았으며 그들도 오늘날 우리와 똑같이 정신 능력, 사고, 영적 삶을 지니고 있었다.

우리는 이 장을 **인지고고학**—물질적 잔존물로부터 과거의 사고방식들을 연구하는 분야—으로 시작하는데 이는 여러 가지 측면에서 현대 고고학의 새로운 분야들 중 하나이다. 옛 사람들이 무엇을 생각하거나 믿었을 것으로 막연히 '상상'하는 대신 한층 엄격한 논증 절차를 따르는 인지고고학의 기법을 이용하면 과거의 이 중요한 측면들에 대한 지견을 얻을 수 있으니, 우리는 옛 사람들이 가졌던 개념들과 그들이 사고한 방식을 분석할 수 있다.

예를 들어 우리는 옛 사람들이 자신들의 세계를 어떻게 기술하고 측량하려고 애썼는지를 조사할 수 있다. 앞으로 보게 될 바와 같이 이제 우리는 인더스 강 유역 문명에서 사용된 도량형 체계를 아주 잘 이해할 수 있다. 우리는 옛 사람들이 어떤 물질 재화들을 가장 귀하게 여겼으며 또 어떤 재화들을 권위 혹은 권력의 상징물로 보았는지를 조사할 수 있다. 그리고 옛 사람들이 초자연계를 인식한 방식과 그들이 의례를 벌이면서 그런 관념들에 어떻게 반응하였는지도 조사할 수 있다.

이처럼 옛 사람들이 생각한 바를 발견해 내기 위한 방식들을 검토한 후에는 옛 사람들이 어떤 모습이었는지, 즉 그들의 신체 특성은 어떠하였는지를 알아내는 방식들을 조사하기로 하겠다.

1. 인지고고학

인간이라는 종과 다른 생명 형태들을 가장 분명하게 구별 짓는 기준이 인간의 상징 사용 능력이라는 데는 오늘날 의견이 대개 일치한다. 모든 지적 사고와 실로 모든 일관성 있는 말은 상징에 근거하고 있는데, 그 이유는 단어 자체가 상징이며 거기서는 음 또는 글자가 현실 세계의 한 측면을 의미하고 대표(혹은 상징)하기 때문이다. 그렇지만 특정 상징들의 의미는 대개 임의로 부여된다. 게다가 어떤 상징에 부여되는 의미는 문화 전통에 따라 다르다. 상이나 물체의 상징적 형태만을 가지고 어떤 **문화** 안에서 한 상징이 어떤 의미를 지녔는지 추론하기란 대개 불가능하다.

그 형태가 어떻게 사용되는지를 알아야 하며 그 사용의 맥락으로부터 그 의미를 이해하고자 할 수 있다. 그래서 인지고고학 연구는 어떤 발견의 특정 정황들에 관해 아주 세심한 주의를 기울여야 한다. 상징치고 모든 문화에 공통된 의미를 지닌 경우는 극히 적다. 중요한 사항은 유물 복합체, 총체이지 개개로 분리된 물체(유물)가 아닌 것이다.

인간의 상징 능력 진화 과정에 대한 조사 연구

인지고고학 분야는 주로 호모 사피엔스 사피엔스라는 우리 종의 인지 능력을 연구 대상으로 한다. 현대 유전학 연구에 따르면 우리는 모두 깊은 친연관계를 갖고 있으며 우리 종 안의 어떤 지역 집단일지라도 타고난 인지 능력은 다른 행위 특성들과 더불어 서로 아주 닮았다. 예컨대 오늘날 모든 인간 집단은 복잡한 말을 하는 능력을 갖고 있으며 이는 최초의 인간이 아프리카로부터 퍼져 나왔을 때인 8만 년 전에서 6만 년 전 우리 조상들이 우리와 틀림없이 공유한 능력이다. 그렇지만 시간을 훨씬 더 거슬러 올라가 호모 하빌리스든 호모 에렉투스든 이전 호미니드 종들을 대상으로 보면 분명히 그들은 인지 능력이 훨씬 제한된 존재들이었다. 그들에 대한 연구는 호미니드의 인지 능력 발달 개시부터 우리 종의 출현에 이르기까지를 대상으로 하며 이는 이제 인지고고학의 중요한 한 분과이다. 이 분야는 특수한 문제를 안고 있는데 그 오래된 조상들이 우리 자신과 아주 닮은 인지 능력을 태생적으로 지녔다고 전제할 수가 없다는 것이다. 그래서 그 자체가 조사 연구되어야 할 주제이다.

언어와 자의식　　　체질인류학자 대부분은 현대인의 갖가지 능력이 대략 10만 년에서 4만 년 전에 호모 사피엔스 사피엔스가 출현한 이래로 존재하였다고 보는 데 의견이 일치한다. 그러나 더 이전으로 올라가면 학자들의 의견은 덜 통일된다. 어떤 고고학자와 체질인류학자들은 효율적 언어가 대략 200만 년 전 호모 하빌리스에 의해 최초의 찍개들과 함께 발달하였을 것으로 보나, 또 어떤 사람들은 완전한 언어 능력이 호모 사피엔스 사피엔스와 더불어 그보다 훨씬 최근에야 비로소 발달한 것으로 생각한다. 이는 전기 및 중기 **구석기시대** 동안 호미니드들이 만든 도구들은 진정한 언어 능력을 갖추지 못한 존재들의 소산이라는 뜻이다.

자의식의 기원 문제는 그간 과학자와 철학자들이 논란을 벌였지만 구체적으로 손에 잡히는 결론은 거의 얻지 못하였다. 이 문제를 밝히는 데 쓸 수 있는 증거는 거의 없으니 철학자 존 설은 갑작스런 전이가 아닌 점진적인 발전이 있었다고 주장하였으며 예컨대 자신의 개 루드비히가 상당 수준의 자의식을 갖고 있다고 단언하였다.

초기 인간이 지닌 능력들의 다른 측면들을 조사 연구하는 데는 몇 방향의 접근 방법들이 있다. 초기 인간의 인지 능력을 평가하는 한 가지 방법은 석기와 여타 **유물**을 만든 방식을 조사하는 길이다.

도구 제작의 기획성　　　예컨대 호모 하빌리스에 의한 간단한 자갈돌 도구의 제작은 침팬지가 개미집을 뒤지기 위해 막대기를 부러뜨리는 것과 다를 바 없이 단순하고 습관적인 행위로 간주할 수 있지만 호모 에렉투스에 의한 아슐리안 **주먹도끼** 같은 멋들어진 도구의 제작은 그보다 훨씬 진보한 것으로 여겨진다.

　　그런데 여기까지라면 그것은 그저 주관적 인상에 지나지 않는다. 그렇다면 어떻게 이를 더 자세히 연구할 것인가? 한 가지 방법은 제작 과정에 든 시간의 양을 실험으로 측정하는 것이다. 글린 아이작은 그보다 더 엄밀한 계량적 방법을 개발하였는데, 이는 유물복합체에서의 변이 정도를 연구하는 방법이다. 이 방법은 만약 도구 제작자가 그의 **인지 지도** 안에 최종 결과물이 어떤 것이어야 한다는 모종의 지속적 관념을 갖고 있다면, 그렇게 해서 제작된 도구들은 틀림없이 서로 많이 닮을 것이라는 점을 이용한다. 아이작은 시대가 내려옴에 따라 각 도구의 형식들이 점점 더 잘 규정된 변종 혹은 일괄로 제작되는 경향이 있음을 분간해 낸 바 있다. 이는 도구를 만든 각 사람이 머리 속에 예정 용도에 따라 형태가 다른 도구 개념을 의심할 여지없이 갖고 있었음을 뜻한다. 그래서 도구제작에서의 구상과 기획의 문제는 우리가 초기 호미니드들의 인지 능력, 더 나아가 인류를 침팬지 같은 고등 영장류들로부터 구분 짓는 능력들을 고찰하는 데 적합성을 띠게 된다.

　　석기, 토기, 청동유물 혹은 잘 규정된 제작공정의 산물은 어떤 것이든 제작하는 데 복잡하고도 흔히 고도로 표준화된 계기적 사건들이 관련된다. 구석기시대 같은 이른 시기에 석기를 제작하는 데 관련된 공정들을 연구해 보면 인지 구조가 복잡한 인간 행위의 여러 측면들에 어떤 식의 토대 역할을 하는지에 관해 몇 가지 안 되는 지견 중 하나를 얻을 수 있다. 프랑스 선사학자 끌로딘느 깔랭과 미셸 쥘리앵은 프랑스 후기 구석기시대 막달레니안 시기의 돌날들을 제작하는 데 필요한 계기적 사건들을 분석한 바 있는데, 그 밖의 많은 제작 공정들도 이와 비슷한 방식으로 조사할 수 있을 것이다.

소재의 획득과 기획 시간　　　초기 호미니드의 인지 행위를 연구하는 또 다른 길은 어떤 행위가 기획되어 실행되기까지의 시간으로 정의할 수 있는 기획 시간을 고찰하는 데 있다. 예컨대, 만약 어떤 석기를 제작하는 데 사용된 소재가 특정 암석 노두로부터 나오지만 도구 자체는 거기에서 얼마간 떨어진 장소에서 제작된다면(이는 도구 제작에서 생기는 격지 쓰레기들에 의해 입증됨), 이는 곧 그 소재를 운반한 사람이 다소 지속적인 의도나 사려를 지녔음을 가리킨다고 할 수 있을 것이다. 이와 비슷하게 도구, 바다조가비, 매력적 화석 등 자연 물체나 완성 물체를 운반한 행위는 그간 입증된 바와 같이 적어도 그것들에 대한 지속적 관심이나 그것들을 사용하려는 의도, 혹은 '소유'감을 가졌음을 나타낸다. 그런 물체들에 대한 연구는 제7장에서 논의한 특성 변별 기법들이나 여타 방법에 의해 이제 체계적으로 이루어지고 있다.

망자의 의도적 매장: 2만 5천 년 전쯤 모스크바 근처 숭기르에서 가슴을 가로질러 상아 구슬 수천 개를 두르고 머리에는 여우 송곳니들을 꿰맨 모자를 쓴 채 매장된 장년의 남자.

인간 사체의 의도적 매장　　후기 구석기시대부터는 인간 매장의 확고부동한 예들이 많이 있으며 사체가 묘광 안에 단독으로 또는 복수로 의도적으로 안장되고 때로는 개인 치장물들이 부장되기도 한다. 그렇지만 이제 그보다 이른 시기에서 증거가 나오고 있다. 매장이라는 행위 자체는 고인에 대한 모종의 경의나 감정과 내세 관념 같은 것(비록 이 점을 입증하기는 좀더 어렵지만)을 나타낸다. 그리고 치장 행위는 장식품들이 미의 측면이든 위세의 측면이든 고인의 풍모를 드높일 수 있다는 생각을 가졌음을 나타내는 듯하다. 후기 구석기시대의 좋은 예는 모스크바 동북쪽 약 200km에 위치하며 대략 25,000년 전으로 연대측정되는 숭기르 유적에서 이루어진 발견인데, 한 남자와 두 아이의 묘에 매머드 엄니로 만든 창, 석기, 상아 단검, 작은 동물 조각상, 수천 점의 상아 구슬들이 부장되어 있었다.

　　이런 발견 사실을 평가하는 데서는 그 형성 작용들, 그 중에서도 특히 매장이 이루어지고 난 뒤 어떤 작용이 일어났을 것인지를 확실하게 이해해야만 한다. 예를 들어 그간 무덤 속에서 동물 유골들이 인간 유체와 나란히 발견된 적이 있었다. 이런 경우 전통적으로는 그 동물들이 어떤 의례 행위의 한 부분으로 인간과 함께 의도적으로 매장된 증거로 간주하였다. 그렇지만 이제는 어떤 경우 먹이를 찾아 땅 속을 뒤지던 동물들이 그런 무덤 속으로 들어가 뜻하지 않게 죽음으로써 고고학자들을 오도하는 그릇된 단서들을 남길 수도 있다고 생각되고 있다.

표상들　　전혀 망설임 없이 하나의 표현물, 즉 현실 세계 속 물상의 재현물(단 화석처럼 물상이 기계적으로 재생되지 않은 것)로 인식할 수 있는 물체와 어떤 표면에 그려지거나 칠해진 것은 무엇이든지 상징으로 여겨진다. 모든 시기의 재현물 및 표현물에 대해 공통적으로 제기할 수 있는 일반적 질문들은 나중 절에서 논의하기로 하고 여기서는 구석기시대에 한해 보기로 하는데 그에서는 두 가지 주제가 무엇보다도 중요하다. 하나는 그 연대(따라서 어떤 경우에는 그 진위 여부)를 평가하는 문제이고 다른 하나는 표현물로서의 지위를 확정하는 문제이다. 오랫동안 가장 이른 표현물은 후기 구석기시대의 연대를 가지며 호모 사피엔스 사피엔스가 제작한 것이라고 믿었지만 그보다 이른 표본들의 수가 점점 늘어남에 따라 이제는 그런 전제를 재검토하지 않을 수 없게 되었다.

핵심 개념: 초기 인류의 상징 사용 능력 연구 분야

- 언어와 자의식의 발달.
- 도구 제작의 기획성에 관한 증거.
- 소재 획득 및 기획에 관한 증거.
- 인간 사체의 의도적 매장.
- 표상과 '미술'.

추상적 선각들이 새겨진 석간주 덩어리로 남아프리카 블롬보스 동굴에서 출토되었으며 연대는 7만 7천 년 전쯤이다.

이제 가장 오래되면서도 연대가 잘 측정된 '미술' 혹은 (변변찮은 것이기는 하지만) 적어도 '그래픽 디자인'이라고 확실하게 말할 수 있는 것은 남아프리카 블롬보스 동굴에서 출토된 사격자문을 새긴 석간주 덩어리로 그 연대는 지금부터 77,000년 전으로 측정된다. 이는 우리와 같은 종인 호모 사피엔스 사피엔스가 만든 작품으로 믿어진다.

그런데 프랑스 쇼베 동굴이나 라스코 동굴, 스페인 알타미라 동굴의 미술이 너무나도 생생하게 보여주듯이 표현 행위 그 자체가 가진 엄청난 인지적 의미를 놓쳐서는 안 된다. 하지만 우리는 그런 표상이 플라이스토세(빙하시대) 동안에는 왜 그렇게 드물며 또 프랑스와 스페인의 벽화 동굴들에 나타나는 찬탄할 만한 동물 그림들이 그것들을 그린 사람들에게 무슨 의미를 가졌는지는 아직 아주 잘 이해하지는 못한 상태이다(뒤쪽 테 글 참조).

2. 상징에 대한 연구 작업

우리는 "상징들이 어떻게 사용되었는가?"를 연구 관심사로 삼고 있다. 만약 이 말을 상징들이 원사용자들에게 지녔던 의미 그대로라는 뜻으로 쓴다면 아마도 우리는 그 의미를 완전하게 이해할 수는 없을 것이다. '의미'는 깊이 따지고 들지 않는다면 '상징들 사이의 관계'라고 정의할 수 있다. 우리는 오늘을 살고 있는 연구자로서 관찰한 과거 상징들 사이의 원래 관계에 대해 결코 전부가 아닌 일부나마 판정할 수 있기를 기대할 뿐이다.

다음 쪽들에서 인지고고학을 상징들의 다섯 가지 용도에 관련지어 고찰하려고 한다.

구석기시대의 동굴미술

서부 유럽 '빙하시대' 동굴들은 동물 형상과 추상적 부호들로 치장되어 있다. 특정 지방, 특히 프랑스 남서부의 뻬리고르 지방 및 피레네 지방과 스페인 북부의 깐따브리아 지방에 밀집된 이 동굴들은 약 30,000년 전 이후의 후기 구석기시대 전 기간에 걸친 것들이다. 그렇지만 그 미술 대다수의 연대는 빙하시대 후반부의 솔뤼트레안 시기와 특히 서기전 10,000년경 끝나는 막달레니안 시기로 비정된다.

이 동굴의 미술가들은 간단히 손가락으로 긋기와 진흙으로 모형 본뜨기부터 각화와 저부조 조각에 이르기까지, 또 손 윤곽 표현부터 두세 가지 색을 사용한 채색화에 이르기까지 아주 다양한 기법들을 사용하였다. 그 미술 중 많은 것들은 무엇인지 알 수 없기에

서유럽 구석기시대 동물 미술의 주된 분포지.

라스코 동굴 '주축화랑'의 주요 상들로 대개 말, 들소, 사슴, 이벡스, 그리고 수수께끼의 점 및 네모들이다. 이 그림들은 약 1만 7천 년 전 것들이다.

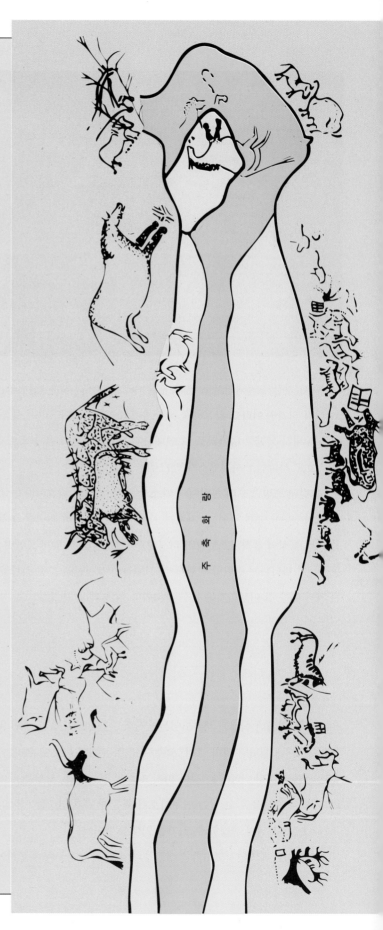

프랑스 남부 쇼베 동굴의 장려한 그림들. 1994년 발견되었으며 440마리가 넘는 동물들을 그려놓았다.

학자들은 '부호' 혹은 추상적 표시들로 분류하지만 식별을 할 수 있는 상들은 대부분이 동물이다. 동굴 벽에 사람이 그려진 경우는 극히 적고 물체는 사실상 없다. 그림의 크기는 대단히 다양해서 극히 작은 것부터 길이 5m를 넘는 것까지 있다. 어떤 것들은 곧바로 보이고 다가가기가 쉽지만 어떤 것들은 동굴의 구석 쪽에 애써 감추어져 있다.

한 해에 동굴 한 개 꼴로 새로운 발견들이 이어지고 있는데, 중요한 예를 들면 1991년 프랑스 마르세유 근처에서 발견되었으나 그 빙하시대 입구가 이제는 해수면 아래로 잠긴 꼬스께 동굴과 1994년 아르데쉬 지방에서 발견되었으며 코뿔소와 커다란 고양이들이 유례없이 풍부하게 그려진 장려한 쇼베 동굴이 있다.

그렇지만 1980년대와 1990년대에 이루어진 일련의 발견들 덕택에 '동굴 미술'이 동굴 바깥벽에도 제작되었다는 사실이 또한 밝혀졌다. 이는 빙하시대 미술 제작 형태 중에서 실로 가장 흔하였다고 여겨지지만 그 중 태반이 수천 년에 걸친 풍화 작용으로 지워져 버렸고 그래서 그보다 약간 동굴 안쪽에 위치한 덕에 잔존한 것들은 원래 그림들 중에서 아주 편향된 표본들이 남은 셈이다. 지금까지 스페인, 포르투갈, 프랑스에서 단지 여남은 유적만이 알려져 있지만 그것들은 수백 개의 상들을 담고 있으며 대부분 벽을 쪼아 표현한 것들로 양식이나 내용으로 보건대 그 연대는 분명히 빙하시대에 해당한다.

1. 첫 단계는 위치 설정을 하는 것이다. 위치는 흔히 상징적 표지와 기념물들을 이용하여 공동체의 영역과 그 경계를 표시함으로써, 또 그 결과로 대개 세속적 차원뿐만 아니라 신성한 차원까지 지닌 기억의 땅인 인식 속 경관을 구축함으로써 설정된다.

2. 인지의 근간을 이루는 한 단계는 척도 상징들의 개발이었는데 이는 시간, 길이, 무게의 단위들처럼 우리와 자연계 사이의 관계를 조직하는 데 도움을 준다.

3. 상징들은 미래 세계에 대처하도록 해주는 기획 도구의 역할을 한다. 상징들은 예컨대 읍 또는 도시의 건설 계획같이 어떤 의도된 미래의 행위를 위한 모델을 만들어냄으로써 우리

의 기도를 한층 명확히 규정하는 데 도움을 준다.

4. 상징들은 인간들 사이의 관계를 규율하고 조직하는 데 사용된다. 돈이 그 좋은 예인데 그 것으로써 어떤 물건이 다른 물건보다 높은 가치를 지니니 어쩌니 하는 모든 일반적 개념 이 존재하게 된다. 그러나 예컨대 군대의 계급장처럼 그것을 넘어서는 좀더 넓은 범주의 상징들이 있는데 이것들은 한 사회 안에서의 권력 행사와 관련이 있다.

5. 상징은 저승(내세)과 인간 사이의 관계, 초자연계 혹은 초월세계와 인간 사이의 관계를 나 타내고 규정하는 데 사용되며 이에 대한 연구는 **종교** 및 배례의 고고학으로 귀착된다.

물론 상징은 이외에 다른 종류의 용도도 지니지만 위에서 다소 단순화시켜 열거한 것들이 상 징들을 어떻게 분석해 들어가야 하는지 논의하는 데 도움이 될 것이다.

위치 설정: 기억의 장소

개인의 인지 지도가 지닌 가장 기본적인 측면 중 한 가지는 흔히 어떤 중심점을 설정하는 것인 데, 그 중심점은 영구 취락의 경우 그 사람 집안의 화덕이 될 가능성이 크다. 한 공동체에서는 죽 은 조상의 매장지가 또 다른 중요 장소일 가능성이 큰데 그것은 집안에 있거나 어떤 공동묘지이 거나 사당이 될 수가 있다. 이보다 큰 공동체에서는 정주 공동체든 이동 공동체든 어떤 공동 집 결소로서 정기적으로 모이는 신성한 중심지가 있을 수 있다.

이런 여러 가지 **유구**들 중 어떤 것들은 의도적 상징 구조물이고 또 어떤 것들은 그보다 기능 적인 토목 구조물—가정집, 경작지, 목초지—임에도 의미가 있다고 여겨지지만 그것들이 한데 모여 개개인이 살아가는 구축된 경관을 이루게 된다. 이 경관은 어떤 고고학자들이 지적한 바 있 듯이 그 개인의 경험과 세계관을 구조화한다. 이런 관찰 결과는 소규모 사회에 대해서와 같이 **국 가**사회에 대해서도 적용될 수 있다. 중국에서 캄보디아에, 스리랑카에서 마야 저지대 및 페루에

의례 중심지 오크니는 그 속에서 개인들이 실 제 살았고 그 개인들의 경험과 세계관을 모양 잡은 의례 경관이었다. (왼쪽) 브로드가 환상 석 렬은 복합적이고도 풍요로운 신성 경관(오른쪽 지도)의 한 요소로서 조직화된 대규모 국가사회 들만이 주요 공공 건축물을 만들어낼 수 있는 것은 아니라는 사실을 예증한다.

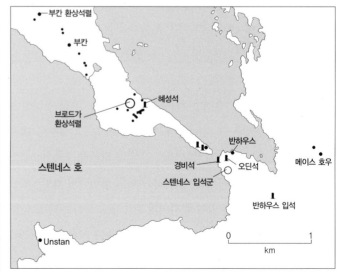

이르는 수많은 대도시들은 각각의 우주론을 토대로 평면 배치가 이루어졌으며 통치자들은 그로 써 자신들의 신민과 강력하고 신성한 초자연적 세력들 사이의 조화를 보장할 수 있었다. 그러나 그런 신성한 중심지는 우두머리가 없는 한층 작은 사회들에서도 중요할 수 있으며, 강력한 중심 지도자 없이 집체 구조를 가졌다고 여겨지는 사회 중 다수가 대규모 공공 토목 공사를 벌일 수 있었다. 그 좋은 예로는 스톤헨지 및 차꼬 캐년과 더불어 말타의 신전들과 까르낙 및 오크니의 거석 기념물 중심지들이 있다. 또 이런 기념물들은 시간을 구조화하는 데도 쓰일 수 있으며 신성 한 저승세계(내세)에 대한 접근을 용이하게 하는 기능을 할 수도 있다.

그러나 이런 것들은 대중심지에서뿐만 아니라 한 지역 수준에서도 기능을 한다. 그리하여 한 지역 전체가 유용성뿐만 아니라 의미 또한 지닌 구축된 경관 단지가 된다. 그 경관은 기억들을 불러일으키는 장소들로 이루어져 있으며 그 공동체의 역사는 이 중요한 장소들에 관련지어 말해 진다.

이와 같이 경관고고학은 인지 차원을 지니고 있으며, 그로써 순수 유물론적 접근의 특징인 토지의 생산적 이용에 몰두하는 차원을 넘어 멀리 나아갈 수 있다. 즉 경관은 유용성뿐만 아니라 사회적 의미와 영적 의미 또한 지니고 있는 것이다.

삼라만상의 계측

개인의 인지 세계 중 우리가 쉽사리 복원할 수 있는 한 측면은 계측을 하거나 양을 표현한 방식 이다. 여러 가지 계측 단위의 개발은 인지의 기본 진전 중 한 가지였다. 그것들은 많은 경우 고고 학적으로 복원될 수 있으며 특히 시간, 길이, 무게 단위 경우에 그러하다.

어떤 역법 체계가 존재한다는 것이 입증되기만 하면 시간 측정이 이루어졌다고 말할 수 있 다. 또 유구가 해(또는 달)의 중요 전환점 중 하나의 방향을 간직하고 있을 때에도 마찬가지이다. 영국의 **신석기시대** 대기념물인 스톤헨지의 주축이 그러하다는 사실은 잘 알려져 있는데 이는 하 지에 해 뜨는 곳을 향해 방향이 잡혀 있다. 서기전 3200년으로 연대측정된 아일랜드의 뉴그랜지 석실묘 또한 그러하며 그 무덤길은 하지의 해 뜨는 곳을 항하고 있다.

무게 도량법의 존재는 일정한 형태를 띤 물체들의 무게가 표준단위로 상정되는 어떤 무게의 배수들이라는 사실을 밝혀냄으로써 입증할 수 있으며 많은 초기 문명들에서 그런 발견들이 이루

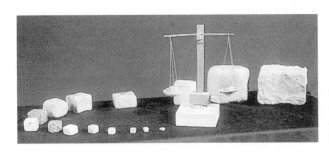

무게의 단위들: 파키스탄 모헨조다로에서 출토 된 입방체 돌덩이들은 0.836g의 배수로 만들 어졌다. 저울 접시는 이 입방체들이 쓰인 실제 용도를 가리킨다.

어진 바 있다. 이런 관찰 결과는 때로 물체 자체에 남은 표시들로 보강될 수 있으니, 그 표시들은 당해 물체가 실제로 표준 무게의 몇 배인가를 정확하게 기록하고 있기 때문이다. 주조화폐들은 그 소재(금, 은 등)뿐만 아니라 무게에 의한 도량형으로써 일정한 등급 체계를 구성하고 있다. 다만 그 등급화의 목적은 나중의 절에서 논의하듯이 값어치의 차이를 측정하는 데 있기는 하다. 이 대목에 좀더 직접적으로 적합한 자료는 실물 추들이다.

그 훌륭한 예는 서기전 2500년에서 2000년경 인더스 문명의 주요 도시 중 하나인 모헨조다로 **유적**에서 찾을 수 있다. 여기서는 색깔을 띠어 눈길을 끄는데다가 꼼꼼하게 가공된 입방체 돌들이 발견되었다. 그것들의 무게는 일정한 질량 단위로 인식되는 무게(즉 0.836g)의 배수라는 사실이 판명되었는데, 1, 4, 8, 64, 그리고 320, 1600 등의 정수로 배가되었다.

우리는 이 단순한 발견이 가리키는 바를 다음과 같이 주장할 수 있을 것이다.

① 당해 사회는 오늘날 우리들의 무게 혹은 질량 개념과 동등한 어떤 개념을 개발하였다.

② 그 사회는 이 개념을 사용하면서 측정 단위들을 운용하였고,

③ 단계별 숫자 범주들(예컨대 10배수 단위)을 비롯한 산술 체계가 있었는데, 이는 16:1이라는 고정 비율을 토대로 하였음이 분명하다.

④ 이 형량 체계는 (저울 접시가 발견된 데서 알 수 있듯이) 실제 용도에 사용되었으며,

⑤ 서로 다른 소재들 사이의 비교 무게를 근거로 하는 등가 개념이 아마도 있었을 것이고, 따라서 그 소재들 사이에 일정한 가치 비율이 있었을 것이다.

⑥ 이와 같이 추론되는 가치 개념에 따라 재화들 사이에는 일정한 교환 비율이 있었을 것이다.

위의 목록 중 ⑤와 ⑥은 다른 것들보다는 한층 더 가설적이다. 그렇지만 이 예는 겉으로는 단순하게 보이는 발견들도 분석을 잘 하면 연구 대상 공동체들이 지녔던 개념과 절차들에 관해 중요한 정보를 얻는 수단이 될 수 있다는 사실을 말하는 좋은 예로 생각된다.

사회 조직 및 권력의 상징들

상징은 물질세계뿐만 아니라 사람들을 규율하고 조직하는 데도 이용된다. 상징은 언어의 경우처럼 단순히 사람 사이에 정보를 전달하거나 문헌 기록의 경우처럼 한 시점에서 다른 시점으로 정보를 전달할 수도 있다. 그러나 많은 문명들에서 발견되는 통치자의 거대한 조각상들처럼 때로는 복종과 순응을 호령하는 권력의 상징도 있다.

권력 관계는 이집트 파라오의 거대한 조각상들이나 마야의 장려한 석비 및 부조들에서처럼 때로는 도상으로 표현되기도 한다. 한 예로 야슈칠란 유적에서 떼어낸 상인방석 제24호는 피흘리기 의식을 거행 중인 그 통치자('방패 재규어')와 부인의 모습을 보여준다. 이 상들의 위와 옆에 새겨진 상형문자는 그들의 이름, 날짜, 그리고 이 의식의 내용을 자세하게 서술하고 있다. 그 상들은 물론 종교적 의미를 담고 있지만 또한 공동체를 위해 이 고통스런 의식을 몸소 거행한다

포획자
방패
재규어

포로의
이름

야슈칠란
군주

그녀는
피를
흘리고 있다

직위
이름

카발 속 부인

바탑 부인

야슈칠란 출토 제24호 상인방 돌로 '방패 재규어'와 그의 부인 '카발 속'이 피흘리기 의식을 거행 중이다. 위와 옆에 있는 상형문자는 그들의 이름, 날짜, 그리고 이 의식의 내용을 자세하게 서술하고 있다.

는 통치자 및 그 가족의 역할도 강조하고 있다. 방패 재규어는 불붙은 횃불을 높이 쳐들고 있다. 그는 화려한 관식을 쓰고 있는데 뒷부분에 깃털을 달고 있으며 그의 머리 꼭대기에는 쭈그러든 그의 과거 희생물의 머리가 따로 묶여 있다. 명문은 마야 장기력의 한 연대를 나타내고 있는데 이는 서기 709년 10월 28일에 해당한다.

그렇지만 권력 관계는 도상으로 표현되기보다는 이국적 소재로 흔히 아름답게 제작된 위세품이 공반된 사실에서 추론해야 하는 경우가 훨씬 더 많다. 불가리아 바르나의 신석기시대 후기 묘지에서 출토된 서기전 4000년경의 연대를 가진 발견물들에 대한 분석 작업이 보여준 바 있듯이 고고학적 증거 자체가 실제로 가치 척도의 증거가 될 수 있다. 이 묘지에서는 수많은 금제 유물들이 발견되었는데, 이는 전세계에서 지금까지 알려진 가운데 가장 이른 주요 금제품 일괄이다. 그러나 무턱대고 금이 높은 가치를 지녔다고 가정할 수는 없다(이 묘지에서 금이 상대적으로 풍부한 점은 그 역을 암시할 수도 있기 때문이다).

그렇지만 다음과 같은 세 가지 논거로 이곳에서 금이 실제로 큰 값어치를 지녔다는 결론을 내릴 수 있다.

① 명백히 상징적인 의미를 지닌 유물에 사용됨: 예컨대 정교한 세공이나 취약성으로 보건대

가치 척도의 추론: 불가리아 바르나에서 출토된 금제품이 아주 큰 가치를 지녔다는 점은 무엇보다도 그것들이 신체의 중요 부위를 장식하는 데 쓰였다는 사실이 시사한다.

분명히 실용 목적을 가지지 않은 구멍 뚫은 돌도끼의 자루를 장식하는 데 금이 사용됨.

②신체 중 특히 중요한 부위의 치장용으로 사용됨: 예컨대 얼굴 장식으로나 성기 집으로 사용됨.

③가장하는 데 사용됨: 예컨대 돌도끼를 판금으로 싸서 마치 전체가 순금인 듯 보이도록 하였는데 그런 조처는 대개 감추어진 소재가 덮은 소재보다 덜 귀중함을 가리킨다.

옛 불가리아 사회에서 금제품을 귀히 여겼다는 이런 예증 결과는 또한 무덤에 금제품이 공반된 사람들이 높은 사회적 지위를 지녔음을 함축한다. 분묘가 사회적 지위와 계서에 관한 정보원으로 중요하다는 데 대해서는 제5장에서 논의하였다. 여기서는 바르나의 금장 석부나 다른 발견물 같은 부장품들이 권위와 권력의 상징으로 사용된 점에 더 관심이 있다. 그런 권위는 바르나 유적 발굴로써 알 수 있는 사회 같은 데서는 아주 현저하게 과시되지 않지만 사회가 좀더 계서적이고 계층적이 될수록 그만큼 더 노골적으로 과시된다.

종교의 고고학

주요 영어사전 하나는 종교를 "신성한 권능에 대한 믿음 혹은 경외심과 그를 기쁘게 하려는 소망을 나타내는 활동 또는 행위"라고 정의하고 있다. 이와 같이 종교는 어떤 신념 체계를 수반하며 그 신념은 일상의 물질세계를 넘어서는 초자연적 혹은 초인간적 존재들이나 힘과 관련이 있다. 바꾸어 말하면 초인간적 존재들은 사람들에 의해 개념화되며 또 그것들은 사람들이 이 세상에 관해 공유한 인지 지도 속에 한자리를 차지한다는 것이다.

그런데 고고학자들이 부딪히는 한 가지 문제는 이런 신념 체계들이 언제나 물질문화로 표현되지는 않는다는 점이다. 그리고 그것들이—**배례 행위의 고고학**이라 부를 수 있는 것 속에—표현될 때에도 그런 행위들이 일상의 다른 행위들로부터 언제나 분명하게 구분되지는 않는다는 문제점이 있다. 즉 배례 행위가 나날의 기능적 활동 속에 깊이 박혀 있어서 그것을 고고학적으로 분간해 내기가 어렵다는 것이다.

따라서 고고학자의 첫 번째 임무는 배례 행위의 증거를 있는 그대로 인식하고, 또 우리가 이해할 수 없는 과거 행위가 있기만 하면 모두 종교적 활동으로 분류해 버리는 오랜 잘못을 범하지 않는 데 있다.

배례 행위의 인식　　　우리가 배례 행위를 예컨대 국가수반이 참석하는 대체로 세속적인 의식(이 또한 아주 정교한 상징체계를 갖출 수 있다) 같은 다른 활동들로부터 구분하려면 배례 행위의 대상이 초월적 혹은 초자연적 존재라는 점을 잊지 않는 것이 중요하다. 종교 의례에서는 신 혹은 초월자에 대한 경외심을 표현하는 행위들을 한다. 그에는 일반적으로 다음과 같은 최소 네 가지 주요 구성 요소들이 있다.

• 주의 집중: 전례 행위는 참례자에게 고양된 의식 상태나 종교적 흥분 상태를 요구하고 또한 불러일으킨다. 그래서 공동 예배 행위에서는 언제나 다양한 주의 집중 방책들이 필요한데, 예를 들면 모든 시선들이 가장 중요한 의례 행위로 모이도록 신성한 장소, 건축(예컨대 신전), 빛, 소리, 냄새 등을 이용한다.

• 현세와 내세 사이의 경계지대: 의례 활동의 초점은 현세와 '내세' 사이의 경계지대에 있다. 그곳은 위험이 도사린 특별하고도 신비한 지대이다. 오염의 위험성이 있으며 또 자칫하면 적절한 절차를 제대로 지키지 못할 위험성이 있다. 그래서 세정 행위와 청결이 강조된다.

• 신의 임재: 의례가 효력을 발휘하기 위해서는 신이나 초자연력이 어떤 의미에서 임재해야 한다. 인간의 주의력뿐만 아니라 바로 신의한 주의력 또한 고양되어야 한다. 대부분의 사회에서 신은 어떤 물질적 형태 또는 상으로 상징화된다. 이는 아주 간단한 상징물이라도 된다. 예컨대 어떤 윤곽 표지나 내용물이 보이지 않는 용기거나 아니면 조각상 같은 삼차원적 예배상일 수도 있다.

• 참례와 봉헌: 전례는 참례자에게 여러 가지를 요구한다. 그에는 기도자의 말 및 몸짓과 경외심뿐만 아니라 이를테면 먹고 마시는 등의 동작을 비롯한 능동적인 참례행위도 흔히 들어 있다. 또 희생물과 선물이라는 두 가지 유형적인 것을 신에게 봉헌하는 행위를 포함하는 수도 많다.

고고학적 기록에서 배례 활동을 아주 잘 알아볼 수 있는 예로는 페루 북중부에서 서기전 850년에서 서기전 200년 사이에 번영한 차빈 데 완따르의 거대한 의례 중심지를 들 수 있다.

이 유적에서 가장 즉각적으로 눈에 띄는 특성은 사람을 압도하는 건축물로서 이는 사람들이 그곳에 산 첫 시기에 생활 구역에서 격리된 곳에 U자형 평면으로 지어진 석축 면 기단 단지 등으로 구성되어 있다. 지면보다 한 단 낮고 노출된 둥근 광장의 존재는 다중의 눈에 띄도록 과시하는 동시에 신비를 품은 의식들이 베풀어졌음을 암시하는데 이 광장은 300명의 참례자를 수용할 수 있고 또 감추어진 지하 통로들을 갖고 있으며 그 중 가장 중요한 통로는 '란쏜'(거상이라는 뜻)이라는 4.5m 높이의 화강암 석주가 우뚝 선 좁은 방으로 연결된다.

이 석주에 엄니를 가진 사람 모양의 존재를 새긴 점, 그것이 신전 주축을 따라 동쪽을 향한 중앙 방에 있는 점 그리고 그 크기와 만듦새는 모두 이것이 유적의 주된 배례상임을 나타낸다. 더욱이 신전 안과 주변에서는 약 200점에 달하는 정교하게 조각된 다른 석조물들이 발견되었는데 그 **도상**에서 주류는 큰 악어, 재규어, 독수리, 뱀이었다. 지하 회랑 한 군데서 깨어진 상태로 발견된 500개체가 넘는 음식 담은 고품질 토기들은 봉헌물이었을 것이다(다만 발굴자는 저장용이었다고 믿는다). 마약에 취한 상태의 의례를 나타내는 약간의 증거가 있으며 유적 밑 수로는 의례 효과를 높이기 위해 포효하는 소리를 만들어내는 데 이용되었을 가능성이 있다.

이와 같이 차빈 유적에 대한 연구는 여러 종류의 증거들을 고고학적으로, 미술사학적으로 치밀하게 분석하면 관련 문헌 기록이 전혀 없는 유적과 사회에 대해서도 배례 활동의 견실한 증거

(오른쪽) 유적 초기 단계의 U자 모양 기단 평면도와 원근도인데 맨 위는 중앙통로를 가로지르는 단면도로 란쏜이 압도하듯 서 있는 좁은 방을 보여준다.

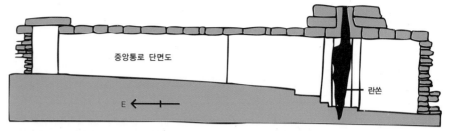

중앙통로 단면도

란쏜

E ←——

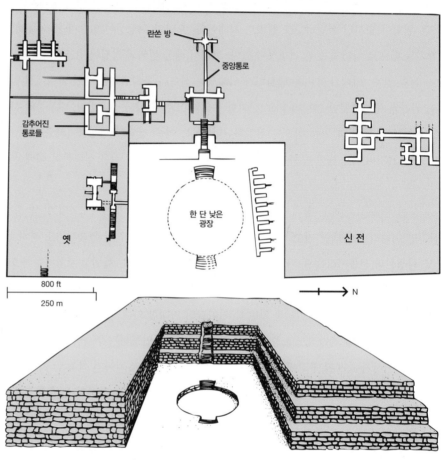

란쏜 방

중앙통로

감추어진
통로들

한 단 낮은
광장

옛

신 전

800 ft

250 m

N

(아래) 란쏜, 즉 거상(巨像)의 두 가지 모습(왼쪽은 측면관이고 오른쪽은 펼친 그림)인데 엄니를 가진 사람 모양의 존재를 묘사한 것이다.

SOUTH
AMERICA

· Chavin de
 Huantar

(오른쪽) 왼쪽의 가면 쓴 샤먼이 오른쪽의 재규어로 변신한 모습이다. 이런 조각들은 신전 외벽에 장부촉이음으로 박아 놓았는데 이것들은 마약에 취한 상태의 의례가 벌어졌음을 암시한다.

를 이끌어낼 수 있음을 예시한다.

3. 문자사용의 영향

표상 상징들은 문자사용 이전 시기 개인이나 사회의 인지 세계를 가장 직접적으로 통찰할 수 있는 지견을 우리에게 준다. 그렇지만 문자사용 공동체들에서는 문자로 쓰인 말들, 즉 이 세상을 묘사하는 데 쓰이는 저 믿을 수 없도록 직접적인 상징들이 필연적으로 증거의 주체를 이룬다. 세계 각지 최초 문자 체계들의 위치와 연대는 뒤쪽 지도에 요약해 놓았다.

시와 희곡에서 정치 선언문과 초기 역사 저술들에 이르는 아주 다양한 옛 문헌들은 대문명의 인지 세계에 대해 풍부한 지견을 제공한다. 그러나 이런 증거를 정확하게 효과적으로 사용하기 위해서는 사회마다 다른 문자사용의 사회적 맥락에 대해 약간 알 필요가 있다.

문자가 존재한다는 사실 자체가 사람들의 인지 작용이 아주 크게 확대되었음을 뜻한다. 문자로 쓰인 상징들은 인간이 그간 자기 주변 세계를 묘사할 뿐만 아니라 사람들과 의사소통을 하고 또 그들을 통제하고 사회 전체를 조직하며 한 사회의 축적된 지식을 후손에게 전하기 위해 고안한 가장 효과적인 체계임이 입증되었다.

고전 그리스에서의 문자 보급

문자사용의 중요성은 문자가 주민들에게 널리 보급되어 있었던 고전 그리스를 사례로 잘 예시할 수 있다. 몇몇 고대 문명에서는 주민 가운데 소수만이, 특히 필경사들이 문자를 사용하였는데 예를 들면 고대 이집트나 메소포타미아에서 그랬고 아마 메조아메리카에서도 마찬가지였을 것이다. 그렇지만 그리스에서는 시민의 지위를 가진 사람들 다수가 글자를 읽을 수 있었을 가능성이 크다.

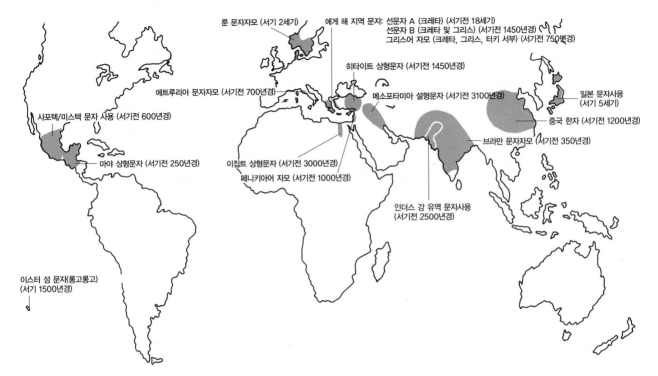

룬 문자자모 (서기 2세기)

에게 해 지역 문자: 선문자 A (크레타) (서기전 18세기)
선문자 B (크레타 및 그리스) (서기전 1450년경)
그리스어 자모 (크레타, 그리스, 터키 서부) (서기전 750년경)

히타이트 상형문자 (서기전 1450년경)

에트루리아 문자자모 (서기전 700년경)

메소포타미아 설형문자 (서기전 3100년경)

일본 문자사용 (서기 5세기)

사포텍/미스텍 문자 사용 (서기전 600년경)

중국 한자 (서기전 1200년경)

마야 상형문자 (서기전 250년경)

브라만 문자자모 (서기전 350년경)

이집트 상형문자 (서기전 3000년경)

페니키아어 자모 (서기전 1000년경)

인더스 강 유역 문자사용
(서기전 2500년경)

이스터 섬 문자(롱고롱고)
(서기 1500년경)

최초 문자 체계들이 개발된 곳을 나타낸 지도.

옛 그리스 사람들은 문학 작품이건 회계 장부건 본문이 길어질 경우에는 파피루스에다 썼다. 그런 원전들의 예는 폼페이와 이집트 파욤 분지의 아주 건조한 기후 조건하에서 발견된 바 있다. 그리스인들은 공문서용으로는 돌 또는 청동을 사용하였으며 다만 항구적 관심사가 되지 않는 알림글은 백판에 써서 내걸었다(그리스어는 알파벳 자모가 단순해서 이처럼 비교적 임시적인 용도에 알맞았다).

돌 또는 청동에 새겨진 그리스 명문들의 기능을 열거하면 다음과 같다.

- 통치체(평의회나 의회)에 의한 공공 칙령
- 개인 또는 단체에 대한 통치체의 훈장 수여
- 국가들 간의 조약
- 군주가 도시로 보내는 서간문
- 조공국에 부과된 조공품의 목록
- 어떤 신에게 귀속된 자산 및 봉헌물의 목록
- 예컨대 새들의 비상을 보고 치는 점(전조의 이해)을 위한 괘들
- 건축의 계정, 제원 기록부, 계약서, 지불서
- 예컨대 군복무자 명부 같은 공고문
- 경계석과 저당증 서석
- 비문
- 누구든 특정 분묘를 파헤치는 자에 대한 저주

이 목록으로부터 분명한 사실은 문자가 그리스 국가의 민주정부들 안에서 너무나 중요한 역할을 하였다는 점이다.

또 그리스인의 일상생활에서 문자가 널리 사용되었다는 점과 문자가 지녔던 역할을 더 잘 보여주는 지표로는 갖가지 물건들에 쓰인 명문들과 벽에 갈겨 쓴 비평들(긁어 써 놓은 문자들)이 있다. 그 중 한 유형의 물건인 오스트라콘(도편)은 토기 조각 형태의 투표용지로서 거기에 찬반을 표한 대상 인물의 이름이 새겨져 있다. 공인(公人)을 의회 투표로(오스트라시즘(도편 추방)의 절차에 의해) 추방할 수 있었던 아테네에서는 그간 이런 것들이 많이 발견된 바 있다.

유명한 그리스인 이름을 새긴 도편(오스트라콘) 두 점: 위는 테미스토클레스, 아래는 페리클레스.

갖가지 물품에 쓴 그리스 문자의 다른 용도로는 다음과 같은 것들이 있다.

• 주조화폐 발행 당국(도시) 표시

• 벽화 및 채화 병들의 장면에 그려진 인물의 이름 표기

• 시합에서 수여된 상의 종류 표기

• 신에게 바친 봉헌물의 표기

• 재화의 가격 표시

• 미술가 혹은 장인의 서명 표시

• 배심표의 배심원 자격 표시

우리는 다수의 이런 단순한 명문들 덕분에 고대 그리스의 일상생활이 지닌 여러 측면들을 엿볼 수 있고 또 개개인에 관한 사실들까지 알아보고 배울 수도 있다. 대영박물관은 서기전 530년경 아테네에서 만들어져 이탈리아 타란토로 수출된 흑색 인물상 술잔을 소장하고 있는데 그것에는 "나는 멜루사의 상품이다: 그녀는 처녀 대항 카드 시합에서 우승하였다."라는 명문이 새겨져 있다.

위의 간단한 개요로부터 문자가 고전 그리스인의 생활에 대해 공사를 불문하고 거의 모든 측면들을 언급하고 있음을 볼 수 있다. 따라서 고대 그리스의 인지고고학 연구는 필연적으로 그런 문자 증거들이 제공하는 지견들에 아주 크게 의존한다. 그러나 그렇다고 해서 인지고고학이 이론들을 생성해 내거나 검정하는 데서 반드시 문자 자료에만 의존해야 한다고 상정해서는 안 된다.

문헌적 증거는 문자사용 사회들에서의 사고방식을 이해하는 데 도움을 주는 측면에서는 정말 더없이 중요하지만, 위에서 구석기시대에 대해 이미 보았듯이 그 외에도 인지 관련 가설들을 만들어내는 데 쓸 수 있는 순수 고고학적 자료들이 있으며 또 그 타당성을 판단하는 데 쓸 수 있는 순수 고고학적 기준들도 여러 가지 있다. 더구나 문헌 증거 자체가 여러 가지로 왜곡되었을 수 있기에 그런 자료들을 고고학적 기록에서 나온 증거와 결합시키려는 어떤 시도를 하든지 간에 미리 그 점을 충분히 평가해 보아야만 한다.

4. 옛 사람의 고고학적 연구

앞에서 고고학적 증거가 옛 사람들의 정신 능력들을 어느 정도라도 이해하고 그들이 이 세상과 나날의 자기 삶을 어떤 식으로 생각하였는지 약간 이해하는 데 어떻게 도움을 줄 수 있는지 보았다. 또 고고학적 기록은 그보다 훨씬 유형적인 증거들—온전한 골격, 유골, 뼈 조각 그리고 때로는 특수한 상황에서 보존된 사체들—을 우리에게 제공함으로써 과거 개개인과 집단들의 신체 특성들을 복원할 수 있도록 해준다. 고고학자는 만약 충분한 증거가 잔존한 경우에는 이를테면 어떤 인물의 성과 나이 그리고 때로는 사인과 심지어는 신체 외모까지도 판정할 수 있다.

다양한 인간 유체   고고학자는 유적에 인간 유체가 있다는 사실을 어떻게 아는가? 이는 손상되지 않은 사체, 온전한 골격 혹은 두개골이 발견된다면 비교적 쉽다. 고고학자는 대개 신체 각 부위의 온전한 뼈와 큰 뼈 조각들을 자신 있게 식별할 수 있다. 작은 뼈 조각이라도 인간의 유골임을 알아볼 수 있는 특징적 속성들을 지니고 있을 수 있다. 최근 이루어진 어떤 주도면밀한 **발굴**에서는 터럭 몇 올이 수습되었는데 현미경 검사를 해서 사람 것으로 식별할 수 있었다.

때로는 사체가 전혀 남아 있지 않을지라도 그것이 있었던 증거는 잔존할 수 있다. 가장 유명한 예는 폼페이에서 주민들의 사체를 둘러싼 화산재가 굳고 사체가 분해되면서 생긴 공동들이다. 그것들에 석고를 부어 뜬 주형은 신체 전반의 외모, 머리 스타일, 의복, 자세뿐만 아니라 죽음을 맞은 순간의 얼굴 표정 같은 세세하고 가슴 뭉클한 부분까지도 보여준다.

이상에도 불구하고 인간 유체의 절대 다수는 실제 유골 및 뼈 조각의 형태로 되어 있으며, 그것들은 앞으로 보게 되듯이 다양한 정보를 준다. 옛 사람들의 신체에 관한 간접 증거는 옛 미술로부터도 나오며 그들이 어떻게 생겼는지에 관한 중요한 증거가 된다.

신체 특성의 식별

인간 유체의 존재 사실과 그 수가 일단 확정되었다면 성, 사망 연령, 체격, 외모, 친연관계 등의 신체 특성은 어떻게 복원하고자 할 수 있는가? 우리가 인간 유체로부터 무엇을 알 수 있는지 보여주는 좋은 예는 토탄 늪 사체인 린도우 사람이 있다(뒤쪽 테 글 참조). 아래에서는 각 신체 특성을 평가하는 기법들을 서술하기로 한다.

성   손상되지 않은 사체와 미술 표현물에 관한 성 판별은 대개 성기로써 곧바로 이루어진다. 그런 것들이 없는 경우에는 유방, 턱수염, 콧수염 등 이차 성징들이 꽤 신뢰할 수 있는 지표를 제공한다. 그렇지만 연질 조직이 없더라도 인간 골격 및 뼈 유체가 남아 있으면 그보다 아주 많은 증거들을 찾아낼 수 있다. 가장 좋은 성 지표는 골반 형태인데 이는 육안으로 보아도 남성과

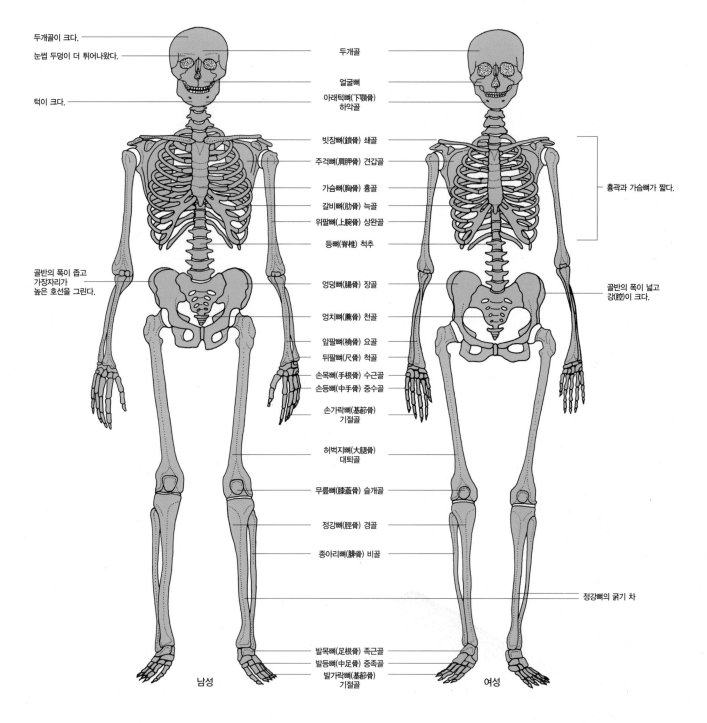

두개골이 크다.

눈썹 두덩이 더 튀어나왔다.

턱이 크다.

골반의 폭이 좁고
가장자리가
높은 호선을 그린다.

두개골

얼굴뼈

아래턱뼈(下顎骨)
하악골

빗장뼈(鎖骨) 쇄골

주걱뼈(肩胛骨) 견갑골

가슴뼈(胸骨) 흉골

갈비뼈(肋骨) 늑골

위팔뼈(上腕骨) 상완골

등뼈(脊椎) 척추

엉덩뼈(腸骨) 장골

엉치뼈(薦骨) 천골

앞팔뼈(橈骨) 요골

뒤팔뼈(尺骨) 척골

손목뼈(手根骨) 수근골

손등뼈(中手骨) 중수골

손가락뼈(基節骨)
기절골

허벅지뼈(大腿骨)
대퇴골

무릎뼈(膝蓋骨) 슬개골

정강뼈(脛骨) 경골

종아리뼈(腓骨) 비골

발목뼈(足根骨) 족근골

발등뼈(中足骨) 중족골

발가락뼈(基節骨)
기절골

흉곽과 가슴뼈가 짧다.

골반의 폭이 넓고
강(腔)이 크다.

정강뼈의 굵기 차

남성

여성

여성이 다르기 때문이다(위 그림 참조).

인간 골격의 뼈들로 성차가 뚜렷이 나타난다.

골격의 다른 부위들 또한 성 판별에 이용될 수 있다. 남성의 뼈는 일반적으로 호리호리하고 가냘픈 여성의 뼈에 비해 크고, 길고, 강고하며 한층 발달된 근육 부착흔들을 갖고 있다.

어린애에 대해서는, 보존된 사체들과 성기를 보여주는 미술 표현물 같은 예외를 제외하고는 어른만큼 신뢰도를 갖고 성 판별을 할 수 없다는 점을 지적해야 하겠다. 다만 이빨을 분석하면 어느 정도의 증거를 얻을 수는 있다. 미성년의 유골을 검사할 때면 오로지 추정을 할 수밖에 없

린도우인: 토탄 늪 속 사체

1984년 노동자들이 영국 북서부의 한 토탄 분쇄 공장에서 인간의 다리 한 부분을 발견하였다. 그에 이어 토탄을 캐낸 체셔 주 린도우 토탄 늪 유적을 조사한 결과 인간 사체의 상체가 아직도 흙 속에 박혀 있음이 드러났다. 그 토탄 단면 전체를 떠내어 대영박물관 실험실로 옮긴 후 여러 전문분야로 구성된 협력 체제 조사단이 실내 '발굴'을 실시하였다. 그간 이 사체에 대해 다양한 연구가 이루어진 결과로 이제 철기시대 말 혹은 로마시대(아마도 서기 1세기)로 편년되는 이 옛날 인물의 삶과 죽음에 관해 특출한 지견들을 얻을 수 있었다.

아랫부분이 없어져 버렸음에도 불구하고 턱수염, 짧은 구레나룻, 코밑수염으로부터 남자의 사체임이 명백하였다. 이제 린도우인이라 불리는 그의 나이는 20대 중반쯤이었을 것으로 추산되었다. 그는 건장하였던 것으로 보이며 몸무게는 60kg 정도였을 것이다. 키는 상완골(윗팔뼈) 길이로부터 계산하건대 1m 68m에서 1m 73cm 사이였을 것으로 추산되는데, 이는 오늘날은 평균 정도이지만 당시로서는 상당히 큰 편이었다.

린도우인은 여우 모피로 된 완장 이외에는 옷을 입고 있지 않았다. 적갈색 머리칼과 구레나룻은 다듬어져 있었는데 전자주사현미경으로 분석해 본 결과 그 끝에 단이 져 있어서 가위나 전단기로 깎았음을 시사하였다. 또 손톱이 잘 다듬어져 있어서 힘들거나 거친 노동이라고는 하지 않았다는 점, 즉 그는 노동자는 분명히 아니었다는 사실을 알 수 있다.

이빨은 토탄 늪의 산 때문에 에나멜질이 빠져 버렸지만 잔존 상태로 보아 정상이며 꽤 건강하였고 충치는 보이지 않았다.

린도우인은 아주 가벼운 골관절염을 앓았던 것으로 보이며 단층 촬영 결과 압박과 긴장으로 척추뼈 일부가 변형되었음이 드러났다. 또 기생충 알을 보면 편충과 회충에 비교적 많이 감염되었음을 나타내지만 그 때문에 몸이 불편한 일은 거의 없었을 것이다. 이와 같이 그는 전반적으로 아주 건강하였다.

그의 혈액형은 현대 영국인 다수와 마찬가지로 O형임이 드러났다. 그의 소화기관 상부에 잔존한 음식 찌꺼기는 그의 마지막 식사가 번철로 구운 빵이었음을 드러내었다.

X선 사진으로 보니 머리 뒷부분이 깨어지고 뼈 조각들이 안으로 들어가 있음이 확인되었다. 법의학자는 두개골의 찢긴 상흔 두 개가 합쳐지는 점으로 미루어 날 폭이 좁은 무기로 두 차례 가격되었던 것으로 추론하였다. 또 갈비뼈 하나가 부러진 것으로 나타났기 때문에 그의 등에도 (무릎으로?) 한 차례 가격이 있었을 것이다.

그의 머리에 대한 가격은 그를 즉사시키지는 못했을지라도 의식불명으로 만들었을 터이고, 그래서 그는 이어서 목이 졸리거나 칼에 찔리는 것을 느끼지 못했을 것이다. 두께 1.5mm의 힘줄로 만든 매듭 끈이 목을 죄어 부러뜨렸으며 또 목 옆쪽으로부터 목구멍을 향해 짧게 깊이 찔리면서 목 정맥이 끊어졌다. 그가 이런 식으로 해서 일단 피를 흘리게 되자 토탄 늪 속 웅덩이에 얼굴을 아래로 해서 내던져졌다.

우리는 린도우인이 왜 죽었는지를 모르지만—아마도 희생 제물로 바쳐졌거나 범죄 때문에 처형되었던 것 같기는 하다—그간 그의 삶과 죽음에 관해 아주 많은 사항들을 알 수 있었다.

연구실에서 린도우인의 등을 세척하는 장면. 피부 습도를 유지하기 위해 증류수를 분사하고 있다.

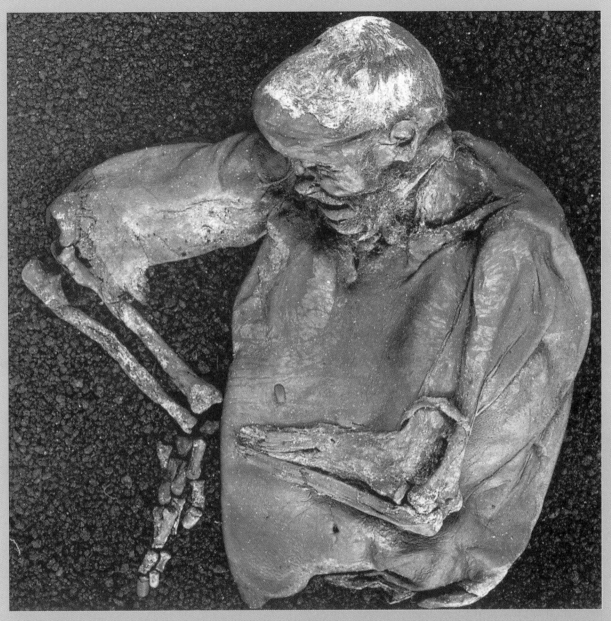

온전하게 보존된 린도우인 유체 모습으로 세부가 잘 드러나도록 자외선을 쬐어 촬영하였다.

는 경우가 흔한데, 그래도 맞을 가능성은 반반이다.

그들은 얼마나 오래 살았는가?　　　일부 학자들이 특정 사망자가 죽었을 당시의 정확한 나이를 아무리 확신 있게 제시할 수 있다 하더라도 우리가 어떤 정도든 확실하게 판정할 수 있는 나이란 연월로 정확하게 잰 나이가 아니라 대개 청년, 성년, 노년 등 생물학적 연령이라는 사실을 강조해 두어야 하겠다. 나이의 가장 좋은 지표는 동물의 경우와 마찬가지로 이빨이다. 이빨에

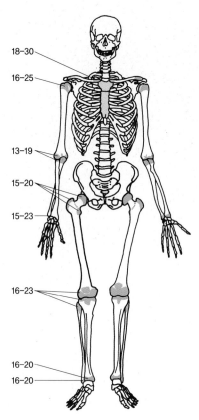

18-30
16-25
13-19
15-20
15-23
16-23
16-20
16-20

나이의 평가: 골단이 융합하는 나이.

대해서는 발아와 젖니의 대체 여부, 영구치의 발아 순서, 그리고 마지막으로 마모 정도 등을 연구하는데, 제일 뒤의 사항은 식단의 영향과 음식물 조리 방법을 가장 잘 연구할 수 있도록 해주는 사항이기도 하다.

현대인에 대한 이런 종류의 이빨 관련 정보로부터 도출되는 사망 연령 관련 시간잣대는 개인차가 많음에도 불구하고 최근 시기에 대해서는 상당히 잘 들어맞는다. 그러나 이것이 아득히 오래된 우리 조상의 이빨에 대해서도 적용될 수 있는가? 이빨의 미세조직에 관한 새로운 연구는 우리가 이전에 세웠던 가정들이 옳지 않을 수 있음을 시사한다. 이빨의 에나멜질은 측정할 수 있는 일정 비율로 자라며 그 미세한 성장선은 등성이(융기선)들을 형성하므로 이를 에폭시수지로 복제해 전자주사현미경 속에 놓고 보면 그 수를 셀 수 있다. 현대 인구집단에서는 새로운 등성이가 자라는 데 대략 일주일이 걸리므로, 우리 호미니드 조상들에 대한 분석에서도 비슷한 성장률을 가정할 수밖에 없다.

팀 브로미지와 크리스토퍼 딘은 화석 표본들의 이빨 성장 융기선들을 계측해 보고는 이전 연구자들이 초기 호미니드 다수의 사망 연령을 과대평가하였다고 결론내린 바 있다. 예를 들어 남아프리카의 타웅에서 출토된 2백만 년 된 유명한 오스트랄로피테쿠스 두개골은 종래 믿었던 것처럼 대여섯 살이 아니라 아마도 세 살을 갓 넘겨 죽었을 아이의 것이었다. 이는 우리의 최초 조상들이 우리보다는 빨리 성장하였으며 성년으로의 성장 양태가 현대의 대형 유인원들을 한층 닮았음을 시사한다.

뼈도 나이 감정에 이용된다. 뼈의 관절 끝(골단)이 골간에 융합하는 과정은 젊은 사람의 유골에 적용할 수 있는 시간잣대가 된다. 마지막으로 융합하는 뼈 중 하나는 빗장뼈(쇄골(鎖骨))의 안쪽 끝인데 그 나이는 대략 26세이며 그 이후로는 다른 기준들이 필요하다.

미성숙 개체의 두개골 두께는 나이와 대략 상관관계를 갖는데, 두꺼울수록 그 표본은 그만큼 나이가 든 것이며 노년이 되면 대개 모든 뼈들이 얇아지고 가벼워지는데 다만 두개골 뼈는 나이 든 사람들 중 대략 10% 정도가 실제로는 두꺼워진다.

그런데 뼈 유체가 작은 조각들이라면 어떻게 할 것인가? 그 답은 현미경으로 본 뼈의 미세조직 속에 있다. 우리는 나이를 먹어감에 따라 뼈 조직에서 측정할 수 있는 특징적 변화가 일어난

나이의 평가: 현미경으로 인간 뼈를 보면 나이가 들면서 조직에 변화가 생김을 알 수 있다. 둥근 골 단위들의 수가 더 많아지고 뼈 가장자리로 확산된다.

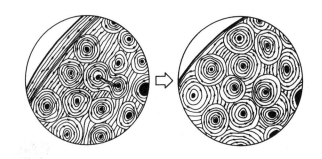

과거로부터 온 얼굴들. (맨 왼쪽) 텍스 강에서 출토된 로마 황제 하드리아누스(재위 서기 117~138년)의 청동 두상. (두 번째) 페루에서 출토된 서기 6세기경의 모체 얼굴상 토기. (세 번째) 덴마크에서 출토된 철기시대 토탄 늪 사체 톨룬트인의 얼굴. (맨 오른쪽) 이집트 데이르 엘-바리에서 출토된 파라오 투트모시스 1세(서기전 1504~1492년)로 추정되는 한 남자의 미라 얼굴 부분.

다. 대략 20세쯤 되는 사람의 긴뼈(長骨)는 둘레에 테들을 가지며 또 골 단위(osteon)라 불리는 원형 구조들의 수가 비교적 적다. 나이를 더 먹으면 그 테들은 사라지고 골 단위의 크기가 좀 작아지면서 더 많이 나타난다. 이 방법에 의하면 뼈 조각조차도 나이를 알려줄 수가 있다. 대퇴골(허벅지 뼈)의 박편(薄片)을 현미경으로 보아 성장 단계를 조사하는 기법은 현대 표본들을 가지고 시험해 본 결과 나이를 5년 이내 오차로 정확하게 판정할 수 있었다.

그들은 어떻게 생겼는가?　　　다시금 보존된 사체들 덕분에 가장 분명하게 옛 얼굴들을 엿볼 수 있다. 덴마크에서 출토된 놀라운 철기시대 토탄 늪 사체 중 하나인 톨룬트인은 가장 유명한 선사시대의 예이다. 또 1881년과 1898년에 이집트 테베에서 두 개소에 은닉된 상태로 발견된 왕들의 시신은 우리에게 그야말로 미라 파라오들의 진열관을 제공하였으며, 그들의 얼굴은 그간 약간 수축되고 뒤틀리기는 했지만 아직도 생생하였다.

또 우리는 후기 구석기시대 이래의 미술가들 덕택에 엄청난 수의 초상들을 갖고 있다. 그 중 미라의 관에 그려진 초상 같은 것들은 그 주인공의 유체와 직접 관련이 있다. 한편 그리스와 로마의 흉상 같은 것들은 유체는 영원히 찾지 못할 유명 인물들의 모습에 아주 흡사하다. 중국 시안[西安] 근처에서 발견된 유례없는 실물 크기 테라코타 군단은 서기전 3세기 장병들을 닮은 수천 개의 서로 다른 상들로 구성되어 있다. 각각 대체적인 특징들만 표현되었기는 해도 전례 없는 '인물 도서관'을 이루고 있으며 머리스타일, 갑옷, 무구 등에 관해서도 더할 나위 없이 귀중한 정보를 제공한다. 그 이후의 시기들로부터는 많은 라이프마스크 또는 데스마스크들을 볼 수 있으며, 그것들은 이따금 중세 이래 유럽 왕족 및 귀족들의 실물 크기 장례용 우상들이나 묘상(墓像) 같은 것들을 만드는 데 토대가 되었다.

옛 얼굴을 복원하려는 시도는 독일 해부학자들이 이미 19세기에 쉴러, 칸트, 바흐 같은 명사들의 두개골로부터 초상을 제작하려 한 데서 비롯되었다. 하지만 20세기의 복원 기법에서 가장 유명하고 대표적인 인물은 러시아인 미하일 게라시모프로서, 그는 화석 인간에서 러시아 제국 최초 황제 이반 뇌제(雷帝)에 이르는 여러 표본들에 대해 작업을 하였다. 그런데 이제 그의 작품

관 안에서 발견된 두개골로 복원한 얼굴 모습.

중 다수는 사실적 복원이라기보다는 다소 '영감에 찬 해석'이라고 느껴진다. 지금은 복원 작업이 그보다 정확성이 높은 수준에 이른 상태이다.

　최근의 복원 연구에서 가장 흥미진진한 예 중 하나는 현재 가장 잘 보존된 에트루리아인으로 지금부터 2200년 전쯤 이탈리아 중부에서 죽은 세이안티 하누니아 틀레스나사라는 이름의 한 귀족 여성 유골에 대한 것이다. 그 이름이 새겨진 화려한 채색 테라코타 관 안에 든 그녀의 유골은 대영박물관이 1887년 이래로 소장하고 있다. 이 관의 뚜껑은 죽은 여인이 한 손에 청동 거울을 들고 부드러운 베개에 기댄 모습으로 표현된 실물 크기 상으로 되어 있다. 이는 아마도 서양 미술에서 누구인지 아는 가장 오래된 초상일 터인데, 그러면 그 상이 과연 세이안티인가?

　인류학자들은 유골로부터 그 여성의 키가 약 1.5m였으며 사망 시 중년이었다고 추론하였다. 뼈가 손상되고 닳았으며 이빨이 거의 없다는 사실 때문에 처음에는 노년으로 보였으나 그것은 실은 그녀가 심한 부상을 입은 탓인데 무엇을 타고 가다 사고를 당해 오른쪽 엉덩이가 으깨지고 오른쪽 아래턱 이빨들이 다 망가졌을 가능성이 가장 크다. 턱이 두개골과 만나는 부위의 뼈가 손상을 입어 입이 크게 벌어짐으로써 아주 심한 고통을 겪었을 것이다. 그 때문에 수프와 죽을 마시는 것 외에는 아무것도 먹을 수가 없었고 남은 이빨들도 깨끗이 유지할 수 없어서 얼마 지나지 않아 대부분이 빠졌을 것이다. 또 세이안티는 관절염으로 무척 괴로웠을 것이며 점차 불구가 되었을 것이다.

　남은 이빨 두 개의 상아질을 분석해 본 결과 그녀가 죽었을 때 50살 정도였음을 확증해 주었

세이안티 하누니아 틀레스나사의 테라코타 관인데, 그 안에는 그녀의 뼈가 들어 있었다. 관 뚜껑은 죽은 여인의 실물 크기 상 형태인데 과연 그녀의 모습을 어느 정도로 정확하게 표현한 것일까?

다. 그리고 뼈에 대한 **방사성탄소연대측정**을 해보니 서기전 250년에서 150년의 연대가 나왔는데, 이는 그 유골이 정말로 오래된 것이며 시기적으로 맞는다는 사실을 입증하였다. 얼굴을 복원해 본 결과 다소 살찐 모습의 중년 여성이 나왔다. 이는 관 뚜껑의 상과 비교해서 어떠한가?

옆에서 보면 차이가 있는데 그 이유는 옛 미술가가 세이안티에게 더 예쁜 코를 주었기 때문이다. 하지만 앞에서 보면 비슷하다는 점이 한층 명확하다. 최종적인 확증은 컴퓨터를 이용해 얼굴의 비례와 특징들을 대조하는 기법으로부터 나왔는데 컴퓨터 복원상과 조각상을 화상으로 비교해 보니 동일 인물임에 의심의 여지가 없었던 것이다. 관의 상은 턱 끝이 덜 나오고 입이 작은 소녀 같아서 나이를 적게 먹은 때의 모습을 보여주었다. 다른 말로 하면 조각가가 이 중년 여성의 짧고 살찐 얼굴을 실제보다 좋아 보이게 개선하였지만 그러면서도 세이안티의 용모는 아주 잘 포착하였던 것이다.

그들은 어떤 친연관계였는가?　　유체 두 개체 사이의 관계는 어떤 경우 두개골 형태를 비교하거나 머리카락을 분석해 보면 평가할 수 있다. 동일한 성과를 얻을 수 있는 다른 방법들이 있는데, 주로 이빨 형태를 연구하는 방법이다. (큰 이빨이 있거나 더 난 이빨이 있다든지 특히 사랑니가 없다든지 하는) 이빨의 몇 가지 이상상태는 유전된다.

혈액형은 연질조직, 뼈, 심지어는 30,000년도 더 된 이빨로도 판정할 수 있는데, 그 근거는 혈액형을 결정짓는 다당류가 적혈구뿐만 아니라 모든 조직 속에서 발견되고 또 잘 잔존하기 때문이다. 혈액형은 간단히 부모로부터 유전되기 때문에 여러 가지 혈액 분류체계들―그 중 가장 잘 알려진 것이 사람들을 A, B, O, AB형 등으로 나누는 A-B-O체계―은 때때로 여러 사체들 사이의 친연관계를 밝히는 데 도움을 주기도 한다. 예를 들어 투탕카멘은 1907년 테베의 제55호 무덤에서 발견된 신원이 식별되지 않은 사체와 어떻든 인척관계에 있지 않은가 생각되었다. 그 두개골들의 형태와 직경은 아주 비슷하였으며 두 두개골의 X선 사진들을 겹쳐 놓으니 거의 완전하게 합치되었다. 그래서 로버트 코널리와 그 동료들이 두 미라의 신체조직을 분석하였더니 둘

핵심 개념: 옛 인간의 신체 특성을 평가하기

• 성: 손상되지 않은 사체는 성기로 성을 판별할 수 있으며 고고학적 기록에서 훨씬 흔한 골격과 유골로는 남녀 뼈의 크기와 형태가 다른 점으로부터 성을 알아낸다. 아이들은 성을 판별하기가 어렵다.

• 나이: 골격의 나이를 판정하는 주된 방법으로는 뼈, 이빨, 뼈 미세 조직의 생장 유형을 검사하는 방법들이 있다.

• 외모: 옛날 개개인의 두개골이나 그 조각들이 잔존하는 경우 이제 그 얼굴을 정확하게 복원할 수가 있다.

• 친연관계: 두개골 형태, 머리카락 유형, 이빨, 혈액형을 검사해 보면 두 개인이 상호 친연관계를 가졌는지 판정하는 데 도움이 될 수 있다.

다 A형으로서 항원 M과 N을 가진 제2 하부그룹 혈액형으로 나타났는데 이 형은 고대 이집트에서는 비교적 드물다. 이런 사실은 두개골들이 형태적으로 유사하다는 점과 더불어 양자가 거의 확실하게 아주 밀접한 친연관계였음을 나타낸다. 그러나 신비에 싸인 제55호 무덤 사체의 정확한 신원은 아직 해명되지 않았는데, 어떤 학자들은 투탕카멘의 아버지 아크나튼일 가능성을, 또 어떤 학자들은 투탕카멘의 형제 스멘카레일 가능성을 주장한다.

요　약

• 우리는 이 장에서 오래 전 죽어 버린 문화 및 문명들의 사고방식과 우리 조상들의 신체 특성들에 관한 지견을 얻기 위해 고고학적 증거를 어떻게 이용할 수 있는지 보여주었다.

• 그 증거가 계측, 조직 및 권력 수단에 관한 것이든 아니면 배례 활동에 관한 것이든 간에 과거의 인지 작용에 관한 가설들을 분석하고 검정하기 위한 양호한 고고학적 절차들이 개발되어 있다. 고고학 조사연구 사업은 옛 사람들이 사고한 방식 중 한 측면(예를 들어 도량법의 개연적 표준 단위 탐구)에 초점을 맞출 수도 있고, 좀더 포괄적(예를 들어 차빈 유적에서 이루어진 연구 작업)이 될 수도 있다. 문헌 증거는 이를테면 메조아메리카나 메소포타미아에서처럼 인지 관련 주장들을 평가하는 데 뒷받침이 되거나 도움이 되기 때문에 결정적으로 중요할 수가 있기는 하지만 인지고고학의 타당성은 문헌 자료에만 의존하지는 않는다.

• 우리는 이런 옛 마음의 여러 측면들 이외에 우리 조상들의 신체 특성들 중 일부에 대해서도 아주 깊은 관심을 갖는다. 고고학은 인류 과거의 잔적들을 연구하는 것이기 때문에 고고학자의 궁극적 관심사는 고고학적 기록을 만들어낸 바로 그 사람들의 유체에 두어지게 마련이다. 이제 인간의 아주 작은 신체조각으로부터도 아주 다양하고 엄청난 정보가 추출될 수 있다. 우리는 나이, 성, 외모, 친연 관계를 평가할 수 있다.

추　천　문　헌

과거 사회 사람들의 여러 가지 심경과 믿음에 대한 연구와 그들의 신체 잔적에 대한 연구의 입문서

Arsuaga, J. L. 2003. *The Neanderthal's Necklace: In Search of the First Thinkers*. Four Walls Eight Windows: New York.

Aufderheide, A. C. 2003. *The Scientific Study of Mummies*. Cambridge University Press: Cambridge.

Brothwell, D. 1986. *The Bog Man and the Archaeology of People*. British Museum Publications: London; Harvard University Press: Cambridge, Mass.

Chamberlain, A. T. & Parker Pearson, M. 2001. *Earthly Remains. The History and Science of Preserved Human Bodies*. British Museum Press: London; Oxford University Press: New York.

Johnson, M. 1999. *Archaeological Theory*. Blackwell: Oxford .

Larsen, C. S. 2000. *Skeletons in our Closet: Revealing our Past through Bioarchaeology*. Princeton University Press: Cambridge & New York.

Marshack, A. 1991. The *Roots of Civilization*(2nd ed.). Moyer Bell: New York.

Mays, S. 1998. *The Archaeology of Human Bones*. Routledge: London.

Renfrew, C. & Zubrow E. B. W, (eds.) 1994. *The Ancient Mind: Element of Cognitive Archaeology*. Cambridge University Press: Cambridge & New York.

9 사물은 왜 변화하였는가?
고고학에서의 설명

고고학에서 "왜?"라는 질문에 답하는 것은 가장 어려운 과업이다. 우리는 이 질문과 더불어 사물의 외양을 단순히 서술하는 수준을 넘어 사건들의 정형성을 이해하려고 하게 된다.

이는 인류의 과거를 연구하는 일에 몰두하는 많은 사람들을 분발시키는 목표이다. 죽어 사라져버린 것들에 대한 연구에는 그로부터 우리 자신의 행동과 오늘날 우리 사회에 유의한 무언가를 배우려는 욕구가 들어 있다. 아득히 먼 옛날의 선사 시기뿐만 아니라 그보다 최근의 역사 시기도 연구할 수 있도록 해 주는 고고학은 우리에게 대단한 시간 깊이를 제공한다는 점에서 인간 과학들 가운데 유례없이 특이하다. 그래서 만약 인류사에서 찾아내어야 할 어떤 정형성들이 있다면 그것들은 아마도 고고학 연구의 시간대에서 드러날 것으로 여겨진다.

인류의 과거를 이해하려는 데서 모두 동의하고 일반적으로 받아들이는 한 가지 방식이란 사실 없다. 그래서 이 장과 같은 시도는 결론이 나지 않게 마련이고 또 틀림없이 이론의 여지가 많을 것이다. 하지만 주제로서 다루고 생각해 볼 만한 것인데, 지금 고고학 연구가 바로 이 질문 분야에서 가장 활발하기 때문이다. 주된 논란은 지난 40여 년 동안 벌어졌다.

과거에 일어난 변화에 대한 전통적 설명들은 전파와 이주라는 개념에 초점을 맞추었으며 어떤 집단에서 일어난 변화는 이웃하는 우세한 집단의 영향이 아니면 그 주민의 유입 때문임에 틀림없다고 가정하였다. 그러나 1960년대에 신고고학의 **과정주의** 접근법이 개진되면서 이런 이전의 설명들이 지닌 약점들이 드러났다. 그로써 고고학 탐구를 떠받칠 잘 정립된 이론체계가 없다는 사실(그간 많은 시도들이 이루어지기는 하였지만 이는 크게 보아 지금도 여전히 그렇다)이 인식되기 시작하였다.

초기의 신고고학은 이론과 모델, 그리고 무엇보다도 일반화의 명시적 이용에 열중하였다. 그 후 신고고학은 적응의 생태학적 측면들, 효율성, 인간 삶에서 순수하게 실용적이고 기능적인 측면들에 지나치게 치중했다(바꾸어 말하면 너무 '기능주의적'이었다)는 비판을 받았다. 반면 마르크시즘에 고취된 한 대안적 관점은 사회의 제 관계와 권력 행사에 한층 비중을 두었다.

1970년대부터는 과정주의자의 '기능주의'에 대한 반발로 일부 고고학자가 **구조주의** 고고학을 제창하였고, 그 뒤로 탈구조주의, 그리고 마지막으로 **탈과정주의** 고고학이 일어났다. 이런 접근법들은 과거 사회의 이념과 믿음이 고고학의 설명에서 더 이상 간과되어서는 안 된다는 점을 강조하였다.

그 이후로 고고학자들은 인간이 생각하는 방식, 그들이 상징을 만들고 쓰는 방식, 인지의 문제라고 할 수 있는 것들에 대해 더욱 체계적인 주의를 기울이게 되었다. 오늘날 '**인지고고학**'이라고 불리는 한 접근방식은 사회적, 인지적 측면을 강조하면서도 과정주의고고학의 전통 속에서 연구를 하고자 노력하고 있다.

현재로서는 널리 합치된 단 한 가지 접근방식은 아직 없다.

1. 이주론 및 전파론의 설명들

신고고학은 전통고고학의 설명들이 지닌 단점들을 한층 분명하게 드러내 보였다. 그 단점들은 전통적 방법을 예로 들어 보면 좀더 분명해질 것이다. 가령 어떤 시기의 한 지역에 새로운 종류의 토기가 출현하였는데 그 토기는 이전에 보지 못하던 기형과 새로운 문양으로 분간이 된다고 하자. 전통적 접근법은 이 토기 양식을 시간 및 공간적으로 좀더 엄밀하게 정의하려 할 것이고 그것은 아주 타당하다. 이 방법을 취하는 고고학자는 그 토기의 출토지 분포도를 작성하고 또 그것이 각 **유적**의 층서에서 차지하는 위치를 판정하려고 할 것으로 예기된다. 그 다음 단계는 고고학적 **문화** 안에서 그것이 차지할 위치를 할당하는 일이다.

전통적 접근법에서는 각 고고학적 문화가 특정한 인간 집단(people)─즉 고고학자가 방금 개요를 말한 방법으로 인지할 수 있는 잘 정의된 족속 집단─을 물질의 형태로 나타내는 것이라 주장한다. 이는 일종의 족속 집단 분류 작업에 해당하는 셈이지만 물론 이 '인간 집단'은 선사시대 사람들이므로 임의로 이름을 붙여야만 한다. 대개 그 토기가 처음 인지된 장소의 이름을 따거나(예컨대 미국 남서부의 밈브레스 족) 때로는 토기 자체의 이름(예컨대 비이커 족)을 빈다.

다음으로는, 관찰된 변화들을 설명하는 데 주민 이주라는 관점에서 생각할 수 있는지를 검토하는 것이 보통이다. 이 인간 집단에 안성맞춤인 본향을 집어낼 수 있는가 하는 것이다. 인접하는 지역들의 토기 복합체를 면밀히 조사하면 그런 본향, 그리고 어쩌면 이주로까지도 추정할 수 있을 것이다.

만약 이주론적 논증이 유효하지 않은 듯하면 대안으로 제4의 접근법, 즉 더 멀리 떨어진 지역의 문화 복합체 중에서 유사성을 지닌 특정 요소들을 찾아보는 길이 있다. 복합체 전체를 외래 요인 탓으로 돌릴 수는 없을지라도 그 중 특정 요소들은 그리할 수 있을 것이다. 좀더 문명화된 지역과의 연관성을 찾을 수도 있다. 만약 그러한 '유사물'을 발견할 수 있다면 이 전통 고고학자는 그것들이 우리 복합체 중 일부 요소의 기원지이고 그것은 문화 전파의 과정을 거쳐 전해졌다는 주장을 펼 것이다. 사실 **방사성탄소연대측정법**이 등장하기 전에는 이런 유사물이 앞의 가상 예에 나온 새로운 토기의 연대를 측정하는 데도 쓰일 수 있었다. 그 논거는 문명의 심장부에 좀더 가까운 곳의 요소 및 특성들을 그 문명의 역사 편년에 대비해 보면 거의 틀림없이 연대측정이 되리라는 데 있었다.

이런 설명은 많은 실례를 쉽사리 발견할 수 있다. 예컨대 신대륙에서 미국 뉴멕시코 주 차꼬 캐년 유적의 건축물 및 기타 물품들이 그처럼 두드러지게 발달한 이유를 그간 그 남쪽 멕시코의 한층 '진보된' 문명과 바로 이렇게 비교하고 관련짓는 식으로 설명하였던 것이다.

그러나 이런 전통적 설명이 근거한 몇 가지 가정들은 오늘날 쉽게 논박할 수 있다. 첫째, 전통 고고학자들은 고고학적 '문화'라는 것이 단지 학자의 편의를 위해 고안된 분류 용어일 뿐인데도 그렇지 않고 어떻든 실재한 실체를 나타낸다는 관념을 갖고 있다. 둘째, 이런 개념상의 문화를 족속 단위 혹은 '인간 집단'과 등식화함으로써 고고학적 기록으로부터 인지할 수 있다는 관점이다. 그러나 실제로 족속 집단이 고고학적 잔존물에서 언제나 명확히 드러나 보이지는 않는다는 점은 분명하다. 셋째, 두 지역의 문화 복합체들 사이에 유사성이 보일 때 이를 가장 쉽게 설명할 수 있는 길은 인간 집단의 이주 때문이라고 가정한다는 점이다. 물론 이주는 과거에 정말로 일어나기도 하였지만(아래 참조), 그동안 흔히 상정한 것처럼 고고학적으로 그것을 입증하기란 그리 쉬운 일이 아니다.

마지막으로, 문화 전파를 통한 설명이라는 원리의 문제가 있다. 이 설명은 지금 볼 때 그간 때로 지나치게 중시되었고 또 거의 언제나 상황을 과도하게 단순화시킨 느낌이 든다. 왜냐하면 지역 사이의 접촉, 특히 교역을 통한 접촉은 각 지역의 발전에 대단히 중요할 수 있지만 그 접촉이 미친 영향은 면밀하게 검토되어야 하기 때문이다. 즉 단순히 전파의 관점에서 설명하는 것만으로는 충분치 않다는 것이다.

그럼에도 불구하고 과거에 이주가 실제 일어났으며 드물기는 해도 그것이 고고학적으로 입증될 수 있다는 사실은 강조할 만하다. 태평양의 폴리네시아 제도에 사람이 처음으로 살게 된 과정이 한 가지 좋은 예이다. 라피타 문화로 알려진 발견물 복합체—그 중에서도 특히 새김무늬가 있는 토기—는 섬사람들이 서기전 1600년부터 서기전 1000년 사이에 그전에는 사람이 살지 않았던 뉴기니 북부로부터 저 멀리 사모아까지에 걸친 광대한 지역을 가로질러 급속하게 동쪽 방향으로 이동한 증거를 제공하고 있는 것이다(뒷장의 지도 참조). 또 기술 혁신이 한 곳에서 이루어진 후 이웃 지역에서 채택되는 일은 자주 일어나며, 그런 메커니즘을 전파의 한 가지라 해도(뒷장의 로마자 기원의 예를 참조) 더할 나위 없이 적절하다는 점도 유념해야만 한다. 처음에는 이주론적 설명이 제시되었다가 전파론적 설명으로 바뀐 후 이윽고 논박된 좋은 예로는 대짐바브웨의 경우를 들 수 있다(251쪽 테 글 참조).

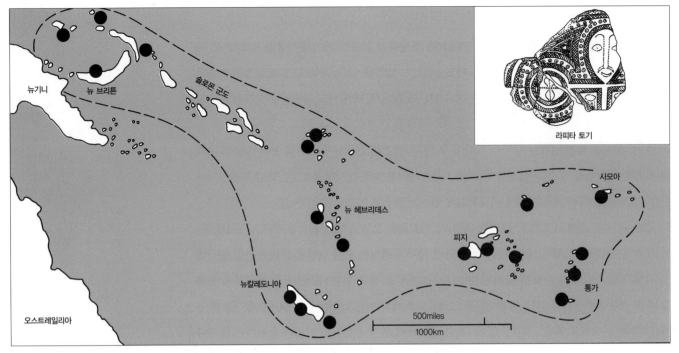

라피타 토기

이주: 명확한 예. 폴리네시아 제도의 최초 주민 이주 문제는 특히 새김무늬를 가진 토기가 특징인 라피타 문화라는 물질문화 복합을 발견함으로써 분명하게 해결된 바 있다. 라피타 유적들은 서기전 1600년에서 서기전 1000년 사이에 뉴기니 북부 지방에서 동쪽을 향해 멀리 폴리네시아 서부의 사모아까지 섬사람들이 배를 타고 급속하게 이동한 증거를 제공한다.

전파: 명확한 예. 한 곳에서 일어난 혁신이 전파로써 다른 곳들로 널리 퍼졌음을 아는 한 예로는 영어 알파벳이 있다. 페니키아인들은 서기전 12세기경에 레반트 해안에서 자신들의 셈어를 적기 위한 간단한 음성문자를 개발하였다. 이 문자는 서기전 1천년기 초에 이르면 그리스인들이 자신들의 언어를 적기 위해 개조를 한다. 이 그리스 문자는 우선 이탈리아에서 에트루리아어, 그 다음으로 로마의 언어인 라틴어를 적기 위해 변형되어 채택된다. 바로 이 라틴어를 통해 로마자라는 알파벳이 유럽의 많은 지역으로, 그리고 나중에는 세계의 나머지 지역으로 퍼졌다.

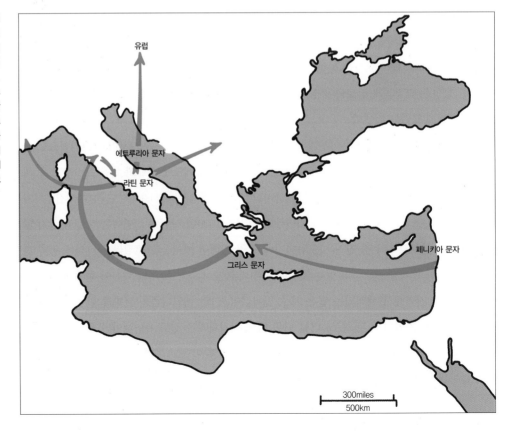

전파론 설명이 논박된 사례: 대(大)짐바브웨 유적

오늘날 짐바브웨공화국 마스빙고 근처에 있는 특출한 기념물인 대짐바브웨 유적은 아프리카의 이 지방을 유럽인들이 19세기에 처음으로 탐사한 이래로 내내 집중적 고찰 대상이었다. 왜냐하면 여기에 아주 정교하고 훌륭하게 완성된 인상적인 석축 유구가 있기 때문이었다.

초기 학자들은 전통적인 설명 유형을 좇아 북쪽의 한층 문명화된 땅에서 온 건축가와 건설자들이 이 대짐바브웨 유적을 조성하였다고 보았다. 영국 탐험가 세실 로즈가 이 유적을 방문했을 때 이 지역 카란제 추장들이 그로부터 들은 바는 "위대한 선생께서는 이전에 백인의 소유물이었던 옛 신전을 보러 오셨다."는 것이었다.

이는 이주론 관점을 바로 보여준다.

그 뒤 거트루드 케이튼 톰슨(32쪽)이 체계적인 발굴을 실시하였으며 그녀는 1931년 보고서에서 "유적 곳곳에서 수집된 기존의 모든 증거를 검토할 때 이것이 반투인의 작품으로 중세 때의 것이라는 주장에 부합되지 않는 항목은 여태껏 단 한 가지도 없다."고 결론지었다. 그렇지만 다른 고고학자들은 주도면밀하게 논증된 그녀의 결론에도 불구하고 계속해서 '좀더 고도의 문화 중심지'로부터 온 '영향'을 운위하는 전형적인 전파론 유형의 설명들을 견지하였다. 그 중 포르투갈 상인들은 즐겨 인용한 영감 고취 주역들이었다.

그 이후 실시된 조사 연구는 케이튼 톰슨의 결론을 뒷받침하였다. 이제 대짐바브웨는 이 지역의 대형 기념물류 중에서 가장 주목할 만한 예로 간주되고 있다.

이 유적에는 좀더 이른 역사가 있기는 하지만 기념비적 건축물의 건조는 아마도 서기 13세기에 시작되었을 것이며 이 유적은 15세기에 절정기에 달하였다. 이제 여러 고고학자들은 이 지역에서 이런 위업이 이루어지도록 해준 옛 사회·경제적 조건들을 일관되게 그려낼 수가 있다. 그런데 좀더 '진보된' 지역들로부터의 중대한 영향, 즉 전파는 이제 더 이상 그 그림의 한 부분이 아니다. 오늘날에는 과정주의 설명 틀이 전파론 설명 틀을 대체하게 된 것이다.

1889년 대짐바브웨 동벽에서 발견된 동석(凍石)으로 조각한 새인데 나중에 세실 로즈에게 팔렸다.

'타원 건축'을 공중에서 본 모습.

대짐바브웨유적 평면 약도: 일련의 담장을 두른 구역, 기단, 원뿔 망루 등이 있다.

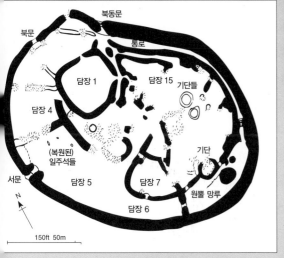

2. 과정주의 접근법

과정주의 접근법은 한 사회 내부에서와 여러 사회들 사이에서 작동하였던 여러 가지 과정들을 적시해서 연구하고자 하는데, 환경과의 관계, 생업활동과 경제, 그 사회 안의 사회적 제 관계, 우세한 이데올로기(이념)와 신념 체계가 이런 것들에 미치는 영향, 여러 사회 단위들 사이에서 일어나는 상호작용의 영향 등에 중점을 둔다.

과정주의 설명의 특징 한 가지는 어떻게 작용하는지를 어느 정도 상세하게 분석할 수 있는 생태학적 요인과 사회적 요인들에 대개 초점을 맞추었다는 점이다. 때로는 체계 모델이 쓰이는데 이에서는 문화체계의 아체계(혹은 하부체계)로 규정할 수 있는 것들 사이의 상호작용을 조사한다. 과정주의 설명의 좋은 예로는 루이스 빈포드가 정주사회와 농업경제의 기원에 관해 제시한 설명을 들 수 있는데 다만 이는 오늘날 완벽하지는 못하다고 간주된다. 1968년 빈포드는 이후 연구에 많은 영향을 끼친 '플라이스토세 이후의 적응'이라는 논문에서 농경 혹은 식량생산의 기원을 설명하고자 하였다. 이전 학자들이 그런 시도를 하지 않았던 것은 아니다. 그러나 빈포드의 설명은 이전 설명들과는 구별되며 또 신고고학의 산물임을 그대로 보여주는 중요한 특징을 한 가지 가지고 있으니 그것은 바로 일반화 지향이었다. 왜냐하면 그는 단지 근동이나 지중해 지역에서의 농경 기원뿐만 아니라—비록 이 지역들에 초점을 맞추기는 했지만—전세계의 농경 기원을 설명하고자 시도했기 때문이었다. 그는 마지막 빙하시대 말(즉 플라이스토세 말, 그래서 논문 제목이 그러함)의 범세계적 사건들에 주목을 하였다.

빈포드는 설명의 초점을 인구에 맞추었다. 즉 그는 작은 공동체들 안에서 일어난 인구 변화에 관심을 갖고 이동적이었던 집단이 일단 정주적이 될 때—즉 돌아다니기를 멈추면—그 인구 크기가 현저하게 증가하게 마련이라는 점을 강조하였다. 왜냐하면 정주 촌락에서는 이동 집단에서처럼 한 엄마가 양육할 수 있는 어린애 수를 엄격히 제약하는 압박 요소들이 더 이상 작용하지 않기 때문이다. 예컨대 어린애들을 이리저리 데리고 다녀야 하는 어려움이 더 이상 없는 것이다. 그리하여 근동에서 (서기전 9000년경 나투프 문화의) 일부 공동체들이 식량생산을 하기 전에 실제로 정주생활을 하게 되었다는 사실을 이 문제의 핵심이라고 보았다. 빈포드는 그들이 일단 정주하면서 생존 어린애의 수가 훨씬 많아진 데 따라 상당한 인구압이 생겨났을 것으로 보았다. 이 때문에 그 지역에서 이용은 할 수 있었으나 당시까지는 주변적이고 별 가치가 없다고 여겼던 야생 곡류 같은 식물 식량들을 점점 더 많이 이용하게 되었을 것이다. 곡류를 집중적으로 이용하고 그것들을 가공하는 방법이 도입됨에 따라 파종과 수확 활동이 정기적으로 벌어지게 되었고 그럼으로써 식물과 인간 사이의 상호 연루 작용이 깊숙이 진행되어 결국 작물재배에까지 이르렀을 것이다.

그러나 여기서 무엇보다 문제는 이런 선(先)농경 집단들이 왜 정주하게 되었는가 하는 점이다. 빈포드의 견해로는 플라이스토세 말 (극지방 빙원의 해빙에 의한) 해수면 상승이 두 가지 중요한 결과를 낳았다는 것이었다. 첫째로 **수렵채집민**들이 이용할 수 있는 해안 평지의 범위가 축소되었다. 둘째로 인간 집단들은 해수면 상승으로 생긴 새로운 서식지에서 이주성 물고기 및 철새들에게 훨씬 더 잘 접근할 수 있었다. 그로써 이 수렵채집민들은 마치 훨씬 최근 시기의 북미 북서해안 주민들처럼 이런 풍부한 자원들을 이용하면서 사상 처음으로 정주생활을 영위할 수 있음을 알았다. 그들은 이제 더 이상 어쩔 수 없이 이동하지 않아도 되었다.

오늘에 와서 볼 때 이 설명은 어떤 측면들에서는 다소 지나치게 단순화한 면이 있다고 간주된다. 그럼에도 많은 장점들을 갖고 있다. 왜냐하면 근동에 초점을 맞추었으면서도 세계의 다른 지역에도 똑같이 적용할 수 있기 때문이다. 이와 같이 빈포드는 이주 혹은 전파의 관점을 피하고 과정주의의 견지에서 농경 기원을 분석하였다.

마르크시즘 고고학

신고고학이 처음으로 가한 강한 충격에 따라 이론적 논의가 치솟아 오르자 칼 마르크스의 초기 저작에 함축된 아이디어 일부를 고고학에 적용하는 쪽으로 관심이 되살아나기 시작하였다. 칼 마르크스는 지극히 큰 영향을 끼친 19세기 철학자이자 정치경제학자였다. 그의 저작은 광범위한 주제들을 다루었지만 그는 역사를 사회 계급 사이의 갈등이라는 견지에서 분석한 것으로 가장 유명하다.

그래서 **마르크시즘 고고학**의 핵심 요소는 과거 사회에서의 변화를 주로 생산력과 사회 조직 사이의 모순 때문에 일어난 것으로 보는 데 있다. 이런 모순들은 (분명한 사회 계급들이 이미 발달한 사회라면) 계급 간 투쟁으로부터 출현하는 것이 그 특징이다. 이처럼 계급투쟁과 내부 갈등을 강조하는 것이 대부분의 마르크시즘 설명이 지닌 특색이다. 즉 변화는 내부 불화의 해소로써 생겨난다고 보는 세계관이다. 이는 초기 신고고학자들이 선호한 '기능주의적' 세계관과 대비될 수 있을 터인데 그들은 더 큰 효율을 향한 선택압이 작용하며 그래서 (그 결과인) 변화는 흔히 상호에게 이득이 된다고 보았다.

전통 마르크시즘에서는 한 사회의 모든 지식 및 신념 체계인 이념은 대체로 경제적 토대가 어떤 성격을 지녔는가로 결정된다고 본다. '네오마르크시스트'들은 이를 배척하는데 그들은 이념과 경제 중 후자가 주이고 전자는 종인 관계가 아니라 상호 관련이 되어 있으며 서로 영향을 주고받는다고 본다.

마르크시즘 분석들은 과정주의고고학과 공통된 많은 긍정적 특징들을 갖고 있지만 마르크시즘 분석 다수는 신고고학의 과정주의적 연구들에 대비할 때 고고학 자료를 구체적으로 다루는 데서는 다소 부족하다고 여겨진다. 그리하여 이론 고고학과 야외 고고학 사이의 간극을 언제나 효율적으로 메우지는 못하고 있으며, 그래서 마르크시즘 고고학에 대한 비판자들은 때로 꼬집어 말하기를 칼 마르크스가 1세기 전 기본 원리들을 정한 이래로 마르크시즘 고고학자들이 할 일이란 기껏해야 그것들을 한층 다듬는 것뿐이라고, 즉 그들에게 야외에서의 연구는 군더더기에 불과하다고 한다. 과정주의고고학과 마르크시즘 고고학은 이런 차이점에도 불구하고 공통점을 많이 갖고 있다.

진화론 고고학

진화론 고고학은 (찰스 다윈이 주장한) 생물체 **진화**를 일으키는 작용들이 또한 문화 변동을 추동한다는 관념을 중심으로 탐구를 한다.

일부 인류학자들은 현대인의 정신을 생물체 진화의 산물로 간주하며 이처럼 복잡한 실체는 오로지 자연선택으로써만 등장할 수 있었다고 주장한다. 그들은 특히 인간의 정신은 수렵채집민이 플라이스토세(빙하시대) 동안 선택압을 받는 가운데 진화하였으며 그래서 우리의 정신은 아직도 그런 생활양식에 적응한 상태라고 주장한다.

미국 내 진화론 고고학자들은 다윈의 진화 이론을 고고학적 기록에 적용할 것을 주창한다. 그들은 세계 곳곳의 오래 지속된 문화 전통들에서 문화 특성들이 세세로 계승되는 현상을 당연히 지목할 수 있다. 또 그들은 다윈의 진화론적 관점에서 인간 문화가 어떻게 전승되는지 유효하게 이해할 수 있음을 밝혀내었다고 주장할 수도 있다. 그렇지만 아직 덜 분명한 부분이 있으니 문화 진화를 그런 관점에서 분석하는 작업들이 과연 고고학자들이 이미 이용하는 지견들과 얼마나 다른 참신한 지견들을 제공하는지의 여부이다. 진화론 고고학은 문화 변동을 지금껏 제시된 설명들보다 한층 일관되고 설득력 있게 설명해 줄 사례 연구를 아직까지 내놓지 못하였다. 그 점이 바로 진화론 고고학이 지금 당면한 과제이다.

3. 설명의 형태: 일반적인가, 특정적인가?

고고학에서 벌어지고 있는 이런 논란들을 이해하는 데는 '설명'이라는 것이 정확하게 무슨 의미를 갖고 있는지 따져 묻는 것이 유용하다. 우리가 설명하고자 하는 문제의 종류에 따라 다른 종류의 설명이 필요할 수 있다.

설명의 형태에는 완전히 상반되는 두 가지가 있다. 첫 번째 접근법은 특정 지향의 것, 즉 어떤 사건을 둘러싼 세부 사항들을 점점 더 많이 알고자 하는 방식이다. 이는 우리가 설명하고자 하는 사건에 이르기까지의 상황을 충분히 판정할 수 있으면 사건 자체가 우리에게 훨씬 명확하게 밝혀질 것이라고 전제한다. 이런 설명은 그간 이따금 '역사적' 설명이라고 불렸다.

몇몇 역사적 설명들은 문제되는 역사 속 인간 집단의 관념 세계를 엿볼 수 있는 지견이라면 어떤 것이든 대단히 중시하는데, 그 때문에 때때로 '관념론적' 설명이라 이름 붙여지기도 한다. 과거의 어떤 인간 행위가 왜 일어났는지 알고자 한다면 그 결정자의 마음속으로 들어가 그것을 둘러싼 세목들을 되도록 많이, 또 그의 삶에 관해서도 가능한 한 많이 알아내는 일이 필요하다.

두 번째 형태의 설명으로는 신고고학의 설명을 들 수 있는데 이는 일반화에 훨씬 큰 비중을 둔다. 초기의 신고고학자들은 '규칙성', 자료 속의 정형성을 추구하였으며 (당대의) 과학철학에서 도움을 구하였다. 그런데 운이 나빴다고나 할까 모든 설명이 자연법칙에 비추어 구성되어야 한다고 주장한 미국 철학자 칼 헴펠에게 의지하였다. 법칙적 명제란 보편적 명제로서, 어떤 상황에서 (다른 조건이 동일하다면) X면 언제나 Y라는 것, 혹은 Y는 X와 더불어 어떤 확정된 관계에 따라 변화함을 의미한다. 헴펠에 의하면 우리가 설명하고자 하는 사건들은 두 가지 사항—하나는 사건에 이르기까지의 상세한 상황들, 다른 하나는 연역 추론으로 실제 일어날 것을 예측하도록 해 줄 '법칙'—을 결합함으로써 설명할 수 있다는 것이다.

신고고학자들 중 몇 명은 고고학 연구를 보편 법칙의 형태로 기술하고자 시도하였다. 하지만 대부분의 고고학자들은 인간 행위에 관한 보편적 법칙이란 아주 지엽적이거나 사실에 어긋나는 내용이 아니고서는 만들어내기가 지극히 어렵다고 보았다. 그래서 켄트 플래너리 같은 일부 고고학자들은 고고학에 헴펠 식의 접근법을 적용하면 거의 일고의 가치도 없는 '미키 마우스 법칙'만이 생겨난다고 보았다. 플래너리가 즐겨 비꼰 예는 "한 유적의 인구가 증가하면 저장 구덩이의 수는 늘어날 것이다."는 명제였다.

그렇지만 어떤 주장이 근거로 삼는 전제들을 되도록 특정화하고 명시한다는 과학의 규약을 신고고학이 실제로 따른 것은 그 긍정적 공헌 중 한 가지라 하겠다. 가설을 세우고 만약 그것이 참일 때 그로부터 **연역**적으로 무엇이 도출될지를 설정하고 나서 그 가설을 새 자료에 대해 검정함으로써 그 도출 사항들이 고고학적 기록에서 실제로 발견되는지 조사하는 절차는 아주 이치에 닿는 방법이다. 과정주의고고학자들은 바로 이처럼 우리의 믿음과 전제들을 실제 자료에 대해 기꺼이 검정하겠다는 적극성이야말로 과학적 접근법을 통제되지 않는 단순한 억측으로부터 구분 짓는다고 주장하였다.

4. 설명: 한 가지 원인인가, 몇 가지 원인인가?

고고학에서 정말로 큰 질문에 손을 대기 시작하면 바로 그 순간부터 설명은 아주 복잡한 문제가 되어버린다. 왜냐하면 큰 질문 중 다수가 하나의 사건이 아니라 한 부류의 사건들에 관련되기 때문이다.

예를 들어 가장 큰 질문 중 하나는 도시화의 개시와 **국가**사회의 출현 문제이다. 그 과정은 분명히 세계 여러 곳에서 독립적으로 일어났다. 그래서 어떤 의미에서는 각 사례가 의심의 여지없이 유례가 없다. 하지만 각각은 또한 한층 보편적인 현상 또는 과정의 특정한 예이기도 하다. 이는 마치 생물학자가 (다윈이 그랬던 것처럼) 여러 생물종 각각의 독특함이나 한 종 안의 각 개체가 지닌 독특함을 부정하지 않으면서도 여러 종이 출현한 과정을 논의할 수 있는 것과 마찬가지라 하겠다.

이제 우리가 도시화 및 국가의 기원을 한 예로 초점을 맞추어 보면 이 분야에서야말로 그동안 여러 가지 설명들이 제시되었음을 알게 될 것이다. 크게 말해 대체로 한 가지 요인에 집중하는 설명(**단인 설명**)들과 다수의 요인들을 고려하는 설명(**다변수 설명**)들로 구분할 수 있다.

단인 설명들: 국가의 기원

여러 가지 단인 설명들을 차례로 살펴보면 그 중 일부는 나름대로 아주 그럴 듯하다고 느끼리라 싶다. 하지만 어떤 설명은 특정 지역에 대해서만 다른 설명보다 훨씬 설득력이 있으니, 예컨대 메소포타미아나 이집트의 국가 출현에 대해서는 들어맞지만 멕시코나 인더스 강 유역의 국가 출현에 대해서는 반드시 그렇지가 못한 것이다. 다음 예들 각각은 오늘날 보기에 불완전하다. 그럼에도 각각은 아직도 타당한 요소를 갖고 있다.

수리(水利) 가설　　　역사학자 칼 비트포겔은 1950년대의 저술에서 대문명들의 기원을 대하충적 평야의 대규모 관개에 관련지어 설명하였다. 그는 오로지 대규모 관개만이 초기 문명들에서 토지 비옥화와 수확 증대를 일으켜 상당한 인구 밀집을 낳고 또 그래서 도시화가 일어날 수 있는 여건을 마련하였다고 주장하였다. 그런데 관개는 이와 동시에 능률적인 경영 집단—관개 수로를 파고 유지하는 등에 필요한 인력을 통제하고 조직할 권능을 가진 일단의 사람들—을 필요로 하였다. 그래서 '수리 조직'은 관개에 반드시 동반되어야 했고, 비트포겔은 그로부터 지도권이 분화되고 생산성과 부가 더욱 증대된 체계가 출현하는 등등이 이루어졌다고 결론지었던 것이다.

비트포겔은 관개 농경에 토대를 둔 그 문명들의 특징적 통치 체계를 '동양적 전제주의' 체제로 범주화하였다. 이러한 사고방식이 적용된 문명들은 다음과 같다.

- 메소포타미아: 서기전 3000년경 이후의 수메르 문명과 그 계승 문명들
- 고대 이집트: 서기전 3000년경 이후의 나일 강 유역 문명
- 인도/파키스탄: 서기전 2500년경 이후의 인더스 강 유역 문명
- 중국: 서기전 1500년경의 상 문명과 그 계승 문명들

내부 갈등　　　1960년대 말에 러시아 역사학자 이고르 디아코노프는 국가 기원에 대해 좀 다

른 설명을 개진하였다. 그의 모델에서 국가는 계급 갈등에 대해 질서를 부여하는 조직이며, 계급 갈등은 증가된 부로부터 생겨난다고 본다. 여기서는 사회 내부의 불화가 주요 작인으로서 여타 결과들을 낳는 것으로 본다.

전쟁   인접한 집단들 사이의 전쟁을 변동의 작인으로 보는 연구들이 점점 늘어나고 있다. 주기적으로 갈등이 일어났더라도 어떤 경우에는 별다른 장기적 영향을 미치지 못하였지만 어떤 경우에는 그 결과가 정복과 한층 크고 포괄적인 국가사회의 형성을 낳았다. 최근에 켄트 플래너리는 국가사회 형성 초기 단계에서 개개 군사 지도자들의 역할이 컸음을 역사 문헌이 입증한다고 강조한 바 있다(개인이라는 '작주'(agency)의 예에 대해서는 아래 참조).

인구 증가   많은 고고학자들이 아주 선호하는 한 가지 설명은 인구 증가의 문제에 초점을 맞추는 것이다. 18세기 영국 학자 토머스 맬서스는 인구는 식량 공급이 허용하는 한도까지 성장하는 경향이 있다고 주장하였다. 인구가 그 한도 혹은 '부양력'에 도달하면 더 이상의 증가는 식량 부족을 일으키고 이는 다시 사망률 증가와 출생률 감소를 낳으며(어떤 경우는 무력 충돌을 빚는다), 그런 까닭에 식량 공급은 인구에 확실한 한도를 정해 준다는 것이다.

> **인구 증가 → 식량 부족 → 사망률 증가 및 출생률 감소**

에스터 보스럽은 큰 영향을 끼친 그녀의 책『농업 성장의 조건』(1965)에서 맬서스의 견해를 효과적으로 뒤집어 놓았다. 맬서스는 식량 공급을 원천적으로 한정된 것이라 보았다. 반면 그녀는 인구가 증가하면 농업이 집약화하게 마련이라고, 즉 농민들이 같은 면적의 토지에서 더 많은 식량을 생산하게 마련이라고 주장하였다. 바꾸어 말하면 농민들이 휴경 기간을 단축한다든지 쟁기나 관개를 도입함으로써 생산성을 증대시킬 수 있다는 것이다. 그러면 인구는 계속 증가되어 새로운 수준들로 유지될 수 있다.

> **인구 증가 → 새로운 농경 기법의 도입 → 농업 생산의 증가**

그리하여 인구 증가는 농업 집약화를 낳고 또 물품 생산 전문화의 발생을 비롯한 관리 효율성 제고 및 규모의 경제에 대한 필요성을 낳는다. 사람들은 그럴 수밖에 없기 때문에 더 열심히 일하고 사회는 더 생산적이 된다. 인구 집단의 단위가 커지며 그 결과로 취락 유형에 변화가 일어난다. 또 수가 증가함에 따라 어떤 의사 결정 기구든 위계 구조를 이룰 필요가 생겨난다. 이어서 중앙 집중화가 일어나고 그 필연적 결과는 중앙집권 국가의 탄생이다.

환경의 포위　　　로버트 카네이로는 위에서 이미 지적한 변수들 중 일부를 쓰기는 했어도 그와는 다른 접근법을 제시한다. 그는 페루의 옛 국가사회 형성을 예로 삼아 환경이 지운 제약('포위')과 전쟁의 역할을 강조한 설명을 개진하였다. 이 모델에서는 인구 증가가 다시금 중요 구성 요소이지만 그것을 다른 식으로 짜 맞추었으며 전시의 강력한 지도체제 발생을 핵심 요인 중 하나로 삼는다.

대외 교역　　　그간 국가 형성을 설명하고자 한 몇몇 고고학자들은 연구 대상 지역과 그 바깥 공동체들 사이의 교역 관계가 중요하였음을 강조하였다. 그 중 가장 정치한 설명은 미국 고고학자 윌리엄 라트제가 마야 저지대의 국가사회 출현에 대해 제시한 모델이다. 그는 기본 원자재가 부족한 저지대에서는 그런 자재를 정기적으로 확실하게 공급받게 해 줄 한층 통합적이며 고도로 조직화된 공동체가 발생하도록 유도하는 선택압이 생기게 마련이라고 주장하였다. 그는 이 가설을 써서 멕시코 일원 저지대 우림 지역에서 고전기 마야 문명이 등장한 과정을 설명하고자 하였다.

다변수 설명들: 고전기 마야의 몰락

앞의 국가 기원 설명들은 모두 몇 가지 요소들을 포함하기는 해도 설명에서 하나의 주된 변수, 주된 요소를 우선적으로 강조한다. 하지만 현실에서는 너무도 많은 요인들이 작용하고 있는 터라 이 단인 설명들은 다소 지나치게 단순화한 측면이 있다. 그래서 어떻든 몇 개 요인을 동시에 다룰 수 있어야 한다. 그런 설명은 이런 까닭에 다변수적(multivariate)이라 명명된다. 물론 위에서 요약한 설명 중 그 어느 것도 진짜로 단인론일 만치 고지식하지는 않다. 각기 몇 개의 요인들을 수반하고 있다. 그러나 그 요인들이 체계적으로 통합되지는 않는다. 그래서 몇 명의 학자들은 그간 동시에 변화하는 많은 변수들을 함께 다루는 방안을 강구하였다.

　　다변수 설명의 한 예로는 서기 9세기에 일어난 고전기 마야 사회의 몰락에 대해 개진된 설명을 들 수 있다(뒤쪽의 테 글 참조).

5. 탈과정주의 혹은 해석고고학적 설명

우리가 여기서 기능-과정주의고고학이라 명명한 초기 신고고학은 1970년대 중반 이래 몇 방면으로부터 비판을 받았다. 예컨대 브루스 트리거는 『시간과 전통』(1978)이라는 책에서 일찍부터 비판을 하였는데 그는 설명적 법칙을 정립하고자 하는 그 접근법이 연구자를 너무 옭죈다고 보았다. 그는 대신에 전통 역사학자의 대체로 서술적인 접근법을 선호하였다. 켄트 플래너리도 비판을 가하였는데, 그는 소위 법칙이라고 제시된 것들 중 일부가 평범하기 짝이 없다고 냉소하고 옛 사회의 이념적, 상징적 측면에 더 많은 주의를 기울여야 한다고 보았다. 이안 호더도 그와 비슷하게 고고학과 가장 유대가 깊은 분야는 역사학이라고 생각하고 역사 속 개인의 역할이 좀더 충분하게 인식되었으면 하였다.

또 호더는 우리가 만들어내는 **인공물**과 물질세계가 우리의 사회적 실재를 단순히 반영하기만 하는 것이 아니라 그 실재가 또한 물질 기록 속에 구체화됨을 역설하면서 "물질문화의 적극적 역할"이라는 것을 강조하였는데 이는 아주 타당하다고 하겠다. 물질문화와 실물들은 사회를 단순히 반영하기는커녕 사회를 움직이도록 만드는 데서 큰 몫을 차지한다. 예컨대 부(富)는 현대 사회에서 많은 사람들을 일하게 만드는 자극제인 것이다. 호더는 그에서 더 나아가 물질문화는 "의미심장하게 구성된" 것이라고, 바꾸어 말하면 우리가 간과해서는 안 될 생각과 행위를 하였던 옛 개인들이 펼친 의도적 활동의 결과라고 단언한다.

영국과 미국의 일부 고고학자는 이런 주제들에 대한 논의를 토대로 그들이 보기에 과정주의 고고학(과 전통 마르크시즘 고고학의 정말 많은 부분)의 한계로 생각되는 것 중 일부를 극복하려고 하였으며 그 결과로 1990년대의 탈과정주의고고학이 생겨났다. 이제 그런 논쟁들은 대체로 일단락되었으나 그 뒤로 남은 일련의 흥미로운 접근법들이 계속 이어진 과정주의 전통 혹은 **인지 –과정주의** 전통과 더불어 21세기 초 해석고고학들을 모양 지을 것이다.

구조주의 접근법

몇몇 고고학자들은 그간 프랑스 인류학자 클로드 레비스트로스의 구조주의 이념과 미국 노암 촘스키가 언어학에서 이룬 진전에 영향을 받았다. 구조주의 고고학자들은 신념과 상징 개념들이 인간 행위를 선도한다는 점을 강조하며 올바른 연구 대상은 인공물을 만들고 고고학적 기록을 창출한 인간이라는 행위자들의 마음속에 있는 사고 구조들—이념—이라고 역설하였다. 이 고고학자들은 인간의 사고에는 여러 문화에서 되풀이하여 나타나는 정형성들이 있는데, 그 중 다수는 예컨대 조리한 것/날것, 왼쪽/오른쪽, 더러운/깨끗한, 남/여 등 대극을 이루는 것에서 볼 수 있다고 주장한다. 나아가 그들은 삶의 한 영역에서 보이는 사고의 범주들은 다른 영역에서도 보일 것이기 때문에 예컨대 옛 사람들이 사회적 제 관계라는 부문에서 분계에 몰두하였다면 그 '분계성'은 토기 장식과 같은 전혀 다른 분야에서도 탐지될 가능성이 크다고 주장한다.

비판 이론

비판 이론은 1970년대에 두각을 나타낸 이른바 '프랑크푸르트학파'라는 독일 사회 사상가들이 개진한 접근법에 붙여진 이름이다. 이는 '객관적' 지식을 추구한다는 어떠한 주장도 환상일 뿐이라고 역설한다. 이 학자들은 해석학적 접근법을 취함으로써 한층 계발된 관점을 추구하는데, 이는 기존 사고 체계가 가진 한계를 깨고 나갈 것이라 한다. 그들은 (고고학자를 포함하여) 사회 관련

고전기 마야의 몰락에 대한 다변수 접근법

서구 학자들이 고대 국가 및 도시들의 인상적인 잔적들을 처음 발견하고 연구를 시작한 이래로 줄곧, 오래전 사라진 문명의 몰락은 논쟁과 탐구의 초점이었다. 스티븐스와 케이터우드는 1830년대에 중미 지역에서 그때까지 알려지지 않았던 문명인 마야 문명을 발견하였다.

이 고전기 마야 문명은 서기 9세기에 몰락하였는데 그 이유를 설명하고자 하는 다수의 이론들이 지난 30년 동안 제시되었다. 그 중 대부분은 대체로 문명을 하나의 체계로 보는 개념에 입각하였으며 그래서 그 몰락은 이 체계를 구성한 여러 부분들 사이의 평형이 깨어진 결과로 보고자 하였다.

몰락의 증거

마야 저지대에서 일어난 위기에 관한 첫 번째 증거는 기념물 기록으로부터 나왔다. 이 부문의 연구로써 각 유적에서 기념물 건축 활동이 중지되는 때를 어느 정도 정확하게 연대측정할 수 있었고 그런 사실은 곧 그곳을 지배한 왕조의 몰락을 나타낸다고 가정하였다. 저지대 남부에서의 그런 쇠퇴 현상은 서기 800년 직후부터 일어나기 시작하였는데, 다만 몇몇 중심지들은 한동안 좀더 버텼으나 909년 이후로 기념물들을 세운 중심지는 하나도 없었다. 그에 이어 발굴을 해보았더니 대규모 건물 축조 및 유지 활동에서 기록에 상응하는 중단 현상이 입증되었다. 제대로 모습을 갖춘 무덤의 수가 줄어들었고 부장품도 양이 점점 적어지고 질도 낮아졌다. 인구에 대한 연구 또한 인구가 극적으로 감소함과 때를 같이 하여 정치적 와해 현상이 일어났음을 일관되게 보여주었다. 이런 쇠퇴 현상은 한때 수백만 명이 살았던 남부 저지대에서 서기 10세기에 이르러 그 중 겨우 일부만이 남을 때까지 계속되었다. 그에

이은 후고전기 동안에는 무단 거주자들이 이전 엘리트의 본향을 차지하고서 그 거대한 의례 광장들에다 기둥 위에 이엉을 얹은 집들을 짓고 살았다. 북부에서는 한동안 문명 부흥이 일어나 특히 뿌욱 지방과 우슈말 같은 도시들에서 인구가 늘어나고 대대적인 건축 활동이 벌어졌다. 그렇지만 이는 단명하였고 10세기 중반이 되면 치첸 잇싸만이 엘리트 전통을 어떤 규모로든 이어갔고 그 모습도 중부 멕시코 지방과의 접촉으로 아주 크게 바뀌었다.

몰락 요인들

이런 것들이 몰락의 결과였다면 그 뒤에 있는 요인들은 무엇이었을까? 학자들은 결정적인 증거라고는 아무것도 없는 상태였던 1970년대에 다양한 이론적 모델들을 고안하였으며 어떤 경우에는 그 이론을 검정하기 위해 컴퓨터 모의실험 절차를 구축하기도 하였다. 초기의 설명들은 전염병, 가뭄, 농민 반란, 외부 침입 등 어떤 것이든 한 가지 요인을 강조한 반면 나중에는 다수 요인들이 각기 일정한 몫을 한 탓에 일어난 체계의 기능 부전을 몰락으로 보아야 한다는 인식이

서기 740~750년에 지어진 과테말라 띠깔의 제1신전. 띠깔은 위압적인 의례 건물 단지가 축조된 마야의 대 중심지 중 하나이다. 그렇지만 서기 950년 이후로 이 유적에는 거의 완전하게 사람이 살지 않은 듯하다. 높은 과밀 인구와 과잉 경작이 환경에다 재앙에 가까운 영향을 끼쳐 그렇게 되었을 가능성이 크다.

점차 늘어났다. 또 몰락 직전 인구가 최대에 달하고 문화가 한껏 꽃핀 아주 뚜렷한 징후들이 있기 때문에 한 가지 작용이 다른 작용을 낳고 그것은 또 다른 작용을 낳는 식의 과정이 연쇄적으로 일어났다는 사실을 널리 받아들이게 되었다.

몰락 이유에 대한 견해는 체계의 기능 부전을 모델화하는 측과 사회적 갈등이라는 요인에 한층 비중을 두는 측으로 크게 양분되었다. 전자에서는 이 사회가 인구 증가 때문에 어쩔 수 없이 한층 집약적인 형태의 농경을 실시하였다고 보았다. 그로써 단기적으로는 수확이 증대되고 인구 또한 단계적으로 증가하였으나 그런 방법은 토양을 과잉 개발하는 것이라서 지속될 수가 없었다. 그 결과 수요가 극대화된 바로 그 시점에 생산이 급감하였다. 그런 압박 아래 놓인 생업경제 체계라면 최소한의 작물 질병이나 가뭄이 덮치더라도 특히 취약하였을 것이다.

사회적 측면을 보면, (영양을 잘 섭취하지 못한 농민보다 자식을 더 잘 낳았을) 엘리트 계급의 수가 1%만 늘어나더라도 사회적 불균형이 생기고 하위 계급에 대한 요구는 끝없이 커졌을 것이다. 엘리트 집단 사이의 경쟁은 더 크고 더 웅대한 건축 사업을 벌이는 쪽으로 표현되었을 터이고 생산 활동은 기본을 이루는 농사로부터 점점 더 벗어나 그런 활동으로 집중되었다. 이는 결국 사회적 분쟁과 분열을 낳았다.

교역이 미친 영향에 대한 연구 작업도 이루어졌는데, 남부 저지대로부터 강을 거치다가 멀리 바다로 나아가는 운송로를 취하는 식으로 기술 전환이 일어났다는 관점에서 보든지 아니면 마야인과 그보다 조직을 잘 갖춘 멕시코 교역자들 사이에 벌어진 경쟁의 관점에서 문제를 보았다. 하지만 이런 부류의 복원 작업은 어떤 경우라도 곤란을 겪게

마련인데, 마야의 경제에 대한 우리의 이해가 아주 낮은 수준이기 때문이다.

모의실험 연구

고전기 마야의 몰락에 대한 가장 흥미로운 모의실험 연구 중 하나는 존 로위가 제시한 것이다(아래 도표 참조). 그의 작업은 여러 마야 중심지들에서 최후로 벌어진 기념물 건축 활동의 연대들로 판정되는 몰락의 편년적 정형성에 토대를 두었다. 로위는 이로부터 몰락이 주변 지역들에서 시작되어 중심부를 향해 진행된 과정을 복원하는데, 이에 따르면 동북쪽에 있는 유적들이 그런 작용을 가장 늦게 감지한 곳들이다. 로위는 이런 정형성을 유적 밀도 및 위계에 관련지음으로써 다름 아닌 인구압에 더하여 머리가 지나치게 비대해진 엘리트 지배구조가 엎친 데 덮친

격으로 몰락을 재촉하였다는 결론을 이끌어 내었다.

기본 메커니즘은 한층 집약적인 농경을 유발한 토지에 대한 압박이었고 이 때문에 통치 엘리트들은 식량 분배 및 인력 배분을 더욱 강하게 통제하였다. 그 체계에 대한 부담을 더욱 가중시킨 것은 엘리트 집단 내부의 경쟁과 집단 사이의 경쟁 때문에 의례기념물 축조에 점점 더 많은 노동력을 투입한 일이었다.

이 모델은 이전의 연구 작업들에 힘입은 바가 크다. 그렇지만 체계 이론의 틀 안에서 고전기 마야의 몰락을 세부적으로 설명하려고 한 지금까지의 시도 중에서는 가장 완비된 것이다.

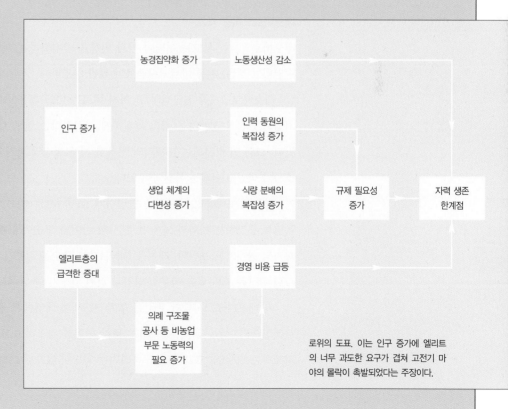

로위의 도표. 이는 인구 증가에 엘리트의 너무 과도한 요구가 겹쳐 고전기 마야의 몰락이 촉발되었다는 주장이다.

문제를 과학적으로 다룬다고 주장하는 연구자들이 기실은 현대 사회에서 지배력을 행사하는 '통제 이념'을 암묵적으로 지지하고 있다고 본다.

이처럼 공공연한 정치적 비판은 고고학에서 중대한 함의를 가진다. 이 유파의 철학자들은 객관적 사실 따위는 없다는 점을 강조하기 때문이다. 사실이란 오로지 세계관에 그리고 이론에 결부되어 의미를 가질 뿐이라는 것이다. 이 학파의 추종자들은 과정주의고고학자들이 쓴 검정 기준을 비판하는데, 그들은 그런 절차가 다른 과학의 '실증주의적' 접근법들을 고고학과 역사학에 단지 수입한 데 지나지 않는다고 본다. 그들은 지금까지 고고학을 지탱한 사유 절차들 대부분에 이의를 제기한다.

과정주의자들은 이런 생각에 대해, 만약 비판 이론가들을 따르게 되면 어떤 한 사람의 과거관은 다른 사람 각각의 과거관과 조금도 다를 바 없이 유효하기에(이른바 '상대주의') 그 중에서 체계적으로 선택을 할 수 있는 가망성이란 전혀 없다는 지적으로 대응한다. 사실 그렇게 되면 제10장에서 논의하는 '일탈적' 고고학이나 '대안적' 고고학으로 자칫 흘러버릴 길이 열린다. 그런 데서는 설명이란 게 비행접시나 외계 세력 또는 인간의 마음이 지어낼 수 있는 온갖 종류의 환영들에 관련지어 제시될 수가 있다. 비판 이론가들이 이런 비판에 어떻게 답변할지 전적으로 분명하지는 않다.

네오마르크시즘 사고

네오마르크시즘 사고는 이념이 사회 변동을 구체화하는 데서 지닌 중요성을 (이념이 경제에 종속된다고 보는) 전통 마르크시즘보다 훨씬 강조한다.

네오마르크시즘 접근법의 한 가지 예로는 마크 레온이 미국 메릴랜드 주 아나폴리스에서 그 지역의 역사적 정체성을 좀더 확실하게 정립하려는 연구 사업의 일환으로 실시한 작업을 들 수 있다. 그의 연구 사례는 18세기의 부유한 지주 윌리엄 파카의 정원으로, 이는 그간 고고학적으로 조사가 되었고 이제는 복원되어 있다.

레온은 아나폴리스 정원을 면밀하게 조사함으로써 그곳에 개인의 자유를 증진시키기 위한 독립을 주장하는 사회와 노예 소유 사회 사이의 모순이 표현되어 있음을 강조하는데, 그 모순은 파카의 삶에서도 보인다. 레온은 "파카는 이 모순을 감추기 위해 온 힘을 법과 자연에다 쏟았다. 그런 위장은 그의 법률 사무소 영업과 정원 가꾸기 둘 다에서 이루어졌다."고 쓰고 있다.

이 네오마르크시즘의 관점은 일부 제3세계 국가에서 출현 중인 지역 고고학들에서 공명을 불러일으키고 있는데, 그곳에서는 토착 주민을 강조하고 또 식민 시대 이전에 성취한 위업들을 강조하는 역사(및 고고학)를 구축하려는 열망이 있으니 그럴 만도 하다 하겠다.

6. 인지고고학

1980년대와 1990년대 동안에 1970년대 기능-과정주의고고학의 한계 중 일부를 뛰어넘는 새로운 관점 한 가지가 등장하였다. 인지고고학(또는 인지-과정주의고고학)이라고 불리는 이 새로운 종합 지향 관점은 탈과정주의고고학이 이룩한 진전 사항 중 적합한 부분은 어떤 것이든 기꺼이 배우면서도 과정주의고고학의 주류 속에 잔류하고 있다. 이는 여전히 단순하게 기술하기보다는 설명하기를 원한다. 또 일반화가 고고학 이론 구조 안에서 지닌 역할을 여전히 강조하며, 가설을 만들어내는 일뿐만 아니라 그것을 자료에 대해 검정하는 작업의 중요성을 역설한다. 이는 '비판 이론'의 종착점인 듯 보이는 전면적 상대주의를 배격하며, 옛 사회 속의 '의미'에 대해 자신들만이 통찰력을 가졌다거나 '의미의 보편적 원리'를 표방하는 구조주의(및 여타) 고고학자들을 미심쩍어 한다.

인지-과정주의고고학은 선임 기능-과정주의고고학과는 다음 몇 가지 점에서 다르다.

1. 초기 사회들의 인지적, 상징적 측면에 대한 정보를 그 계통적 논술 속에 적극적으로 짜 넣으려고 노력한다(아래 참조).

2. 이념은 사회 안에서 유력한 힘이며, 그래서 네오마르크시즘 고고학자들이 주장한 바와 같이 많은 설명에서 이념에 어떤 역할을 마땅히 부여해야 함을 인식하고 또 이념이 개인들의 마음에 영향을 끼치는 점도 인식한다.

3. 물질문화를 우리가 사는 세계를 조성하는 유력한 한 요인으로 간주한다. 개인과 사회들은 각기 고유한 사회적 실체를 구축하며, 이안 호더와 그 동료들이 효과적으로 논의하였듯이 물질문화는 그 구조 속에서 불가결한 자리를 차지한다.

4. 사회 안의 내적 갈등이 지닌 역할은 마르크시즘 고고학자들이 언제나 강조하였듯이 한층 충분하게 고려해야 할 사항이다.

5. 역사적 설명이란 전적으로 인간 개인에만 관련된 것이라는 다소 시야가 좁은 견해는 수정되어야 한다.

6. 직관에만 의존하지도 않고 또 극단 주관주의에 빠지지 않으면서도 개인의 창의적 역할을 고려할 수가 있다.

7. '사실'은 더 이상 이론에서 독립하여 객관적으로 존재한다고 볼 수 없다.

이 마지막 항은 논의가 좀더 필요하다. 과학철학자들은 오랫동안 한 명제의 진위를 평가하는 데 대조적인 두 가지 접근 방식을 이용하였다. 한 가지 접근법은 명제를 그와 관련된 사실들에 대비해 평가하는데 만약 그 명제가 참이라면 그 사실들에 대응할 것이라고 본다. 또 한 가지 접근법은 그 명제가 우리의 신념 틀 속에서 참이라 믿는 다른 명제들과 일치하는지의 여부를 판단함으로서 평가를 한다. 그런데, 과학자라면 이 두 절차 중 전자를 따를 것이라 생각할지 모르지만 실제로는 어떤 평가라도 이 둘 다에 기초하고 있다. 왜냐하면 사실이란 관찰에 토대를 두어야 하며 또 관찰 그 자체는 어떤 추론의 틀을 이용하지 않고서는 이루어질 수 없는데, 이 추론 자체가 현실 세계에 대한 이론들에 좌우되기 때문이다. 그래서 사실들이 이론을 수정하는 한편 이론 또한 사실들의 판정에 쓰인다고 생각하는 편이 한층 타당하다고 하겠다.

인지-과정주의고고학자들은 기능-과정주의 선배들과 마찬가지로 이론은 반드시 사실에 비추어 검정되어야 한다고 믿는다. 그들은 1990년대의 '비판 이론' 및 '탈과정주의'고고학의 상대주의를 배격한다. 하지만 사실과 이론 사이의 관계가 40년 전 일부 과학철학자들이 인식한 것보다는 훨씬 복잡하다는 점을 받아들인다. 현 단계의 인지-과정주의고고학은 두 가지 주된 방향으로 탐구를 하고 있다고 여겨지는데, 그 하나는 상징이 변동 과정에서 지닌 역할을 조사 연구하는 방향이고, 다른 하나는 변형의 구조를 탐구하는 방향이다.

상징과 상호작용

초기의 신고고학이 사회 구조 조사 연구를 열망하였다는 점은 이미 강조한 바 있다. 하지만 문화의 상징적 측면들을 탐구하는 일은 활발치 못하였으니 그 때문에 인지-과정주의고고학이 최근에야 전개된 것이다.

문화 인류학자 로이 라파포트는 종교 의례가 사회 안에서 지닌 역할에 대해 지난 30여 년 간에 걸쳐 새로운 방식으로 조사 연구를 한 바 있다. 그는 연구 대상인 뉴기니 농경 사회 속에 자신을 푹 빠트리고자 하는 대신 그 사회의 상징 형태들이 지닌 의미를 완전히 숙지함으로써 자신을 그로부터 멀리 떼어 놓는 전략—그 사회를 바깥에서 바라보면서 그 사회가 의례 행위로서 (그렇게 한다고 말하는 것이 아니라) 실제 무엇을 하는지를 보는 전략—을 따랐다. 이런 입장은, 언제나 연구 대상 사회의 바깥에 있기에 의미의 문제들을 그 성원들과 논의할 수 없는 고고학자에게는 안성맞춤이다. 라파포트는 의례가 사회 안에서 이용되는 방식을 연구하였으며 상징들이 원래 지닌 의미보다는 그것들의 실제 작용에다 초점을 맞추었다.

그의 작업은 신고고학 제1세대 가운데 상징의 문제에 깊은 관심을 가졌던 몇 안 되는 한 사람인 켄트 플래너리에게 영향을 주었다. 플래너리가 조이스 마르쿠스와 함께 쓴 『사포텍 문명』(1996)은 드물게도 상징과 인지에 관한 질문들이 생업활동, 경제, 사회에 관한 질문들과 한데 어우러져 통합적 사회관을 형성한 고고학적 연구 성과 중 하나이다.

종교와 현대 공산주의 같은 여타 이데올로기들이 그간 사회들의 사고방식뿐만 아니라 활동하고 행동하는 방식—후자는 의당 고고학적 기록에 그 흔적을 남길 것이다—에서도 커다란 변동을 몰고 왔다는 사실은 너무나 분명하다. 공식 상징체계와 그 속의 종교 상징체계라는 분야 전부가 이제 세계 몇 지역의 고고학 연구에서 주목을 받고 있다.

탈과정주의고고학은 사건 부류들이나 일반적 과정을 능숙하게 설명할 수 있음을 스스로 보여주지 못하였는데, 탈과정주의 사고에서는 문제되는 맥락의 특정한 조건에만 초점을 맞추었지 좀더 광범위한 일반화나 비교문화적 일반화의 타당성은 수용하지 않기 때문이다. 인지-과정주의 고고학은 그와 달리 일반화를 아주 기꺼이 시도하며 분석에서 개인을 능동적 작주의 하나로 정말 적극적으로 통합하려 한다.

주류 과정주의 전통 속에서 최근 이루어진 두 가지 연구는 현재 인지 차원에 두어지고 있는 비중을 잘 예시한다. 티모시 얼의 『수장들은 어떻게 권좌에 오르는가?』는 덴마크, 하와이, 안데스처럼 서로 멀리 떨어진 지역들을 대상으로 실시한 세 가지 사례 연구를 활용하여 경제적 권력, 군사적 권력, 그리고 권력 원천으로서의 이념을 각 장에서 차례대로 다루고 있다.

그리고 리처드 블랜튼은 그와 비슷하게 이 주제를 비교의 관점에서 다루면서 초기 국가에서의 권력 토대를 검토하였는데 '권력의 인지-상징 토대'와 스스로 '권력의 객관적 토대'라 명명한 것을 대비시켜 논하였다. 이 연구는 분석에서 인지 차원과 경제 이슈를 대등하게 충분히 통합하였다. 이런 작업들은 이전의 과정주의고고학이 지닌 한계들을 극복하고 있으며 변동이 지닌 인지 및 상징 차원에 충분한 비중을 두면서 그 기저를 조사 연구하고 있다.

7. 작주와 물질의 간여

지난 10여 년 동안 여러 가지 개념적 전통 속에서 작업 중인 고고학자들이 한편으로는 인지적, 상징적인 것과 다른 한편으로는 실제적, 생산적인 것을 조화시키려고 여러모로 노력하였다. 그들의 한 가지 목표는 개인의 단기적 의도 혹은 개인이라는 **작주**와 장기적이고 흔히 의도되지 않은 누적적 행위의 결과들을 서로 조화시키는 데 있다. 이런 접근법을 취하는 고고학자는 변동의 개략적 과정들을 한층 섬세한 특정 문화 역사의 짜임새와 결합해 그려내기를 원한다.

그간 작주의 개념을 도입한 이유는 개인이 변화를 조장하는 데서 지닌 역할을 논의할 수 있도록 하려는 데 있었지만 이 용어의 적용 범위가 언제나 명확하지는 않으며 일부 학자처럼 사람뿐만 아니라 인공물에도 부여될 수 있는 특성으로 사용할 때는 특히 그러하다. 작주에 대한 그간의 다양한 논의들은 옛 개개인의 역할을 밝혀내려는 시도였지만 한 개인의 행위들이 어떤 식으로 한층 광범위하고 장기적인 영향을 미치는지는 분명하게 판정하기가 아주 어렵다.

이와 관련하여 변화가 의식적이고 정해진 목적을 흔히 가진 인간 활동들로부터 생겨난다는 한 관념은 최근 개진된 물질 간여 혹은 물화의 개념들과 결부되어 있다. 이 개념들은 다른 개념들이 그런 것처럼 인간사를 논하는 데서 부딪히는 실제적인 것과 인지적인 것, 물질적인 것과 개념적인 것 사이의 이원성을 극복하고자 노력한다. 인간 사회들에서 일어난 대부분의 혁신과 장기적 변화는 기술적인 것들조차도 물질적 차원과 더불어 상징적 차원을 정말 지니고 있어서 철학자 존 설이 '제도적 사실'이라고 명명한 바를 포괄하는데 이 자체가 또한 사회의 생성물이기도 하다.

(보통 단 한 개 사회의) 문화 역사를 써내는 데 고고학을 이용하는 관점들과 장기적 변동을 분석하는 데 진화론적 사고를 이용하는 관점들 사이에는 여전히 긴장 관계가 있다. 두 관점 모두 분명히 일관성과 타당성을 지니고 있지만 둘은 좀처럼 하나로 조화되지 않는 듯 보인다.

변동을 설명하기 위한 이런 여러 가지 접근법들은 지향하는 바에서 공통된 열망이 약간 보이며 그것이 앞으로 흥미로운 새 결과를 낳을지도 모르겠다. 그러나 현재로서는 보편적으로 존중되는 관점은 물론이고 널리 존중되는 단 하나의 이론적 관점 또한 없는 상태이다.

요   약

- 과거에 사건들이 왜 일어났는지를 설명하기란 어려운 일이지만 이는 고고학의 핵심 과업 중 한 가지 임에 틀림없다.

- 인간 집단의 이주라는 관점에서의 설명이나 문화의 '전파'라는 다소 막연한 개념을 이용한 설명은 이전에 아주 인기가 있었던 적이 있다. 하지만 오늘날에는 그보다 덜 흔하게 보인다.

- 과정주의 접근법은 이보다 넓은 범위의 정형성들과 일반적 설명을 찾아내고자 일관되게 노력하였다. 일반적으로 다변수(몇 가지 요인) 설명은 단인(한 가지 요인) 설명보다 국가사회의 기원 같은 복합적 결과를 설명하는 데 한층 효율적이다.

- 반면 해석적 설명들은 대개 특정 맥락을 강조한다. 이 두 접근법은 인지고고학으로 수렴되고 있는데 이는 인간의 지성, 창조성, 주도성이 지닌 역할을 인정한다.

- 그렇지만 설명이라는 이 어려운 과업에 대해서는 아직 몇 가지 다른 접근법들이 존재한다. 어떤 학자들은 인간 작주라는 개념을 주창하며 또 어떤 이들은 인간과 물질세계 사이의 활발한 상호 간여 관계를 분석한다. 이는 아직 고고학 이론에서 저개발 분야이다. 그 전척을 지켜보시라!

추 천 문 헌

Demarrais, E., Gosden C. & Renfrew, C. (eds.). 2004. *Rethinking Materiality, the Engagement of Mind with the Material World*. McDonald Institute: Cambridge.

Daniel, G. & Renfrew, C. 1988. *The Idea of Prehistory*. Edinburgh University Press: Edinburgh; Columbia University Press: New York.

Earle, T. 1997. *How Chiefs Come to Power, the Political Economy in Prehistory*. Stanford University Press.

Hodder, I. 1991. *Reading the Past* (2nd ed.). Cambridge University Press: Cambridge & New York. (맥락 중시 및 탈과 정주의적 대안에 관한 서적)

Mithen, S. 1996. *The Prehistory of the Mind*. Thames & Hudson: London & New York.

Renfrew, C. 1982. Explanation Revisited, in Renfrew, C., Rowlands, M., & Seagraves, B.A. *Theory and Explanation in Archaeology*. Academic Press: New York, 5-24.

Renfrew, C. 2003. *Figuring It Out—the Parallel Visions of Artists and Archaeologists*. Thames & Hudson: London & New York.

Renfrew, C. & Zubrow, E. B. W. (eds.). 1994. *The Ancient Mind: Elements of Cognitive Archaeology*. Cambridge University Press: Cambridge & New York.

Shanks, M. & Tilley, C. 1987. *Social Theory and Archaeology*. Polity Press: Oxford; University of New Mexico Press: Albuquerque 1988.

Shennan, S. 2002. *Genes, Memes and Human History*. Thames & Hudson: London & New York.

10

누구의 과거인가?
고고학과 대중

이 책은 고고학자들이 과거를 조사·연구하는 방식들과 우리가 제기할 수 있는 질문들 및 그 답변 수단들에 관한 책이다. 그러나 이제 이보다 훨씬 광범위한 질문들을 다룰 때가 왔다. 그 질문이란 "우리는 과학적 호기심이라는 이유를 넘어서 왜 과거에 대해 알고자 하는 것인가?", "과거는 우리에게 무슨 의미를 갖는가?", "우리와는 다른 관점을 지닌 이들에게 그 과거는 무슨 의미를 갖는가?", 그리고 "대체 그것은 누구의 과거인가?" 하는 것들이다.

이러한 주제들은 우리를 공적 책임 및 사적 책임의 문제들로 이끌고 간다. 대짐바브웨나 아테네의 파르테논 신전 같은 국가 문화재는 그 건립자의 현대 후손들에게 정말 무슨 특별한 의미를 지니고 있는가? 그것은 모든 인류에게도 중요한 의미를 갖는 것은 아닌가? 만약 그렇다면 멸종위기에 빠진 동·식물 종들의 경우와 마찬가지로 파괴되지 않도록 보호해야 하지 않는가? 옛 **유적** 도굴이 개탄스러운 일이라면 그 유적들이 사유지에 있다 하더라도 그 도굴은 막아야 하는 것이 아닌가? 누가 과거를 소유하는가? 혹은 누가 소유해야 하는가?

이런 질문들은 곧바로 윤리적 질문들, 즉 옳고 그름, 적절한 행위와 비난받을 행위 등에 관계되는 질문들이 된다. **발굴**이라는 것 자체가 파괴를 수반하기 때문에 고고학자는 특별한 책임을 지고 있다. 어떤 유적에 대한 미래 연구자들의 이해 수준은 우리 자신의 이해 수준보다는 결코 크게 높을 수가 없으니, 그 이유는 우리가 증거를 파괴해 버리고서는 중요하다고 여기고 또 그 결과를 제대로 출간할 수 있는 부분들만 기록으로 남길 것이기 때문이다.

현재 이보다 훨씬 큰 규모의 파괴가 다른 부문에서 일어나고 있는데, 이는 지난 수세기 동안 입었던 그 어떤 파괴도 훨씬 능가하는 수준이다. 이제 지구 표면은 상업, 공업, 농업 목적으로 과거 어느 때보다도 철저하게 개발되고 있어서 안 그래도 망가지기 쉬운 옛 인간 활동의 자취들이 만약 이런 개발을 조금이라도 가로막는다 싶으면 가차 없이 일소되기 십상이다. 더욱이 **고고학**이 그간 우리의 과거에 대해 불러일으킨 관심 바로 그것이 새로운 파괴 세력들을 만들어내었으니, 이에는 도굴꾼 및 불법 발굴자들—그들이 약취한 발견물들은 개인 소장품이 되거나 공공박물관으로 들어간다—은 물론이거니와 관광객들도 포함된다. 이 관광객들은 수가 엄청난 탓에 자신들이 보고 즐기려는 유적들을 스스로 위협하고 있다.

과거는 관광이나 경매장에서는 커다란 사업거리이고 정치적으로는 고도의 폭발력을 지니며, 이념적으로도 강력한데다가 의미심장하다. 그리고 과거와 그것이 남긴 잔적들은 점점 더 많은 파괴를 당하고 있다. 이런 문제들에 대해 우리는 무엇을 할 수 있는가?

1. 과거의 의미: 정체성의 고고학적 연구

과거는 어떤 의미를 지니는가 하는 질문을 제기할 때 우리는 은연중에 그 과거가 '우리'에게 무슨 의미인가를 묻고 있다. 사람들에 따라 그 의미가 다름이 분명하기 때문이다. 예를 들어 오스트레일리아 원주민은 문고 호수 같은 초기 유적에서 출토된 화석 인골이나 카카두 국립공원의 바위그림들에 대해 백인 오스트레일리아인과는 아주 다른 의미를 부여할 것이다. 인간 공동체마다 과거에 대해 지닌 인식은 매우 다르며 이는 흔히 고고학의 연구 범위를 완전히 벗어나는 근거들에 입각해 있다.

이 시점에서 우리는 과거에 실제로 무슨 일이 일어났는가 하는 질문과 왜 그것이 일어났는지 설명을 구하는 질문을 넘어서 의미, 중요성, 해석의 문제들로 옮겨가고 있다. 또 그런 까닭에 바로 이 대목에서 지난 수십 년 간에 걸쳐 고고학에서 점점 분명해진 관심사들 중 다수가 전적으로 관련되게 된다. 우리가 과거를 어떻게 해석하고, (이를테면 박물관 전시에서) 어떻게 제시하며, 그로부터 무슨 교훈을 끌어내려고 하는지와 같은 문제들은 상당히 주관적인 결정이 관련된 문제들이며 이는 비판 이론의 대변자들이 주장하듯 흔히 이념적이고 정치적인 주제들을 수반한다.

그 이유는 과거가 가장 넓은 의미에서 우리의 출신지이기 때문이다. 우리 각자는 개인적으로 가계라는 과거를 갖고 있으며, 부모, 조부모, 증조부모 등등으로 거슬러 올라가는 조상들이 있다. 서구 세계에서도 이 개인적 과거에 대한 흥미가 점차 증가하고 있으며 그것은 전반적으로는 '뿌리', 구체적으로는 족보에 대한 열렬한 관심으로 나타나고 있다. 우리 개인의 정체성과 일반적으로 말해 이름은 비교적 가까운 과거 속의 우리 자신을 부분적으로 규정해 준다. 다만 자신과 동일시하고자 선택한 그런 요소들은 주로 개인적 선택의 문제이기는 하다. 또 이런 계승물은 순전히 정신적인 것만도 아니다. 전세계의 토지 소유권 대부분은 상속으로 정해진 것이며 다른 많은 재산들도 상속된다. 이런 의미에서 물질세계는 과거로부터 우리에게 전해진 것이며 때가 오면 우리도 미래로 물려줄 것임에 틀림없다.

이 인상적인 별로 장식된 금궤에는 알렉산더 대왕의 아버지인 마케도니아왕국 필립2세가 매장되었을 것으로 추정된다. 이는 아래 우표에서 보듯 마케도니아 구(舊) 유고슬라비아공화국의 국가 상징으로 채택되었다.

민족주의와 그 상징들

우리의 문화 유산은 총체적으로 볼 때 한층 오래된 과거에 뿌리를 두고 있으며 그곳은 우리 언어, 신앙, 관습이 기원한 곳이기도 하다. 이제 고고학은 민족의 정체성을 규정하는 데 점점 더 중요한 역할을 하고 있으며, 이는 아주 오래된 문헌 역사를 지니지는 못했어도 많은 이들이 보기에 그와 동등한 가치의 구비 역사를 가진 민족들에게 특히 그러하다. 최근 탄생한 많은 국가들의 표장은 무언가 특별하고 오래된 황금시대를 전형적으로 나타낸다고 여겨지는 자국의 **유물**로부터 취한 것인데, 심지어 짐바브웨라는 나라 이름은 동일한 이름을 가진 고고학 유적에서 유래되었다.

하지만 고고학과 과거로부터 되찾은 상들을 이용하여 민족 정체성을 강조하거나 고양하는 일은 때로 갈등을 유발할 수 있다. 최근의 커다란 국제 위기 중 하나는 새로 독립한 마케도니아 구(舊) 유고슬라비아공화국(정식 명칭은 마케도니아공화국)이 채택한 이름과 국가 표장에 관련되어 있다. 왜냐하면 바로 남쪽에 붙은 그리스에서 마케돈이라는 이름은 그리스 안의 현대 지역

이름일 뿐만 아니라 유명한 그리스인 지도자 알렉산더 대왕의 옛 왕국을 가리키는 것이기도 하기 때문이다. 게다가 마케도니아공화국이 국가 상징으로 별 하나를 쓴 점이 문제를 배가하였는데, 이는 현대 그리스 국토 안에 위치한 베르기나의 한 무덤─알렉산더 대왕의 아버지인 필립 왕의 무덤일 것으로 추정되는 곳─에서 출토된 화려한 물건들 가운데 하나인 금제 관 덮개를 장식한 별 모양을 근거로 하였음이 확실하기 때문이다. 영토권 주장이 때로는 논란 많은 역사를 근거로 할 수 있기에 일부 그리스인들은 마케도니아공화국이 영광스런 마케도니아 역사를 빼앗아가려고 할 뿐만 아니라 어쩌면 그리스 제2도시인 테살로니키도 그 영토로 병합하려는 것이 아닌가 생각하였다. 잇따라 일어난 폭동들은 정치적 현실보다는 불붙은 족속 감정에 더 큰 기반을 둔 것이었다.

고고학과 이념

과거의 유산은 때로 민족주의와 족속성의 감정을 넘어서까지 힘을 발휘한다. 종파적 감정은 흔히 중요한 기념 건축물들로 표출되며, 그래서 많은 그리스도교 교회는 '이교도' 신전을 고의적으로 파괴한 바로 그 자리에 건립되었다. 이런 신전을 활용한 경우는 겨우 몇 예도 되지 않는데 아테네의 파르테논 신전이 한 예이며 가장 잘 보존된 그리스 신전 중 하나는 지금 시실리 섬 시라큐즈 대성당이 되어 있다.

많은 파괴행위가 종교적 극단주의 때문에 저질러진다. 힌두쿠시 바미얀의 사암 암벽을 서기 3세기에 파내어 조성하였으리라 추정되는 두 구의 거대한 불상을 2001년 3월 아프가니스탄의 탈

거대한 바미얀 석불 2구 중 큰 쪽의 사진인데 서기 3세기에 암벽을 파내어 조각하였던 것으로 추정되나 이제는 파괴되어 없어졌다.

거대한 석불이 파괴되는 과정을 단계별로 기록한 충격적인 사진들. 이런 역사적 기념물들은 이제 정치적 분쟁과 전쟁의 표적물이 되었다.

보스니아의 모스타르 다리로 서기 16세기에 축조된 것인데 1993년 전투에서 파괴되었으나 이제는 복구되었다.

레반들이 파괴한 일은 몰지각한 파괴행위로서 전세계에 큰 충격을 주었다. 파괴의 유일한 동기라고는 이 불상들이 탈레반 신앙과 합치되지 않는 종교상들이라는 것뿐인 듯하다. 55개 이슬람 나라 대표들이 참석한 '이슬람회의'가 위원단을 파견하였음에도 불구하고 이 불상들의 파괴는 그대로 진행되었다. 각기 53미터와 36미터 높이로 전세계에서 가장 큰 입상인 두 불상은 폭약으로 거의 완전하게 파괴되었다.

이는 종교적 이념이 세계 고고학 유산의 한 부분인 중요 상징을 파괴하기에 이른 경우이다. 전쟁 중에는 종교적 감정이 아닌 민족적 혹은 족속적 감정이 때로 원인이 된다. 유고슬라비아 내전에서 일어난 일이 그런 경우인데 다만 그에는 종교적인 측면도 있다. 1566년 오스만 터키가 보스니아에 세운 모스타르 다리는 1993년 크로아티아군의 계속된 포격으로 내려앉았다. 이제 다시 지어지기는 했지만 원래 구조물을 잃어버리고 만 일은 문화유산이 순전히 족속에 관련되었다는 이유 때문에 고의로 파괴된 것으로서 유럽에서 제2차 세계대전 후 일어난 가장 비극적인 사건 중 하나였다.

2. 누가 과거를 소유하는가?

고고학자들은 수십 년 전까지만 해도 과거 유적 및 문화재의 소유권이라는 문제에 대해서는 거의 생각조차 해보지 않았다. 고고학자라 하면 대부분이 서구 산업화 사회 출신이었고 그래서 그들은 자기 사회의 경제적, 정치적 우세 덕에 자신들이 전세계의 문화재들을 취득하고 또 유적들을 발굴할 수 있는 권리를 거의 자동적으로 가진 듯 여겼던 것이다. 그러나 제2차 세계대전 이래로 이전 식민지들은 국민국가들로 성장하여 자신들의 과거를 밝혀내기를 열망하며 또 자신들의 유산에 대한 관리권을 주장하고 있다. 그리하여 어려운 질문들이 생겨나게 되었다. "식민시대에 서구 박물관들을 위해 취득한 문화재들은 그 반출지로 되돌려주어야 하는가?" 그리고 "고고학자들은 옛 집단의 현대 후손들이 종교나 그 밖의 이유로 반대할 수도 있는 그 조상 무덤 발굴을 자유롭게 할 수 있어야 하는가?"

대영박물관에 있는 '엘긴 대리석'의 부분: 서기 전 440년경 파르테논의 소벽에서 떼어낸 말 탄 기사상.

박물관과 문화재 반환

19세기 초 스코틀랜드 출신 외교관 엘긴 경은 아테네 아크로폴리스 꼭대기에 있는 서기전 5세기의 대신전 파르테논을 장식한 대리석 조각품 다수를 떼어내었다. 그는 당시 그리스를 지배한 터키 군주들의 허가를 받고 그리하였으며, 나중에 그 조각품을 대영박물관에 팔았고 그것들은 지금도 이 박물관 특별 진열실에 전시되어 있다. 그러나 오늘날 그리스인들은 그 '엘긴 대리석 조각'들이 돌아오기를 원한다. 이 이야기는 본질적으로 보건대 세계적으로 저명한 박물관들이 지금 소장 문화재를 반출국으로 되돌려주라고 압력을 받고 있는 가장 유명한 사례에 해당할 것이다.

하지만 이것 말고도 유럽 및 북미 박물관들을 향해 무수한 반환 요구가 제기되고 있다. 예를 들어 베를린박물관은 유명한 이집트 왕비 네페르티티의 흉상을 소장하고 있는데, 이는 과거에 이집트로부터 불법 반출된 것이었다. 그리스 정부는 프랑스에 밀로의 비너스를 되돌려줄 것을 공식적으로 요구한 바 있는데, 이는 루브르박물관의 걸작 유물 중 하나로 오스만 제국이 그리스를 지배한 시절에 그 통치자로부터 사들인 것이다. 그리고 터키는 최근 뉴욕 메트로폴리탄미술관으로부터 '리디아의 보물'을 포함한 보물 미술품들을 되찾는 데 성공하였으며(또 이 미술관은 이제 악명 높은 '유프로니오스 병'을 이탈리아로 반환하기로 합의하였다) 이제는 대영박물관을 비롯한 유럽 국가들에 있는 터키 조각상과 유물들을 추적할 것이다.

무덤 발굴: 유택을 어지럽혀야만 하는가?

무덤 발굴 문제도 마찬가지로 복잡할 수가 있다. 선사시대의 무덤들에 대해서는 문제가 그리 크지 않은데 그 이유는 해당 **문화**의 신념과 소망에 관한 직접적 문헌 지식이 없기 때문이다. 그렇지만 역사시대의 무덤들에 대해서는 그 종교적 신념들이 우리에게 자세하게 알려져 있다. 예를 들어, 옛 이집트인, 중국인, 그리스인, 에트루리아인, 로마인 그리고 초기 기독교인들은 모두 망자의 유택이 교란되는 것을 두려워하였다. 하지만 무덤들은 고고학 연구가 시작되기 훨씬 전부터 도굴꾼들이 벌인 활동의 희생물이었음을 알아야 한다. 서기전 12세기의 이집트 파라오들은 테베의 무덤들이 대대적으로 도굴된 사실을 조사

고고학자와 아메리카 인디언들이 플로리다에서
출토된 세미놀 인디언 유골들을 1989년 운디드
니에 재매장하고 있다.

하기 위한 위원회를 설치해야만 하였다. 투탕카멘 왕묘까지 포함해서 도굴꾼을 완전하게 피한
이집트 왕묘는 단 한 기도 없다. 로마시대의 조각된 무덤 돌들도 그와 비슷하게 후대 도시와 성
채들의 건축자재가 되었고, 고대 로마 항구인 오스티아에서는 무덤 명문석들이 심지어 공중변소
에서 앉는 자리로 쓰이다가 발견되기도 하였다.

아메리카 인디언　　　북미에서 고고학은 과거에 저지른 비행 때문에 그간 일부 인디언들이
퍼붓는 비난의 표적이 되었다. 이들은 근년 들어 강한 불만을 표시하였고 또 정치적 영향력을 행
사함으로써 때로 고고학적 발굴을 못하게 하거나 지금 박물관들에 소장된 유품들을 인디언들에
게 반환하도록 할 수 있는 법적 장치들을 마련하였다. 인골 자료를 반환하거나 재매장하는 문제
와는 완전히 별도로 때로는 새로이 발굴을 하는 데 대해 격렬한 반대가 벌어지기도 하였다. 예를
들어 추마쉬 인디언들은 과학자들이 인골들을 1년 동안 연구한 뒤 반환해서 재매장하도록 하겠
다는 제의를 하였음에도 캘리포니아에서 가장 오래되었을 것으로 여겨지는 인골들을 옮기는 것
을 허락하지 않았다. 약 9000년 정도 되었다고 생각되는 그 인골들은 로스앤젤레스에서 서쪽으
로 100km 떨어진 산타 로사 섬의 한 단애로부터 침식되는 중이었다. 캘리포니아 주의 문화재법
에서는 그 뼈들의 운명을 결정하는 권한이 후손들일 가능성이 가장 큰 사람들에게 있었고, 또 추
마쉬 인디언들은 여러 대학과 박물관들에 흩어져 있는 수백 구의 자기 조상 인골들에 관한 과거
의 처리 방식에 분노하고 있었기에 그것은 그럴 만도 했다. 그들은 많은 마오리인들과 마찬가지
로 다른 사람들이 조상의 뼈를 건드리는 것보다는 차라리 "자연의 섭리에 따라" 파괴되도록 내버
려두는 쪽이 낫다고 여겼다. 그렇지만 아메리카 인디언 공동체들이 그런 유해들을 일단 돌려받

으면 체계적으로 보관하는 시설을 마련한 경우도 있었다.

북미에서도 오스트레일리아(아래 참조)에서와 마찬가지로 하나로 통일된 고유의 전통은 없다. 아메리카 인디언들은 망자와 영혼에 대해 아주 다양한 태도들을 갖고 있다. 그동안 이 문제의 해결책은 묵종, 타협, 협동에 있다는 사실이 드러난 바 있다. 현존 주민 집단에 상당히 가까운 조상들의 인골을 고고학자들이 군소리 없이 반환한 경우는 아주 흔하다. 또 고고학적 **정황**을 알지 못하기에 학술적 가치가 미미한 많은 자료들도 그간 반환하였다.

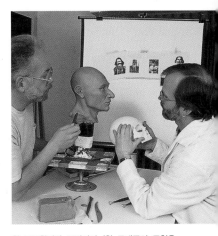

한 고고학자와 조각가가 (원 두개골의 주형을 이용해) 켄느위크인의 두상 복원 작업을 벌이고 있다.

좀더 오래되고 중요한 자료를 재매장하는 일은 쉽지 않은 문제이다. 아메리카 고고학회와 북미의 여타 인류학 관련 학회들이 오랫동안 견지한 입장은 권리를 주장하는 현대 집단에 혈연적으로 얼마나 가까운지와 학계에서 요청하는 잔존물이나 물품들이 학술적으로 어떤 가치를 지녔는지 비중을 잼으로써 고고학 자료에 대한 학술적 관심사와 전통적 관심사가 균형을 이루도록 해야 한다는 것이다. 1990년에는 고고학회의 지원 속에서 아메리카 인디언 분묘 보호 및 반환법(NAGPRA)이 통과되었다. 이는 연방정부가 재정 지원을 하는 약 5천 개소의 연구소 및 정부 기관들은 소장품 목록을 작성하고 또 소장 토착 아메리카인의 인골, 장례 물품 및 신성 물품, 문화적 세습 자산들의 '문화적 친연성'을 평가하도록 규정하고 있다. 만약 문화적 친연성이 밝혀지면 그 인골과 유물들은 친연관계를 가진 아메리카 인디언 **부족**이나 토착 하와이인 조직이 요구하는 대로 돌려주어야 한다. 다만 어려운 문제들이 남아 있으니 법상의 '문화적 친연성' 같은 핵심 용어들을 어떻게 해석하고 다양한 형태의 증거가 지닌 비중을 선사 자료의 맥락에서 어떻게 평가할 것인가이다. 이 법은 고고학적 정보와 역사적 정보에 더해 구비전승의 타당성을 명시적으로 인정하고 있다. 이 때문에 그간 어떤 부족이든 잔적이 발견된 곳과 동일한 지역에서 자기 사람들이 태어났다는 전승을 가진 경우에는 선사시대 잔존물에 대한 권리를 주장할 수 있다는 광범위한 기대감이 생겨났다. 그렇지만 이런 기대감들을 법정에서 검정한 경우를 보면 이 법은 구비전승과 과학적 증거에 대해 균형 잡힌 고려를 하도록 요구하고 있음이 드러나곤 하였다.

가장 두드러진 논란과 법적 다툼은 1996년 워싱턴 주에서 발견되고 방사성탄소측정연대로 9300년 전 것으로 나온 '켄느위크 사람'의 뼈들을 둘러싸고 일어났다. 이 유적에 대한 관할권을 가진 미 육군 공병단이 유골을 이 지역 아메리카 인디언 우마틸라 부족에게 재매장하도록 넘겨준다고 선언하였을 때 8명의 저명한 인류학자들은 그들에게 뼈를 연구할 수 있도록 허가해 달라고 청원하였다. 예비 검사 결과는 그 켄느위크 사람이 19세기 백인 이주자임을 시사하였기에 그토록 이른 연대는 흥미진진한 의문을 불러일으킨 참이었다(다만 이제는 켄느위크 사람이 코카서스 인종은 아니라는 사실이 밝혀졌다). 과학자들은 이 유골을 정식 검사해 보기를 갈망하는 반면 우마틸라 부족은 어떠한 조사도 완강하게 반대하고 있다. 그들은 자신들의 구비전승에 따를 때 자기 부족은 시간이 시작된 이래로 이 땅의 일부였으므로 여기서 수습된 모든 뼈는 당연히 자기 조상들의 것이기에 연대측정을 하거나 유전자 검사를 하느라 훼손되어서는 안 된다고 고집한다.

2002년 사법권을 가진 행정장관은 과학자들에게 그 뼈를 연구할 권한이 있음을 확인하였지만 이 결정에 대해 미국 내무성이 아메리카 인디언 네 개 부족과 연합하여 즉각 항소를 하였다. 하지만 그들의 항소는 기각되었고 그래서 그간 과학자들은 대대적인 조사를 진행하였다.

오스트레일리아 원주민   오스트레일리아에서는 지금 원주민의 해방 및 정치권 신장 분위기에 따라 인류학자들이 과거 식민시기에 원주민의 감정과 믿음을 거의 존중하지 않은 채 저지른 비행들에 관심이 집중되고 있다. 그들은 과거의 신성한 유적들을 조사하고 보고하였으며 매장 유적들을 마구 파헤치고 문화 자료 및 인골 자료들은 꺼내어 박물관에 소장하거나 전시하였다. 그들은 그럼으로써 원주민들을 암암리에 실험실 표본처럼 여긴 것이었다. 필연적으로 이 모든 자료들, 그 중에서도 특히 인골들의 운명이 대단히 큰 상징적 의미를 띠게 되었다. 유감스럽게 이곳에서도 다른 나라들처럼 문제의 인골 대부분을 취득한 비고고학자들의 비행 때문에 지금은 고고학자들이 비난을 받고 있다.

오스트레일리아 일부 지역 원주민들의 견해는 대체로 모든 인골 자료는(그리고 때로는 문화 자료들도) 자신들에게 돌려주어야 하며 그런 연후 그 운명이 결정되어야 한다는 것이다. 어떤 경우에는 그들 스스로 인류학자들이 만족스럽게 여길 조건에서 대개는 자신들 관리하에 인골들을 보관하기 원한다. 원주민들은 비판의 여지가 없는 도덕적 논거를 갖고 있기 때문에 오스트레일리아 고고학협회(AAA)는 아주 근세의 인골들이나 '특정 후손들을 추적할 수 있는 알려진 인물들'의 인골은 기꺼이 돌려주고자 하며 또 그것들이 재매장되기를 바란다. 그렇지만 그런 인골들은 다소 예외적이다. 멜버른 대학의 머레이 블랙 소장품은 수백 년 전에서 최소한 1만 4천 년 전까지의 연대를 가진 800구가 넘는 원주민 유골들로 이루어져 있다. 그것들은 1940년대에 지역 원주민들과는 아무런 상의 없이 발굴한 것이다. 그 수집품들은 전문가가 부족하였기 때문에 아직 철저히 조사된 적이 전혀 없음에도 불구하고 최근에 관련 원주민 공동체들에 반환된 바 있다. 1990년에는 코우 늪지에서 출토된 19,000년 전에서 22,000년 전의 연대를 가진 유례없는 일련의 매장 인골들이 원주민 공동체에 넘겨져 재매장되었고, 좀더 최근에는 세계에서 가장 오래된 화장 인골(26,000년 전)로 문고 호수에서 발견된 최초의 인골이 문고 지역 원주민들의 관리하로 반환되었다. 그리고 원주민 원로들은 문고 호수에서 출토된 모든 인골들(3만 년 전까지에 이름)을 재매장할 것이라고 선언하였다.

고고학자들이 수천 년 된 자료들을 향후 넘겨주어야 한다는 사실에 놀라는 것도 이해가 가지 않는 일은 아니다. 또 어떤 이들은, 오스트레일리아 원주민들이 다른 지역의 토착민들과 마찬가지로 자신들의 최근 선조 모두가 망자를 경건하게 모시지는 않았음을 잊어버리는 경향이 있다고 지적한다. 그러나 유럽인들의 행위로 원주민들이 받았던 고통을 생각할 때 우리는 분명히 그들의 주장에 공감을 갖고 귀를 기울여야 할 것이다.

3. 보존과 파괴

이제 세계 대부분의 국가들은 어떤 형태로든 보호 및 보존 정책을 취하는 것을 정부의 공적 책무라고 인식하고 있다. 이 정책은 천연 자원과 야생 동식물에도 적용될 것이지만 또한 고고학적 잔존물들에도 적용이 된다. 그래서 이제 대부분의 나라들은 옛 유적이라 하면 중요한 것뿐만 아니라 부차적인 것들에 대해서도 모종의 보호법―그 효율성이 모두 똑같지는 않다―과 정부 강령들을 갖고 있다. 그것들은 미국에서는 **'문화 자원 관리',** 그리고 다른 곳에서는 흔히 '고고학적 유산 관리'라는 이름으로 조직되어 있다.

고고학적 보존에는 어디서든 두 가지 주요 단계가 있다. 첫째는 관련 유적 및 지역들을 인지하고 제대로 기록할 수 있도록 정보를 수집하는 일이다. 둘째는 그런 유적 및 지역들을 효율적으로 보호할 수 있도록 하는 보존 조치이다. 때로 손상이나 파괴를 미리 막을 수 없는 경우에는 **구제**고고학 혹은 구조고고학이라는 정책을 취하는데, 이는 유적이 영원히 사라지기 전에 부분 발굴을 하거나 최소한 그에 대한 기록을 남기는 일이다.

파괴는 모두 사람이 일으키는 것인데, 두 가지 주요 작인이 있다. 하나는 길, 채석장, 댐, 사무용 대형 건물들의 건설이다. 이는 사람 눈에 잘 띄기 때문에 적어도 그 파괴 우려는 쉽사리 알아차릴 수 있다. 이와 다른 종류의 파괴인 농경 집약화 작업은 그보다 느리게 진행되기는 해도 범위가 훨씬 넓기 때문에 장기적으로는 한층 더 파괴적이다.

또 어떤 곳에서는 각종 개간 사업 때문에 환경의 성격이 변모되는 바람에 건조지대에 범람이 일어난다거나 하는데 이를테면 플로리다의 습지들이 배수로 개간되고 있다. 그 결과는 주목할 만한 고고학적 증거의 파괴로 나타난다. 지난 20년 동안 세계사에서 이전 그 어느 때보다도 많은 옛 잔존물들이 이렇게 해서 사라져 버렸다.

여기에다 사람에 의한 파괴의 작인으로 간과해서는 안 될 사항이 두 가지 더 있다. 첫째는 관광 사업으로 이는 경제적 측면에서 고고학에 중요한 영향을 미친다고는 하나 고고학 유적의 효율적 보존을 한층 어렵게 만들고 있다. 둘째는 새삼스러운 작인은 아니지만 그 규모가 그간 급격히 커진 것이니 바로 돈을 벌기 위해 고고학 유적들을 도굴하는 짓으로, 이는 그 과정에서 팔 만한 물건들만 찾아내고 나머지는 모두 파괴해 버린다.

농업에 의한 손괴 이전에는 경작되지 않았거나 전래의 비집약 농법으로 경작되었던 토지들이 이제는 기계농법으로 끝없이 더 많이 파헤쳐지고 있다. 트랙터와 심경용 쟁기가 굴지구와 아르드를 대체하였다. 다른 지역들에서는 이전에 개활지였던 곳을 이제 삼림 플랜테이션이 뒤덮음으로써 나무뿌리가 취락 유적과 야외 기념물들을 파괴하고 있는 중이다.

대부분의 국가들이 개발업자와 건설업자들의 활동에 대해서는 어느 정도 통제를 하고 있지

이 와르카 잔은 2003년 이라크 침공 시 바그다드의 이라크 국립박물관에서 약탈당하였다. 조각조각 난 상태지만 되돌아온 것 (오른쪽)은 다행인데 그 조각들은 아마도 예전에 접합한 것이 도로 떨어진 것으로 여겨진다.

만 농업이 고고학 유적들에 가하는 손괴는 그보다 훨씬 사정하기가 어렵다. 이에 관해서는 몇 안 되는 연구 출판물이 진지한 읽을거리가 된다. 그 중 하나는 영국에서 국가 옛 기념물 목록에 등재함으로써 국가 차원에서 보호 중인 유적들조차도 현실적으로 완전하게 안전하지는 못함을 보여준다. 덴마크와 일부 다른 국가들에서는 사정이 좀 나을 수도 있지만 여타 국가들에서는 가장 두드러진 유적들만 보호하고 있는 실정이다. 그보다 수수한 야외 기념물들과 개활지의 취락 흔적들은 그렇지 못하며, 바로 이것들이 기계농법으로 손괴를 입고 있다.

전쟁 중의 손괴   근년 일어난 가장 참혹한 난폭행위로는 무장 충돌 중에 기념물 및 고고학 자료들을 지속적으로, 때로는 고의적으로 파괴하는 행위를 꼽을 수 있다. 이미 제2차 세계대전 중에 독일이 영국의 역사적 건물들을 의도적으로 공습의 표적으로 삼은 바 있다.

2003년 이라크로 침공한 연합군이 바그다드에 있는 이라크 국립박물관을 확보하는 데 실패함으로써 초기 수메르문명의 가장 주목할 만한 발견물 중 하나인 유명한 와르써 잔을 비롯한 소장품들이 약탈당했다. 다만 이는 다른 중요 문화재들과 더불어 나중에 박물관으로 되돌아오기는 했다. 그런데 미국 고고학자들이 전쟁이 일어나기 몇 달 전 국방성 대표들을 만나 박물관과 유적들이 약탈당할 위험성을 경고하였고 또 영국 고고학자들도 그와 비슷하게 수상 집무실과 외교부에 전쟁이 일어나기 몇 달 전 위험성을 지적하였던 터라 이런 연합군의 실패는 더욱 충격적이다. 소장품 중 일부만이 약취를 당하였는데, 그것은 거리에서 들어와 전시장을 부수고 조각상의 머리를 자르며 사무실을 박살낸 약탈꾼들과 더불어 자신들이 찾고 있는 물건이 어떤 것인지를 알고 전시실 열쇠를 꺼낼 수 있는 정통한 정보를 가진 몇몇 개인들이 저지른 일이었던 듯하다. 박물관이 소장한, 세계에서 가장 훌륭한 메소포타미아 원통형 인장들을 해외 수집가들에게 팔기 위해 가져간 자들은 바로 이들일 가능성이 크다.

미국과 영국이 무력충돌 시 문화재 보호에 관한 1954년 헤이그 국제협약, 혹은 그 의정서를 아직도 비준하지 않았다는 점은 더욱더 괴이한 일이다. 영국 정부는 그렇게 할 뜻이 있음을 천명한 적이 있으나 그 협약 초안이 작성된 지 약 50년이 지난 지금에 와서 "그렇게 하려면 의정서 이행에 관련된 법적, 조직적 문제와 정책 과제들에 대해 광범위한 협의가 필요하다"는 주장을 하고 있다.

도굴 및 문화재 밀거래 시장이 끼치는 손괴 　　가장 한심한 부류의 손괴는 오로지 고가로 팔 수 있는 물건들을 찾는 데만 혈안이 되어, 발견물이 원래 정황으로부터 유리됨으로써 일어나는 정보의 일실은 전혀 개의치 않는, 도굴꾼들이 고의적으로 끼치는 손괴이다. 이 도굴꾼들 중 다수는 심지어 법으로 보호되는 유적들에도 금속 탐지기를 들이대고 있다.

그런 '클란데스티노' 중 하나인 루이기 페르띠까라리는 이탈리아 타르끼니아의 도굴꾼으로 1986년 회고록을 출간하였는데 자신의 직업(?)에 대해서는 아무런 사죄도 하지 않았다. 그는 에트루리아 고분들에 관해 어떤 고고학자보다도 많은 직접 지식을 갖고 있지만 그 행적 때문에 누구와도 그 지식을 공유할 기회를 박탈당하였다. 그는 지난 30년 동안 서기전 8세기에서 서기전 3세기에 이르는 고분 약 4000기를 털었다고 주장하고 있다. 바로 이런 까닭에 전세계의 박물관과 개인 수집가들이 보유한 에트루리아 문화재는 점점 늘어나는 반면 에트루리아인들의 매장 풍습과 사회 조직에 대한 우리의 지식은 전혀 그렇지가 못한 것이다.

이런 현실은 서기전 2500년경으로 연대추정되는 그리스 키클라데스제도의 탁월한 대리석 조각품들에 대해서도 마찬가지이다. 우리는 전세계 박물관들에 전시된 이런 작품들의 숨 막힐 듯한 우아함에 찬탄을 금치 못하지만 그것들이 어떻게 제작되었는지 혹은 그것들을 만든 키클라데스 공동체들의 사회생활 및 종교생활이 어떠하였는지에 대해서는 거의 알지 못한다. 다시금 그 이유는 정황들이 멸실되어 버린 때문이다.

미국 남서부에서는 이제 서기 1000년경 고전기 밈브레스 유적들 중 90%가 도굴되었거나 파괴되었다(뒤쪽 테 글 참조). 또 콜로라도 주 남서부에서는 그간 선사시대 아나사지 유적 중 60%가 약취를 당하였다. 토기 도굴꾼들은 송수신 무선기, 주사기(走査機), 파수꾼들을 갖추고 밤에 일을 한다. 현 법규 하에서는 이들을 현행범으로 체포해야만 처벌할 수 있는데 그것은 거의 불가능한 일이다.

또 중미와 남미의 와께로(huaquero)들도 가장 화려한 발견물들—이 경우에는 금제품들—에만 흥미가 있으며, 그들이 지나가면 묘지 전체가 인골, 토기편, 미라 붕대 그리고 여타 물건들이 부서져 널린 분화구들의 들판으로 바뀌어 버린다. 모체 문명에 속하는 유적으로 1987년과 1990년 페루 북서부 시빤에서 발굴된 주목할 만한 한 무덤은 그 지역 페루 고고학자 월터 알바가 오로지 인내력과 용기로 도굴꾼들로부터 구해낸 것이었다.

미국 문화자원관리(CRM) 체제의 발달 과정

북미 고고학은 지난 20년간에 걸쳐 역사 건물과 유적, 문화 경관 그리고 여타 문화유적지와 역사 유적지들을 관리하기 위한 일단의 법률, 법규 그리고 직업 관행인 문화 자원 관리라는 분야에 깊숙이 연계되었다.

1906년의 '문화재법', 1935년의 '역사유적법', 1966년의 '국가역사보호법', 1969년의 '국가

유적의 파괴와 대응: 미국 밈브레스 유적의 사례

미국 남서부 선사시대의 밈브레스 도공들은 반구형 사발 내면에 생동적인 동물 및 인간 형상들을 그려 넣은 아주 독특한 미술 전통을 창출하였다. 고고학자와 미술 애호가들은 이제 이 사발들을 아주 소중히 여기고 있다. 그러나 이런 매력 때문에 그간 미국에서 유례가 없을 정도의 규모로, 아니 아마 전세계 어느 곳에서도 그럴 대대적이고 조직적인 밈브레스 유적 약탈이 벌어졌다.

밈브레스 사람들은 리오 밈브레스라는 작은 강을 따라 진흙집 마을들을 이루고 살았는데 이는 몇 가지 점에서 후대의 푸에블로 인디언 마을과 비슷하다. 이제 우리가 알기로는 서기 550년경에 채화토기가 제작되기 시작되었고 그것은 대략 서기 1000년부터 1130년 사이의 고전 밈브레스 시기에 정점에 이르렀다.

밈브레스 유적에 대한 체계적인 고고학 조사는 1920년대에 시작되었지만 전반적으로 볼 때 그 결과는 제대로 보고되지 않았다.

서기 10세기의 장례용 사발. 인물은 아마 남성과 여성이거나 삶과 죽음을 나타낸다고 여겨진다. 바닥의 '수로' 구멍은 이 물체의 혼이 빠져나가도록 뚫은 것이다.

하지만 얼마 지나지 않아 도굴꾼들은 삽과 곡괭이만 있으면 밈브레스 토기들을 캐내어 시장에 원시 미술품으로 내다팔 수 있다는 사실을 알게 되었다. 더구나 그런 짓은 반드시 불법적인 것은 아니었다. 미국 법에서는 사유지인 경우 소유자가 어떤 종류의 발굴을 하든 막을 길이 없고 또 다른 사람에게 이런 식으로 고고학 유적을 파괴하도록 허락하는 것도 막을 수 없다.

1960년대 초에 불도저로 토기를 전혀 다치지 않고 밈브레스 유적을 파내는 방법이 개발되었다. 운전자는 미는 방식을 잘 통제하여 표토를 비교적 얕게 한 번씩 걷어냄으로써 많은 토기들을 깨지 않은 채 꺼낼 수 있었던 것이다. 그 과정에서 유적들은 두말할 것도 없이 완전히 파괴되었고 그 자료들의 고고학적 정황을 알아낼 수 있는 모든 희망은 물거품이 되었다.

1973년 이래로 드디어 고고학계의 합치된 대응이 나왔다. 밈브레스재단은 스티븐 르블랑의 지휘 아래 개인들로부터 재정 지원을 얻어냄으로써 도굴된 유적 일부의 잔적을 발굴할 수 있었다. 또 이 유적의 소유자들에게 도굴 행위가 밈브레스 족의 과거 역사에 대해 알 수 있는 희망을 어떻게 깡그리 파괴하는지를 설명하는 데서도 상당한 진전을 보았다. 1975년부터 1978년 사이에는 부분적으로 도굴된 몇몇 유적들에 대한 일련의 야외 조사를 벌여 적어도 밈브레스 고고학의 틀을 잡고 편년을 확고히 수립하는 데 성공하였다.

또 밈브레스재단은 고고학 발굴은 비용이 많이 드는 유적 보존 방식이라는 결론에 이르러 유적들을 보호하기 위해 남아 있는(혹은 부분적으로라도 남은) 몇 개소의 밈브레스 유적들을 사들이기로 결정하였다. 더욱이 이는 하나의 교훈이 되어 한층 많은 사람들

서기 1100~1250년으로 연대측정되는 이 훌륭한 밈브레스 사발의 그림 주제는 가면 쓴 코요테 춤꾼이다.

이 널리 따라하게 되었다. 밈브레스재단 구성원들은 다른 고고학자 및 후원자들과 합세하여 전국적 기구인 '고고학유적 보존위원회'를 결성하였다. 이제 미국의 몇몇 유적들이 이런 식으로 구입되어 보존되고 있다. 그리하여 이야기는 어떤 의미에서는 해피 엔딩으로 마무리된 듯 보인다. 그러나 우리가 밈브레스 문화와 미술을 진정으로 이해할 수 있을 가능성, 20세기 초 대대적이고 처참한 도굴이 이루어지기 전에는 실제로 존재하였던 가능성은 어디에서도 되찾을 길이 없다.

유감스럽지만 세계의 다른 곳에서도 이와 비슷한 이야기들이 수두룩하다.

환경정책법' 같은 이전의 법들이 미국 CRM의 주요 법적 토대이다. 이런 법들은 미국 정부의 각급 기관들이 벌이는 각종 사업이 역사적, 고고학적, 문화적 가치들을 비롯한 환경에 미치는 영향을 고려하도록 규정하고 있다. 또 이 법들은 국립공원국과 그와 별개의 '사적보존심의위원회' 그리고 각 주의 '주 역사유적 보존관(SHPO)'이 주관하는 CRM 사업 관리 행정체계를 만들어내었다.

미국 연방정부의 각급 기관이 개입된 건설 및 토지 이용 사업—연방 소유지에서든 사유지이지만 연방에서 재정 지출을 하거나 연방정부의 허가를 필요로 하는 경우든—을 할 때는 반드시 환경, 문화, 역사 자원들에 미치는 영향을 사전 검토하게 규정되어 있다. 주 및 지방 정부, 연방정부 각급 기관, 대학 연구시설 그리고 사설 용역회사 등의 CRM 사업은 이 규정으로부터 비롯된 것이다. 주 역사유적 보존관들은 많은 CRM 활동을 주관하고 역사 및 선사 유적, 유구, 건물, 구역 그리고 경관들에 대한 기록 파일을 유지한다.

미국에서 이루어지는 CRM 작업 대부분의 법적 토대는 국가역사보호법의 제106절이다. 이 법규에 의하면 연방정부 각급 기관은 각기 벌이는 사업 때문에 영향을 받을 수 있는 모든 종류의 역사 지점들(고고학 유적, 역사 건물, 인디언 부족 성소 유적 등등)을 주 역사유적 보존관, 부족들 그리고 여타 사람들의 자문을 받아 식별하게 되어 있다. 따라서 그 기관들은 개발 사업이 미치는 영향에 관해 무엇을 해야 할지를 모두 주 역사유적 보존관과 여타 이해 당사자들의 자문 속에 정해야 한다. 식별 작업에는 고고학 유적을 발견하고 평가하기 위한 고고학적 탐사작업이 흔히 필요하다. 평가 작업에는 중요한 역사 및 문화 지구, 유적, 유구, 인접 환경 및 공동체를 미국 국가 목록인 '역사 명승지 국가 등기부'에 등재할 만한지 판정하기 위해 정해진 기준을 적용하는 작업이 들어 있다.

만약 기관과 그 자문단이 중요 유적이 존재하며 그것이 개발 사업 때문에 부정적 영향을 받게 된다는 사실을 알면 그 영향을 '경감'하기 위한 조치를 강구한다. 이 조치에는 흔히 영향을 축소, 최소화하기 위한 사업 변경, 심지어 취소 등이 포함된다. 고고학 유적이 관련된 경우에는 파괴되기 전에 중요한 자료를 얻기 위한 발굴을 흔히 벌인다. 만약 이해 당사자들이 어떤 조치를 취할지 의견을 하나로 모으지 못하면 사적보존심의위원회에서 최종 권고를 하고 그에 따라 책임 연방 기관이 최종 결정을 내린다.

미국에서는 대부분의 탐사 작업과 자료 수집 사업을 사설 회사들이 수행한다. 이 회사는 CRM 사업을 전문으로 하는 회사인 경우도 있고 대규모 토목, 기획 혹은 환경영향평가 회사의 자회사인 경우도 있다. 또 대학 연구소, 박물관 그리고 비영리 기관들도 CRM 사업을 수행한다. 이제 CRM에 입각한 탐사와 발굴들이 미국에서 실시되는 야외 고고학 조사의 최소 90%를 차지한다.

국가역사보호법 제106절에 따른 검토 체계 덕분에 탁월한 고고학 연구 성과를 거둘 수도 있지만 연구 이익은 공공 이익, 특히 인디언 부족 및 여타 공동체들의 관심사와 균형을 이루어야 한다. 작업의 질은 연방 기관 공무원, 주 역사유적 보존관, 부족 및 공동체 대표 그리고 사설 부문

앨라배마 주 톰빅비 강안에 있는 러법 크릭 유적을 공중에서 본 모습이다. 아래 작은 사진은 구제 고고학자 두 사람이 조심스럽게 커다란 항아리를 노출시키는 광경이다.

고고학자로 이루어진 관계자들의 성실성과 기술에 대체로 좌우된다. 반복해서 일어나는 문제점으로는 현장 작업수준 관리, 야외조사 성과를 중요 연구 주제에 적용하는 문제, 조사 결과의 공간 및 여타 전파 활동 그리고 수습 유물의 장기적 보존 및 관리 등이 있다. 옛 아메리카 인디언 유골 및 공반 유물의 처리 문제도 논란거리인데 그래서 또 다른 법률, 즉 '아메리카 인디언 분묘 보호 및 반환법'이 제정되어 있다.

이런 절차의 한 가지 좋은 예로는 거대한 테네시-톰빅비 수로 공사를 들 수 있다. 탐사 작업으로 드러난 682개소 유적 중에서 27개소가 수로 건설의 영향을 받을 것으로 판정되었다. 그 중에서 17개소가 연구 잠재력이 양호하였으며 또 별도로 24개소 유적이 자료 수집을 위해 선정되었다. 12개소의 유적은 건설 계획을 변경함으로써 보존될 수 있었다.

발굴은 이 지역 내 여러 문화들의 진화 과정을 조사하도록 계획되었으며 상당히 넓은 범위의 유적들을 표본 추출하는 데 중점을 두었다. 가장 큰 유적은 러법 크릭으로서 파괴 위협 지역 안에서 미시시피 문화(서기 900~1450년)에 속하는 유일한 주요 취락지였다. 이 유적에는 요새화된 촌락으로 둘러싸인 한 개소의 커다란 의례 토루가 있었다. 환경 영향을 경감하기 위한 조치 덕분에 취락과 묘지 둘 다를 체계적으로 발굴할 수 있는 더할 나위 없이 좋은 기회가 주어졌다.

모든 CRM 사업들이 잘 관리되거나 책임 있게 관리되는 것은 아니다. 특히 수천 개의 조사단이 수행하고 있는 작은 사업들일 경우에는 작업을 아주 아무렇게나 해서 쓸 만한 자료가 거의 나오지 않기 십상이다. 미국고고학회는 수준을 개선하기 위한 시도로 '직업고고학자 등록소 (RPA)'를 구성한 바 있다.

4. 수집가와 박물관들의 책임

불법 골동품에 관한 한 지금까지 세인의 주시 대상은 박물관과 개인 수집가들이었다. 세계의 대박물관 중 다수는 이제 어떤 골동품이라도 출토지 본국으로부터 합법적으로 반출되었다는 사실이 입증되지 않으면 구입하거나 기증을 받지 않으려는 방침을 취하고 있는데 이는 필라델피아대학 박물관이 1970년 그렇게 한 전례를 따른 것이다. 하지만 뉴욕 메트로폴리탄미술관 같은 다른 박물관들은 과거에는 그와 같은 양심을 지키지 않았다. 당시 이 미술관 관장이었던 토머스 호빙이 한 말을 인용하면 "나폴레옹이 그 모든 보물을 루브르박물관으로 가져왔을 때 불법적인 점이 전혀 없었던 것처럼 우리가 한 일에 불법적인 점이라고는 조금도 없다"고 한다. 게티미술관은 그토록 많은 유물을 소장하고 있는 만큼 이 문제에 아주 큰 책임을 갖고 있지만 지금도 이 미술관의 방침은 완전히 분명하지는 않다.

1990년 쉘비 화이트 수집품 및 레온 레비 수집품 전시회를 개최한 메트로폴리탄미술관과 1994년 바바라 플라이쉬만 수집품 및 고(故) 로렌스 플라이쉬만 수집품—이 두 수집품은 출처가 불분명한 골동품의 비율이 아주 높다—전시회를 개최하고 또 구입한 게티미술관 같은 박물관들은, 골동품을 사기 위해 지불한 대금의 많은 부분이 필연적으로 파괴의 악순환 중 한 부분을 이루는 골동품 거래상에게 사례금으로 돌아가고, 그래서 궁극적으로는 도굴꾼에게 가는 상황에서 수집 행위가 만연하는 데 대해 일정 부분 책임을 져야 한다. 그리고 그런 유물들을 구입함으로써 도굴 과정에 간접적으로 돈을 대는 수집가들의 책임을 이제는 많은 사람들이 깨닫고 있다. 어떤 이는 "골동품 수집가야말로 진짜 도굴꾼이다"라고 주장한 바 있다. 1994년 영국 왕립미술원에서 개최한 조지 오르티즈 수집 골동품 전시회는 뜨거운 논란을 불러일으켰고 많은 고고학자들은 이 전시회가 왕립미술원의 위신을 추락시켰다고 느꼈다. 미술 평론가 로버트 휴즈가 이에 대해 "학문에 못지않게 흥행 사업에 관심을 기울임으로써 다시금 수집가를 명사로, 박물관을 구경거리로 예찬하는 망조를 되살렸음이 사실이다."라고 적확하게 꼬집었다.

자신이 사 모으는 골동품에 대해 흔히 정말 애정을 가진 수집가들이 궁극적으로는 세계의 고고학 유산에 주된 위협인 도굴에 돈을 대는 셈이라는 사실은 진짜 역설이 아닐 수 없다.

그러나 앞으로 사태가 개선될 수 있는 조짐들도 있다. 영국에서는 2003년 하원에서 문화재 거래(처벌)법이 통과되었다. 이제 영국에서는 사상 처음으로 국내서든 외국에서든 불법적으로 도굴된 골동품을 고의로 거래하는 행위를 범죄로 규정한 것이다. 그리고 2003년 6월 뉴욕에서는 미국 상소 법원이 골동품 거래상 프레드릭 슐츠의 유죄를 확정지었는데 그는 이집트에서 훔친 골동품을 거래하려고 공모한 혐의로 하급심에서 유죄 판결을 받았다. 슐츠는 이전에 미국 고대·동양·원시 미술품 거래상협회장을 역임한 인물로 과거에 미국 내 유수 박물관들에 골동품을 판매한 바 있다. 그처럼 저명한 거래상에게 내린 징역형은 일부 내로라하는 수집가 및 박물관장들에게 앞으로 출처가 분명치 않은 골동품을 구입할 때는 "합당한 노력"을 기울이도록 한층 유념해야 한다는 분명한 메시지를 보낸 셈이 될 것이다.

최근 사례들을 들어보면 다음과 같다.

'지친 헤라클레스'상: 터키에서 1980년 발굴된 아래 부분은 이제 안탈랴박물관에 있는 반면 윗부분은 보스턴미술관에 있는데 지금까지 후자를 터키로 되돌리려는 노력은 실패로 돌아갔다.

'유프로니오스 병': 2006년 뉴욕 메트로폴리스미술관은 서기전 5세기 미술가 유프로니오스가 그림을 그린 고대 그리스 병이자 이제 악명 높은 미술품이 된 '유프로니오스 병'을 되돌려 달라는 이탈리아 정부의 요구에 굴복할 수밖에 없다고 느꼈다. 이 병은 1972년 엉터리 출처를 말한 거래상에게 1백만 달러의 거금을 주고 신중치 못하게 구입한 것이었다.

'지친 헤라클레스'상: 서기 2세기의 로마시대 대리석상이 두 부분으로 나뉘어 떨어져 있다. 아래 부분은 1980년 터키의 페르제에서 발굴되어 지금은 안탈랴박물관에 있는 반면 그와 한몸을 이루는 윗부분은 1980년에서 얼마 지나지 않은 때에 레온 레비가 구입하여 지금은 보스턴미술관에 전시되어 있는데, 레비는 이 박물관과 공동 소유권을 갖고 있다. 레비와 박물관 측은 이를 터키로 반환하기를 거부하였다.

세브소 보물: 로마시대 후기의 이 화려한 은 그릇 일괄은 노스햄프턴 후작이 투자 목적으로 구입한 것이었으나 그후 헝가리, 크로아티아, 레바논이 뉴욕 법정 소송에서 소유권을 주장하였다. 소유권은 노스햄프턴 후작에게로 돌아갔지만 이 보물을 팔 수 없음을 알게 된 그는 구입 당시 조언을 한 런던의 전 법률 고문을 고소하였는데 1999년에 조건은 비밀에 부쳐졌으나 법정 외에서의 화해 합의를 보았다. 보도로는 1천 5백만 파운드가 넘는 거금이 오갔다고 한다. 이제 헝가리가 이 물건을 손에 넣으려고 하는 중인데 아마도 노스햄프턴 후작이 그의 보물을 결국 팔 것이다.

최근의 불법 골동품 이야기에서 주된 스캔들 중 하나인 도굴된 '세브소 보물' 중의 화려한 은 접시.

게티 사건: 로스앤젤레스의 게티미술관은 2005년 언론의 집중 조명을 받았는데 그때 박물관의 골동품 관리 연구관 마리온 트루(뒤에 해고됨)가 이탈리아에서 틀림없이 도굴된 골동품을 게티미술관 측이 구입한 데 관련된 혐의로 이탈리아 법정에서 재판을 받았던 것이다.

5. 대중고고학과 사이비고고학

고고학의 목적은 과거에서 좀더 많은 것을 배우는 데 있으며 고고학자들은 모든 사람이 인류 과거—우리가 어디서 왔으며 지금 우리 위치에 어떻게 이르게 되었는지—에 대해 얼마간의 지식을 갖는 것이 중요하다고 믿는다. 고고학은 고고학자만을 위한 것이 아니다. 그렇기 때문에 한층 넓게 대중들과 효과적으로 소통을 하는 것이 결정적으로 중요하다. 그러나 이 중요한 임무를 뒤엎을 수 있는 몇 가지 길이 있다. 첫째는 상업 목적을 흔히 가진 **사이비고고학**의 발달이다. 이 말은 과거에 관해 화려하기는 하지만 아주 허무맹랑한 이야기들을 만들어낸다는 것이다. 때로는 이런 이야기를 말하는 이들 스스로 그것을 실제라고 믿기도 하지만 댄 브라운의 인기 소설 『다빈치 코드』처럼 저자의 주 저술 동기가 돈을 벌기 위한 것이 아닌지 의심스러운 경우가 많다. 또 고고학은 사람들이 실제로 그릇된 증거를 만들어내고 고고학 사기극을 저지를 때 뒤엎어질 수 있다.

변두리 고고학　　　20세기 후반에는 고고학의 변두리에서 '다른 고고학들'이 자라나 그간 학술적 담론으로써 일반화된 과거 해석들에 반하는 대안적 해석들을 제시하였다. 이런 것들은 과학자들이 보기에는 공상적이고 터무니없기에, 점성술에 관한 것들이 널리 읽히는 포스트모던 시대의 표시들로 여겨질 뿐이다. 뉴에이지의 예언자들은 대안적 생활 방식을 설파하며 또 많은 대중들은 '옥수수 밭의 원들'과 거석 기념물들이 모두 외계인의 작품이라고 기꺼이 믿고 싶어 한

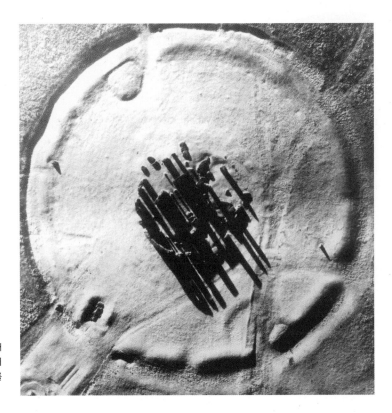

스톤헨지는 지금까지 그 기원과 의미에 관해 셀 수 없이 많은 이론들을 자아내었다. 드루이드와 뉴에이지 족을 비롯한 몇몇 집단은 이를 자신들의 신앙에서 중추적 기념물로 주장한다.

다. 많은 고고학자들은 이런 대중 지향적 접근법을 '사이비고고학'이라고 이름 붙이며 그것들을 필트다운 사람의 예처럼 의도적 속임수가 게재되었음을 입증하거나 추론할 수 있는 고고학에서의 사기극에 견준다.

그러나 드루이드로 자처하면서 하지에 스톤헨지에서 의식을 베푸는 사람들을 (그들이 관할 당국인 잉글랜드 문화유산관리단에서 접근 허가를 받았다고 치고) 대상으로 고고학자가 어떻게 그들의 신앙이 고고학적 증거로 뒷받침되지 않는다고 설득할 것인가? 이 주제는 우리를 "누구의 과거인가?"라는 이 장의 중심 질문으로 되돌아가게 만든다. 오스트레일리아 원주민들의 '꿈의 시대'가 현실성이 있는지를 과연 의문시해야 할지 어떨지는 설사 그들의 신념이 몇 가지 측면에서 작금의 과학적 해석과 실제적으로 상치한다고 하더라도 분명하지 않다. 대중에게 사실을 알리고 혹하기 쉬운 난센스를 날려 보내버려야 하는 고고학자의 역할과 가슴속 깊이 지닌 신념들에 대한 존중심을 어느 선에서 구분해야 할 것인가?

가장 인기가 많고 오래 지속되는 신화 중 한 가지는 '사라진 아틀란티스 대륙'에 관련된 것이다. 이는 그리스 철학자 플라톤이 서기전 5세기에 서술한 이야기로서 그는 이 신화가 이집트를 방문해 오랜 종교적, 역사적 전통의 상속자인 사제들에게 자문을 구한 그리스 현인 솔론에게서 나왔다고 하였다. 그 사제들은 고도로 발달한 문명을 갖고 있다가 몇 세기 전 "하루 밤 하루 낮 사이에" 헤라클레스의 기둥들(현대의 지브롤터 해협) 너머, 따라서 대서양 속으로 사라진 대륙에 관한 전설을 솔론에게 이야기하였다. 1882년 이그나티우스 도널리는 『노아 홍수 이전의 세계, 아틀란티스』를 출간하였는데 이는 그 전설을 발전시킨 것이었다. 그의 저작은 세계의 모든 고대 문명들을 단 한 가지 놀라운 수단으로 간단히 설명하려는 첫 시도 중 하나였다. 그런 이론들은 흔히 다음과 같은 특징들을 갖는다.

1. 오늘날 기술을 능가하는 많은 기술들을 가진 사람들이 한때 살았다가 사라져버린 놀라운 세계를 찬탄한다.
2. 선사시대 사회 및 초기 국가사회들의 위업 대부분을 단 한 가지로, 즉 그 모든 것은 높은 기술을 가졌으나 사라져버린 세계의 주민들이 남긴 작품이라고 설명한다.
3. 그 세계는 우주적 규모의 대재난으로 사라졌다.
4. 이 원래의 모국에 관련된 사항으로 과학적 설명에 쓸 수 있는 것이라고는 아무것도 없으며 남아 있는 유물도 전혀 없다.

도널리의 주장이 지닌 기본 구조는 임마누엘 벨리코프스키(운석과 천문적 사건들), 최근에는 그래함 핸콕(남극지대의 사라진 대륙을 인용)에 의해 약간의 변형을 거치면서 반복되었다. 대단한 금전적 이득을 본 폰 되니켄의 인기 있는 대안은 인류 진보의 원천이 외계 우주에 있으며 초기 문명들이 이룬 진보는 지구를 방문한 외계인들의 작품이라고 한다. 하지만 이런 모든 이론들은 궁극적으로 고고학이 밝혀내고 있는 그보다 훨씬 놀라운 이야기인 인류의 역사를 하찮은 것으로 만들어버리고 만다.

고고학에서의 사기 행각　　고고학에서의 사기 행각은 새삼스러울 것이 없으며 이를테면 하인리히 슐리만의 증거 조작에서 영국의 필트다운 사람 같은 악명 높은 위조 사례에 이르기까지 여러 가지 형태를 띤다. 어떤 이는 전세계의 지도적 박물관들 중 일부에 1200점 이상의 위조 문화재가 전시되어 있다고 주장한 바 있다. 특히 심각한 예는 바로 최근인 2000년 일본의 중진 고고학자 한 사람이 발굴 현장에 유물을 묻은 사실을 인정한 데서 드러났다. 옛 유물들을 찾아내는 신기의 능력 때문에 '신의 손'이라는 별명을 가진 후지무라 신이치(藤村新一)가 자신의 새 '발견품'을 발굴해 내기 전에 미리 묻어놓는 장면이 비디오카메라로 녹화됨으로써 들통이 난 것이다. 그는 그간 수십 점의 유물들을 몰래 묻었음을 털어놓으면서도 자기 수집품 중의 유물을 이용해 그렇게 날조를 한 이유는 다름 아닌 더 오래된 유적을 찾아내야 한다는 중압감 때문이었다고 강변하였다.

후지무라는 도쿄 북쪽 카미타카모리(上高森) 유적에서 발굴된 65점 중 61점을, 2000년 일본 북부 소신후도자카(總進不動坂) 유적에서 발견된 29점 모두를 날조하였다고 인정하였다. 또 나중에는 42개 유적에서 증거를 조작하였음을 고백하였다. 그러나 후지무라가 동북**구석기**연구소 부소장으로서 적어도 180개 유적의 조사에 관계하고 있었으므로 일본 고고학 관련 당국은 1970년대 중반 이후로 일본에서 발굴된 전기 구석기시대 관련 증거에 그가 어떤 형태로든 영향을 끼쳤을 가능성이 있음직하다는 점을 우려하고 있다.

일본 고고학자 후지무라 신이치가 날조한 카미 다카모리 유적의 주먹도끼 군집.

그런데 이런 현상은 계속 늘어나고 있다고 생각된다. 그 중 일부는 일본처럼 최신 발견 과시용 기자회견장에서 흔히 뒷자리를 차지하는 어떤 개인이 경력과 학문 연구 성과를 높이기 위해 자기 선전을 하는 일이 중요할 수밖에 없게 된 경우에서 보듯 야외 조사에 점점 더 '목을 매게 된' 탓이라고 할 수 있다. 이제 굉장한 발견은 때로 학술적 토론이나 비판적 검토보다 중요하다고 여겨지기도 한다. 그러나 그렇다고 해도 실제로 위조하거나 날조한 물품을 심는 것은 극단적 사기이다. 일본 고고학자들은 아직 발굴해 내지 않은 다른 사기 유물들이 있을지 모른다는 점을 우려한다. 그런 상황은 흡사 '고고학의 지뢰'와 같아서 언제든 미래 세대 학자들을 파멸로 이끌 것이기 때문이다.

더 많은 청중　　고고학 연구 대부분의 직접적 목표가 특정 문제들에 답하는 것일지라도 그 근본 목적은 일반인들이 인류 과거를 좀더 잘 이해하도록 해 주는 것이어야 한다. 그래서 유적 현장, 박물관 전시, 책, TV 그리고 점점 늘어나고 있는 인터넷에서 고고학을 솜씨 좋게 대중화하는 일이 필요하지만, 모든 고고학자가 그 일에 시간을 쏟을 채비가 되어 있지는 못하며 또한 그 일을 잘 할 수 있는 능력을 갖춘 고고학자도 별로 없다.

발굴자들은 작업현장에 나타난 일반 대중들을 흔히 방해요소로만 간주한다. 그렇지만 좀더 계명된 고고학자들은 공중의 관심을 고무함으로써 재정적 지원 및 여타 지원을 얻어낼 수 있다는 사실을 인식하고 있으며, 안내용지, 개방일, 심지어는 영국 동부 플래그 펜 청동기시대 유적 같은 장기 조사사업에서처럼 그날그날의 유료관람까지도 준비하고 기획한다. 일본에서는 발굴이 종료되면 곧바로 발굴 성과 현장설명회를 개최한다. 또 그 전날 상세한 내용을 언론사에 배포함으로써 대중들이 현장설명회에 오기 전 지방 신문 아침판에서 정보를 얻을 수 있도록 배려한다.

고고학에 대해서는 대중의 열렬한 욕구가 있음에 틀림이 없다. 과거사는 어떤 의미에서 19세기에 이루어진 고고학 초기의 고분 발굴 및 미라 대중 공개 이래로 오락의 한 형태였다. 이제는 그 오락이 좀더 학술적이고 교육적인 형태를 취하고 있기는 하지만 고고학이 번영을 구가하고자 한다면 그래도 여전히 다른 대중 인기물들과 경쟁을 할 필요가 있다고 하겠다.

요 약

- 고고학이 섬기는 주인에는 갖가지가 있을 수 있다. 고고학은 경제적 목적에 활용될 수 있으며 혹은 사라져버린 도시들과 잃어버린 문명들에 대해 자발적 관심을 갖고 알고자 하는 대중들에게 널리 보급되는 상품으로서 팔릴 수도 있다. 혹은 불확실한 현재로부터 의미 깊고 찬탄할 만한 업적을 지녔다고 여겨지는 과거로 거슬러 올라가는 연결 고리를 추적함으로써 민족적 일체감을 제공하는 등의 국가적 목적에도 이용될 수 있다.

- 고고학의 궁극적 가치는 이런 특정 관심사들을 넘어선다. 왜냐하면 세계 고고학은 우리 모두가 공유할 수 있는 어떤 것이기 때문이다. 고고학은 지구상의 모든 국가에서 인간 집단들이 성장한 궤적을 입증할 수 있다. 모든 지역의 고고학은 인간 다양성의 이해 및 그에 따른 인간 조건의 이해에 나름대로 기여할 몫을 가지고 있다. 비록 이전 세대 학자들이 토착 주민들의 감정과 믿음을 오만하게 무시하며 행동하였고 또 일부 학자는 아직도 그리하고 있을지 모르지만 오늘날 이런 문제들에 관심을 갖는 이유는 토착민의 과거를 또다시 전유하기 위한 기도에서가 아니다. 그런 과거가 훨씬 넓게 적용되기에 마땅한 의미를 지니고 있으므로 해당 지역에 사는 사람들 못지않게 다른 사람들도 당연히 관심을 가질 수 있다는 하나의 단언이다. 이는 부정적 알림말이 아니며 멸시적 알림말은 더더욱 아니다.

- 만약 우리가 현대 세계에서 인간존재로 차지한 자신의 위치를 적절하게 인식하고자 한다면 과거가 중요할 수밖에 없다. 과거는 우리가 태어난 곳이며, 오늘날의 우리를 그동안 형성하고 결정한 것이 바로 과거이다. 이런 까닭에 우리들은 우리의 과거관을 혼란시키거나 타락시키고자 하는 미치광이들이나 사이비고고학자들(그들은 때로 자기 이익을 위해 그러지만 때로는 올바르게 생각할 수 없는 무능력 때문에 그러기도 함)에 정면 대응하는 것이 필요하다. 우리는 이런 대안 이론들을 한낱 우스개로 치부해 버릴 수가 없다. 왜냐하면 사람들이 그간 이런 것들을 너무도 널리 믿었기 때문이다.

- 이런 부류의 어리석음에 반대하는 이유는 단순히 그것이 기존의 고고학적 지혜와 다르기 때문만이 아니다. 어느 누구도 진리를 전유할 수는 없으며 고고학자도 예외는 아니다. 다만 반대하는 이유는 그런 저작들이 여러 가지 난점들을 그럴 듯하게 얼버무리며 과학적 정사(精査)를 할 수 있는 증거를 대지 못한다는 데 있다. 이 책을 읽은 사람이면 누구나가, 또 고고학 연구가 어떻게 진행되는지를 이해하는 사람이면 누구나가 왜 그런 저술들이 하나의 기만인지를 이미 알 것이다. 진짜 해독제는 일종의 건전한 회의, 즉 "증거가 어디에 있는가?" 하고 묻는 데 있다. 지식은 질문들을 제기함으로써 증진되는 것이며—이는 본서의 중심 주제이다—, 미치광이 극단파들을 쫓아버리는 데는 어려운 질문들을 제기하고 그 답들을 회의적으로 살펴보는 것만큼 좋은 길이 없다.

추 천 문 헌

Brodie, N. & Tubb, K. W. (eds.) 2002. *Illicit Antiquities. The Theft of Culture and the Extinction of Archaeology.* Routledge: London.

Greenfield, J. 1996. *The Return of Cultural Treasures* (2nd ed.). Cambridge University Press: Cambridge & New York.

Lynott, M. J. & Wylie, A., 2002. *Ethics in American Archaeology* (2nd ed.). Society for American Archaeology: Washington D. C.

Renfrew, C. 2000. *Loot, Legitimacy and Ownership: The Ethical Crisis in Archaeology.* Duckworth: London.

Watson, P. 2006. *The Medici Conspiracy.* PublicAffairs: New York.

용 어 설 명

DNA(Deoxyribonucleic acid): 디옥시리보핵산. 모든 생물체의 형성을 결정하는 유전 지령('청사진')을 담은 물질.

가설-연역적 설명(hypothetico-deductive explanation): 가설들을 만들어내고 그것들로부터 연역 추론으로 결론을 이끌어낸 후 이를 다시 고고학 자료에 대해 검정할 수 있는 구조를 지닌 설명 형태.

감쇠 분석법(fall-off analysis): 고고학적 기록에서 발견되는 교역품의 양이 산지로부터 거리가 멀어짐에 따라 규칙적으로 감소하는 방식에 대한 연구. 이는 감쇠곡선으로 도표화할 수 있는데 물자의 양을 Y축에, 산지로부터의 거리는 X축에 표시한다.

경관고고학(landscape archaeology): 취락을 비롯한 개개 유구들을 넓은 지역에 걸쳐 벌어진 인간 활동의 분포 정형이라는 한층 광범위한 시야를 구성한 요소들로 보는 연구.

계년식연대측정법(chronometric dating): 절대연대측정법 항을 보시오.

계단식 트렌치 발굴(step-trenching): 근동의 '텔' 유적처럼 퇴적이 아주 두텁게 이루어진 유적을 발굴하는 방법으로 여기서는 밑으로 파내려 갈수록 점차 폭이 좁아지는 일련의 계단 모양으로 발굴을 한다.

계서사회(ranked societies): 예컨대 군장사회와 국가처럼 위세와 지위에 대한 접근에 불평등이 있는 사회들.

계약고고학(contract archaeology): 연방법 혹은 주법의 뒷받침에 따라 실시되는 고고학적 조사 연구로 고고학자가 흔히 고속도로 건설이나 도시 개발이 이루어지기 전에 필요한 조사 연구를 수행하기 위한 계약을 맺기에 생긴 이름이다.

고고동물학(archaeozoology): 때로 동물고고학이라고도 불리는 이 분야는 인간의 식단을 복원하고 동물 자료 폐기 당시의 환경을 이해하는 한 보조 수단으로 고고학 유적에서 출토된 동물종들을 식별하고 분석하는 연구를 한다.

고고식물학(archaeobotany): 고인간식물학 항을 보시오.

고고지자기연대측정(archaeoomagnetic dating): 때로 고지자기연대측정이라고도 불리는 이 기법은 시간의 흐름에 따라 지구 자장에서 일어난 변화를 불에 구운 구조물(오븐, 가마 그리고 화덕) 같은 물질의 잔류자기로써 기록할 수 있다는 사실을 토대로 한 연대측정법이다.

고고학(archaeology): 인류학의 한 분과로서 인류의 과거를 그 물질 잔적으로써 연구하는 분야.

고고학적 문화(archaeological culture): 반복적으로 공반 출토됨으로써 특정한 시간과 장소에서 벌어진 일단의 특정 인간 활동들을 나타낸다고 가정되는 유물복합체(cf. 문화).

고곤충학(paleoentomology): 고고학적 정황에서 나온 곤충들에 대한 연구. 반부패성이 아주 강한 곤충 외골격이 잔존한 경우 옛 환경을 복원하는 데 매우 중요한 자료가 된다.

고인간식물학(paleoethnobatany)(고고식물학): 고고학적 정황에서 식물 유체를 식별하고 수습하여 분석함으로써 과거 환경과 경제를 복원하는 데 기여한다.

고지자기연구(paleomagnetism): 고고지자기연대측정 항을 보시오.

공반(association): 어떤 유물이 대개 같은 기질 속에서 다른 고고학적 잔존물과 함께 나타나는 현상.

공중 탐사(aerial reconnaissance): 고고학 유적을 발견하고 기록하는 중요한 한 가지 탐사 기법(유적탐사법 항도 참고하시오).

과정주의고고학(processual archaeology): 문화 변동의 과정을 이해하기 위한 토대로서 문화의 사회경제적 측면과 환경 사이의 역동적 관계를 강조하는 접근법. 문제 언명, 가설 생성, 그에 이은 검정으로 구성된 과학적 방법론을 쓴다. 이른 시기의 기능-과정주의고고학과 나중의 인지-과정주의고고학이 대비되는데 후자에서는 이데올로기, 상징 측면들을 통합하는 데 비중을 둔다.

구석기시대(Paleolithic): 서기전 1만 년경 이전의 고고학 시기로 지금까지 알려진 최초의 석기 제작이 특징이다.

구제고고학(salvage 혹은 rescue archaeology): 고속도로 건설, 배수공사 혹은 도시개발에 앞서 (대개 발굴로) 고고학 유적들을 찾아내고 기록하는 일.

구조주의 접근법(structuralist approaches): 신념과 상징 개념이 인간 행위를 지배하며 그 기저에는 여러 가지 형태로 표출되는 사고 구조가 있다는 점을 강조하는 해석이다. 따라서 연구의 올바른 목적은 사고 구조를 밝혀내고 그것이 고고학적 기록을 만들어낸 인간 작주의 마음 속 아이디어를 형성하는 데 미친 영향을 알아내는 데 있다.

국가(state): 분명한 영역 경계를 가지며 합법적 무력을 바탕으로 정치권력을 행사하는 강력한 중앙집권적 정부를 특징으로 하는 사회 구성체를 서술하는 데 쓰는 용어. 문화진화 모델에서 국가는 가장 복잡한 사회 발전 단계로서 제국에만 버금갈 뿐이다.

군장사회(chiefdom): 계서, 즉 차별적 사회 지위의 원리에 따라 운용되는 사회를 묘사하는 데 쓰이는 용어. 각 종족(宗族 lineage)의 위계 등급은 군장과 얼마나 가까운 관계인지를 기준으로 매겨진다. 군장사회는 지역별 물품 생산 전문화가 이루어지는 특성과 더불어 일반적으로 항구적 의례 중심지를 가진다.

귀납법(induction): 일련의 특정한 관찰로부터 일반적 결론을 도출해 내는 식으로 일반화를 하는 논리 추론 방법.

규조류 분석(diatom analysis): 미세 식물 화석에 근거한 환경 복원의 한 방법. 규조류는 단세포 조류로서 규소로 된 그 세포벽은 죽은 뒤에도 잔존하므로 강과 호수 바닥에 다량으로 축적된다. 이 군집 일괄은 그 물의 염도, 알칼리도, 영양 상태와 더불어 그 물에서 죽은 식물 군락의 조성을 직접적으로 반영한다.

금속조직 검사(metallographic examination): 초기 야금술을 연구하는 데 쓰이는 기법으로 금속유물에서 떼어낸 박편을 마련하여 조직을 잘 드러내도록 부식시킨 후 현미경으로 검사한다.

기능-과정주의 접근법(functional-processual approach): 과정주의고고학 항을 보시오.

기질(matrix): 인공물들을 둘러싸거나 떠받치는 물리적 물질.

꽃불제조기술(pyrotechnology): 인간이 의도적으로 불을 이용하고 조절하는 기술.

나이테연대측정법(tree-ring dating): 수륜연대측정법 항을 보시오.

다변수 설명(multivariate explanation): 예를 들면 국가 탄생과 같은 문화 변동을 설명하는 데 단인 설명과는 대조적으로 동시에 작동하는 몇 가지 요인의 상호작용을 강조하는 설명.

단순 무작위 표본추출법(simple random sampling): 확률 표본추출법의 한 가지로 난수표를 이용해 표본 추출할 구역을 정한다. 단점으로는 (1) 처음부터 유적의 범위를 정해 놓아야 한다. (2) 난수표의 성격 때문에 어떤 구역에는 표본 방안구역들이 몰리고 어떤 구역에서는 전혀 뽑히지 않기도 한다.

단인 설명(monocausal explanation): (예컨대 국가 탄생 같은) 문화 변동을 설명하는 데 단 한 가지 가장 유력한 요인 혹은 '주 동인'을 강조하는 설명.

단일 유구(feature): 비가동의 인공물로서 예를 들면 화덕자리, 건축물의 각 요소 혹은 토양 얼룩 등이 있다.

도금(plating): 예컨대 구리에 은이나 금 등의 금속을 접착하는 한 방법.

도상학적 연구(iconography): 인지고고학의 중요 구성 분야로서 대개 명백하게 종교적 혹은 의례적 의미를 지닌 미술적 표상들을 연구하는데 개개 신들이 지닌 특성을 근거로, 예컨대 옥수수를 가졌으면 옥수수신, 태양을 가졌으면 태양 여신 등으로 식별해 내는 작업을 한다.

동물고고학(zooarchaeology): 고고동물학 항을 보시오.

동위원소 분석법(isotopic analysis): 선사시대 식단을 복원하는 데 중요한 정보를 제공하는 이 기법은 인골 속에 보존된 주요 동위원소들의 비율을 분석한다. 이 기법에서는 구체적으로 여러 음식이 옛 사람의 몸에 남긴 화학적 신호들을 읽어낸다. 이는 특성 변별 연구에도 쓰인다.

동일과정설(Uniformitarianism): 암석의 성층이 지금도 바다, 강, 호수에서 진행 중인 과정들과 동일한 과정을 거쳐 생겨났다는 원리로서 지질학적으로 오래된 조건들이 본질적으로는 우리 시대의 조건들과 비슷하다거나 '동일하다'는 원리.

되맞추기(refitting): 때로 결합 작업이라고도 불리는 이 기법은 석기와 격지들을 도로 한데 맞추어 봄으로써 옛 석기제작자의 제작 관련 공정에 관한 중요한 정보를 얻어내고자 하는 작업이다.

마르크시즘 고고학(Marxist archaeology): 칼 마르크스와 프리드리히 엥겔스의 저작에 주로 바탕을 둔 이 접근법은 사회 변화에 대해 유물론 모델을 견지한다. 한 사회 안의 변화는 생산력(기술)과 생산관계(사회

조직) 사이에 생겨나는 모순의 결과로 간주된다. 그리고 그런 모순들은 상호 구분되는 사회계급 사이의 투쟁으로 나타난다고 본다.

모의실험(simulation): 역동적 모델, 즉 시간의 흐름에 따른 변화와 관련된 모델을 구성하고 컴퓨터를 이용해 실행해 보는 것.

몸돌(core): 다른 석기나 격지를 만드는 데 석재로 쓰이는 석기.

문화(culture): 인류학자들이 특정 사회에 고유한 비생물학적 특성을 가리켜 쓰는 용어(cf. 고고학적 문화).

문화생태론(cultural ecology): 줄리언 스튜어드가 인간 사회와 그 환경 사이의 역동적 관계를 설명하기 위해 고안한 용어로, 이에서는 문화를 환경에 대한 주된 적응 메커니즘으로 본다.

문화역사적 접근법(culture-historical approach): 고고학적 해석에서 (특정 상황을 아주 상세하게 서술하는 작업과 귀납적 추론 과정을 강조하는 접근법을 비롯한) 전통 역사학자의 연구 절차를 이용하는 접근법.

문화인류학(cultural anthropology): 인류학의 한 분과로서 사회의 비생물학적이고 행위적인 측면들, 즉 인간 행위의 기저에 있는 사회적, 언어적, 기술적 구성요소들을 연구 대상으로 한다. 문화인류학의 두 가지 중요 분야는 민족지학(현존 문화에 대한 연구)과 민족학(민족지 증거를 이용해 문화들을 비교하는 연구)이다. 유럽에서는 사회인류학이라고 부른다.

문화자원관리(cultural resource management CRM): 일반적으로 과거를 보호할 목적으로 입안된 법률의 틀 안에서 유적 보존 및 구제고고학으로 고고학적 유산을 보호하는 일.

물질문화(material culture): 이전 사회의 물질 잔적을 구성하는 건축물, 도구, 여타 인공물.

미량원소 분석(trace element analysis): 암석에 어떤 미량원소가 들어 있는지를 판정하기 위해 화학적 기법들을 이용하는 것. 이런 방법들은 석기 소재의 산지를 식별하는 작업에 널리 쓰인다.

미세 마모흔 분석(microwear analysis): 석기 날 부분에 생긴 닳은 흔적 혹은 손상 흔적의 형태에 대한 연구로서 그 도구가 사용된 방식에 관해 귀중한 정보를 얻는다.

민족지고고학(ethnoarchaeology): 물질문화 생성의 기저에 있는 여러 행위들 사이의 관계를 이해하기 위한 목적으로 현대의 문화들을 연구하는 분야.

민족지학(ethnography): 문화인류학의 한 분야로서 현대 문화들을 직접 관찰하고 연구한다.

민족학(ethnology): 문화인류학의 한 분야로서 인간 사회에 대한 일반 원칙들을 도출할 목적으로 현대 문화들을 비교 연구한다.

박편 분석(thin-section analysis): 소재의 산지를 판정하기 위해 돌 유물이나 토기 편으로부터 잘라낸 얇은 절편을 광학현미경으로 분석하는 기법.

반감기(half-life): 표본 속의 방사성동위원소가 붕괴하여 그 양이 반으로 줄어드는 데 걸리는 시간(방사성 붕괴 항도 보시오).

발굴(excavation): 고고학에서 연구 자료를 획득하는 주된 방법으로 고고

학적 잔존물을 덮거나 그에 동반된 토양 퇴적층 및 여타 물질들을 제거함으로써 잔존물을 체계적으로 노출시키는 작업이다.

방사성 붕괴(radioactive decay): 방사성동위원소가 각기 특유한 반감기를 가지고 붕괴 물질들로 쪼개어지는 규칙적 과정(방사성탄소연대측정법 항도 보시오).

방사성탄소연대측정법(radiocarbon dating): 유기물질 속의 방사성탄소동위원소(^{14}C)가 붕괴하는 현상을 이용하는 절대연대측정법의 한 가지(반감기 항을 보시오).

배례 고고학 연구(archaeology of cult): 종교적 믿음에 따라 벌인 정형적 행위들을 가리키는 물질 표지들에 대한 연구.

부유선별법(flotation): 발굴한 기질을 물속에서 체질함으로써 작은 생태물과 인공물을 분리하고 수습하는 방법.

부족(tribes): 일반적으로 유단보다 큰 사회 집단을 묘사하는 데 쓰이는 용어이나 그 인구수는 수천 명을 좀처럼 넘지 않는다. 부족은 유단과는 달리 대개 정주 농경민이지만 가축 이용을 경제 기반으로 하는 이목민 집단도 이에 포함된다. 개개 공동체들은 친족 연대로써 더 큰 사회로 통합하는 경향이 있다.

분류(classification): 현상들을 공유 속성들을 토대로 집단이나 여타 분류 체계로 배열하는 작업(형식 및 형식분류 항도 참고하시오).

분석(糞石)(coprolite): 똥 화석: 이에는 음식 찌꺼기가 들어 있어서 식단과 생업 활동을 복원하는 데 쓸 수 있다.

분절 사회(segmentary societies): 대개 농경민으로 이루어졌으며 자신들의 일을 스스로 해결하는 비교적 작은 규모의 자치 집단으로 어떤 경우에는 다른 비견할 만한 분절 사회들과 한데 합쳐져 더 큰 족속 단위를 형성하기도 한다.

비판 이론(Critical Theory): 독일의 이른바 '프랑크푸르트 학파'라는 사회 사상가들이 개발한 이론적 접근방식으로 모든 지식은 역사적인 것이며 그래서 어떤 의미에서는 편향된 정보임을 강조하고 그로써 '객관적' 지식이라는 모든 주장은 환상임을 역설한다.

비확률적 표본추출법(non-probabilistic sampling): 비통계학적 표본추출 전략의 한 가지로 (확률적 표본추출과는 대조적으로) 주로 직관, 역사 문헌 혹은 해당 지역에 대한 오랜 현장조사 경험에 근거하여 대상 지역들을 표본추출한다.

빈도 순서배열법(frequency seriation): 발견물들에서 관찰되는 양적 비율 혹은 빈도(예를 들면 도구 형식 혹은 도기 구성의 수)의 변화를 주로 측정함으로써 상대연대를 결정하는 방법.

빙원 시추 자료(ice cores): 남극과 북극의 빙원을 시추한 것으로 옛 환경을 복원하고 절대연대를 측정하는 데 유용한 압축 얼음층들로 이루어져 있다.

사이비고고학(pseudo-archaeology): 과거에 대한 비과학적이고 환상적인 설명을 퍼뜨리기 위해 고고학적 증거를 선별적으로 이용하는 것.

사회인류학(social anthropology): 문화인류학 항을 보시오.

삼시대법(Three Age System): C. J. 톰센이 구대륙 선사시대 연구에서 기술에 근거한 시기들(돌, 청동, 철)의 계기순서를 정하기 위해 고안한 분류 체계. 이 체계를 근거로 인공물들을 분류함으로써 편년 순서를 만들어낼 수 있다는 원리가 확립되었다.

상대연대결정법(relative dating): 고정된 시간 축척에 의거하지 않고 편년의 계기순서를 정하는 방법으로 예를 들면 유물들을 형식학적 변천순서나 연속순서로 배열한다든지 하는 방법을 말한다(cf. 절대연대측정법).

상호작용권(interaction sphere): 지방 단위 교환체계 혹은 지방 간 교환체계로서 예를 들면 호프웰 인디언 상호작용권을 들 수 있다.

생태물(ecofact): 문화와 관련성을 가진 비인공의 유기질 및 환경 잔존물로서 예를 들면 토양 및 퇴적물과 더불어 동식물 자료가 있다. 흔히 자연유물이라 한다.

석기 재결합(conjoining): 되맞추기 항을 보시오.

석비(stela): 자체가 독립 구조로 서 있는 조각된 돌 기념물.

선물 교환(gift exchange): 호혜교환 항을 보시오.

선사(prehistory): 문자 등장 이전의 인류사 시기.

성층(stratification): 층 혹은 층위(퇴적층이라고도 함)들이 아래위로 덧쌓인 상태 혹은 퇴적된 상태. 층위의 연속상태는 바닥에 있는 것이 가장 이르고 꼭대기에 있는 것이 가장 느린 식으로 상대편년 순서를 제공하게 마련이다.

소둔(annealing): 구리 및 청동의 야금술에서 원하는 형태를 얻을 때까지 소재를 가열하고 망치질하는 작업을 반복하는 공정을 가리킨다.

속성(attribute): 인공물에서 더 이상 세분할 수 없는 최소 단위의 특성을 가리키는 용어인데 흔히 연구되는 속성들을 들어보면 형태, 양식, 장식, 색깔, 원재료 등이 있다.

수렵채집민(hunter-gatherers): 동물을 사냥하고 야생 식물 및 과일들을 채집하는 일을 위주로 생업을 영위하는 소규모 이동성 사회 혹은 반정주 사회들을 집합적으로 가리키는 용어로서 조직 구조는 강한 친족 유대를 가진 유단들에 토대를 둔다.

수륜연대학(dendrochronology): 나무 나이테 유형에 대한 연구로, 기후 조건의 매년 변이 때문에 생긴 상이한 나이테 생장 유형은 옛 환경 변화를 측정하고 편년을 도출하는 데 모두 쓰일 수 있다.

수중 탐사(underwater reconnaissance): 지구물리학적 수중 탐사법에는 (1) 지구자장을 왜곡시키는 철이나 강철 물체를 탐지하기 위해 탐사선에서 양성자 자기계를 물속에 늘어뜨려 끌고 가는 방법, (2) 해저에 있는 표면 유구들이 그래픽 영상으로 나타나도록 부채꼴 범위로 음파를 내보내는 측면 주사 음파탐지기를 이용하는 방법, (3) 음향을 방출하여 해저 아래에 묻힌 유구 및 물체에 부딪혀 되돌아오는 파동을 기록하는 해저 기록계 이용법 등이 있다.

순서배열법(seriation): 유물 일괄, 즉 유물복합체의 편년적 배열에 입각한 상대연대결정법의 한 가지로 계열 속에서 가장 비슷한 것끼리 가까이 배치한다. 빈도 순서배열과 연속(혹은 발생) 순서배열의 두 가지 유형으로 구분할 수 있다.

시장 교환(market exchange): 교환 양식의 한 가지로 거래를 위한 특정 장소와 흥정이 벌어질 수 있는 사회적 관계가 필수 요건이다. 가격이 대개 흥정으로써 결정되는 체계를 가진다.

신고고학(New Archaeology): 1960년대에 주창된 새로운 접근방식으로 고고학의 이론과 방법은 명시적으로 과학적인 틀을 따라야 하며 단순한 서술이 아닌 설명을 제대로 하기 위해서는 엄격한 가설 검정 절차를 거쳐야 한다고 주장하였다(과정주의고고학 항도 보시오).

신석기시대(Neolithic): 구대륙 편년 시기의 하나로 농경 발달과 그에 따른 정주 생활 비중 증가가 특징이다.

신석기 혁명(Neolithic Revolution): V. G. 차일드가 정주 촌락 생활 보급을 초래한 농업(가축 사육 및 농경의 발달)의 기원과 결과를 묘사하기 위해 1941년 만들어낸 용어.

실험고고학(experimental archaeology): 주도면밀하게 통제되는 과학적 조건에서 실험 복원 연구로 과거 인간 행위의 과정들을 연구하는 분야.

심해저 시추 자료(deep-sea core): 해저에서 시추한 자료로서 범세계적 규모의 기후 변화에 대한 가장 일관성 있는 기록을 담고 있다. 이 천공 자료는 연속 퇴적 과정을 거쳐 대양 바닥에 가라앉은 아주 미세한 해양 유기체(유공충)의 각질을 함유하고 있다. 이 각질들의 탄산칼슘에서 나타나는 두 가지 산소동위원소의 비율 변이는 그 유기체가 살아 있을 당시의 해수 온도를 민감하게 반영하는 지표이다.

양성자 자기계(proton magnetometer): 지구 자장의 변이를 기록함으로써 지하탐사를 하는 데 쓰이는 장치.

양식(style): 미술사학자 에른스트 곰브리치에 의하면 "행위를 벌이고 동작을 하는 데서 다른 방식과 뚜렷이 구분된다고 인지할 수 있는 각 방식"이 곧 양식이다. 고고학자와 인류학자는 그간 '양식 구역'이라는 것들이 인공물을 만들어내고 장식하는 데서 동일한 방식을 공유한 공간 단위들을 가리킨다고 규정하였다.

연구 계획(research design): 고고학 조사 연구의 체계적 기획으로 대개 (1) 특정 문제를 풀기 위한 전략의 수립, (2) 증거의 수집 및 기록, (3) 이런 자료의 정리 및 분석과 그에 대한 해석, (4) 결과의 출간으로 이루어진다.

연역법(deduction): 한층 일반적인 명제로부터 엄격한 논증을 거쳐 한층 특정한 결과를 추론하는 논리 과정(cf. 귀납법).

열형광연대측정법(thermoluminescence TL): 방사성붕괴 현상을 간접적으로 이용하는 연대측정법의 한 가지로 적용 시간대가 방사성탄소연대측정법과 겹치지만 그보다 이른 시기도 연대측정할 수 있는 잠재력을 갖고 있다. 전자스핀공명연대측정법(ESR)과 공통점이 많다.

오스트랄로피테쿠스(Australopithecus): 지금까지 알려진 고인류 가운데 약 5백만 년 전 동아프리카에 출현한 가장 오래된 호미니드를 가리키는 집합적 명칭.

올도완 석기공작(Oldowan industry): 인류 최초의 도구복합체로 동아프리카 올두바이 고르지에서 호미니드들이 쓴 격지와 자갈돌 석기.

우라늄계열연대측정법(uranium series dating): 우라늄동위원소들의 방사성 붕괴현상에 입각한 연대측정법. 이는 방사성탄소연대측정법의 적용 한계 시간대인 5만 년 이전의 시기에 특히 유용하다는 사실이 입증된 바 있다.

원격 탐사법(remote sensing): 주로 항공기와 인공위성을 이용해 멀리 있는 현상을 영상화하는 기법. '지상 기지 원격 탐사'는 레이더 같은 지구물리학적 방법과 열 탐사법 같은 지면 높이에 적용되는 원격 탐사법들을 연계하여 실시한다.

위세품(prestige goods): 한 사회가 높은 지위 혹은 가치를 부여하는 한정된 범위의 교환재화를 가리키는 용어.

유단(band): 소규모 수렵채집 사회를 묘사하는 데 쓰이는 용어로, (순화되지 않은) 야생 식량 자원을 이용하면서 계절에 따라 이동하며 대체로 100명 이하의 사람들로 구성된 집단이다. 친족 유대가 사회 조직에서 중요한 역할을 한다.

유물복합체(assemblage): 특정한 시간과 장소에서 반복 공반 출토되며 인간 활동의 총화를 나타내는 일단의 유물들.

유적(site): 인간 활동의 잔해인 유물, 유구, 생물 및 환경 잔존물들이 공간적으로 뚜렷이 군집한 곳.

유적 역외 자료(off-site data): 인간의 환경 이용에 관한 중요 증거를 제공하는 유물 산포지와 경작 표지 및 밭 경계 같은 유구를 비롯한 각종 증거.

유적탐사법(reconnaissance survey): 유적을 찾아내는 데 관련된 광범위한 기법들로 예를 들면 지표 유물 및 유구의 기록법과 자연 및 광물 자원의 표본추출법 등이 있다.

인공물(artifact): 인간이 사용하고 변형하거나 만든 모든 가동 물체로 흔히 유물이라고 하는데 예를 들면 석기, 토기, 금속 무기가 있다.

인류학(anthropology): 인류성─인간이 동물로서 지닌 신체적 특성과 우리가 문화라고 부르는 인간 특유의 비생물학적 특성─에 대한 연구. 이 학문은 대개 세 분과, 즉 체질(또는 형질)인류학, 문화(또는 사회)인류학, 고고학으로 나뉜다.

인지고고학(cognitive archaeology): 물질 잔적으로부터 과거의 사고방식과 상징구조를 연구하는 고고학 분야.

인지-과정주의 접근법(cognitive-processual approach): 기능-과정주의 접근법의 유물론적 정향에 대한 하나의 대안적 접근법으로 (1) 초기 사회의 인지적, 상징적 측면과 여타 측면들의 통합, (2) 이데올로기가 지닌 능동적 조직력으로서의 역할을 주된 연구 대상으로 한다.

인지 지도(cognitive map): 인간의 마음속에 존재하면서 지식 구조는 물론 행위 및 의사 결정에도 영향을 준다고 주장되는 세상 해석 틀.

재분배(redistribution): 교환의 한 양식으로 중앙 집중적으로 조직된 어떤 권위체가 그 작동에 관여한다. 그런 권위체는 재화를 접수하거나 전유한 후 그 중 일부를 다른 지점들에 보낸다.

전기분해법(electrolysis): 고고학적 보존 처리에 쓰이는 표준 세척 절차의 한 가지. 유물을 화학용액 속에 넣고 그것과 주위 금속 그릴 사이에 약한 전류가 흐르도록 해 파괴성 염류를 음극(유물)에서 양극(그릴)

으로 서서히 이동시킴으로써 부착된 어떤 퇴적물이라도 제거하고 유물을 깨끗하게 만드는 방법이다.

전기저항(electrical resistivity): 토양 전기저항 항을 보시오.

전기저항계(resistivity meter): 토양 전기저항 항을 보시오.

전면 발굴법(open-area excavation): 발굴시 넓은 구역을 수평적으로 전면 제토하는 방법으로 예를 들어서 아메리카 인디언 유적이나 유럽 신석기시대의 긴 주거지처럼 특히 지표 가까이 단일 시기 퇴적층이 있는 곳에서 쓰인다.

전자스핀공명연대측정법(electron spin resonance ESR): 열형광연대측정법과는 달리 가열을 하지 않고 뼈와 조가비 속 축적 전자들을 측정할 수 있다. TL과 마찬가지로 갇힌 전자의 수가 해당 표본의 나이를 가리킨다.

전파론 접근법(diffusionist approach): V. G. 차일드가 널리 퍼뜨린 이론으로 건축에서 야금술에 이르는 문명의 모든 속성들이 근동에서 유럽으로 전파되었다고 본다.

절대연대측정(absolute dating): 고정된 역법 체계 같은 특정 시간 척도를 기준으로 연대를 판정하는 것으로 계년식 연대측정이라고도 함.

정치체(polity): 사회가 단순하거나 복잡하거나를 막론하고 정치적으로 독립적이거나 자치적인 사회 단위를 말하며 (국가 같은) 복합사회인 경우에는 자신보다 작은 종속적 구성단위들을 거느릴 수 있다.

정황(context): 한 유물의 정황은 대개 바로 둘레의 기질(예컨대 자갈, 진흙 혹은 모래처럼 유물을 둘러싼 물질), 출토 위치(기질 내에서의 수평 및 수직 위치), 그리고 다른 유물(및 대개 같은 기질 안의 다른 고고학적 잔존물들)과의 공반관계로 이루어진다.

족속성(ethnicity): 부족 집단을 비롯한 족속 집단의 존재. 이를 고고학적 기록으로부터 인지하기는 어려우나 언어와 언어 분포권에 대한 연구는 족속 집단이 흔히 언어 영역과 상관관계를 가진다는 사실을 보여준다. 종족성(種族性) 혹은 민족성이라고도 한다.

종교(religion): 일상의 물질세계를 초월하는 초자연적 혹은 초인간적 존재나 힘에 관련된 믿음의 틀.

종족(宗族 lineage): 공통 조상으로부터 나왔다고 주장하는 한 집단.

주먹도끼(hand-axe): 대개 자연 자갈돌을 (격지떼기로) 변형시켜 만든 구석기시대 도구의 한 가지.

중서부 분류체계(Midwestern taxonomic system): 맥컨이 미국 대평원 지역의 여러 계기순서들을 체계화하기 위해 1939년 고안한 틀로서 유물 복합체(일괄) 사이의 유사성이라는 일반 원리를 이용하였다.

중석기시대(Mesolithic): 구대륙 편년 시기의 하나로 대략 1만 년 전에 시작하며 구석기시대와 신석기시대 사이에 위치한다.

지각 구조운동(tectonic movement): 지각을 구성하는 판들의 위치가 이동하는 현상으로 이 때문에 종종 융기 해안이 생겨난다.

지리정보체계(Geographic Information System/GIS): 여러 '층위'들이 지닌 공간적/디지털 지리 정보를 수집, 조직, 저장, 검색, 분석, 도시하기 위한 소프트웨어로 된 체계. GIS에는 다른 디지털 자료도 포함될 수 있다.

지상탐사(ground reconnaissance): 고고학 유적을 개별적으로 식별하는 아주 다양한 방법들을 집합적으로 이르는 이름으로, 예컨대 문헌사료, 지명 증거, 지역 민속, 전설 등을 이용하기도 하지만 실제 야외답사가 주를 이룬다.

지자기 역전(geomagnetic reversals): 전기 구석기시대의 연대측정에 적합한 고고지자기의 한 측면으로 이에는 지구 자장의 완전한 역전 현상들이 포함된다.

지중 탐사(subsurface detection): 지상에서 실시하는 다양한 원격 탐사 기법들을 집합적으로 가리키는 이름으로 침투 기법과 비침투 기법의 두 가지가 있다.

지표조사(surface survey): (1) 비체계적 방법과 (2) 체계적 방법의 두 종류로 구분할 수 있다. 전자는 야외 답사, 즉 가고 싶은 길을 따라 땅위를 주파하면서 유물과 지표 유구의 위치를 기록하는 일이다. 체계적 조사는 이와 비교할 때 덜 주관적이며, 조사 지역을 구역들로 나누어 체계적으로 답사함으로써 발견물을 한층 정확하게 기록하는 방안 구획 분할 체계를 쓴다.

진화(evolution): 일반적으로 복잡성 증가를 동반하는 성장과 발달의 과정. 생물학에서는 이 변화가 종의 생존에 토대를 이루는 다윈의 자연선택 개념에 연계되어 있다. 다윈의 저작은 피트리버스와 몬텔리우스 같은 학자들이 개척한 유물형식학 연구의 토대가 되었다.

진화론 고고학(evolutionary archaeology): 생물학적 진화를 일으키는 과정들이 문화 변화 또한 추동한다는 관념에서 다윈의 진화론을 고고학적 기록에 적용하는 연구 방식.

체계적 지표조사(systematic survey): 지표조사 항을 보시오.

체계 표본추출법(systematic sampling): 확률적 표본추출법의 한 형태로 조사할 방안 구역, 즉 정방 구역들을 등간격으로 사이를 띄워 거르는 식으로 선택한다. 이렇게 규칙적으로 간격을 띄우는 이 방법은 원 유구의 분포 자체가 그와 똑같이 규칙적으로 간격을 띄운 경우 모든 예들을 놓치거나 맞추게 될 위험성을 안게 된다.

체질인류학(physical anthropology): 인류학의 한 분과로서 인간의 생물학적 특성, 즉 신체적 특성과 그 진화과정을 연구 대상으로 한다.

측시 레이더(sidescan radar): 수중고고학에서 해저를 가장 광범위하게 파악할 수 있도록 해주는 탐사 기법. 선박이 음향 방출기를 끌고 가면서 부채꼴 폭으로 음파를 내보내면 이 음향 에너지파들은 반사되어 수신기로 되돌아오는데—이에 걸리는 시간은 이동 거리에 따라 결정된다—이를 회전하는 드럼에 기록한다.

층서법(stratigraphy): 성층의 연구와 확인. 일련의 층들을 시간 차원에서 수직적으로, 공간 차원에서 수평적으로 분석한다. 유물 폐기의 시간적 순서를 평가하는 상대연대결정법의 한 가지로 흔히 쓰인다.

층화 무작위 표본추출법(stratified random sampling): 확률적 표본추출법의 한 가지로 한 지방이나 유적을 일단 경작지와 삼림지 등 자연지대 혹은 층들로 나눈 후 각 지대(층)별로 무작위수 추출 절차에 의해 단위들을 선택하는데, 각 지대는 전 지역에 대비해 차지한 넓이에 비례한 만큼의 정방구역 수를 갖게 된다. 이로써 단순 무작위 표본추출법에 내재된 편향성을 극복할 수가 있다.

층화 체계 표본추출법(stratified systematic sampling): 표본추출의 편향성을 줄이기 위한 노력으로 (1) 단순 무작위 표본추출법, (2) 층화 무작위 표본추출법, (3) 체계 표본추출법이 지닌 요소들을 결합하는 확률적 표본추출법의 한 가지 형태.

컴퓨터 단층 촬영법(computerized(computed) axial tomography): 스캐너로 미라 같은 사체의 내부를 상세하게 볼 수 있는 방법. 사체를 기계 속으로 통과시키면 그 사체를 가로지르는 '절편' 영상들이 생성된다.

탈과정주의 설명(postprocessual explanation): 기능-과정주의고고학의 한계로 인식한 설명 구조에 대한 반발로 형성된 설명. 이는 일반화를 피하고 '개별지향적' 접근법을 선호하며 구조주의, 비판 이론, 네오마르크시즘 사고의 영향을 받았다.

태토 조절제(temper): 토기 바탕흙에 섞는 혼입물로 점토에 힘을 더하고 가공성을 높이며 소성하는 동안 균열이 생기거나 수축이 되지 않도록 막아주는 첨가물 역할을 한다.

텔(tell): 사람들이 한 곳에 계속해서 아주 오랜 기간 동안 살아서 생긴 인공 언덕 유적을 가리키는 근동 지방 말(아랍어). 터키어로는 회육 (höyük), 페르시아어로는 테페(tepe), 유구(遺丘)라고 번역할 수 있다.

토양 전기저항(soil resistivity): 지하 원격 탐사법의 한 가지로 땅 속으로 전류를 통할 때 일어나는 전도성의 변화들을 측정한다. 전도성은 일반적으로 흙에 함유된 습기 덕에 생기는데, 묻힌 유구들은 지하수 함유 정도가 주위 흙과 차이가 나기 때문에 탐지해 낼 수 있다.

퇴장물(hoards): 옛 사람이 흔히 갈등기나 전쟁 시기에 일단의 귀중품 혹은 귀히 여긴 소유물을 의도적으로 묻었으나 이러저런 이유로 나중에 되찾지 못한 것을 말한다. 유럽 청동기시대의 주된 증거 자료는 금속 퇴장물들이다.

특성 변별 연구(characterization): 예를 들면 암석 박편 조직 분석법 등의 검사 방법을 적용하여 교역 물품의 소재가 지닌 특징적 조성을 식별함으로써 산지를 추정하는 연구 분야.

포타슘-아르곤연대측정법(potassium-argon dating): 수십억 년까지 된 암석들을 연대측정하는 데 쓰이는 방법으로, 다만 약 10만 년 이상 된 화산물질에만 적용할 수 있다. 아프리카의 초기 호미니드 유적을 연대측정하는 데 가장 널리 쓰이는 방법이다.

플럭스게이트 자기계(fluxgate magnetometer): 지하 원격 탐사에 쓰이는 자기계의 한 유형으로 연속 수치를 생성한다.

합금(alloy): 두 가지 이상의 금속을 섞어 새로운 물질을 만들어내는 기법으로 이를테면 구리와 주석을 용해하여 청동을 만드는 것.

해빙 연층(varves): 빙하 주변 호수에 퇴적된 충적 침전물의 아주 얇은 층위들로 이것들이 매년 퇴적된다는 사실이 연대측정의 유용한 근거가 된다.

핵분열손상연대측정법(fission-track dating): 방사성시계의 작동에 토대를 둔 연대측정방법의 한 가지로 아주 다양한 암석과 광물에 존재하는 우라늄동위원소의 자연 붕괴 현상을 이용한다. 이 방법은 측정 시간대가 겹치는 포타슘-아르곤연대측정법과 마찬가지로 고고학적 자료에 인접한 암석에서 유용한 연대를 얻어낸다.

형성 작용(formation processes): 고고학적 물질들이 묻히는 방식과 그에 이어 일어나는 역사의 경로에 영향을 미치는 작용들을 가리키는 말. 문화적 형성 작용에는 인간의 의도적이거나 우연한 활동들이 있으며, 자연적 형성 작용은 고고학적 기록의 매몰과 잔존을 지배하는 자연적 혹은 환경적 사건들을 가리킨다.

형식(type): 속성들의 일관성 있는 결집이라 규정되는 한 부류의 인공물들.

형식분류(typology): 유물들을 공유 속성들을 근거로 삼아 형식들로 체계화하는 작업.

호혜교환(reciprocity): 대등한 위치에 있는 개인 사이에 이루어지는 교환 거래의 한 양식, 즉 어느 쪽도 우월한 위치에 있지 않은 동등한 입장에서 교환하는 것을 말한다.

화분 분석(pollen analysis): 화분학 항을 보시오.

화분학(palynology): 과거 식생과 기후를 복원하는 한 보조 수단으로 화석 화분을 연구하고 분석하는 분야.

화석과정학(혹은 연구)(taphonomy): 뼈 같은 유기물질이 죽어 버려진 이후 영향을 끼치는 작용들을 연구하는 분야. 도살 혹은 약취 활동이 미친 영향을 평가하기 위해 동물 이빨 자국이나 인간이 자른 자국을 현미경으로 분석한다.

확률적 표본추출법(probabilistic sampling): 작은 표본 구역을 근거로 한 유적이나 지방에 관해 신뢰할 수 있는 일반적 결론을 도출하기 위해 확률 이론을 이용하는 표본추출법. (1) 단순 무작위 표본추출법, (2) 층화 무작위 표본추출법, (3) 체계 표본추출법, (4) 층화 체계 표본추출법이라는 네 가지 유형의 표본추출 전략으로 구분된다.

환경고고학(environmental archaeology): 고고학과 자연과학의 학제적 연구 분야 중 하나로서 옛 인간의 동식물 이용 양상과 과거 사회가 변화한 환경 조건에 어떻게 적응하였는지를 복원하는 데 목표를 둔다.

환경적 포위(environmental cicumscription): 로버트 카네이로가 국가 기원에 대해 제시한 설명으로 기본적으로 환경의 제약과 영역의 제한이 국가 발생 과정에서 장기 지속적으로 작용한 역할을 강조한다.

휠러식 방격법(Wheeler box-grid): 모티머 휠러가 피트리버스의 작업을 이어받아 개발한 발굴 기법으로, 발굴한 방안 구역들 사이에 둑들을 남겨 그 수직 단면의 양상을 근거로 여러 층위들을 유적 전체에 걸쳐 상호 연계할 수 있다.

흑요석(obsidian): 가공하기 쉽고 또 플린트처럼 단단한 날을 얻을 수 있는 특징을 가졌기 때문에 도구를 만드는 데 쓰일 수 있는 화산 유리.

옮긴이의 글

이 책은 Colin Renfrew & Paul Bahn, *Archaeology Essentials: Theories, Methods and Practice*(Thames & Hudson, 2007)를 옮긴 것이다. 고고학 관련 책자에 관심을 가진 독자라면 저자, 제목(그리고 출판사!)에서 짐작할 수 있듯이 이는 옮긴이가 『현대 고고학의 이해』라는 제목으로 역시 사회평론 출판사에서 2006년 펴낸 Colin Renfrew & Paul Bahn, *Archaeology: Theories, Methods and Practice*(Thames & Hudson, 제4판, 2004)의 요약본이다. 그래서 책 제목을 『현대 고고학 강의』라고 붙여본 것인데 이 책에서 저자들이 밝히지는 않았지만 『현대 고고학의 이해』가 워낙 내용이 방대해서 고고학을 처음으로 접하는 독자에게는 오히려 좀 부담스러운 점이 없지 않음을 감안해 이런 요약본을 내었으리라 충분히 헤아릴 수 있다. 옮긴이도 그 점을 받아들여 서둘러 책을 내려 한 것이지만 다른 한편으로 현실적 고려 또한 있었다.

실은 『현대 고고학의 이해』를 내면서 기왕에 고고학 입문 과정 교재로 쓸 요량으로 2002년 사회평론사에서 내었던 브라이언 페이건 지음 『고고학 세계로의 초대』를 절판시켰던 터이나 역시 『현대 고고학의 이해』는 책 가격이나 분량 혹은 내용 면에서 그를 대신하기에 꼭 적합하지는 않은 면이 있었기 때문이다. 그래서 이 책의 원서가 나왔다는 소식을 접하고 바로 구해 번역에 착수하였던 것인데 작업을 하면서 교과서에 걸맞도록 곳곳에 요점 정리를 해놓은 체제 등을 보고 책을 내면 고고학 독자들에게 과연 편리하겠구나 싶어 즐거움도 많았지만 고통(?) 또한 따랐다. 당연한 일이지만 이 『현대 고고학 강의』가 『현대 고고학의 이해』의 모든 목차를 완전히 그대로 축약한 것이 아니라 중요한 항목만 적당하게 편집하였고 곳곳을 다소 보완한 것이라서 『현대 고고학의 이해』의 번역문을 『현대 고고학 강의』의 원문에서 확인, 대조, 수정하는 식으로 작업을 하였다. 그런데 그 과정에서 『현대 고고학의 이해』의 번역문에서 상당수의 오역과 착각으로 인한 적지 않은 실수들을 확인하였기 때문이다. 특히 그 중 어떤 것은 이제 돋보기를 써도 될 나이인데 군이 안 쓰고 버티다가 지명이나 인명을 잘못 읽어 생긴 오류임에 틀림없는 것—이를테면 그리스 지명 Gournia는 고우르니아 정도로 옮겨야 할 터인데 rn을 m으로 잘못 읽어 고우미아로 옮긴 것도 있어서 작업을 하면서 '어이구 이런! 이런!' 하는 자책과 함께 이래저래 얼굴이 화끈거렸다. 이 책만을 읽는 독자에게는 별 소용없는 얘기지만 혹시라도 두 책을 대조해 읽어 보는 분이 계시다면 모든 상이한 부분은 이 『현대 고고학 강의』가 바르다는 점(혹은 전에는 craft specialization을 통례에 따라 공예 전문화라 하였지만 이에서는 물품생산 전문화로 하는 등으로 손질을 하였다는 점)을 밝혀둔다. 아무쪼록 이 책이 대학의 교양과목 고고학 개론 등의 교재로 널리 활용되고 일반인에게도 교양서로 널리 읽혀 고고학이라는 학문에 대한 폭넓고 바른 이해에 도움을 줄 수 있다면 옮긴이의 능력 부족, 책임감 부족 그리고 실수에 대한 자책감이 조금이나마 덜어질 수 있을지도 모르겠다.

　이 책도『현대 고고학의 이해』처럼 (재)영남문화재연구원의 지원을 받아 옮겼다. 또 사회평론사의 윤철호 사장, 김천희 주간, 김보은 담당 등 많은 분께 신세를 졌다. 이 자리를 빌려 두 기관과 관련자 분들께 감사를 표하는 바이다.

2008년 12월

옮긴이 이희준

색　인

고딕체는 그림 설명 쪽을 가리킨다.